# BIBLIOTECA **BO**

DIRECTOR DE COLECCIÓN
## Raúl López López

El fin del mundo
es solo el comienzo

BO

PETER ZEIHAN

# EL FIN DEL MUNDO
# ES SOLO EL COMIENZO

*Cartografía del colapso de la globalización*

Traducción de Mercedes Vaquero Granados

**ALMUZARA**

Director de colección: Raúl López López

EDITORIAL ALMUZARA • BIBLIOTECA BO
Director editorial: Antonio Cuesta
Edición de Ana Cabello
Traductora júnior: Noelia Reyes Luque

www.editorialalmuzara.com
pedidos@almuzaralibros.com - info@almuzaralibros.com

Parque Logístico de Córdoba. Ctra. Palma del Río, km 4
C/8, Nave L2, nº 3. 14005, Córdoba

Imprime: Black Print
I.S.B.N: 978-84-11313-86-5
Depósito Legal: CO-1030-2023
Hecho e impreso en España - *Made and printed in Spain*

# Contenido

Me resulta muy difícil escribir una dedicatoria porque... soy una persona afortunada.

Nací en el país correcto y en el momento adecuado para crecer en condiciones de seguridad.

Soy lo bastante viejo y joven al mismo tiempo para reconocer las desconexiones y oportunidades en el cambio que supone el sálvese quien pueda del 5G.

He tenido la suerte de contar con más mentores de los que puedo enumerar, algo que solo es posible porque ellos eligieron desempeñar ese papel.

Estoy en mi campo exclusivamente por los que han venido antes que yo y soy capaz de leer el futuro solo por las preguntas que me hacen los que vendrán después.

Sin el pueblo, mi trabajo, mi vida no sería posible.

Así que gracias.

Gracias a todos.

Así termina el mundo,
no con una explosión, sino con un lamento.
—T. S. Eliot


Si somos tan afortunados.
—Proverbio alemán

# INTRODUCCIÓN

El pasado siglo ha sido una especie de guerra relámpago de progreso. De los coches de caballos a los trenes de pasajeros, pasando por el coche familiar y el transporte aéreo cotidiano. Del ábaco a las calculadoras y a los *smartphones*. Del hierro al acero inoxidable, el aluminio recubierto de silicio y el vidrio sensible al tacto. De esperar a que crezca el trigo y buscar cítricos a que te den chocolate o guacamole a la carta.

Nuestro mundo se ha vuelto más económico. Y sin duda mejor. Desde luego, también más rápido. Y en las últimas décadas se ha acelerado aún más el ritmo de cambios y logros. Hemos sido testigos del lanzamiento de más de treinta versiones cada vez más sofisticadas del iPhone en solo quince años. Estamos intentando hacer un cambio radical al vehículo eléctrico a un ritmo diez veces superior al que adoptamos los motores de combustión tradicionales. El portátil en el que escribo este texto tiene más memoria que el total acumulado de todos los ordenadores del mundo a finales de la década de 1960. No hace mucho pude refinanciar mi casa a un tipo de interés del 2,5 % (algo impresionante).

No se trata simplemente de cosas, velocidad y dinero. También la condición humana ha mejorado. Durante las últimas siete décadas, en términos proporcionales a la población, han muerto menos personas en menos guerras, ha habido menos ocupaciones, menos hambrunas y menos brotes epidémicos que desde los orígenes de los tiempos. Desde el punto de vista histórico, vivimos en una bochornosa situación de riqueza y paz. Todas estas evoluciones y muchas más están estrechamente vinculadas entre sí. Son inseparables. Pero a menudo se pasa por alto una simple realidad. Son artificiales. Hemos estado viviendo en un momento perfecto. Y está llegando a su fin.

El mundo de las últimas décadas ha sido el mejor que habrá en nuestra vida. En lugar de económico, mejor y más rápido, estamos transitando rápidamente hacia un mundo más costoso, peor y más lento. Porque el mundo —nuestro mundo— se está desmoronando.

Estoy adelantando acontecimientos.

En muchos sentidos, este libro es el proyecto que mejor me representa, el que más se asemeja a mí. Mi trabajo me sitúa directamente en la intersección de la geopolítica y la demografía. La geopolítica es el estudio del lugar que explora cómo todo lo referente a nosotros es el resultado de dónde estamos. La demografía es el estudio de las estructuras demográficas. Los adolescentes actúan de forma diferente a los treintañeros, a los que están en los cincuenta y a los que están en los setenta. Yo entrelazo estos dos temas dispares para predecir el futuro. Mis tres primeros libros trataban nada menos que de la caída y el ascenso de las naciones. Sobre la exploración de una «visión global» del mundo por venir.

Pero solo se puede hablar en Langley un número determinado de veces. Para pagar las facturas hago otra cosa.

Mi verdadero trabajo es una especie de híbrido entre conferenciante y consultor (el término marquetiniano elegante para describirlo es «estratega geopolítico»).

Cuando los grupos solicitan mi presencia, es raro que quieran reflexionar sobre el futuro de Angola o Uzbekistán. Sus necesidades y preguntas están más cerca de casa y de sus bolsillos, ocultas en una serie de cuestiones económicas sobre el comercio, los mercados y la accesibilidad. Lo que yo hago es aplicar la geopolítica y la demografía a sus problemas. Sus sueños. Sus miedos. Extraigo las partes apropiadas de mi «visión global» y las aplico a cuestiones relacionadas con la demanda de electricidad en el sureste, o con la fabricación de precisión en Wisconsin, con la liquidez financiera en Sudáfrica, con el nexo entre seguridad y comercio en la región fronteriza de México, con las opciones de transporte en el medio oeste, con la política energética durante el cambio de administración estadounidense, con la industria pesada en Corea o con los árboles frutales del estado de Washington.

Este libro es todo eso y más. Muchísimo más. Vuelvo a utilizar mis sólidas aliadas, la geopolítica y la demografía, para pronosticar el futuro de las estructuras económicas mundiales o, para ser más exactos, la próxima falta de ellas. Para mostrar la forma del mundo que se vislumbra en el horizonte.

El quid de la cuestión al que nos enfrentamos es que, desde un punto de vista geopolítico y demográfico, durante la mayor parte de los últimos setenta y cinco años hemos estado viviendo en ese momento perfecto.

Al final de la Segunda Guerra Mundial, los estadounidenses crearon la mayor alianza militar de la historia para frenar, contener y contrarrestar a la Unión Soviética. Eso lo sabemos. No es ninguna sorpresa. Sin embargo, lo que a menudo se olvida es que esta alianza era solo la mitad del plan. Para cimentar su nueva coalición, los estadounidenses también fomentaron un entorno de seguridad global para que cualquier socio pudiera ir a cualquier lugar, en cualquier momento, interactuar con cualquiera, de cualquier manera económica, participar en cualquier cadena de suministro y acceder a cualquier insumo, todo ello sin necesidad de acompañamiento militar. Este lado de la «mantequilla» del acuerdo de «los cañones y la mantequilla»[1] de los estadounidenses creó lo que hoy reconocemos como libre comercio. La globalización.

---

[1] Disyuntiva clásica entre «los cañones y la mantequilla». Cuanto más gastemos en defensa nacional para proteger nuestras costas de los agresores extranjeros (cañones), menos podremos gastar en bienes personales para mejorar el nivel de vida en nuestro país (mantequilla). (*N. de la T.*)

La globalización llevó por primera vez el desarrollo y la industrialización a un amplio sector del planeta, generando la sociedad de consumo de masas, la avalancha comercial y la inmensa cantidad de progreso tecnológico que a todos nos resulta tan familiar. Eso reconfiguró la demografía mundial. El desarrollo y la industrialización masivos aumentaron la expectativa de vida a la vez que fomentaron la urbanización. Esto significó durante décadas cada vez más trabajadores y consumidores, las personas que impulsan la economía. Una de las consecuencias, entre muchas otras, fue el crecimiento económico más rápido que la humanidad haya visto jamás. Decenas de años de crecimiento.

El Orden de posguerra de los estadounidenses provocó un cambio de las condiciones. Al modificar las reglas del juego, la economía se transformó a nivel mundial. A nivel nacional. A nivel local. En todos los niveles locales. Ese cambio de condiciones generó el mundo que conocemos hoy. El mundo de los transportes y las finanzas avanzadas, de los alimentos y la energía omnipresentes, de las mejoras interminables y la increíble velocidad.

Pero todas las cosas deben pasar. Nos enfrentamos en la actualidad a un nuevo cambio de las condiciones.

Treinta años después del final de la Guerra Fría, los estadounidenses han vuelto a casa. Nadie más tiene la capacidad militar para apoyar la seguridad mundial y, de ahí, el comercio mundial. El Orden liderado por los estadounidenses está dejando paso al Desorden. El envejecimiento global no se detuvo una vez alcanzado ese momento perfecto de crecimiento. El envejecimiento continuó. Aún persiste. La base global de trabajadores y consumidores está envejeciendo hacia la jubilación masiva. En nuestro apuro por urbanizar, no ha nacido ninguna generación de reemplazo.

Desde 1945, el mundo es mejor de lo que ha sido nunca. Mejor de lo que será nunca. Lo que es una forma poética de decir que esta era, este mundo —nuestro mundo— está condenado. La década de 2020 verá un colapso del consumo, de la producción, de la inversión y del comercio en casi todas partes. La globalización se hará añicos. Ya sea a nivel regional, a nivel nacional o a una escala menor. Será costoso. Hará que la vida sea más lenta. Pero, sobre todo, peor. Ningún sistema económico aún imaginado puede funcionar en el tipo de futuro al que nos enfrentamos.

Esta involución será, como mínimo, discordante. Nos ha llevado décadas de paz percatarnos de nuestro mundo. Pensar que nos adaptaremos con facilidad o rapidez a esta titánica desintegración es mostrar más optimismo del que soy capaz de generar.

Pero eso no significa que yo no tenga algunas pautas.

Primero viene algo a lo que yo me refiero como «Geografía del Éxito». El lugar importa. Inmensamente. Las ciudades egipcias están donde están porque tenían la mezcla perfecta de agua y defensa proporcionada por el desierto para la era preindustrial. Del mismo modo, los españoles y los portugueses impusieron su dominio no solo por su temprano control de las tecnologías en aguas profundas, sino porque su ubicación en una península los liberó en cierta manera de la trifulca general del continente europeo.

Si agregamos las tecnologías industriales a la mezcla, la historia cambia. La aplicación de carbón, hormigón, vías férreas y barras de refuerzo de forma masiva cuesta mucho dinero, y los únicos lugares capaces de autofinanciarse fueron los que tenían una plétora de vías fluviales generadoras de capital. Alemania es el país que más tiene en Europa, lo que hizo inevitable su ascenso. Pero los estadounidenses son los que más tienen de todo el mundo —tienen más que todos los demás juntos—, por lo que la caída alemana es igual de inevitable.

En segundo lugar, como puede que ya os hayáis dado cuenta, la Geografía del Éxito no es inmutable. A medida que las tecnologías evolucionan, las listas de ganadores y perdedores mudan con ellas. Los avances en el aprovechamiento del agua y el viento hicieron que aquello que hacía especial a Egipto pasara a la historia, dando cabida a una nueva lista de grandes potencias. La Revolución Industrial redujo España a un lugar atrasado mientras anunciaba el comienzo del Imperio inglés. El Desorden mundial y el colapso demográfico que se avecinan harán algo más que condenar al pasado a una multitud de países; proclamarán el ascenso de otros.

En tercer lugar, el cambio de los parámetros tendrá impacto en… prácticamente todo. Nuestro mundo globalizado es, bueno, global. Un mundo globalizado tiene una geografía económica: la geografía del conjunto. Con independencia del comercio o del producto, casi todos los procesos cruzan al menos una frontera internacional. Algunos de los más complejos cruzan miles. En el mundo hacia el que estamos evolucionando (involucionando), eso es algo inexorablemente imprudente. Un mundo «desglobalizado» no tiene una geografía económica diferente sin más, tiene miles de geografías diferentes y alejadas. Desde el punto de vista económico, el conjunto es más fuerte por la inclusión de todas sus partes. Es de donde hemos sacado nuestra riqueza, ritmo de progreso y velocidad. Las partes serán ahora más débiles por su separación.

En cuarto lugar, no solo a pesar del abandono y la degradación global, sino también en muchos casos debido a ella, Estados Unidos escapará en gran medida a la carnicería que se avecina. Puede que esta afirmación haya activado tu detector de mentiras. ¿Cómo puedo asegurar que Estados Unidos saldrá airoso de algo tan convulso? ¿Con su creciente desigualdad económica, su tejido social en constante deterioro y un escenario político cada vez más encarnizado y autodestructivo?

Comprendo la incredulidad reflexiva. Crecí en la época de *Duck and Cover*.[2] Me molesta que temas como los «espacios seguros» en universidades carentes de un punto de vista divergente, la política de los baños para personas transgénero y las ventajas de las vacunas hayan llegado a la proverbial plaza de la ciudad, y mucho menos que hayan quedado relegados temas como la proliferación nuclear o el lugar de Estados Unidos en el mundo. A veces parece que la política estadounidense está sacada de los pensamientos aleatorios del producto de cuatro años de encuentros secretos entre Bernie Sanders y Marjorie Taylor Greene.

---

2    *Duck and Cover* es un cortometraje documental realizado en 1951 en Estados Unidos que muestra cómo protegerse de una explosión nuclear con el personaje animado de una tortuga llamada Bert. (*N. de la T.*)

¿Mi respuesta? Es fácil: no se trata de ellos. Nunca se ha tratado de ellos. Y por «ellos» no me refiero simplemente a los excéntricos y fanáticos sin límites de la izquierda y la derecha más recalcitrante actual de Estados Unidos, sino a sus actores políticos en general. La década de 2020 no es la primera vez que Estados Unidos pasa por una reestructuración completa de su sistema político. Este es el séptimo asalto para aquellos de vosotros con una mente con cierta inclinación histórica. Los estadounidenses han sobrevivido y prosperado antes porque su geografía está aislada de la mayor parte del mundo y su perfil demográfico es claramente más joven. Sobrevivirá y prosperará ahora y en el futuro por razones similares. Los puntos fuertes de Estados Unidos permiten que sus debates sean insignificantes, mientras que esos debates apenas afectan a sus puntos fuertes.

Puede que lo más extraño del que pronto será nuestro presente sea que mientras los estadounidenses se estarán deleitando en sus mezquinas disputas internas, apenas notarán que el mundo está acabando en algún otro lugar. Las luces parpadearán y se apagarán. Las curtidas garras del hambre se clavarán profundamente y se mantendrán firmes. El acceso a los insumos —financieros, materiales y laborales— que definen el mundo moderno dejará de existir en cantidad suficiente para hacer posible la modernidad. La historia será diferente en todas partes, pero el tema preponderante será inconfundible: los últimos setenta y cinco años serán recordados como una edad de oro, y una que no duró lo suficiente.

El punto central de este libro no se refiere simplemente a la profundidad y amplitud de los cambios que se avecinan para cada aspecto de cada sector económico que hace que nuestro mundo sea nuestro mundo. No se trata simplemente de que la historia vuelva a avanzar, ni de cómo termina nuestro mundo. El verdadero objetivo es trazar un mapa de cómo será todo al otro lado de este cambio de las condiciones. ¿Cuáles son los nuevos parámetros de lo posible? En un mundo «desglobalizado», ¿cuáles serán las nuevas Geografías del Éxito?

¿Qué viene a continuación?

Al fin y al cabo, el final del mundo no es más que el principio. Así que lo mejor será que empecemos por ahí.

Por el principio.

# APARTADO I:
# EL FIN DE UNA ERA

# CÓMO EMPEZÓ EL PRINCIPIO

Al principio éramos nómadas.

No deambulábamos porque tratáramos de encontrarnos a nosotros mismos; vagábamos porque teníamos muchísima hambre. Errábamos con las estaciones hacia lugares con raíces, frutos secos y bayas más abundantes. Subíamos y bajábamos rangos de elevación en busca de diferentes plantas. Seguíamos las migraciones de los animales porque era allí donde estaba la carne. Refugio era lo que uno encontraba cuando lo necesitaba. Por lo general, no nos quedábamos en el mismo lugar durante más de unas pocas semanas porque rebuscábamos comida y cazábamos hasta agotar el terreno en poco tiempo. Nuestro estómago nos obligaba a empezar a errar de nuevo.

Las limitaciones de todo ello eran bastante, bueno, limitantes. La única fuente de energía que un ser humano tiene sin ayuda son los músculos, primero los nuestros y después los del puñado de animales que podíamos domesticar. La inanición, las enfermedades y las lesiones eran frecuentes y tenían la desafortunada posibilidad de resultar letales. Cualquier raíz o conejo que la naturaleza proporcionase a una persona era una raíz o conejo que otra no comía. Así que, claro, vivíamos en «armonía con la naturaleza», lo que es otra forma de decir que tendíamos a moler a palos a nuestros vecinos cada vez que los veíamos.

Es probable que quien ganara la pelea se comiese al perdedor.

No está mal, ¿eh?

Entonces, un milagroso día, iniciamos algo nuevo y prodigioso que hizo que la vida fuera menos violenta y precaria y que nuestro mundo cambiara radicalmente:

Empezamos a cultivar en nuestras heces.

## LA REVOLUCIÓN DE LA AGRICULTURA SEDENTARIA

Las heces humanas son una cosa extraña. Como los humanos somos omnívoros, nuestras heces cuentan con la concentración más densa de nutrientes del mundo natural. Como el ser humano sabe dónde, esto, deposita su caca..., el hecho de llamémoslo «inventariar» y «garantizar suministros frescos» fue un proceso sencillo.[3]

Las heces humanas resultaron ser uno de los mejores fertilizantes y medios de cultivo no solo en el mundo precivilizado, sino hasta la introducción masiva de los fertilizantes químicos a mediados del siglo XIX; y en algunas partes del mundo se siguen utilizando en la actualidad. La gestión de las heces nos introdujo en algunas de nuestras primeras distinciones de clase. Después de todo, nadie quería recoger, inventariar, distribuir y... aplicar el material. Es parte de la razón por la que los intocables de la India eran/son tan... intocables: hacían el trabajo sucio de recoger y distribuir los «residuos de las letrinas».[4]

El gran avance de las heces —más conocido como la primera auténtica *suite* tecnológica de la humanidad, la agricultura sedentaria— también introdujo a los seres humanos en la primera regla

---

3   Importante lección de geopolítica. La historia, la verdadera historia, no es para los aprensivos.

4   Para aquellos fascinados por este tema, me temo que esto es todo lo que mi estómago y el de mi editor pueden soportar. Les recomiendo el libro *Armas, gérmenes y acero*, de Jared Diamond, por su nivel de detalle, a veces fascinante, sobre las implicaciones económicas y biológicas de la revolución del uso de las heces como fertilizante.

de la geopolítica: la ubicación es importante, y qué lugar importa más es algo que cambia según la tecnología del momento.

La primera Geografía del Éxito, la de la era de los cazadores/recolectores, tenía que ver con la diversidad y la variedad. Una buena nutrición significaba ser capaz de aprovechar múltiples tipos de plantas y animales. A nadie le gusta cambiar de casa, así que no nos trasladábamos hasta que una zona quedaba limpia. Como tendíamos a vaciar una zona con bastante rapidez, y como el hambre nos empujaba sin piedad a pastos más verdes, necesitábamos ser capaces de reubicarnos con facilidad. Por lo tanto, tendíamos a concentrarnos en zonas con una gran variedad climática en un espacio físico bastante denso. Las faldas de las montañas resultaron ser especialmente populares porque podíamos acceder a varias zonas climáticas diferentes en una distancia horizontal relativamente corta. Otra opción popular era allí donde las regiones tropicales se mezclaban con la sabana, de modo que podíamos aprovechar las sabanas ricas en caza en la estación húmeda y las selvas tropicales ricas en plantas en la seca.

Etiopía se vio especialmente favorecida por los cazadores/recolectores, ya que combinaba la sabana, la selva tropical y las estrías verticales en un solo paquete ordenado. Aunque eso era una mierda para la agricultura (de heces).

Obtener toda la comida que se necesita en un solo lugar requería un único trozo bastante considerable de terreno llano, no el tipo de dispersión o variedad que podía sostener a los cazadores/recolectores. La estacionalidad del movimiento de la dieta de los cazadores/recolectores era en gran medida incompatible con los requisitos de constante atención de los cultivos, mientras que la naturaleza estacional de la cosecha de los cultivos era en gran parte incompatible con las necesidades de los deseos humanos de comer todo el año. Y el hecho de que uno se quedara en un sitio cultivando la tierra no significaba que sus vecinos lo hicieran. Sin los elementos disuasorios apropiados, tendían a buscar alimento en tu huerto y tú te quedabas sin meses de trabajo y volvías al modo de inanición. Muchas tribus comenzaron a cultivar para luego abandonar por considerarlo inviable.

La cuadratura de estos círculos en particular no solo exigió que aprendiéramos una forma diferente de alimentarnos, sino que nos obligó también a encontrar un tipo de geografía diferente de la que pudiéramos obtener los alimentos.

Necesitábamos un clima con la suficiente falta de estacionalidad como para poder cultivar y cosechar durante todo el año, eliminando así la temporada de hambre. Necesitábamos caudales de agua constantes para poder contar con esos cultivos y mantenernos año tras año. Necesitábamos lugares en los que la naturaleza proporcionara cercas naturales buenas y resistentes para que los vecinos no pudieran entrar y servirse de los frutos de nuestro trabajo. Necesitábamos una Geografía del Éxito diferente.

## LA REVOLUCIÓN DEL AGUA

Los únicos lugares de la Tierra que cumplen estos tres criterios son los ríos que fluyen a través de desiertos de baja latitud y altitud.

Algunas partes de esto son obvias.

- Como cualquier agricultor o jardinero sabe, si no llueve, estás fastidiado. Pero, si te instalas en la orilla de un río, nunca te quedarás sin agua para regar, a menos que algún barbudo se ponga a escribir una biblia.
- Las regiones de baja latitud tienen días largos y llenos de sol durante todo el año; la falta de estacionalidad permite el policultivo. Más cultivos en más momentos significa menos hambre; y el hambre es horrible.
- Los ríos de gran altitud fluyen rápidos y rectos y cortan cañones en el paisaje a su paso. Por el contrario, los ríos de baja altitud suelen serpentear por zonas llanas, lo que hace que sus aguas entren en contacto con más tierras de cultivo potenciales. Como ventaja adicional, cuando un río trenzado

se desborda con las crecidas de primavera, deja tras de sí una gruesa capa de sedimentos ricos en nutrientes. El limo es un gran potenciador de las heces.

– Estar en una región desértica mantiene a raya a esos molestos vecinos en busca de comida. Ningún cazador/recolector en su sano juicio va asomar la nariz en un desierto, contemplar la interminable masa de ondulaciones térmicas y opinar en tono soñador: «Seguro que hay unos conejos y colinabos impresionantes por allí». Sobre todo, en una época en la que las sandalias holgadas eran el calzado más duradero disponible.

Los ríos también gozan de un par de ventajas menos obvias, pero igual de importantes.

La primera de ellas es el transporte. No es tan fácil mover cosas. Suponiendo que se tenga acceso a una carretera de asfalto u hormigón —el tipo de carretera que ni siquiera existió hasta principios del siglo xx—, se necesita unas doce veces más cantidad de energía para mover cosas por tierra que por agua. En los primeros años del primer milenio a. C., cuando una carretera de primera calidad era de grava, esa desconexión de energía era más bien del orden de cien a uno.[5]

El hecho de que un río desértico de movimiento lento atravesara el corazón de nuestras primeras tierras de origen permitió a los humanos trasladar lo que hiciera falta de donde había excedente a donde había demanda. La distribución del trabajo propició que los primeros humanos explotaran más campos e incrementaran así la superficie plantada y el suministro de alimentos, y hacerlo en lugares que no tenían por qué estar a pocos minutos a pie de donde vivíamos. Estas ventajas supusieron a menudo la diferencia entre lograr un éxito espectacular (es decir, que nadie pasara hambre) y un fracaso igual de espectacular (que todo el mundo pasara hambre). También estaba la cuestión, no menos

---

5    No tuvimos adoquines hasta el siglo iii a. C.

importante, de la seguridad: la distribución de los soldados a través de las vías fluviales nos permitía ahuyentar a los vecinos lo bastante tontos para cruzar nuestros pastos desiertos.

Esta cuestión del transporte, por sí sola, separó a los primeros agricultores del resto. Más tierra bajo una producción más segura significaba una mayor producción de alimentos, lo que representaba poblaciones más grandes y estables, lo que a su vez quería decir más tierra bajo una producción más segura, y así sucesivamente. Ya no éramos tribus errantes, sino comunidades establecidas.

La segunda cuestión que resuelven los ríos es la de la... digestión.

El hecho de que algo sea comestible no significa que lo sea directamente de la planta. Sin duda, cosas como el trigo crudo se pueden masticar, pero tienden a ser duras para todas las partes del sistema digestivo, lo que favorece una boca, un estómago y heces sangrientas. Nada de ello bueno en ninguna época.

Se pueden hervir los granos crudos para hacer una papilla de sabor, apariencia y textura repugnante, pero la ebullición destruye el perfil nutricional de los granos y, de todos modos, requiere un uso sustancial de combustible. La cocción puede funcionar como fuente de alimentación suplementaria para una tribu que deambule de un lugar a otro y que cuente con frecuencia con un suministro de leña fresca y solo unas pocas bocas que alimentar, pero es algo del todo imposible en un valle desértico terminal. Para empezar, los desiertos no tienen demasiados árboles que digamos. Allí donde los desiertos y los árboles se superponen es, por supuesto, a lo largo de los ríos, lo que enfrenta el suministro de combustible con las tierras de cultivo. De cualquier manera, la cuestión es que el éxito de la agricultura fluvial generó grandes poblaciones locales. Hervir comida para mucha gente —para una comunidad— todos los días no es factible simplemente en un mundo anterior al carbón o la electricidad.

¿Conclusión? Despejar la tierra, cavar zanjas de riego, plantar semillas, cuidar de los cultivos, ocuparse de las cosechas y trillar el grano son las partes fáciles de la agricultura primitiva. El trabajo realmente duro es coger dos trozos de roca y moler la cosecha —unos cuantos granos cada vez— hasta convertirla en un polvo grueso sin refinar con el que luego poder preparar unas gachas fáciles de digerir (sin necesidad de calor) o, si se vivía con un amante de la comida, hornearlas en forma de pan. Nuestra única fuerza disponible era la muscular —tanto la de los humanos como la de nuestros animales— y la física del proceso de trituración requería tanto trabajo que mantenía a la humanidad en un anquilosamiento tecnológico.

Los ríos nos ayudaron a solucionar este problema. Las norias nos permitieron transferir un poco de la energía cinética de un río a un aparato de molienda. Con tal de que el agua fluyera, la rueda giraba, una gran roca trituraba el grano contra otra y nosotros solo teníamos que verter el trigo en el recipiente de molienda. Un poco más tarde, ¡listo! Harina.

Las norias supusieron el primer ahorro de mano de obra. Al principio, casi todo ese ahorro se destinaba al agotador trabajo de la agricultura de regadío, lo que permitió cultivar más tierras y obtener mayor producción de alimentos y más fiable. Pero, cuando el proceso de cultivo de alimentos de proximidad pasó a ser de alguna forma menos laborioso, empezamos a generar excedentes de alimentos por primera vez. Eso también liberó un poco de mano de obra, y sin darnos cuenta se nos ocurrió algo que podían hacer: gestionar los excedentes de alimentos. ¡Bam! Ahora tenemos cerámica y números. Ahora necesitamos alguna forma de almacenar nuestras vasijas y llevar un registro de las cuentas. ¡Bam! Ahora contamos con principios básicos de ingeniería y con la escritura. Ahora necesitamos una forma de distribuir nuestra comida almacenada. ¡Bam! Caminos. Debíamos guardar, gestionar y custodiar todas nuestras cosas en un lugar centralizado, y debíamos transmitir todas nuestras habilidades a las generaciones futuras. ¡Bam! Urbanización y educación.[6]

---

6    Sí, todo esto es muy como la serie de videojuegos de estrategia *Civilization*, de Sid Meier. El tipo investigó lo suyo.

En cada etapa, retiramos un poco de mano de obra de la agricultura y la destinamos a nuevas industrias que gestionaban, aprovechaban o mejoraban la misma agricultura de la que procedía la mano de obra. El constante incremento de los niveles de especialización del trabajo y la urbanización primero nos dieron ciudades, después ciudades-Estado, luego reinos y por último imperios. Puede que la agricultura sedentaria nos proporcionara más calorías y los desiertos mayor seguridad, pero fue necesario el poder de los ríos para encaminarnos hacia la civilización.

Durante estos primeros milenios, no había... demasiado tráfico.

Los sistemas agrícolas fluviales podían emerger —como así hicieron— a lo largo de los numerosos ríos del mundo, pero las culturas que disfrutaban de esa protección que garantizaba el desierto eran *rara avis*. Las primeras civilizaciones sedentarias basadas en la agricultura fueron las ubicadas en el bajo Tigris, en el Éufrates y en el Nilo, las del área del Indo medio (actual Pakistán) y, en menor medida, en la llanura al norte de China en torno al río Amarillo, y... eso es todo.

Es posible que las culturas hayan podido hacerse un lugar —o reinos, o incluso imperios— a lo largo del Missouri, el Sena, el Yangtsé, el Ganges o el río Cuanza, pero ninguna de ellas estaría lo bastante aislada de sus vecinos para perseverar. Otros grupos —civilizados o bárbaros— acabarían por desgastar a estas culturas con una competencia implacable. Incluso el mayor y más poderoso de entre estos imperios, el romano, «solo» sobrevivió durante cinco siglos en el despiadado mundo de la historia antigua. En cambio, Mesopotamia y Egipto sobrevivieron varios miles de años.

Lo más sorprendente es que el siguiente cambio tecnológico no hizo que las culturas humanas fueran más duraderas por aislarlas, sino que fueron menos duraderas al aumentar la competencia.

## LA REVOLUCIÓN DEL VIENTO

En el siglo VII d. C., las tecnologías de molienda de la humanidad superaron finalmente una serie de barreras técnicas y unieron la rueda de molino a una nueva fuente de energía. En lugar de utilizar ruedas de paletas para llegar por debajo de una estructura y aprovechar la fuerza del agua en movimiento, utilizamos aletas y velas para llegar por encima y aprovechar la fuerza del aire en movimiento. El resto del aparato —un cigüeñal y un par de superficies de molienda— se mantuvo más o menos igual, pero cambiar la fuente de energía desplazó la geografía donde era posible el desarrollo humano.

En la era del agua, los únicos lugares que disfrutaban de un excedente de mano de obra y de una división del trabajo eran los que estaban anclados en los sistemas fluviales. Todos los demás tenían que reservar una parte de su fuerza laboral para el agotador trabajo de la molienda. Sin embargo, con el aprovechamiento del viento, casi cualquier persona podía utilizar un molino de viento para moler harina. La especialización de la mano de obra —y, a partir de ella, la urbanización— podía producirse en cualquier lugar donde lloviera y hubiera viento fuerte de vez en cuando. No es que estas nuevas culturas fueran más estables o seguras. No lo eran. En general, sufrían un aislamiento estratégico mucho menor que sus pares anteriores al uso del viento. Pero la energía eólica amplió las zonas en las que la agricultura podía generar un excedente de mano de obra por un factor de cien.

Esta amplia difusión de nuevas culturas tuvo una serie de rápidas consecuencias.

En primer lugar, puede que la vida civilizada fuera algo mucho más habitual a medida que los términos de la camisa de fuerza de las Geografías del Éxito aflojaron ligeramente, pero la vida se volvió mucho menos segura. Con la aparición de ciudades en cualquier lugar en el que cayera lluvia y soplara viento, las culturas se enfrentaron de continuo entre sí. Las guerras comportaron participantes con mejores fuentes de alimentos y tecnologías cada vez más capaces, lo cual significa que la guerra no solo se volvió algo más común y frecuente, sino también más destructiva. Por primera vez, la existencia de una población humana estaba vinculada a piezas específicas de infraestructura. Si se destruían los molinos de viento, se podía matar de hambre al oponente.

En segundo lugar, así como en el salto a la agricultura sedentaria la geografía de lo que generaba el éxito pasó de variadas altitudes a valles fluviales desérticos de baja altitud, el paso de la energía hidráulica a la eólica favoreció diferentes tipos de territorios. El truco consistía en contar con una frontera interior lo más grande posible con una distribución sencilla. Los ríos seguían siendo excelentes, por supuesto, pero también valía cualquier clase de planicie grande y abierta. Para equilibrarla, había que contar con buenas barreras externas. Los desiertos continuaban sirviendo, pero bastaba cualquier cosa que no permitiera la agricultura. Los ejércitos tenían que caminar, y los transeúntes solo podían llevar cierta cantidad de comida. En esta época la mayoría de los ejércitos tendían a saquear a su paso a medida que iban invadiendo tierras y poblaciones, así que si tus zonas fronterizas no tenían nada que saquear tendías a ser invadido con menos frecuencia y menos... a fondo.

Una frontera demasiado abierta y grupos como los mongoles solían arruinar tu vida. A las China y Rusia del mundo les solía ir bastante mal. Un interior demasiado accidentado, y nunca se alcanzaba la suficiente unificación cultural para poner a todos en el mismo bando. Nadie quería ser Persia o Irlanda, luchando constantemente con desavenencias internas. Las geografías con mejores condiciones de habitabilidad eran aquellas con un exterior sólido y un centro viscoso: Inglaterra, Japón, el Imperio otomano, Suecia.

En tercer lugar, estas nuevas culturas dependientes del viento no necesariamente perduraron más —de hecho, la mayoría de ellas solo fueron un destello—, pero hubo muchas en las que se disparó la oferta de mano de obra cualificada, acelerando el ritmo del progreso tecnológico.

La primera fase de la agricultura sedentaria se inició con la gente más o menos estacionada alrededor del 11.000 a. C. Después de unos tres milenios más, descubrimos cómo domesticar a los animales y el trigo. El salto al molino de agua se produjo finalmente en los últimos dos siglos antes de Cristo (y se popularizó gracias a griegos y romanos). El molino de viento tardó varios siglos más, y no fue algo común hasta los siglos VII y VIII de nuestra era.

Pero a partir de ahí la historia se acelera. Decenas de miles de protoingenieros no dejaron de implementar multitud de diseños de molinos de viento para beneficio de miles de zonas pobladas. Como es lógico, todo ese trabajo llevado a cabo por los «cerebritos» tuvo efectos indirectos en una serie de tecnologías dependientes del viento.

Una de las tecnologías eólicas más antiguas es la simple vela cuadrada. Es cierto que genera un poco de movimiento hacia delante, pero solo se puede navegar en la dirección del viento, lo que supone una gran limitación si no se quiere ir en la dirección en la que sopla el viento, o si hay, bueno, olas. Una vela más grande no ayuda realmente (de hecho, un cuadrado de tela más grande tiende a hacer que el barco vuelque casi con total seguridad).

No obstante, toda esta nueva experimentación con los molinos de viento supuso una mejora paulatina de nuestra comprensión de la dinámica del aire. Los barcos de un solo mástil y una sola vela dejaron paso a barcos de varios mástiles con una abrumadora variedad de formas de vela diseñadas para diferentes condiciones de agua y viento. La mejora de la capacidad de locomoción, maniobrabilidad y estabilidad desencadenó innovaciones en todos los ámbitos, desde los métodos de construcción de barcos (adiós, ganchos; hola, clavos) hasta las técnicas de navegación (se acabó eso de mirar al sol; bienvenida, brújula) y el armamento (adiós a los arcos y las flechas, hola a troneras y cañones).

En «solo» ocho siglos la experiencia de la humanidad en el mar se transformó por completo. La cantidad de carga que podía transportar un solo barco pasó de unos cientos de kilos a unos cientos de toneladas, sin contar armas o suministros para la tripulación. Los viajes de norte a sur a través del Mediterráneo —antes tan peligrosos y considerados prácticamente suicidas— se convirtieron en el primer pequeño salto de los viajes transoceánicos y alrededor del globo de varios meses de duración.

El resultado fue su propia flotilla de consecuencias para la condición humana.

Las entidades políticas que podían valerse de las nuevas tecnologías tenían una gran ventaja sobre la competencia. Podían generar enormes flujos de ingresos, que a su vez se utilizaban para fortificar las defensas, educar a sus poblaciones y pagar la ampliación de los servicios civiles y las fuerzas militares. Las ciudades-Estado del norte de Italia se convirtieron en potencias regionales independientes de pleno derecho a la altura de los imperios de la época.

Y los avances siguieron su curso.

Hasta la navegación en aguas profundas, la tiranía de la distancia resultaba tan abrumadora que el comercio era muy raro. Las carreteras solo existían dentro de una cultura, y en la mayoría no había una variedad de bienes lo suficientemente amplia para justificar mucho comercio en primer lugar. (Los lugares lo bastante afortunados para tener ríos navegables eran la excepción, y como tal solían ser las culturas más ricas). La comercialización solía estar limitada a los artículos exóticos: especias, oro, porcelana; bienes que tenían que competir con productos alimentarios en el cargamento del comerciante.

Los productos de gran valor generaban sus propios problemas. Que alguien se presentara desde las afueras de la ciudad con una carreta cargada pidiendo comprar comida era el equivalente a ese idiota de la época actual que coloca identificador de equipaje de plata en su maleta facturada en el aeropuerto.[7] Debido a la restricción de alimentos, ningún comerciante podía hacer todo el viaje. En lugar de ello, el comercio adoptaba la forma de cientos de intermediarios que se entrelazaban a lo largo de los difíciles itinerarios como un collar de perlas, añadiendo cada uno de ellos su propio aumento de precio al coste de la mercancía. El comercio trans-

---

7    ¡Robadme, por favor!

continental a través de trayectos como las rutas de la seda generaba necesariamente márgenes de beneficio del 10.000 % como algo natural. Esto mantenía con firmeza las mercancías de comercio en las categorías de ligero, poco voluminoso y no perecedero. La navegación en aguas profundas sorteó el problema.

Los nuevos barcos no solo podían navegar sin ver tierra durante meses, reduciendo la exposición a las amenazas; sus cavernosas bodegas limitaban su necesidad de tener que parar para abastecer. Sus temibles arsenales hacían que, cuando tenían que hacerlo, los lugareños tendían a no pasarse por allí para ver qué podían robar. La ausencia de intermediarios redujo el coste de los bienes de lujo en más de un 90 %; y eso antes de que las potencias que respaldaban a los nuevos comerciantes de aguas profundas comenzaran a enviar tropas para apoderarse directamente de las fuentes de las especias, sedas y porcelana que el mundo encontraba tan valiosas.

Las potencias más inteligentes[8] no se contentaron con el aprovisionamiento y la distribución, sino que también se hicieron con puertos a lo largo de la ruta de navegación para que sus buques de carga y militares tuvieran lugares en los que resguardarse y reabastecerse. Los beneficios aumentaron. Si un barco podía recoger provisiones de forma segura a lo largo de la ruta, no tenía que aprovisionarse para todo un año. Eso liberaba más espacio de carga para las cosas valiosas. O simplemente más tipos con armas para protegerse mejor... o llevarse las cosas de los demás.[9]

Los ingresos procedentes de estos bienes, el acceso a los mismos y el ahorro empoderaron aún más las geografías más exitosas. El requisito de tener grandes extensiones de tierra cultivable de alta calidad no desapareció, pero la relevancia de poder protegerse de los ataques por tierra se hizo mucho más importante. Por mucho dinero que se ganara en el comercio marítimo, la infraestructura de apoyo de los muelles y los barcos representaba tecnologías fundamentalmente nuevas que solo se podían explotar con

---

8    ¡Me refiero a ti, Portugal!
9    ¡Sigo refiriéndome a ti, Portugal!

grandes gastos. Todo el dinero que se destinaba a sacar a flote una flota mercante no estaba disponible, por definición, para mantener un ejército.

Las nuevas Geografías del Éxito no eran lugares que destacaran en la construcción de barcos o en la capacitación de marineros, sino que eran aquellos que no tenían que preocuparse en exceso por las invasiones terrestres y contaban con espacio estratégico para pensar más allá del horizonte. Las primeras culturas de aguas profundas se asentaron en una península; Portugal y España, para ser más específicos. Cuando los ejércitos solo pueden acercarse a ti desde una dirección, es más fácil centrar tus esfuerzos en hacer flotar una armada. Pero los países localizados en islas son aún más fáciles de defender. Con el tiempo, los ingleses superaron a los ibéricos.

Hubo muchas otras culturas del montón que se aprovecharon de la tecnología de aguas profundas, pero que no lograron seguir el ritmo de los españoles o los ingleses. Un grupo prácticamente de iguales que incluía a todos, desde los franceses hasta los suecos, pasando por los italianos y los holandeses, demostró que, por muy revolucionaria que fuera la tecnología de aguas profundas en todos los aspectos, desde la dieta hasta la riqueza y la guerra, no tenía por qué destruir el equilibrio de poder si todos disponían de las nuevas tecnologías. Lo que sí hizo fue abrir una enorme brecha entre aquellas culturas que consiguieron dominarlas y las que no. Francia e Inglaterra no podían conquistarse mutuamente, pero sí podían —y así hicieron— navegar a tierras lejanas y conquistar a los pueblos que no podían igualar sus conocimientos técnicos. La unidad política dominante en el mundo evolucionó rápidamente de comunidades agrícolas aisladas a imperios basados en el comercio de aguas profundas que se extendían por todo el mundo.

Con las rutas comerciales que ya no se medían en decenas de kilómetros, sino en miles, el valor y el volumen del comercio se dispararon aun cuando el coste de ese transporte cayó en picado. El cambio afectó a la tendencia a la urbanización en ambos lados. Entre las nuevas industrias navales y la vertiginosa variedad de productos comercializados, los imperios necesitaban centros para desarrollar, procesar, fabricar y distribuir todo lo habido y por haber. La demanda de urbanización y especialización de la mano de obra nunca había sido mayor. El colapso de los costes unitarios de transporte ofreció también nuevas oportunidades de enviar productos mucho menos exóticos, como madera, textiles, azúcar, té o... trigo. Los productos alimentarios de un continente lejano podían ahora abastecer a los centros imperiales.

Esto hizo más que hacer surgir las primeras megaciudades del mundo. Creó centros urbanos donde nadie trabajaba en la agricultura, donde todo el mundo se dedicaba al trabajo con valor añadido. La explosión resultante de la urbanización y el suministro de mano de obra cualificada aceleró aún más la curva tecnológica. En menos de dos siglos de su era de aguas profundas, Londres —ciudad lo más alejada posible de los centros comerciales de las rutas de la seda en Eurasia— se convirtió en la urbe más grande, más rica y con mejor educación del mundo.

Una concentración tan masiva de riqueza y conocimientos técnicos en un solo lugar alcanzó rápidamente una masa crítica. Por sí solos, los ingleses generaron suficientes nuevas tecnologías para lanzar su propia transformación civilizatoria.

## LA REVOLUCIÓN INDUSTRIAL

A pesar del creciente alcance tecnológico de la época de aguas profundas y de su magnitud, la humanidad conservaba muchas de las limitaciones que habían obstaculizado el progreso desde el principio. En fecha tan «reciente» como el año 1700, toda la energía que utilizaba el ser humano dependía de uno de los siguientes tres elementos: músculo, agua o viento. Los trece milenios anteriores pueden resumirse como el esfuerzo del género humano por capturar las tres fuerzas en mayor volumen y con mejor eficiencia; aunque al final, si el viento no soplaba, el agua no fluía o la carne no se alimentaba y descansaba, no se podía hacer nada.

El aprovechamiento de los combustibles fósiles lo cambió todo de forma drástica. La capacidad de quemar primero carbón (y más tarde petróleo) para generar vapor permitió a los seres humanos producir energía cuando, donde y en las cantidades deseadas. Los barcos ya no tenían que navegar alrededor del mundo en función de las estaciones; podían transportar consigo su propia energía. El aumento de la fuerza y la precisión de la aplicación de la energía en dos órdenes de magnitud redefinió industrias tan variadas como la minería, la metalurgia, la construcción, la medicina, la educación, la guerra, la fabricación y la agricultura; generando cada una de ellas su propio conjunto de tecnologías, que a su vez transformó la experiencia humana.

Los avances en medicina no solo mejoraron la salud, sino que duplicaron la esperanza de vida. El hormigón no solo permitió la construcción de auténticas carreteras, sino que también propició la construcción de edificios de más de tres plantas. El desarrollo de los tintes no solo generó una industria química, sino que llevó directamente a los fertilizantes, que multiplicaron por cuatro la producción agrícola. El acero —más fuerte, más ligero, menos quebradizo y más resistente a la corrosión que el hierro— proporcionó a todas las industrias que utilizaron el metal un notable aumento de su capacidad, ya fuera la industria del transporte, la manufacturera o la bélica. Cualquier cosa que hiciera menos necesaria la fuerza de los músculos ayudó a construir un ataúd para la esclavitud institucionalizada. Del mismo modo, la electricidad no solo aumentó la productividad de los trabajadores, sino que generó luz, que fabricó tiempo. Al retrasar la noche, la gente tenía más horas para (aprender a) leer, extendiendo la alfabetización a las masas. Y a las mujeres les concedió la posibilidad de llevar una vida que no estuviera por completo dedicada al cuidado del jardín, la casa y los niños. Sin electricidad, no hubiera habido un movimiento de defensa de los derechos de las mujeres.

La mayor restricción de esta nueva época industrial ya no era el músculo, el agua o el viento —ni siquiera la energía en general—, sino el capital. Todo lo relacionado con esta nueva era —ya fueran ferrocarriles, autopistas, cadenas de montaje, rascacielos o acorazados— era, bueno, nuevo. Sustituyó la infraestructura de miles de años anteriores por algo más ligero, más fuerte, más rápido, mejor... y que tenía que construirse desde cero. Eso requería dinero, y mucho. Las exigencias de la infraestructura industrializada demandaban nuevos métodos de movilización del capital: surgieron el capitalismo, el comunismo y el fascismo.

La «simple» economía del transporte de mercancías de lugares de gran oferta a los de gran demanda se volvió infinitamente más compleja, con zonas industrializadas que proporcionaban volúmenes masivos de productos fundamentalmente únicos adyacentes a otras industrializadas que proporcionaban volúmenes igualmente masivos de productos fundamentalmente únicos. Solo había dos limitaciones a la expansión: la capacidad de financiar las instalaciones industriales y la facultad de transportar los productos de esas instalaciones a los clientes.

Y así, la lógica de las Geografías del Éxito... se divide. Del paso de la economía de los cazadores/recolectores a la era de la noria, siempre fue mejor estar junto a un río. Eso no había cambiado. Pero ya no era suficiente, y nadie lo tenía todo. Las densas redes de ríos navegables podían potenciar el comercio local y generar montones de capital, pero nunca el suficiente para financiar el desarrollo local y comprar los resultados de ese desarrollo. El comercio cobró mayor importancia, tanto como fuente de capital como de clientes. Alemania fue el país que más éxito tuvo en lo primero: el Rin, el Elba, el Óder y el Danubio demostraron ser la zona de generación de capital más densa del mundo industrial y convirtieron al Imperio alemán en el actor más poderoso de la época. Pero era Gran Bretaña quien controlaba los mares y, por tanto, el acceso a las rutas comerciales y a los clientes necesarios para convertir a Alemania en una potencia hegemónica mundial.

La pauta de las geografías favorecidas por las reglas de la era de aguas profundas se mantuvo sólida en la época industrial. Los imperios de vías fluviales con extensos y remotos dominios se hicieron más fuertes y letales a medida que fueron industrializándose. La navegación en aguas profundas hizo que estos imperios fueran globales en su alcance, mientras que la industrialización de la guerra hizo que ese alcance fuera más mortífero con la incorporación de ametralladoras, aviones y gas mostaza. Y, lo que es más importante, la combinación de la navegación en aguas profundas y la industrialización permitió a estos imperios de aguas profundas visitar sus nuevas capacidades militares no en cuestión de meses y semanas, sino de días y horas. Y hacerlo en cualquier lugar del planeta.

Desde los primeros conflictos industriales reales —la guerra de Crimea de 1853-56, la guerra de Secesión estadounidense de 1861-65 y la guerra austro-prusiana de 1866—, la época industrial solo tardó dos generaciones en generar la carnicería más horrible de la historia, que se tradujo en unos cien millones de muertos en las dos guerras mundiales. Una de las muchas razones por las que las guerras fueron tan catastróficas en términos humanos fue que las construcciones tecnológicas de la Revolución Industrial no solo consiguieron que las armas de guerra fueran más destructivas, sino que hicieron que el tejido cultural, los conocimientos técnicos, la vitalidad económica y la relevancia militar de la sociedad fueran mucho más dependientes de la infraestructura artificial. Los combatientes atacaban la infraestructura civil del contrario porque era esa infraestructura la que permitía el combate bélico. Pero esa misma infraestructura también permitía la educación, el empleo, la salud y el fin del hambre de las masas.

En todo caso, las guerras mundiales demostraron que la geografía seguía importando. Porque, mientras Gran Bretaña, Alemania, Japón, China, Francia y Rusia se dedicaban a destruir entre sí las infraestructuras relacionadas con el viento, el agua y la industria, un pueblo relativamente nuevo —en una nueva geografía— no solo no era un objetivo de toda esta destrucción a gran escala, sino que utilizaba la guerra para aplicar de forma masiva las tecnologías del agua, el viento, las aguas profundas y la capacidad industrial en su territorio... en muchos casos por primera vez.

Quizá hayas oído hablar de ellos. Reciben el nombre de «estadounidenses».

# BIENVENIDOS A LA SUPERPOTENCIA ACCIDENTAL

Los estadounidenses son un grupo extraño.

Hay numerosas cosas de los estadounidenses que generan gran interés y ofensa, discusión y disputa, gratitud y envidia, respeto y enfado. Muchos señalan el dinamismo de la economía estadounidense como la manifestación por excelencia de la cultura individualista y políglota de Estados Unidos. Otros destacan su sagacidad militar como factor determinante a nivel mundial. Otros consideran que la flexibilidad de su constitución es el secreto de sus casi tres siglos de éxito. No es que nada de todo esto sea incorrecto. Todos estos factores contribuyen sin duda a la perseverancia de Estados Unidos. Pero mi explicación es un poco más simple:

La historia de Estados Unidos es la historia de la perfecta Geografía del Éxito. Esa geografía determina no solo el poderío estadounidense, sino también el papel que juega Estados Unidos en el mundo.

## ESTADOS UNIDOS ES LA POTENCIA FLUVIAL Y TERRESTRE MÁS PODEROSA DE LA HISTORIA

Conforme a las tecnologías de la época, las colonias estadounidenses eran todas de carácter agrícola. Ninguna de ellas era lo que podríamos denominar un «granero» en el sentido actual del término. Las colonias de Nueva Inglaterra (Connecticut, Rhode Island, Massachusetts y Nuevo Hampshire) tenían suelos finos y rocosos, un clima a menudo nublado y veranos cortos, lo que limitaba las opciones de cultivo. El trigo era un «no rotundo». El maíz un «bah». El núcleo de la economía agrícola era una mezcla de caza de ballenas, pesca, silvicultura y licor de *whisky* Fireball.[10]

Georgia y las Carolinas gozaban de un clima más favorable a la agricultura, lo que ampliaba y mejoraba las opciones agrícolas, pero el suelo era pobre de manera distinta. Los principales aportes al suelo de Piedmont son los restos descompuestos de los montes Apalaches: arcilla rica en minerales, pero no necesariamente repleta de nutrientes orgánicos. El resultado natural era la producción itinerante, en la que los agricultores desbrozaban la tierra, la cultivaban durante unas cuantas temporadas hasta que el perfil de nutrientes se agotaba y entonces se trasladaban a una nueva parcela. La permanencia en un lugar exigía la aplicación manual de fertilizantes, un trabajo agotador en cualquier época. Los modelos de empleo atípico, como la servidumbre por contrato y la esclavitud, arraigaron en el Sur por la necesidad de mejorar la química del suelo, tanto como cualquier otra cosa.

Las mejores tierras de cultivo de los trece estados originales de Estados Unidos residían en las colonias del Atlántico Medio de Maryland, Pensilvania, Virginia, Nueva York y Nueva Jersey.[11] Pero no estamos hablando de los niveles de calidad de Iowa (medio oeste) o la Pampa (Argentina) o Beauce (Francia). Solo se consideraban «buenas» debido a la falta de competencia. Además de que estas colonias tenían la combinación menos mala de tierra y clima, también contaban con la mayor parte de la fachada marítima útil de las colonias: las bahías de Chesapeake y Delaware, el estrecho

---

10   O cualquier desagradable licor marrón que pudieran destilar en aquel entonces.
11   Llamar a Nueva Jersey el «Estado Jardín» siempre ha suscitado que se pongan los ojos en blanco.

44

de Long Island y los ríos Hudson y Delaware. La densa red de vías fluviales favoreció la concentración de poblaciones (también conocidas como ciudades), y los habitantes de las ciudades no cultivan. Las condiciones poco ideales para la agricultura, junto con la urbanización, hicieron que los colonos pobres se alejaran decididamente de la agricultura y se decantaran por productos de valor añadido como la artesanía y los textiles..., algo que *de facto* supuso un conflicto económico con Gran Bretaña, que consideraba que el centro imperial debía dominar parte de la economía imperial.[12]

El mosaico de campos y la naturaleza cambiante de la agricultura en las colonias requerían un auténtico *ballet* logístico. La mayor parte de la distribución local de alimentos se realizaba a través del tráfico marítimo costero; era el medio más barato y eficaz de trasladar las mercancías entre los centros de población coloniales, mayoritariamente costeros. Cuando llegó la revolución en 1775, las cosas sin duda se animaron, ya que la autoridad colonial de los estadounidenses controlaba la armada más poderosa del mundo. Muchos estadounidenses coloniales pasaron hambre durante seis largos años. Puede que la independencia de Estados Unidos tuviera éxito al final, pero la economía de la nueva nación era, en una palabra, cuestionable.

La expansión resolvió casi todo.

El gran Medio Oeste cuenta por sí solo con 518.000 kilómetros cuadrados de las tierras de cultivo más fértiles del mundo, más que la superficie total de España. Los suelos del Medio Oeste son praderas gruesas y profundas, llenas de nutrientes. El Medio Oeste se encuentra directamente en la zona templada. El invierno mata a los insectos, lo que mantiene las plagas bajo control, limitando los costes de los pesticidas y forzando un proceso anual de regeneración

---

12 Se trata de un patrón que veremos una y otra vez hasta la saciedad. Quién se queda con el trabajo de alto valor añadido es algo por lo que todavía nos peleamos hoy en día. Este tipo de empleos no solo generan los salarios más altos, sino también las construcciones tecnológicas y de capital más rápidas y las mayores bases impositivas.

y descomposición del suelo que limita la necesidad de fertilizantes. La experiencia de las cuatro estaciones prácticamente garantiza abundantes precipitaciones —incluida la nieve en invierno— que suelen proporcionar una humedad adecuada al suelo y relega el riego suplementario a la periferia occidental de la región.

La ola migratoria inicial de los estadounidenses a través de los Apalaches se canalizó a través del desfiladero de Cumberland, dejando la huella más concentrada en el territorio de Ohio. Ohio tenía acceso a los Grandes Lagos, por lo que correspondió a los neoyorquinos la construcción del canal de Erie para poder transportar la abundancia agrícola de Ohio a través del Hudson. La siguiente gran oleada migratoria se extendió desde Ohio hasta lo que hoy es Indiana, Illinois, Iowa, Wisconsin y Missouri. Era mucho más fácil —y más barato— para los nuevos habitantes del Medio Oeste enviar su grano al oeste y al sur a través de los ríos Ohio y Misisipi hasta Nueva Orleans. Desde allí, era fácil y barato (aunque resultaba largo) navegar por la ruta costera de las islas barrera de Estados Unidos hasta Mobile, Savannah, Charleston, Richmond, Baltimore, Nueva York y Boston.

Entre los Grandes Lagos y el Misisipi, todos los integrantes de esas dos primeras grandes oleadas de asentamientos aterrizaron a menos de 240 kilómetros del mayor sistema fluvial navegable del mundo, en algunas de las mejores tierras de cultivo del mundo. Es bastante fácil echar cuentas. Por el equivalente al costo de un coche contemporáneo de gama baja —unos 12.500 dólares en dinero de 2020—, una familia podía obtener una concesión de tierras por parte del Gobierno, trasladarse en una carreta Conestoga a los nuevos territorios, empezar a cavar, cultivar y, en pocos meses, exportar grano de alta calidad.

El asentamiento en el Medio Oeste resultó ser del todo transformador —tanto para los nuevos territorios como para los trece estados originales— de múltiples maneras:

- Con la doble excepción de la escasez relacionada con los bloqueos británicos durante la guerra de 1812 y el colapso del

Gobierno confederado tras la guerra civil, la hambruna es algo con lo que los estadounidenses continentales no tienen ninguna experiencia como país independiente. La producción de alimentos es simplemente demasiado fiable, demasiado omnipresente, y el sistema de transporte interno de Estados Unidos demasiado eficiente y eficaz para que la hambruna sea una preocupación significativa.

- Al poder el Norte acceder a los productos alimentarios del Medio Oeste, la mayor parte de los campos del Atlántico Medio y casi todos los de Nueva Inglaterra volvieron a ser bosques, y la agricultura que quedó se dedicó por lo general a cultivos especializados inadecuados para el Medio Oeste, como uvas, manzanas, patatas, maíz dulce, arándanos. Este proceso de «desagriculturización» liberó mano de obra para dedicarla a otros proyectos. Proyectos como la industrialización.

- El crecimiento del Medio Oeste también empujó al Sur hacia los productos agrícolas comerciales. El cultivo de índigo, algodón o tabaco es mucho más laborioso que el de trigo o maíz. El Medio Oeste no disponía de la mano de obra necesaria para ello, pero, gracias a la esclavitud, el Sur sí. Cada región del país se especializó en productos basados en su geografía económica local, con el transporte por agua que posibilitaba un comercio barato y omnipresente entre los estados, generando economías de escala hasta entonces inéditas en la experiencia humana.

- Toda la tierra del nuevo Medio Oeste era de alta calidad, por lo que no había grandes diferencias entre las zonas pobladas, como ocurría en los Apalaches. Este patrón de asentamiento relativamente denso, combinado con la alta productividad de la región y los bajos costes de transporte, condujo de forma natural a la formación de la cultura de la pequeña ciudad donde predominan los valores tradicionales. Surgieron pequeños bancos a lo largo de todo el sistema del Misisipi para gestionar el capital generado por las ventas de productos a la costa este y a Europa. La profundización financiera pronto se convirtió en una característica definitoria de Estados Unidos. Esto no solo permitió una expansión constante de la agricultura del Medio Oeste en términos de territorio y productividad, sino que también le proporcionó el capital necesario para impulsar el desarrollo regional temprano en lo que respecta a las infraestructuras y a la educación.

– La facilidad de circulación de personas y bienes a través de la red fluvial obligó a los estadounidenses a relacionarse entre sí con regularidad, contribuyendo a la unificación de la cultura a pesar de la gran variedad de grupos étnicos.

– Obviamente, la guerra de Secesión interrumpió este proceso. El Medio Oeste perdió el acceso a la ruta de navegación del Misisipi hasta el final de la guerra. Pero al inicio de la reconstrucción, a finales de la década de 1860, la densidad de agricultores en el Medio Oeste había alcanzado una masa crítica y el flujo constante de productos agrícolas que llegaban a la costa este se convirtió en una avalancha. La que siempre había sido la parte más densamente poblada e industrializada del país ya no tenía que preocuparse de producir sus propios alimentos. Y todo ese grano del Medio Oeste generó una afluencia masiva de capitales a Estados Unidos, lo que amplificó los procesos de industrialización y urbanización que avanzaban atropelladamente.

Más allá de la economía, la cultura, las finanzas, el comercio y la estructura, también hay que tener en cuenta las cuestiones relativas a la seguridad.

El territorio de Estados Unidos es la definición misma de «seguro». Al norte, profundos bosques escarpados y gigantescos lagos separan la mayoría de los centros de población estadounidenses y canadienses. Solo una vez, en la guerra de 1812, han luchado los estadounidenses contra sus vecinos del norte. Incluso eso debería considerarse más bien como una guerra con la que era entonces la potencia colonial de los canadienses —y que en ese momento era la superpotencia militar del mundo— que una

48

entre los propios yanquis y la policía montada. En los dos siglos transcurridos desde la guerra, la hostilidad entre estadounidenses y canadienses ha ido dando paso no solo a la neutralidad o la amistad, sino que ha evolucionado hacia la alianza y la hermandad.[13] La frontera entre Estados Unidos y Canadá es hoy la menos patrullada y la más larga y desprotegida del mundo.

La frontera sur de Estados Unidos está en realidad más protegida contra los ataques militares convencionales. El hecho de que la inmigración ilegal a través de la frontera sur de Estados Unidos sea un problema político estadounidense subraya lo hostil que es esa frontera para el poder estatal formal. Los páramos escarpados y de gran altitud, como la región fronteriza entre Estados Unidos y México, se encuentran entre las topografías más difíciles para mantener poblaciones significativas, proporcionar servicios gubernamentales o incluso construir infraestructuras básicas.[14]

La acción militar en una zona tan implacable y remota nunca ha sido más que un suicidio en la línea fronteriza. La única invasión a gran escala a través de la frontera —la de Santa Anna en 1835-36, en su intento de aplastar la rebelión texana— enervó tanto al ejército mexicano que fue derrotado rotundamente por una fuerza irregular de la mitad de su tamaño, garantizando el éxito a los secesionistas texanos.

No es de extrañar que una década más tarde, durante la guerra mexicano-estadounidense de 1846-48, los últimos se limitaran a esperar hasta que el grueso del ejército mexicano hubiera pasado el punto de no retorno en su segundo intento de cruzar los desiertos fronterizos antes de utilizar fuerzas navales para soltar sus tropas

---

13  Incluidas las conocidas disputas familiares por las que son famosos los hermanos.
14  Dato curioso: la iniciativa de la administración Trump para construir un muro fronterizo significativo requirió primero el establecimiento de una red de carreteras para la construcción y el mantenimiento del muro. Esa nueva infraestructura facilitó, no dificultó, el contrabando de drogas y la inmigración ilegal.

en Veracruz. Una sangrienta marcha de cuatrocientos kilómetros más tarde y la capital mexicana estaba en manos estadounidenses.

## ESTADOS UNIDOS ES LA POTENCIA DE AGUAS PROFUNDAS MÁS PODEROSA DE LA HISTORIA

La mayoría de las costas oceánicas del mundo son algo problemáticas. Las líneas costeras planas y las variaciones extremas de las mareas exponen a las posibles ubicaciones de los puertos a unos embates oceánicos tan implacables que las ciudades portuarias verdaderamente épicas son una relativa rareza. Salvo en Estados Unidos. El tercio medio de la costa atlántica del continente norteamericano no solo está bendecido por un gran número de entrantes que hacen que la ubicación de las ciudades portuarias sea un juego de niños, sino que la mayoría de esas ubicaciones portuarias están situadas detrás de penínsulas o islas barrera que protegen aún más las costas de Estados Unidos. Desde Brownsville, en la frontera entre Texas y México, hasta Miami, en la punta de Florida, pasando por la bahía de Chesapeake, solo las islas barrera ofrecen más potencial portuario natural a Estados Unidos que todos los demás continentes del mundo juntos. Incluso sin las islas barrera, los increíbles entrantes costeros estadounidenses proporcionan un acceso marítimo resguardado casi general, del puerto de Boston a los estrechos de Long Island y Puget, pasando por las bahías de Delaware y San Francisco. Y no hay que olvidar los omnipresentes ríos: de los cien puertos más importantes de Estados Unidos, la mitad se encuentran río arriba, algunos hasta 3200 kilómetros.

Luego está la cuestión, no tan pequeña, de que entre las grandes potencias del mundo, solo Estados Unidos tiene poblaciones importantes en las costas de dos océanos. Desde el punto de vista económico y cultural, esto permite a los estadounidenses acceder a oportunidades de comercio y expansión en la mayor parte del mundo como algo natural. Pero la palabra clave es «oportunidades». Las enormes distancias entre las costas americanas del Pacífico y del Atlántico, por un lado, y los continentes asiático y europeo, por otro, significan que no hay necesidad de interacción. Si las tierras del otro lado del océano se ven asoladas por la recesión o la guerra —o si simplemente se sienten «antisociales»— los estadounidenses se pueden quedar en casa sin más. Y aquí no ha pasado nada.

Esas enormes distancias también significan que Estados Unidos encabeza una lista muy corta de países que no se enfrentan a amenazas de corto o medio alcance por parte de otras potencias oceánicas. Qué islas existen en la cuenca del Pacífico o del Atlántico que teóricamente pudieran utilizarse para lanzar un ataque contra Norteamérica —Guam, Hawái o las Aleutianas en el Pacífico; o las Bermudas, Terranova o Islandia en el Atlántico— están en manos de aliados cercanos o de los propios estadounidenses.

Los estadounidenses —y solo los estadounidenses— tienen la capacidad de interactuar con cualquier potencia de cualquier océano según sus propias condiciones, ya sean económicas o militares.

## ESTADOS UNIDOS ES LA POTENCIA INDUSTRIAL MÁS PODEROSA Y ESTABLE DE LA HISTORIA

Industrializar no es barato ni fácil. Requiere una destrucción total de lo que había antes y la sustitución de la madera y la piedra por un acero y hormigón más productivo, y más caro; la sustitución de los antiguos artesanos que trabajaban pieza a pieza bajo la luz de la lámpara por cadenas de montaje, electricidad, acero forjado y piezas intercambiables; la transformación y el descarte de tradiciones económicas, sociales y políticas que se remontan no a décadas, sino a siglos, y su relevo por nuevos sistemas que en muchos casos son tan ajenos a una cultura como las nuevas tecnologías que de repente aparecen omnipresentes. La industrialización resulta enormemente disruptiva allí donde se produzca, ya que se echa a un lado todo el funcionamiento de un país, imponiéndose sistemas completamente nuevos, por lo general desde arriba. El sistema financiero y los costes sociales suelen ser las mayores disrupciones que experimenta una cultura.

En Europa, hacía tiempo que siglos de simple ocupación habían engullido toda la tierra disponible, elevando su coste. Los obreros europeos se dedicaban a actividades en cada centímetro de esa tierra, elevando el coste de los trabajadores. Cualquier cambio en el sistema exigía un gran volumen de capital, lo que aumentaba su coste. Cualquier cosa que supusiera un pequeño cambio en la disponibilidad de la tierra (como una inundación o un incendio), en la oferta de mano de obra (como una huelga o una refriega militar) o en las existencias de capital (como la emigración de alguien importante o una recesión) alteraba el equilibrio, elevaba de forma drástica los costes para todos y desencadenaba masivos levantamientos sociales. Ergo, da la sensación de que la historia europea de gran parte de la época preindustrial es la de un mundo pendiente de un hilo. La llegada luego de las tecnologías industriales a este mundo rompió el delicado equilibrio a todos los niveles. El resultado fue una avalancha de levantamientos sociales, revoluciones, disturbios, colapsos políticos y guerras, aun cuando los países del continente competían por aplicar las nuevas tecnologías a sus sistemas y, con ello, se transformaban en enormes potencias industriales.

- La experiencia británica condujo al *dumping* de productos, a escala global, que llevó al Imperio británico a un fuerte conflicto militar con todas las grandes potencias.
- La industrialización de Rusia a principios del siglo XX acabó al mismo tiempo con la clase terrateniente y con la de los siervos, y no las sustituyó por nada mejor. La inestabilidad resultante llevó directamente a las opresiones masivas de la Unión Soviética.
- La trepidante industrialización de Alemania transformó el poder de los príncipes militares del país y dio lugar a una clase oligárquica industrial, al tiempo que se destruyó la clase

media, lo que generó una serie de revoluciones y guerras civiles que prepararon el camino para las guerras mundiales.

- Los primeros esfuerzos de industrialización de Japón crearon un cisma entre los crecientes nacionalistas industriales y los antiguos terratenientes feudales, lo que dio lugar a la erradicación de la clase samurái y a la radicalización del sistema político, y llevando directamente a Japón a la opresión de Corea y China y a bombardear Pearl Harbor.
- El proceso de China centralizó el poder con tanta firmeza en tan pocas manos que desató los sombríos horrores del Gran Salto Adelante y la Revolución Cultural.

Ningún país que se haya industrializado ha logrado gestionar el proceso sin que se produjese un abrumador caos social y político. La industrialización es necesaria e inevitable, pero resulta complicada.

A menos que se sea estadounidense. Entender el porqué de esto comienza con la comprensión de que Estados Unidos es realmente una tierra de abundancia:

Los estadounidenses solo empezaron a pillar el ritmo cuando la ola industrial llegó a sus costas a finales del siglo xix. El gran tamaño de Estados Unidos hacía que los costes de la tierra siguieran siendo bajos. Su red fluvial conservaba bajos los costes de capital. Un sistema de inmigración abierto mantenía bajos los costes de mano de obra. El bajo coste de los insumos preindustriales cambió la economía de la industrialización en Estados Unidos, aunque la falta de competencia geopolítica local hizo que nunca fuera necesario dar un impulso a la seguridad nacional para acelerar la industrialización.[15]

En lugar de llegar a todas partes a la vez, las nuevas tecnologías se dirigieron primero a los lugares en los que se podía obtener

---

15   El primer impulso de este tipo no se produjo hasta la Segunda Guerra Mundial, ciento cincuenta años después que Alemania y doscientos después que Gran Bretaña

el mayor retorno de la inversión: sitios en los que los insumos de la tierra y la mano de obra ya eran más caros, por lo general en la línea de ciudades que va de Washington D. C., hacia el norte, hasta Boston. A continuación, la industrialización unió estas ciudades en una red de infraestructuras. Solo entonces esa infraestructura comenzó a desplegarse para generar suburbios, o a enlazarse en ciudades y pueblos más pequeños, o a adentrarse en el campo.

Alemania se industrializó y urbanizó en poco más de una generación. En comparación, Estados Unidos no acabó de electrificar el campo hasta la década de 1960. En muchos sentidos, Estados Unidos aún no está ni cerca de haber terminado. Si se eliminan las tierras no aptas para ser habitadas, como las montañas, la tundra y los desiertos, el país sigue figurando aún hoy entre aquellos con menor densidad de población. De aquellos con una categoría de densidad de población similar, la mayoría se han vaciado recientemente (repúblicas postsoviéticas) y, por tanto, han hecho algo de trampa, o, como Estados Unidos, también forman parte del Nuevo Mundo (Canadá, Argentina y Australia).

Solo para alcanzar el grado de densidad de población que tenía Alemania en 1900, Estados Unidos tendría que triplicar prácticamente su población de 2022 (y eso sin contar la mitad de los territorios estadounidenses —como las montañas Rocosas— que no son muy adecuados para el asentamiento). Podía producirse la industrialización en Estados Unidos, y de hecho se produjo, pero la transformación fue más lenta y menos discordante, lo que permitió a los estadounidenses disponer de varias generaciones para adaptarse al cambio.

El despegue industrial de Estados Unidos tampoco tuvo un gran impacto a nivel mundial. Única entre las grandes potencias, la población estadounidense estaba en expansión y era rica; podía absorber con facilidad la producción industrial, sobre todo en el noreste y en el cinturón de acero. No había necesidad de exportar para mantener los equilibrios locales, por lo que no había que entablar ninguna guerra económica por la que el Imperio británico se había hecho famoso (y odiado). La capacidad de los bancos comunitarios de las ciudades para financiar el desarrollo local impidió el tipo de autoridades centralizadas que tanto devastaron a los rusos y chinos, o que tanto radicalizaron a los japoneses y alemanes.

A lo largo del primer periodo industrial de Estados Unidos, la interfaz principal del país con la economía mundial siguió siendo a través de sus exportaciones agrícolas. Si bien la introducción de fertilizantes químicos a finales del siglo XIX aumentó la producción, lo hizo justo cuando la introducción de la medicina moderna de la Revolución Industrial alargaba la esperanza de vida. La oferta aumentó a la par que la demanda. La relativa participación de los estadounidenses en la economía internacional no se vio alterada en gran medida, simplemente.[16]

Sin duda, los estadounidenses tenían (y tienen) disparidades regionales y sus propios problemas oligárquicos, pero los oligarcas de Estados Unidos —sus tristemente ricachones ladrones— contaban con tantas oportunidades en el sector privado porque aún había muchos recursos por metabolizar, que tenían poca necesidad de entrar en el Gobierno por razones empresariales. La tensión económica no se tradujo de manera automática en tensión política ni viceversa.

---

16  Dicho sea de paso, hemos visto esta actualización retrasada y escalonada una y otra vez en Estados Unidos, ya sea para carreteras, líneas ferroviarias, líneas eléctricas, teléfonos o teléfonos móviles, o banda ancha. Este desarrollo escalonado puede hacer que parezca que Estados Unidos esté algo menos avanzado que países como Alemania, Japón, Holanda o Corea, donde estos procesos se producen a un ritmo vertiginoso, pero también significa que el proceso de modernización estadounidense es (mucho) más barato y supone una menor carga para la capacidad financiera del país. No es un error. Es una característica.

# Y AHORA ALGO
# COMPLETAMENTE DIFERENTE

Los estadounidenses empezaron a pillar el ritmo solo cuando empezó la Segunda Guerra Mundial. Después de tres años de frenética movilización, se convirtieron no solo en la potencia expedicionaria más poderosa de la historia —llevando a cabo importantes acciones militares integradas en múltiples teatros de operaciones a la vez—, sino también en el único país beligerante que al final de la guerra ocupó todas las potencias derrotadas.

Y eso no fue todo. En los caminos de Roma, Berlín y Tokio, los estadounidenses se encontraron con el control de nodos económicos, poblacionales y logísticos clave en tres continentes y dos cuencas oceánicas. Entre los acuerdos de préstamo y arriendo y los buques anfibio, dispusieron entonces de todas las plataformas de lanzamiento significativas de ataque entre el hemisferio occidental y el oriental. Junto con su enorme armada, los estadounidenses se convirtieron casi sin querer en el factor determinante en cuestiones europeas y asiáticas, financieras y agrícolas, industriales y comerciales, culturales y militares.

Si hubo un momento en la historia en el que una potencia pudo haber apostado por hacerse con el dominio global —para que surgiera una nueva Roma— fue este. Y si alguna vez hubo una buena razón para hacer tal apuesta fue la competencia con tintes nucleares que surgió con los soviéticos el día después de que cesara el fuego en Alemania.

No ocurrió.

En cambio, los estadounidenses ofrecieron un trato a sus aliados de guerra. Los estadounidenses utilizarían su armada —la única de su tamaño que sobrevivió a la guerra— para patrullar los océanos y proteger el comercio de todos. Los estadounidenses abrirían su mercado —el único de su tamaño que sobrevivió a la guerra— a las exportaciones de los aliados para que todos pudieran exportar su camino de vuelta a la riqueza. Los estadounidenses extenderían un manto estratégico sobre todos, de modo que ningún amigo de Estados Unidos tuviera que temer nunca más una invasión.

Solo había un inconveniente. Había que elegir un bando en la Guerra Fría que estaban preparando los estadounidenses. Se podía estar a salvo, ser rico y desarrollar la economía y la cultura como uno quisiera, pero había que estar con (técnicamente, «estar frente a») los estadounidenses contra los soviéticos. En lugar de forjar un imperio de alcance mundial, los estadounidenses sobornaron a una alianza para contener a la Unión Soviética. El nombre del pacto es Bretton Woods, llamado así por la estación de esquí de Nuevo Hampshire donde los estadounidenses enseñaron la patita poco después de la invasión de Normandía. Más conocida quizá como la «era del libre comercio» del periodo posterior a la Segunda Guerra Mundial, o simplemente como «globalización».

Parece un pretexto, ¿no? ¿Por qué, al borde de la victoria, los estadounidenses renunciaron a un mundo lleno de oportunidades imperiales?

Fue en parte por una cuestión de números. En 1945, la población estadounidense era más o menos igual que la población combinada de Europa occidental, que a su vez era parecida a la población soviética. Aun dejando a un lado la repleta Asia oriental y meridional, los estadounidenses no solo carecían de fuerzas al final de la guerra para mantener el territorio que controlaban; bastaban unos simples cálculos para saber que no podían reunir suficientes fuerzas de ocupación para hacer funcionar un imperio mundial.

En parte, se trataba de un concurso de distancia. Incluso con la fuerza de la Armada estadounidense, el océano Atlántico y el Pacífico son fosos importantes, y los fosos funcionan en ambos sentidos. Los costes logísticos y el exceso de mantener sistemas de guarnición permanentes en posición avanzada a varios miles de kilómetros más allá del horizonte no era algo práctico, simplemente. Como los estadounidenses descubrieron en las décadas siguientes, es difícil ocupar un país en la otra punta del mundo si los habitantes del lugar no te quieren allí. Corea, Vietnam, Líbano, Irak y Afganistán fueron a menudo más de lo que podían abarcar gestionados de uno en uno. Imagina lo que habría sido ocupar Alemania, Francia, Italia, Turquía, Arabia, Irán, Pakistán, India, Indonesia, Malasia, Japón y China (y Corea, Vietnam, Líbano, Irak y Afganistán) todo a la vez.

En parte era una cuestión de mapas. La Unión Soviética era un enorme imperio en tierra que luchaba con ejércitos enormes y lentos. Puede que el ejército estadounidense fuese el más grande de entre los aliados, pero Estados Unidos era sobre todo una potencia naval. El enfrentamiento cuerpo a cuerpo con los soviéticos nunca fue una posibilidad cuando la mayor parte de la capacidad militar estadounidense requería, bueno, agua, y no estaba diseñada para luchar a 1600 kilómetros del puerto amigo más cercano.

En parte fue un choque cultural. Estados Unidos fue la primera democracia del mundo moderno. A las democracias se les da bastante bien defender a los suyos, derribar dictaduras y luchar por la verdad, la justicia y todo eso. ¿Ocupaciones a largo plazo diseñadas de forma expresa para desangrar a las gentes del lugar? Eso es más difícil de vender.

En parte fue una discordancia organizativa. Estados Unidos es una federación —donde los estados ostentan tanto poder como el Gobierno nacional— por una buena razón. La seguridad geográfica del país, junto con su rica geografía económica, significó que el Gobierno federal no tuvo que hacer gran cosa. Durante las tres primeras generaciones de la historia de Estados Unidos, lo único de lo que se encargó el Gobierno federal fue de la construcción de algunas carreteras, de la regulación de la inmigración y de la recaudación de aranceles. Los estadounidenses nunca han tenido una tradición de excelencia gubernamental[17] porque durante gran parte de su historia no necesitaron realmente un Gobierno. Gestionar territorios extranjeros dos veces la superficie de Estados Unidos habría sido muy, muy difícil. Y lo de gobernar no es algo que a los estadounidenses se les dé muy bien que digamos.

Si Estados Unidos no pudo —o no quiso— forjar un imperio para luchar contra los soviéticos, entonces necesitaba aliados lo bastante numerosos para marcar la diferencia, lo suficientemente próximos a la frontera soviética para mitigar la distancia de Estados Unidos, lo bastante hábiles en la guerra terrestre para compensar la naturaleza naval y anfibia de Estados Unidos, lo suficientemente ricos para pagar su propia defensa y lo bastante motivados por su propia independencia para verter sangre por ella en caso de que fuera necesario luchar. Nada de eso habría sido posible con ejércitos de ocupación estadounidenses en sus suelos y agentes de aduana estadounidenses en sus salas de juntas.

Pero lo más importante es que los estadounidenses no quisieron un imperio porque ya lo tenían. Las tierras útiles de la parte de Estados Unidos en América del Norte tenían mayor potencial que el de cualquier imperio anterior. Y al final de la guerra los estadounidenses no solo no habían terminado de metabolizarlas, sino que no lo harían en décadas. Basándose en la densidad de población, podría argumentarse (con facilidad) que en 2022 aún no han terminado. ¿Por qué enviar a tus hijos e hijas al extranjero para que se desangren en una lucha diaria contra docenas de pueblos para mantener un imperio mundial cuando se pueden construir algunas carreteras nuevas alrededor de Detroit y Denver y obtener el mismo premio?

La ruptura de Estados Unidos con las tradiciones de las relaciones internacionales fue más allá de su abandono del estilo de

---

17    Una no tradición que continúa con orgullo hasta nuestros días.

los realineamientos posteriores a la época de la guerra, en el que el ganador se lleva el botín. También se extendió a la naturaleza de la propia existencia humana, lo que se tradujo en una reconfiguración fundamental de la condición humana.

Al final de la guerra, los estadounidenses utilizaron Bretton Woods para crear el Orden globalizado y cambiar fundamentalmente las reglas del juego. En lugar de subyugar a sus aliados y enemigos, ofrecieron paz y protección. Transformaron la geopolítica regional al meter en el mismo equipo a casi todos los imperios beligerantes de la época anterior, en muchos casos países que llevaban siglos compitiendo de manera despiadada entre sí. La rivalidad interimperial dio paso a la cooperación interestatal. Se prohibió la competencia militar entre los participantes en Bretton Woods, lo que permitió a los antiguos imperios (y, en muchos casos, a sus antiguas colonias) centrar sus esfuerzos no en ejércitos, armadas ni fronteras, sino en infraestructuras, educación y desarrollo.

En lugar de tener que luchar por los alimentos o el petróleo, todo el mundo tuvo acceso al comercio mundial. En vez de tener que luchar contra imperios, todo el mundo ganó en autonomía local y seguridad. Comparado con los trece milenios de historia hasta ese momento, era un trato bastante bueno. Y funcionó. Muy bien. En «solo» cuarenta y cinco años, el sistema de Bretton Woods consiguió no solo contener a la Unión Soviética, sino asfixiarla hasta la muerte. El sistema de Bretton Woods generó el periodo más largo y profundo de estabilidad y crecimiento económico de la historia de la humanidad.

O al menos así fue hasta que se produjo el desastre.

Hasta que los estadounidenses ganaron.

El 9 de noviembre de 1989 cayó el Muro de Berlín. En el transcurso de los años siguientes, la Unión Soviética perdió el control de sus satélites centroeuropeos, Rusia perdió el control de la Unión Soviética y Moscú incluso perdió por poco tiempo el control de la Federación Rusa. Hubo celebraciones por toda la red de alianzas estadounidenses. Fiestas. Desfiles.[18] Pero también se presentó un nuevo problema.

Bretton Woods no fue una alianza militar al uso. Para combatir a los soviéticos, los estadounidenses utilizaron su dominio de los océanos y su geografía económica superior para comprar una alianza. Estados Unidos permitió el comercio mundial y proporcionó un mercado inagotable para las exportaciones de los miembros de la alianza. Sin un adversario, la alianza de Bretton Woods perdió su razón de ser. ¿Por qué esperar que los estadounidenses sigan pagando por una alianza cuando la guerra ha terminado? Sería como seguir pagando la hipoteca incluso después de haber pagado la casa.

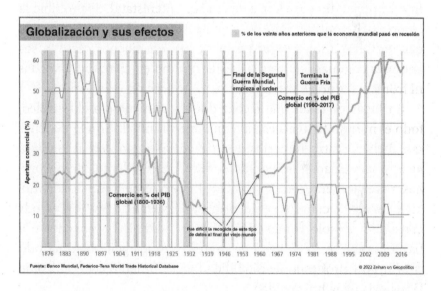

**Globalización y sus efectos** — % de los veinte años anteriores que la economía mundial pasó en recesión

Final de la Segunda Guerra Mundial, empieza el orden

Termina la Guerra Fría

Comercio en % del PIB global (1960-2017)

Comercio en % del PIB global (1800-1936)

Fue difícil la recogida de este tipo de datos al final del viejo mundo

Apertura comercial (%)

Fuente: Banco Mundial, Federico-Tena World Trade Historical Database © 2022 Zeihan on Geopolitics

A medida que avanzaba la década de 1990, los estadounidenses fueron fluyendo suavemente con cierta pereza hacia una zona intermedia amorfa. Seguirían defendiendo el Orden mientras europeos y japoneses les concedieran deferencia en la planificación de la defensa regional. Dado que la Unión Soviética había desaparecido, los rusos estaban hechos una pena y el mundo islámico estaba más

---

18    ¡Muy chulos!

o menos tranquilo, los costes para los europeos parecían bajos y los beneficios altos. El mayor problema al que se enfrentó la alianza de la OTAN fue la desintegración de Yugoslavia, un acontecimiento bastante esotérico cuyas repercusiones no llegaron a amenazar la seguridad de ningún país de la OTAN. El acontecimiento más candente en Oriente Medio era el ocasional estallido del conflicto palestino-israelí. En Asia, China podía haberse levantado con la reversión de su culto a Mao, pero pensar en China como en una potencia militar seria rozaba lo irrisorio. En un entorno tan benigno, nadie pensó en complicar las cosas.

Los noventa fueron agradables para la mayoría. Se disfrutó de una fuerte seguridad proporcionada por Estados Unidos. No hubo conflictos internacionales graves. El comercio mundial penetró en profundidad en el antiguo espacio soviético, así como en los países que habían hecho todo lo posible por mantenerse al margen durante la Guerra Fría. El coste de la vigilancia estadounidense y el acceso a los mercados se fue ampliando de manera constante, pero en un entorno de paz y prosperidad todo parecía controlable. Alemania se reunificó. Europa se reunificó. Los tigres asiáticos rugieron. China se consolidó y bajó el precio de los productos de consumo. Los productores de recursos, ya sea en África, América Latina o Australia, ganaron montones de dinero ayudando a otras partes del mundo a industrializarse. Las cadenas de suministro que se extienden por todo el mundo no solo hicieron posible la revolución digital, sino inevitable. Buenos tiempos. Todos llegamos a verlo como algo normal.

No lo es.

La era posterior a la Guerra Fría solo fue posible gracias al prolongado compromiso estadounidense con un paradigma de seguridad que suspendía la competición geopolítica y subvencionaba el Orden global. Se trata de una política que ya no se ajusta a las necesidades al cambiar el entorno de seguridad. Lo que todos consideramos normal es en realidad el momento más distorsionado de la historia de la humanidad; lo que lo hace sumamente frágil.

Y se ha terminado.

# NUESTRA HISTORIA

Las personas diferentes se comportan de forma distinta. No me refiero a las diferencias culturales que la geografía provoca entre grupos tan diversos como rumanos, rusos, ruandeses y roswellianos. Pienso más bien en las capas horizontales de una sociedad: las diferencias basadas en la edad.

Los niños actúan de manera diferente a los jóvenes que acaban de terminar la universidad, a los padres de mediana edad, a los padres cuyos hijos acaban de irse de casa y a los jubilados. Si ponemos a unos encima de otros, se obtiene una economía moderna. Si los separamos, podremos identificar muchas de las tendencias contemporáneas que sacuden el sistema mundial. Las estructuras de población modernas —el término técnico es «demografía»— son resultado directo de la Revolución Industrial.

## ABANDONAR LA GRANJA

Importa dónde vivimos. Uno de los rasgos definitorios de la era posterior a la Segunda Guerra Mundial es la urbanización masiva. Este proceso de urbanización se produjo de diversas maneras y a distintos ritmos en varias épocas. En gran parte, el elemento diferenciador es el tiempo. No todo en la Revolución Industrial ocurrió a la vez.

El primer paso de la Revolución Industrial generalmente aceptado aconteció en el tranquilo mundo textil. El trabajo textil preindustrial solía ser una industria de producción artesanal. Una amplia variedad de insumos vegetales y animales requería una serie de métodos de procesamiento diferentes, que iban de cortar a romper, pasando por escardar, hervir, enriar, esquilar y cardar. Una vez se procesaba de algún modo la materia prima, se podía hilar, trenzar en hilos más gruesos y, finalmente, tejer. Todo era un poco pesado y aburrido, la definición misma de trabajo intensivo de mano de obra que pocos disfrutaban realmente.[19]

Eso no significa que no se pudiera ganar dinero, siendo los británicos los primeros en interesarse por la escala. Comenzó utilizando mano de obra india baratísima («india» surasiática, no «india» norteamericana) para hacer todo el tedioso y molesto trabajo. La Compañía de las Indias Orientales, fundada en 1600 para traer especias y hacer que la comida inglesa fuera menos desmoralizante, pasó a finales de siglo a centrarse más en la distribución de telas indias por todo el imperio. Todos los ciudadanos imperiales conocieron la gloria accesible del algodón, la muselina, el calicó e incluso la seda. Después de haber probado el lucro del trabajo ajeno, y descubrir que casi todo lo que salía de la India era mejor que la lana que se utilizaba en la industria textil británica, la carrera comenzó a hacer todo mejor.

A medida que transcurría el siglo xviii, los británicos empezaron a importar algodón —primero del subcontinente indio y después de las colonias americanas convertidas en Estados Unidos— y a construir una industria textil de mayor escala. Con el paso de los años y el crecimiento de los beneficios del procesamiento del algodón y la producción textil, los trabajadores y los jefes desarrollaron novedosas formas de aumentar la productividad, la complejidad y la durabilidad. Lanzaderas volantes, ruedas de hilar, hiladoras hidráulicas, hiladoras Jennies, mulas de hilar, energía

---

19 Excepto quizá los *hipsters* contemporáneos, que solo lo disfrutan irónicamente.

de vapor, desmotadoras de algodón, telares de Jacquard, listones de velocidad variable, tintes sintéticos. Uno tras otro, los nuevos inventos aumentaron lo que era posible en términos de velocidad, volumen y valor. Hacia 1800 todos estos inventos (y otros más) se habían generalizado en toda Gran Bretaña.

Los inventos se acumularon hasta el punto de que, a principios del siglo XIX, los productos de algodón representaban el 40 % del valor de las exportaciones británicas. Tampoco fueron el final de la historia. Al mismo tiempo que los británicos experimentaban con un millón de variaciones a la hora de hilar, tejer y coser, hacían la transición del carbón vegetal al coque y al carbón, del arrabio al hierro forjado, al hierro fundido y al acero, de las norias a las máquinas de vapor. Las herramientas hechas a mano dieron paso a los tornos y a las fresadoras que podían fabricar los instrumentos que permitían la fabricación de productos químicos.

Poco a poco, la gente fue encontrando trabajo en el desarrollo, la puesta en marcha y el perfeccionamiento de estas nuevas técnicas. Casi todas las nuevas tecnologías requerían una colocación masiva en lugares de trabajo específicos con equipos instalados. El antiguo sistema textil artesanal se ubicaba en granjas o ranchos y funcionaba con energía eólica (o, más bien, humana). Las nuevas condiciones industriales estaban localizadas en la ciudad y eran impulsadas por el carbón. El campo se agotó a medida que la gente perseguía el dinero. Los pueblos se convirtieron en ciudades. Las nuevas concentraciones de gente generaron sus propios desafíos, exigiendo la demanda e innovaciones en los campos de la medicina, el saneamiento, el transporte y la logística. Y cada uno de estos cientos de avances tecnológicos alteró la relación de los seres humanos con la economía, los recursos y el lugar.

Los Gobiernos empezaron a facilitar o prestar servicios masivos —todo, desde electricidad hasta atención sanitaria—, servicios más fáciles de proporcionar en las densas zonas urbanas que en el campo disperso. La gente se trasladó en tromba del campo a las ciudades, en busca de lo que percibían como un nivel de vida más alto con un menor esfuerzo personal.

Un segundo aspecto de la Revolución Industrial demostró ser igual de hábil a la hora de cambiar las relaciones entre personas y geografía: la elaboración de fertilizantes químicos, pesticidas y herbicidas. Una vez introducidos a mediados del siglo XIX, fue bastante común ver que la producción agrícola por acre se triplicaba (o más) a la vez que se reducían los insumos de trabajo. La economía de la agricultura cambió de forma irrevocable. Ya no eran las ciudades las que sacaban a la gente de las granjas, sino que eran las granjas las que empujaban a la gente hacia las ciudades.

El resultado de las nuevas industrias urbanas y del nuevo campo hiperproductivo nos hizo emprender el camino hacia la vida en la ciudad, dando lugar a un sinfín de cuestiones con las que la raza humana sigue lidiando hoy en día. Sin lugar a duda, el impacto más dramático ha sido el de la tasa de natalidad. En la granja, tener hijos era a menudo una decisión más económica que un acto de amor. Los niños eran mano de obra gratuita que estaba encadenada *de facto* a las necesidades económicas de sus padres. Existía el entendimiento —arraigado en miles de años de normas culturales y económicas— de que los hijos se harían cargo de la granja cuando sus padres envejecieran, o al menos no se irían muy lejos. La extensa familia formaba una tribu que siempre se apoyaba entre sí. Esta dinámica cultural y económica se ha mantenido vigente desde los orígenes de los tiempos, incluso hasta la consolidación del mundo en imperios y Estados nación.

Para disgusto de mi madre, la urbanización arrojó esas normas por la borda. El paso de una extensa granja a una parcela de un cuarto de acre en una pequeña ciudad —y a mucho menos en un rascacielos de una densa metrópolis— hizo que la economía familiar de niños se derrumbara. Ya no hay tanto trabajo que puedan hacer los niños. Sin embargo, tienen que seguir vistiéndose y alimentándose. Como la producción de la granja ya no está al alcance de los padres, hay que pagar la comida. Incluso con trabajos de verano y el reparto de periódicos a domicilio, lo mejor que pueden esperar los padres en cuanto a sus «miniyos» es una posición financiera nula a efectos netos.

Al pasar del pueblo a la ciudad, los niños evolucionan rápidamente (en términos económicos) hasta convertirse en poco más que temas de conversación muy costosos. Y, aunque más de un padre derrame lágrimas de triste alegría cuando sus hijos por fin se marchan de casa, no suele producirse el pánico que se habría producido en una granja preindustrial, donde se subsistía a duras penas. Cuando gran parte de las razones económicas para tener hijos se evapora, la gente hace lo que es natural: tener menos niños.

Aun así, la población creció durante todo el proceso de industrialización. Parte de la razón es obvia: los sistemas de distribución enormemente mejorados, combinados con el desarrollo y la aplicación de pesticidas y herbicidas sintéticos y, sobre todo, de fertilizantes, generaron una producción de alimentos más abundante y fiable, eliminando el hambre.

Parte de esto no lo es tanto: las alcantarillas eliminaban los residuos, reduciendo la incidencia de las enfermedades. La vida en la ciudad redujo los accidentes y mejoró el acceso a la atención médica, reduciendo la mortalidad, en especial la infantil. Medicamentos mejores redujeron las muertes por enfermedades y lesiones que ya eran menos habituales. Todo ello aumentó la esperanza de vida. Si se duplica la longevidad media de vida, en una generación se habrá duplicado la población, con independencia de que la gente tenga más hijos, porque cuentan con más años de edad fértil.

Pero no es que todo esto haya ocurrido de golpe. Por ejemplo, el primer prototipo del telar mecánico —al que se atribuye el mérito de ser el más importante de los primeros avances, ya que multiplicaba por cincuenta la producción por hora de trabajo— se construyó en 1785, pero al final pasó por cinco décadas de perfeccionamiento en diecisiete fases distintas. Incluso entonces, se necesitó prácticamente otro siglo de ajustes para que el telar fuera del todo automático, de modo que no fuera necesario detener toda la operación cuando la lanzadera se quedara sin material.

La parte «revolución» del término «Revolución Industrial» es un tanto inexacta. Las nuevas tecnologías no se desarrollaron ni se aplicaron por arte de magia de una sola vez, sino que se diseñaron, crearon prototipos, se perfeccionaron, se produjeron y se aplicaron en masa, y a su vez dieron lugar a otras tecnologías derivadas a lo largo de doscientos años. El paso de la granja a la ciudad llevó su tiempo. El crecimiento de Londres hasta convertirse en la ciudad más grande, rica y culta del mundo llevó su tiempo. La transformación de las normas culturales y económicas de familias enormes repletas de hijos, en las que el adulto medio moría a los treinta años, a familias diminutas en las que los niños se consideraban detestablemente ruidosos e insoportablemente molestos, y en las que era habitual que hubiera sesentones, llevó tiempo. La triplicación de la población doméstica británica llevó su tiempo.

Los británicos necesitaron siete generaciones para llevar a cabo una transformación completa.

Pero solo los británicos.

# LA HISTORIA SE ACELERA

Nada de las tecnologías industriales que desarrollaron los británicos estaba destinado a seguir siendo solo británico. Al igual que se extendieron las tecnologías anteriores a las eras de la agricultura sedentaria, el agua, el viento y las aguas profundas, también lo hicieron las tecnologías industriales del textil, el vapor, el acero, la electricidad y los fertilizantes. Dado que gran parte del trabajo de desarrollo y puesta en marcha de estas nuevas tecnologías ya estaba hecho, su aplicación en nuevas tierras fue mucho más rápida, lo que también significa que también lo fue su impacto en las estructuras demográficas.

El segundo gran país que experimentó la transformación masiva de la industrialización fue Alemania. En el siglo que precedió a la Primera Guerra Mundial, en 1914, Alemania pasó rápidamente de ser un sistema económico preindustrial y gremial destrozado, del que a menudo se aprovechaban sus vecinos, a convertirse en una potencia industrial, económica, tecnológica y militar que, en un plazo sorprendentemente corto, derrotó a Dinamarca, Austria y Francia. La población alemana, como la británica antes que ella, casi se triplicó debido al proceso de industrialización y urbanización. La población alemana, como la británica antes que ella, envejeció gracias a la reducción de las tasas de mortalidad. La población alemana, como la británica antes que ella, vio caer en picado sus tasas de natalidad. Pero como la población alemana, a diferencia de la británica antes que ella, pudo seguir el camino trazado por otros, todo el proceso aconteció en solo cuatro generaciones.[20]

A lo largo de las experiencias británica y alemana, tres cuestiones adicionales —y completamente ajenas— intensificaron las tendencias de urbanización que la industrialización puso en marcha.

La primera fue el auge del movimiento de defensa de los derechos de las mujeres.

En esencia, este movimiento no cobró fuerza hasta las revoluciones europeas de 1848. Las tecnologías de la era industrial generaron una enorme convulsión económica y política en toda Europa, que culminó en una serie de intensas guerras civiles mientras las antiguas estructuras políticas y sociales dentro y entre los países se esforzaban por contener las presiones desconocidas. Todas las nuevas tecnologías tenían algo en común: necesitaban gente, y mucha. Algunas, como las nuevas cadenas de montaje, requerían en gran medida mano de obra no cualificada. Otras, como las petroquímicas, necesitaban personas que supieran realmente lo que estaban haciendo, porque, ya se sabe, las explosiones. Pero para todas las clases de mano de obra, la nueva demanda hizo subir los costes laborales. Dejando a un lado la cultura, la ética y la moralidad, tanto si las mujeres se ocupaban de la granja mientras los hombres trabajaban en las fábricas de la ciudad como si las propias mujeres ocupaban puestos en las nuevas fábricas textiles industriales, donde podían ganar fácilmente más del doble de los ingresos que un fornido joven en la granja, ahora

---

20  La enorme velocidad del proceso de industrialización alemán junto con la geografía alemana contribuyeron a los traumáticos horrores de las guerras mundiales. Los alemanes carecían de un imperio de ultramar para absorber sus excedentes de población. Incluso en su apogeo antes de la Primera Guerra Mundial, Alemania no era tan grande —un poco más pequeña que Montana más Idaho— y la mitad del territorio es demasiado accidentado para poder ser desarrollado con facilidad. Una vez que las tecnologías industriales permitieron que la población alemana se expandiera, los alemanes descubrieron rápidamente que no tenían ningún lugar hacia el que expandirse, parte de la razón por la que Hitler estaba tan obsesionado con deleitarse en el horizonte.

existían razones económicas para que la mujer fuera dueña de su propia vida.

En las sociedades tradicionales, las mujeres tienden a estar casadas con un lugar físico muy específico: la granja y el hogar. En caso de hambruna o guerra, son los hombres los que se aventuran a buscarse la vida o a luchar, mientras que las mujeres se quedan cuidando del hogar. Tales restricciones garantizaban que las mujeres estuvieran por lo general… disponibles. Así, en las sociedades preindustriales era muy frecuente que una mujer tuviera más de seis hijos a lo largo de su vida. Pero rompamos el vínculo con el hogar y la agricultura. Permitamos la educación femenina masiva. Dejemos que las mujeres se ganen su propio sustento. Incluso aquellas mujeres que deseaban tener una familia numerosa descubrieron pronto que una carrera profesional tiende a desplazar otros elementos de sus listas de cosas por hacer, en parte porque —sin importar la intención— pasar unas decenas de horas a la semana en el trabajo de la fábrica reduce las oportunidades de quedarse embarazada.

El segundo factor que favoreció el colapso de la tasa de natalidad se encuentra en la intersección de los derechos de la mujer y las tecnologías industriales: el control de la natalidad. En los días que preceden a la Revolución Industrial, el método anticonceptivo más fiable era el control del calendario. La industrialización amplió la lista de opciones. En 1845, el Gobierno de Estados Unidos concedió a Charles Goodyear la patente de la vulcanización del caucho,[21] lo que encaminó a la industria a la fabricación de preservativos baratos y fiables. Si se combinan estos avances con los primeros movimientos a favor de los derechos de la mujer, las estrellas políticas y económicas del género femenino iniciaron su largo ascenso, pero en detrimento de las tasas globales de fertilidad.

---

21   Sí, ese Goodyear.

**Comportamiento histórico de la tasa de fecundidad**

Número de niños nacidos por mujer

├─1972: México comienza su programa de planificación familiar nacional

2011: «revolución» egipcia desencadena un pequeño baby boom

1900: Europa occidental y UK/EE. UU. en plena Revolución Industrial

1950-1960: guerra de Corea, recuperación y luegoauge de la industrialización en Corea y Japón

├─1980: revolución iraní y comienzo de la política de hijo único en China

1850 1860 1870 1880 1890 1900 1910 1920 1930 1940 1950 1960 1970 1980 1990 2000 2010 2019

Australia · · · · Brasil — Canadá — China — Egipto — Francia · · · · · Alemania · · · · · Irán
Japón − − Corea del Sur − − − Mexico − − España − · − · Turquía − · · − Reino Unido ········· Estados Unidos

Fuente: División de población de la ONU, Banco Mundial

© 2022 Zeihan on Geopolitics

El tercer factor incidental que reduce la tasa de natalidad puede imputarse al gran plan de los estadounidenses para su Orden internacional después de la Segunda Guerra Mundial. La tendencia a la urbanización ya iba a toda máquina antes de que las guerras mundiales destrozaran el sistema anterior, pero con el inicio del Orden de libre comercio, las economías más avanzadas del mundo —sobre todo Europa occidental y Japón— ya no tenían que soportar el peso de un mundo de guerras constantes y a gran velocidad. Los países podían centrarse en lo que mejor hacían (o, al menos, en lo que querían hacer mejor), y la placidez de la seguridad del Orden les permitía importar alimentos de medio mundo.

La propia naturaleza del proceso de globalización de Bretton Woods redujo la tasa de natalidad al exprimir el sector agrícola en todo el mundo industrializado. En el mundo anterior al libre comercio, la importación masiva de alimentos rara vez era una opción viable a gran escala. Esto impulsó los cálculos gubernamentales tanto económicos como estratégicos.

La Alemania nublada y de veranos cortos es poco conocida por su rico sistema agrícola, pero en la melé generalizada que era la

Europa anterior a 1945, los alemanes no tuvieron más remedio que sacar de su pésima tierra toda la pésima comida que fuera necesaria para la supervivencia del Estado.[22] Gran Bretaña —conocida por su comida solo porque es malísima— pudo tomar otro camino solo por ser una isla. A finales del siglo XIX, el sistema imperial permitió a los británicos abastecerse de alimentos en colonias alejadas de Europa. Según la década, eso significaba Egipto,[23] Sudáfrica,[24] India[25] o Australia y Nueva Zelanda.[26] Tales opciones de abastecimiento les facilitó no solo centrar sus energías en el lado de la fabricación de la Revolución Industrial, sino también beneficiarse de un imperio que se extendía por todo el mundo.

El Orden puso este sistema patas arriba. Al reforzar la seguridad mundial, quebrantar los imperios, abrir el mundo al comercio y permitir la difusión de las tecnologías agrícolas de la Revolución Industrial, los estadounidenses introdujeron sin querer al mundo en la agricultura «global». Ya no era necesario que un país conquistara un pedazo de tierra de cultivo lejano para garantizar su seguridad alimentaria. Algunas partes de las antiguas redes imperiales podían ahora maximizar la producción con la vista puesta en satisfacer la demanda mundial en lugar de las meras necesidades de sus amos imperiales.

No solo aumentaron las oportunidades en un mundo globalizado; también lo hizo la escala. Que más capital fluyera hacia más lugares desencadenó transformaciones en la agricultura.

Las explotaciones agrícolas de mayor tamaño podían mecanizarse más, logrando una mayor eficiencia y mejores resultados con menos mano de obra. Esta optimización les garantizaba el peso económico necesario para exigir mejores precios por los insumos. En lugar de adquirir varias decenas de sacos de ferti-

---

22   Uf. Chucrut. Tan asqueroso.
23   Mmmmm, kebabs.
24   Mmmmm, *ogi*.
25   Mmmmm, *vindaloo*.
26   Mmmmm, *pavlova*.

lizante y alguna azada y demás en la tienda local, compraban directamente a las empresas petroquímicas y a los fabricantes para satisfacer sus necesidades. Mermó la razón de ser de los pueblos pequeños.

La globalización no se limitó a vaciar el campo; también acabó con las comunidades más pequeñas del globo, obligando a todo el mundo a desplazarse a las grandes ciudades. Y, si bien esto fue lo que sucedió en Nebraska o Nueva Gales del Sur, lo fue mucho más en lugares como el Cerrado brasileño, en la región del Chernozem de Rusia o en la zona del cinturón de arroz china. Todas las mudanzas tienen como resultado el mismo cambio: más alimentos cultivados y más alimentos distribuidos, aunque con menos mano de obra.

Puede que las fases iniciales de la Revolución Industrial arrancaran a la gente de las explotaciones agrícolas al proporcionarles empleo industrial, y que el desarrollo de los insumos agrícolas sintéticos les haya empujado a las ciudades, pero la competitividad a nivel mundial proporcionada por el Orden expulsó a los agricultores de sus tierras. Y eso asumiendo que las crecientes y gigantescas empresas agrícolas locales no expulsen a la fuerza a los pequeños propietarios, o que el Gobierno no consolide a la fuerza las pequeñas parcelas en granjas industriales más grandes y eficientes.[27]

Territorios que habían carecido de seguridad regional o de capital suficiente desde los albores de los registros históricos pudieron de repente aprovechar los flujos mundiales para convertirse en importantes productores —e incluso exportadores— por primera vez. Los productos alimenticios aumentaron su calidad y disminuyeron su coste. Esto ejerció presión sobre los productores tradicionales del mundo desarrollado, obligándoles a intensificar su labor

---

27  Lo primero es más común en lugares donde el control centralizado es débil, como Argentina, Brasil y Ucrania, mientras que lo segundo es la norma en países con reputación de tener planes de desarrollo nacional, como India, China y Sudáfrica.

con tecnología para incrementar el rendimiento, o a abandonar y centrarse en las cosas que hacían mejor. Los gustos se diversificaron. La mayor parte de los países renunciaron a sembrar alimentos que no podían cultivar bien y aumentaron de forma drástica la producción de los cultivos que sí podían cultivar bien. La prohibición de los conflictos militares entre sus aliados impuesta por Estados Unidos eliminó la preocupación por cómo conseguir la próxima comida. El comercio agrícola mundial se disparó, y la necesidad de autarquía nacional e imperial se fue al diablo.

La transformación estadounidense de la seguridad mundial y la arquitectura económica —o, para ser precisos, la instauración por parte de los estadounidenses de la primera arquitectura económica y de seguridad verdaderamente global del mundo— permitió globalizar las experiencias de industrialización y urbanización que habían definido a Europa durante el cuarto de milenio anterior.

La primera ola de globalización afectó a las primeras formaciones de la alianza del Orden: Europa occidental, el Eje derrotado, los Estados tutelados de Corea del Sur, Taiwán y Singapur, y los demás Estados coloniales anglosajones: Australia, Canadá y Nueva Zelanda.[28] Como los británicos y los alemanes antes que ellos, los pueblos de todas estas naciones experimentaron un desarrollo masivo, una urbanización masiva, una reducción masiva de la mortalidad, una ampliación masiva de la esperanza de vida, un aumento masivo de la población y una reducción masiva de la natalidad, por este orden. De hecho, casi todo el incremento de la población experimentado en el mundo desarrollado desde 1965 —en total, superior al 50 %— se debe a la prolongación de la vida. Y así como los alemanes siguieron la senda de los británicos y experimentaron una versión más rápida

---

28 Técnicamente, muchas naciones del hemisferio occidental también formaron parte de la primera etapa del Orden, ya que eran signatarias de Bretton Woods, pero la mayoría de ellas optaron por adoptar los aspectos de seguridad del sistema (sin imperios) sin participar de un modo significativo en los aspectos económicos.

y comprimida de toda la transición demográfica, lo mismo sucedió a la primera gran tanda de estados que la llevaron a cabo tras la Segunda Guerra Mundial.

Después de todo, se había vuelto más fácil seguir el camino. El agua, y no la electricidad, alimentaba las primeras fábricas; había tantas limitaciones en cuanto al lugar donde podían edificarse como en las ciudades de la antigüedad, lo que también limitaba la necesidad de trabajadores para dotarlas de personal. De la misma manera, la aparición de piezas intercambiables y cadenas de montaje fue anterior a la electricidad. Puede que estos primeros esfuerzos industriales superaran la producción de las normas de fabricación anteriores en un orden de magnitud, pero seguían necesitando viento, agua o músculo para activarlas. Esto limitó la velocidad, el alcance y la localización de su adopción a Geografías del Éxito muy específicas, retrasando el impacto de la urbanización. Pero en 1945 los alemanes demostraron que la electricidad era el único camino. De repente, se podía instalar una fábrica en cualquier sitio. La historia se aceleró. Es posible que fueran los británicos los que abrieron el camino del desarrollo, pero fueron los alemanes quienes lo allanaron para los demás.

En lugar de las siete generaciones que llevó la transformación de Gran Bretaña o las cuatro de Alemania, los canadienses, japoneses, coreanos, italianos y argentinos la hicieron en dos y media, mientras que un grupo de rezagadas naciones avanzadas —España, Portugal y Grecia— la hicieron en dos.

La historia tampoco terminó aquí.

Tras el final de la Guerra Fría, los estadounidenses abrieron el acceso al Orden a los antiguos países neutrales, así como al vetusto mundo soviético. El resultado fue el mismo asalto al acceso al capital, a los recursos y a la tecnología que generó el auge europeo y japonés de las décadas de 1950 y 1960, pero en una franja mucho más amplia del mundo y en una parte mucho mayor de la humanidad.

Ahora, la inmensa mayoría del mundo en desarrollo pudo unirse a la diversión de la industrialización, la urbanización y el cambio demográfico, siendo los nuevos actores más importantes China, India, Indonesia, Pakistán, Brasil, Nigeria, Bangladesh, Rusia, México, Filipinas, Vietnam, Egipto, Etiopía y Turquía. Al igual que la incorporación de la electricidad al kit de herramientas industriales aceleró el proceso, también lo hizo la Revolución Digital. Como la información ya no estaba encerrada en los cerebros individuales, sino que fluía libremente por un río de electrones, el conocimiento podía compartirse con solo pulsar un botón. La creación de prototipos pasó de ser un proceso de años a uno de semanas. Lo que se sabía podía difundirse en segundos, y la colaboración en la investigación podía cruzar continentes y océanos por igual.

Del mismo modo que los alemanes fueron capaces de caminar por la senda del desarrollo más rápido que los británicos, que los japoneses trotaron por el camino más rápido que los alemanes, y que los españoles lograron correr por el camino más rápido que los japoneses, ahora las naciones más avanzadas del mundo en desarrollo —en concreto China, Brasil y Vietnam— pudieron esprintar por ese mismo camino más rápido que los españoles.

Y aun así, a pesar de los numerosos cambios tremendamente imprevistos, de alguna manera no solo funcionó todo, sino que lo hizo a las mil maravillas. Lo de verdad espectacular, incluso mágico, del momento posterior a la Guerra Fría no fue solo que la guerra y el hambre desaparecieran en gran medida del mundo, sino que la población de todos estos países, que fue envejeciendo y expandiéndose a diferentes ritmos, creara la base perfecta para un trepidante crecimiento económico, sin precedentes en la historia.

Entre 1980 y 2015, aproximadamente, todos los sistemas alámbricos del mundo se clasificaban en uno de dos grandes grupos.

En el primero estaban los países que se encontraban en una fase relativamente temprana de sus transiciones demográficas. La mortalidad disminuía con rapidez, así como se ampliaba la esperanza de vida, pero el descenso de la natalidad aún no había provocado una reducción catastrófica del número de trabajadores jóvenes. Estos países tenían un hambre voraz, y no solo de comida. La mayor parte del gasto de una persona se produce entre los quince y los cuarenta y cinco años, que es el periodo de la vida en el que la gente compra coches y casas, cría a sus hijos y cursa estudios superiores. Esta actividad impulsada por el consumo es lo que hace avanzar a una economía, y este grupo de países consumía de sobra.

Los países del segundo grupo iban más adelantados. La mortalidad seguía disminuyendo y la esperanza de vida aumentando, pero se había ralentizado el ritmo. Al fin y al cabo, por lo general estos países habían comenzado su industrialización unas décadas antes. Pero el descenso de sus tasas de natalidad también había comenzado antes y la escasez de niños en sus perfiles demográficos era cada vez más evidente. Las prioridades cambiaron. Menos niños significaba menos recursos necesarios que gastar en la crianza y educación de los hijos, al mismo tiempo que se podía derrochar más dinero en coches y pisos. Las poblaciones de mayor edad habían acumulado más capital, lo que permitía ahorrar e invertir más dinero. Estas sociedades envejecidas no se volvieron menos dinámicas, sino más, ya que pudieron desarrollar e implementar tecnologías con mayor rapidez. La productividad se disparó y los productos fabricados se hicieron más sofisticados. Lo que a estos países les faltaba era suficiente gente joven para consumir lo que producían.

En esto, los estadounidenses aportaron la solución por casualidad. No solo era uno de los principios fundamentales del Orden que el mercado estadounidense estuviera abierto a todos, sino que su compromiso de seguridad de sostener el techo civilizatorio colectivo del mundo significaba que estos grupos demográficos mayores —estas economías basadas en las exportaciones— podían acceder a los mercados de consumidores de todo el mundo. Los sistemas impulsados por el consumo y la exportación no estaban simplemente en un equilibrio aproximado. El hecho de que los estadounidenses se ocuparan de las preocupaciones en materia de seguridad no solo permitió que aflorara un mundo de verdad globalizado, sino que este prosperara.

Pero no hay nada de normal en todo ello. La globalización dependía siempre del compromiso de los estadounidenses con el

Orden global y ese Orden no ha servido a los intereses estratégicos de los estadounidenses desde la caída del Muro de Berlín en 1989. Si los estadounidenses dejan de controlar el cotarro, es solo cuestión de tiempo que algo en Asia oriental, Oriente Medio o la periferia rusa (como, no sé, digamos, una guerra) quebrante el sistema global de forma irreparable… suponiendo que no lo hagan los mismos estadounidenses.

Pero incluso si los estadounidenses deciden seguir sosteniendo el techo civilizatorio colectivo del mundo, no hay nada sostenible en el apogeo de la globalización. Los tiempos idílicos de 1980-2015 han terminado. El colapso de las tasas de natalidad que comenzó en todo el mundo desarrollado en la década de 1960 y en el mundo en desarrollo en la década de 1990 tiene ya décadas a sus espaldas.

Resulta que lo que acabó por ser cierto para la industrialización acelerada fue igualmente cierto para los datos demográficos acelerados. En 1700, la mujer británica media tenía 4,6 hijos. Esa cifra es casi idéntica a la de la mujer media alemana en 1800 o a la de la mujer media italiana en 1900 o a la de la mujer media coreana en 1960 o a la de la mujer media china a principios de la década de 1970. Ahora, en todos estos países, la nueva media está por debajo de 1,8 y, en muchos casos, muy por debajo.[29] Esta es la situación en la que probablemente se encontrará la mujer media bangladesí en 2030.

Ahora viene la otra cara de la moneda.

Un factor clave en toda historia de crecimiento que acompaña a la industrialización es que gran parte de la expansión económica proviene de una población en aumento. Lo que la mayoría de la gente ignora es que hay otro paso en el proceso de industrialización y urbanización: la reducción de la mortalidad incrementa la población en un grado tal que supera el impacto de la disminución de la tasa de natalidad…, pero solo durante unas décadas. Con el tiempo, el aumento de la longevidad llega a su punto

---

29   A principios de 2022, los datos más recientes de Corea y China indican que
      la nueva normalidad es 1,2.

máximo, dejando a un país con mayor población, pero con pocos hijos. Los pocos niños de ayer llevan a los pocos trabajadores jóvenes de hoy y a los pocos trabajadores maduros de mañana. Y el mañana ha llegado por fin.

En la década de 2020, las tasas de natalidad no se limitan a caer; llevan tanto tiempo siendo tan bajas que incluso los países con estructuras etarias más jóvenes se están quedando sin jóvenes adultos, el grupo demográfico que tiene hijos. A medida que los grupos de veinte y treinta años, ya más pequeños, pasen a los treinta y cuarenta años, las tasas de natalidad no se limitarán a continuar su largo descenso, sino que se desplomarán. Y una vez que un país cuenta con más personas mayores que niños, el siguiente y horrible paso es del todo inevitable: un colapso demográfico. Y, como cualquier país que inicie este proceso ya se ha quedado sin adultos jóvenes, estos países nunca se recuperarán.[30]

Y lo que es peor, al igual que la transformación completa de lo rural a lo urbano ha avanzado a un ritmo cada vez más rápido desde que los británicos nos llevaron por este camino, también lo hace la transformación demográfica, de muchos niños a muchos jubilados. Cuanto más rápidos sean la transformación y el crecimiento en la parte inicial, más rápido será el colapso de la población en la parte final.

Sin lugar a duda, el tsunami más importante de este fenómeno de compresión en acción es China. Un largo tramo de la historia china fue comparativamente preindustrial hasta la visita de Richard Milhous Nixon en 1972 a Mao Zedong, en lo que resultaría ser un victorioso esfuerzo por poner a la China roja en contra de la Unión Soviética. El precio de la realineación china fue bastante sencillo: la admisión en el Orden global liderado por Estados Unidos. Unos ochocientos millones de chinos iniciaron el camino de la industrialización, un periplo que no se parecía en

---

30  A menos que se produzcan avances en las tecnologías de clonación masiva de bajo coste.

# Italia 1950

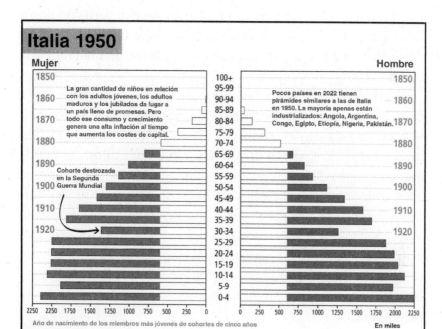

**Mujer**                                                                          **Hombre**

La gran cantidad de niños en relación con los adultos jóvenes, los adultos maduros y los jubilados da lugar a un país lleno de promesas. Pero todo ese consumo y crecimiento genera una alta inflación al tiempo que aumenta los costes de capital.

Pocos países en 2022 tienen pirámides similares a las de Italia en 1950. La mayoría apenas están industrializados: Angola, Argentina, Congo, Egipto, Etiopía, Nigeria, Pakistán.

Cohorte destrozada en la Segunda Guerra Mundial

Año de nacimiento de los miembros más jóvenes de cohortes de cinco años

**En miles**

# Italia 1995

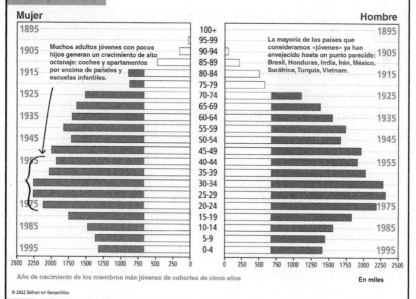

**Mujer**                                                                          **Hombre**

Muchos adultos jóvenes con pocos hijos generan un crecimiento de alto octanaje: coches y apartamentos por encima de pañales y escuelas infantiles.

La mayoría de los países que consideramos «jóvenes» ya han envejecido hasta un punto parecido: Brasil, Honduras, India, Irán, México, Suráfrica, Turquía, Vietnam.

Año de nacimiento de los miembros más jóvenes de cohortes de cinco años

**En miles**

© 2022 Zeihan on Geopolitics

81

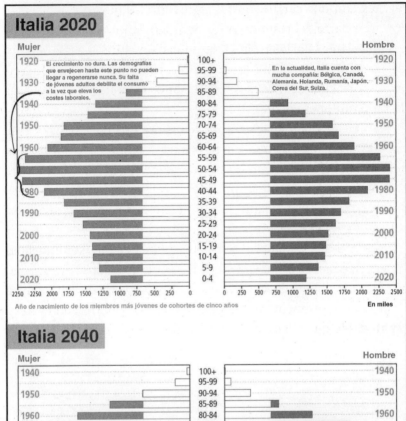

# Italia 2020

**Mujer** | **Hombre**

El crecimiento no dura. Las demografías que envejecen hasta este punto no pueden llegar a regenerarse nunca. Su falta de jóvenes adultos debilita el consumo a la vez que eleva los costes laborales.

En la actualidad, Italia cuenta con mucha compañía: Bélgica, Canadá, Alemania, Holanda, Rumanía, Japón, Corea del Sur, Suiza.

Año de nacimiento de los miembros más jóvenes de cohortes de cinco años

En miles

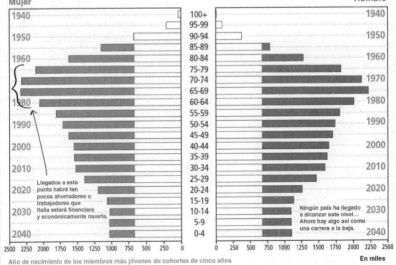

# Italia 2040

**Mujer** | **Hombre**

Llegados a este punto habrá tan pocos ahorradores o trabajadores que Italia estará financiera y económicamente muerta.

Ningún país ha llegado a alcanzar este nivel... Ahora hay algo así como una carrera a la baja.

Año de nacimiento de los miembros más jóvenes de cohortes de cinco años

En miles

© 2022 Zeihan on Geopolitics

nada a un camino recién trazado, y sí a una autopista de catorce carriles con dos carriles VAO. Siguiendo las pautas establecidas por gran parte del resto de la humanidad, la mortalidad china se redujo en tres cuartas partes y la población china se expandió en la misma medida. China, como todo el mundo antes, vio aumentar su población de menos de ochocientos millones en 1970 a más de 1400 millones en 2021.[31]

Lo que muchos en el mundo consideran una amenaza —el rápido ascenso de China en términos económicos, militares y demográficos— no es más que doscientos años de transformación económica y demográfica concentrados en cuatro intensas décadas que han transformado por completo la sociedad china y los patrones globales de comercio...

... Así como la composición demográfica china. Con independencia de cómo se calculen las cifras, China es en 2022 la sociedad que más rápido está envejeciendo en la historia de la humanidad. La historia del crecimiento de la población china ha terminado y lo ha hecho desde que la tasa de natalidad de China cayó por debajo de

---

31  Si algunos de estos datos y líneas temporales parecen un poco borrosos, es porque lo son. China es un país extraordinariamente complejo desde el punto de vista geográfico, lo que genera una historia política igual de compleja y desunida. Entre la variedad geográfica y la confusión política, no existe una trayectoria de desarrollo chino singular. Lugares como Shanghái empezaron a industrializarse (de forma desigual) ya en 1900, mientras que la mayor parte del norte de China no empezó a experimentar con el proceso general hasta los desastres del Gran Salto Adelante de 1958-62. El resultado del crecimiento demográfico fue igualmente desigual: algunas regiones costeras experimentaron el auge mucho antes que otras. En general, entre 1950 y 1970, la población de China pasó de quinientos cuarenta millones a ochocientos diez millones. Más o menos. Para contrarrestar, el Gran Salto Adelante generó una de las mayores hambrunas de la humanidad provocada por el hombre, con un resultado de entre quince y cincuenta y cinco millones de muertes, dependiendo de quién escriba la historia. Entonces, ¿estaba «China» totalmente desindustrializada cuando la visitó Nixon? No. En aquella época, China ya era responsable del 5 % de las emisiones mundiales de carbono. Pero China sigue siendo enorme, así que incluso esas emisiones procedían de un porcentaje muy pequeño de la población que vivía en las ciudades más avanzadas de la costa y del sur del país.

los niveles de reemplazo en la década de 1990. Una tasa de natalidad de reemplazo total es de 2,1 hijos por mujer. A principios de 2022, el censo de China de 2011-2020, solo parcialmente publicado, indica que la tasa de China es con mucho de 1,3, una de las más bajas de cualquier pueblo a lo largo de la historia de la humanidad. La contracción demográfica del país se está produciendo en la actualidad con la misma rapidez que su expansión, y con toda seguridad se producirá el colapso demográfico completo en una sola generación. China es asombrosa, pero no por las razones que la mayoría de la gente cree. Pronto el país habrá pasado de los niveles preindustriales de riqueza y salud al colapso demográfico postindustrial en una sola vida humana. Con unos cuantos años de sobra.

China tampoco morirá sola. La naturaleza escalonada del proceso de industrialización —de Gran Bretaña a Alemania, pasando por Rusia, el noroeste de Europa, Japón, Corea, Canadá y España—, junto con la naturaleza constantemente acelerada de ese proceso, significa que gran parte de la población mundial se enfrenta a jubilaciones masivas seguidas de colapsos poblacionales más o menos al mismo tiempo. La estructura demográfica mundial superó el punto de no retorno hace veinte o cuarenta años. La década de 2020 será la de los años en los que todo se desmorone.

Para países tan diversos como China, Rusia, Japón, Alemania, Italia, Corea del Sur, Ucrania, Canadá, Malasia, Taiwán, Rumanía, Países Bajos, Bélgica y Austria, la cuestión no es cuándo envejecerán hasta la obsolescencia demográfica. Todos verán cómo sus trabajadores pasan a la jubilación masiva en la década de 2020. Ninguno tiene jóvenes suficientes para pretender siquiera regenerar su población. Todos sufren de demografía terminal. Las verdaderas cuestiones son cómo y con qué rapidez se desmoronarán sus sociedades, y si disminuyen en silencio o arremeten contra la luz agonizante.

Acercándose por detrás —a gran velocidad— hay otro grupo de países cuyas tasas de natalidad han descendido aún más rápido y que, por tanto, enfrentarán una desintegración demográfica similar en las décadas de 2030 y 2040: Brasil, España, Tailandia, Polonia, Australia, Cuba, Grecia, Portugal, Hungría y Suiza.

Aún más adelante, en la década de 2050, habrá países que empezaron su colapso de la natalidad un poco más tarde, y que por lo tanto todavía tienen la oportunidad de evitar el desencanto demográfico si consiguen que los veinteañeros y treintañeros de hoy tengan un montón de hijos; pero la verdad, el colapso de la natalidad de estos recién llegados ha sido tan intenso que no pinta nada bien: Bangladesh, India, Indonesia, México, Vietnam, Irán, Turquía, Marruecos, Uzbekistán, Arabia Saudita, Chile, la República Checa.

El siguiente grupo de países —en su mayoría en las zonas más pobres de América Latina, África subsahariana u Oriente Medio— es aún más preocupante. Sus estructuras demográficas son más jóvenes —mucho más jóvenes—, pero eso no significa que su situación sea más favorable, porque la salud económica y demográfica es mucho más que números y edades.

En la mayoría de los casos, estos países son economías extractivas que envían fuera esta o aquella materia prima, utilizando los ingresos derivados para abastecer a su población con alimentos y/o bienes de consumo importados. En muchos sentidos, han conseguido acceder a partes del proceso de industrialización —en especial a una menor mortalidad, un suministro de alimentos más fiable, una mayor urbanización y un aumento de la población— sin experimentar aquellas que hacen que el avance se mantenga en el tiempo: el aumento de los niveles educativos, un estado modernizado, un sistema económico de valor añadido, el progreso social, el desarrollo industrial o los logros tecnológicos.

En un mundo seguro y globalizado, este modelo de hibridación puede avanzar a duras penas con tal de que las materias primas salgan y el dinero entre. Pero en un mundo inseguro y fracturado en el que el comercio esté muy restringido, el colapso nacional absoluto no será, ni mucho menos, el mayor problema al que se enfrenten estos pueblos. En estos países, la propia población es vulnerable a los cambios que se producen en el exterior.

Las tecnologías industriales que reducen la mortalidad y elevan el nivel de vida no pueden dejar de ser inventadas, pero, si el comercio colapsa, estas tecnologías pueden ser negadas. Si algo impacta la salida de las materias primas de estos países o las entradas de ingresos o productos, todo el lugar se derrumbará y experimentará una hambruna profundamente arraigada a escala bíblica. El desarrollo económico, la calidad de vida, la longevidad, la salud y la expansión demográfica están sujetos a los caprichos de la globalización. O más bien, en este caso, de la desglobalización.

# APRENDER UNA PALABRA QUE DA MIEDO

Hagamos esto un poco menos teórico:

Vivo a 2300 metros de altitud sobre el nivel del mar en la zona rural y montañosa de Colorado. La nieve no es algo estacional, sino más bien una forma de vida. Al mudarme aquí pensé: «¿Un nuevo comienzo? ¿Un nuevo hogar? ¿Un nuevo "tú"? Prepara tu cuerpo para ello». Comencé a hacer senderismo casi todos los días, y cuando llegó la nieve ¡la ataqué con ganas! Y una pala.

Solo una pala.

Fue... lo más estúpido que he hecho en mi vida.

Un mes más tarde estaba equipado con un soplador de nieve a gasolina de la marca Toro. Lo que había sido un calvario de más de veinte horas que casi me hace acabar en el hospital con una pierna rota era ahora un inconveniente de algo menos de dos horas.

Esas veintitantas horas solo para limpiar el camino de entrada a mi casa. Hay poco más de tres kilómetros desde la entrada a mi casa hasta la base de la montaña, y doce de laberíntico camino empinado hasta la altiplanicie que alberga la ciudad de Denver. Eso son muchísimas paladas. Sin un equipo de limpieza de nieve con motor de gasolina, mi casa a 2500 metros de altitud no solo no se habría construido, sino que en principio ni siquiera podría seguir allí.[32]

---

32  Para los ecologistas que piensen que debería haber optado por un modelo

Ahora estamos en Denver, que se encuentra en lo que antes era conocido de manera muy apropiada como el «gran desierto americano». A medida que uno se desplaza hacia el oeste desde las húmedas tierras bajas del Medio Oeste, la tierra se va elevando y secando de forma ininterrumpida. Denver se encuentra en el flanco oriental de la cordillera frontal de las Rocosas, siempre a la sombra orográfica, recibiendo menos de dieciocho centímetros de precipitación anual. Una altitud elevada significa que, cuando cae lluvia, esta tiende a evaporarse rápidamente. En Denver, situada a 1600 metros de altitud, la humedad es tan baja que la nieve ligera no se derrite, sino que se convierte directamente en vapor. Alrededor de tres cuartas partes de la población de Colorado vive en condiciones similares al este de la divisoria continental, pero alrededor de tres cuartas partes de las precipitaciones que caen en Colorado caen al oeste de la divisoria.

Denver —Colorado— hace frente a este problema de dos maneras. La primera es poner presas en todas partes. Mira cualquier mapa de cualquier área metropolitana que, como Denver, se encuentre en el borde oriental de la cordillera frontal. Verás que hay lagos. Montones y montones de lagos. Pero no son lagos. Son embalses diseñados para captar la mayor cantidad posible de agua procedente del deshielo en primavera. El Colorado urbano ha modificado sus terrenos adyacentes para almacenar cada gota de agua durante el mayor tiempo posible.

No es ni mucho menos suficiente. La segunda acción consiste en perforar túneles a través de las Rocosas para conectar las cuencas hidrográficas del oeste del estado con sus poblaciones del este. En la actualidad hay dos docenas de estos monstruos de trasvase de agua entre cuencas. En conjunto, el almacenamiento de cada

---

eléctrico en vez de por uno de gasolina, que sepáis que lo intenté. Era más rápido que una pala, pero los motores eléctricos simplemente carecen de la potencia necesaria para limpiar la nieve con rapidez. Con unos diez centímetros de nieve podía despejar mi casa en unas cinco horas. Más de eso y el motor eléctrico amenazaba con quemarse, que fue lo que ocurrió en poco tiempo cuando la maldita máquina cumplió su amenaza.

gota y el trasvase de unos 95.000 millones de litros anuales permiten la existencia de Fort Collins, Estes Park, Greeley, Boulder, Colorado Springs, Pueblo y el Gran Denver. Por no hablar de la práctica totalidad del sector agrícola del estado.

Si se eliminaran las tecnologías necesarias para construir y mantener este sistema de gestión del agua, la población máxima sostenible de las ciudades de la cordillera frontal se desplomaría desde los aproximadamente cuatro millones y medio actuales a una décima parte.

Alguna versión de esta historia existe para la mayoría de los lugares poblados del mundo. Puede que se trate de un problema de infraestructura. Tal vez sea climático. Quizá tenga que ver con los recursos, los alimentos o la seguridad. Pero el balance siempre es el mismo: si, por la razón que sea, se interrumpieran los flujos globales de productos, servicios, energía y alimentos, los mapas poblacionales, políticos y económicos cambiarían.

En un mundo posglobalizado, los países grandes y ricos en recursos, como Estados Unidos, pueden barajar productos internamente para que todo funcione. Vivo sin miedo a no poder comprar gasolina (refinada en Colorado a partir de petróleo crudo producido en Colorado) para mi soplador de nieve (fabricado en Minnesota) para mantener despejada la entrada (el asfalto es de Oklahoma) a mi casa (estructura de madera de Montana) desde la que a menudo teletrabajo (utilizando una red de comunicaciones compuesta por acero de Ohio, aluminio de Kentucky y plásticos de Texas).

Muy pocos lugares cuentan con este tipo de diversidad, alcance, acceso y exceso. La mayoría depende —con frecuencia por completo— de la globalización para llevar a cabo el equivalente en su localidad a algo tan «simple» como limpiar la nieve. Cabe preguntarse cómo sería Shanghái sin petróleo. O Berlín sin acero. ¿Riad sin... alimentos? La desglobalización no significa simplemente un mundo más oscuro y pobre, sino algo mucho peor.

La desintegración.

El mundo cuenta en la actualidad con dos ejemplos razonablemente inquietantes y perturbadoramente razonables de cómo podría ser esta desintegración: Zimbabue y Venezuela. En ambos casos, la mala gestión por excelencia destruyó la capacidad de ambos países para producir sus bienes para la exportación —alimentos en el caso de Zimbabue, petróleo y productos petrolíferos en el de Venezuela—, lo que provocó una escasez de fondos tan extrema que la capacidad de los países para importar se desmoronó en su mayor parte. En Zimbabue, el resultado final fue más de una década de tasas negativas de crecimiento económico, generando resultados mucho peores que los de la Gran Depresión, con el grueso de la población reducida a la agricultura de subsistencia. Venezuela no tuvo tanta... suerte. Importaba más de dos tercios de sus alimentos antes del colapso económico. La producción petrolera venezolana cayó tanto que el país carece incluso de combustible suficiente para sembrar cultivos, lo que contribuyó a la peor hambruna de la historia del hemisferio occidental.

No uso estos ejemplos a la ligera. El verbo que buscas para describir este desenlace no es «desglobalizar», ni siquiera «desindustrializar», sino «descivilizar».

Todo lo que sabemos sobre la civilización humana se basa en la simple idea de organización. Una vez que un Gobierno fija algunas reglas básicas como «no mates a tu vecino», las personas comienzan a hacer lo que las personas hacen: formar una familia, cultivar alimentos, fabricar aparatos. La gente empieza a comerciar, de modo que el agricultor no tenga que hacer también harina y el herrero no tenga que cultivar su propia comida. Esta especialización nos hace más productivos en nuestro campo elegido, ya sea la agricultura, la molinería o la herrería. La sociedad se enriquece y expande. Más tierra, más gente, más especialización, más interacción, más comercio interno, mayores economías de escala.

Este modelo fue desarrollándose poco a poco desde los albores de la civilización, pero a menudo no solo hubo retrocesos, sino colapsos. Los imperios surgían y caían, y, cuando lo hacían, gran parte de su progreso caía con ellos. El Orden (en mayúsculas) liderado por Estados Unidos hizo algo más que cambiar las reglas del juego; institucionalizó el orden (en minúsculas), lo que a su vez permitió que la industrialización y la urbanización se generalizaran por doquier. Esto provocó que la demografía mundial pasara de tener muchos niños a tener muchos trabajadores jóvenes y maduros, lo que originó un auge sostenido del consumo y la inversión como el género humano no había experimentado jamás. Con la seguridad garantizada y un suministro de capital, energía y alimentos de sobra, seis mil años de altibajos fueron sustituidos por un imparable tren de progreso.

Bajo el Orden y este mágico momento demográfico, nos hemos especializado y nuestra tecnología ha avanzado tanto que nos hemos vuelto del todo ineptos en tareas que solían ser esenciales. Intenta producir tu propia electricidad o comida suficiente para vivir al mismo tiempo que desempeñas un trabajo a tiempo completo. Lo que lo hace posible es la idea de continuidad: la idea de que la seguridad y protección de las que disfrutamos hoy seguirán estando ahí mañana, y de que podemos poner nuestra vida en manos de estos sistemas. Al fin y al cabo, si creyeras que el Gobierno iba a colapsar mañana, lo más probable es que dejara de preocuparte cualquier minucia relacionada con el trabajo que según insiste tu jefe es tan importante y, en cambio, dedicaras tu tiempo a aprender a envasar verduras.

La hiperespecialización laboral es ahora la norma, y el comercio se ha vuelto tan complejo que existen subsectores económicos enteros (agentes de préstamos, extrusores de aluminio, consultorías de planificación de almacenes, pulidores de arena) para facilitarlo. Esta especialización tampoco se limita a los individuos. Con la paz mundial, los países pueden especializarse. Taiwán en semiconductores. Brasil en soja. Kuwait en petróleo. Alemania en maquinaria. El proceso de civilización ha alcanzado su punto máximo y óptimo.

Pero «óptimo» no es lo mismo que «natural». Todo lo que rodea este momento —de la reconfiguración de la arquitectura de seguridad estadounidense a la estructura demográfica sin precedentes— es artificial. Y está fallando.

Hay varias formas de caer para los países que se asoman a las fauces del olvido demográfico y del colapso de la globalización, pero todas ellas tienen algo en común: la restricción de la interacción significa la reducción de la accesibilidad, de los ingresos, de las economías de escala y de la especialización laboral. La escasez obliga a las personas —a los países— a ocuparse de sus propias necesidades. Las ventajas de valor añadido de la continuidad y la especialización laboral se desvanecen. Todo el mundo se vuelve menos eficiente. Menos productivo. Y eso significa menos de todo: no solo de productos electrónicos sino de electricidad, no solo de automóviles sino también de gasolina, no solo de fertilizantes sino de alimentos. Las partes son menos que la suma. Y la cosa se complica. La escasez de electricidad consume la industria. La escasez de alimentos consume a la población. Menos gente significa menos posibilidades de mantener en funcionamiento cualquier cosa que requiera mano de obra especializada. Por ejemplo, cosas como la construcción de carreteras, la red eléctrica o la producción de alimentos.

Eso es lo que «descivilización» significa: una cascada de rupturas de refuerzos que no solo dañan, sino que destruyen, los cimientos de lo que hace funcionar al mundo moderno. No todos los lugares contaban con la geografía adecuada para sacar adelante la civilización antes del Orden. No todos los lugares podrán mantener la civilización tras el fin del Orden.

Una cosa es que un país como México, que está conectado a Estados Unidos, tenga que luchar por un desarrollo industrial y salir adelante sin piezas importadas de Asia, y otra que un país como Corea salga del paso al perder su acceso al petróleo, al mineral de hierro, a los alimentos importados y a los mercados de exportación.

Lo peor de todo es que muchos países menos avanzados dependen totalmente de que la civilización subsista en otros lugares. Zimbabue y Venezuela son ejemplos de países que eligieron el camino hacia una especie de descivilización. Para la mayoría, les será impuesta debido a los acontecimientos ocurridos a un continente o más de distancia en lugares en los que no pueden esperar influir y mucho menos controlar. Incluso problemas moderados en sitios como Brasil, Alemania o China afectarán de tal manera la demanda de materiales de Bolivia, Kazajstán o la República Democrática del Congo que los Estados más débiles perderán los ingresos necesarios para permitir la importación de los productos que permiten la modernidad básica. Los brasileños, alemanes y chinos del mundo se enfrentan a algo más que a meros problemas moderados.

Hay algunos aspectos positivos en este creciente pesimismo, pero solo unos pocos.

Son escasos los países que han logrado un alto grado de desarrollo y que, al mismo tiempo, han evitado el colapso de las tasas de natalidad. Se trata de una lista extremadamente corta: Estados Unidos, Francia, Argentina, Suecia y Nueva Zelanda. Eso es todo. Aunque la política se alineara, incluso si los corazones de todos estuvieran en el lugar correcto, aunque todos los estadounidenses, franceses, argentinos, suecos y neozelandeses quisieran poner las necesidades del resto del mundo por delante de las suyas, la gran magnitud del giro demográfico de la humanidad significa que todos ellos combinados no constituirían ni de lejos una base suficiente para apoyar un nuevo sistema global.

Según la mayoría de los parámetros —sobre todo en educación, riqueza y salud— la globalización ha sido genial, pero no podía durar mucho. Lo que tú y tus padres (y, en algunos casos, tus abuelos) asumisteis como la forma de vida normal, buena y correcta —esto es, las últimas siete décadas más o menos— es una anomalía histórica para la condición humana tanto en términos estratégicos como demográficos. El periodo de 1980-2015 en particular ha sido simplemente un momento único, aislado y afortunado en el tiempo. Un momento que ha terminado. Un momento que, sin duda, no volverá a repetirse en el transcurso de nuestras vidas.

Y esa ni siquiera es la mala noticia.

# EL FIN DE «MÁS»

En los malos tiempos antes de la navegación en aguas profundas, el apogeo de la experiencia humana no era muy grande que digamos. La mayoría de los sistemas de gobierno eran una mezcla de imperial y feudal.

Era una cuestión de alcance.

Los pocos lugares con una geografía rica se establecieron como centros imperiales y utilizaron su riqueza para llegar a controlar militar y económicamente otras franjas territoriales. A veces, estos centros innovaban o adaptaban una tecnología que alteraba el equilibrio de poder regional, lo que permitía apropiarse con más éxito de tierras. Los romanos utilizaron las carreteras para enviar tropas aquí y allá con mayor rapidez. Los mongoles desarrollaron el estribo de hierro, que permitió a sus guerreros montados machacar, bueno, casi a todo el mundo.

Pero no había nada en estas tecnologías que no pudiera expandirse a la competencia, eliminando la ventaja momentánea de esta o aquella potencia. Y naturalmente, como pocos querían ser los ocupados, todos intentaban desarrollar o adaptar las tecnologías del rival. Es sabido que Aníbal domesticó a unos cuantos animales —elefantes— que le permitieron atacar los territorios centrales de Roma de una forma insospechada. Los polacos erigieron un montón de castillos resistentes a los caballos, lo que les permitió menear sus partes íntimas en dirección a los incursores mongoles.

Ese es el panorama general, aunque no sea muy preciso. O, al menos, no muy completo. Desde el punto de vista organizativo, las expansiones imperiales no fueron lo más común. Por supuesto, conocemos estas luchas tecnológicas y contratecnológicas como, bueno, historia. Pero por cada expansión imperial victoriosa se dio también un colapso imperial, así como hubo diez mil territorios que nunca lograron subsistir a duras penas un momento bajo el sol.

A nivel local, la vida no era en realidad tan dramática. La mayoría de las personas eran siervos, un término elegante para referirse a una agricultura extenuante y casi de subsistencia. La seguridad que tenían los siervos se debía en su totalidad a su relación con los señores locales. Estos señores controlaban una ciudad fortificada o una fortaleza, y cuando llegaban asaltantes o pequeños ejércitos, los siervos corrían presos del pánico hacia la fortificación y se refugiaban hasta que pasaba la amenaza. A «cambio» de esta seguridad, los señores feudales les cobraban impuestos, alimentos y trabajo.[33] Como la forma más común de pagar impuestos era con algún excedente de alimentos, los distintos señores no contaban con mucha diferenciación de mercancías para comerciar entre sí. No era un sistema que fomentara la interacción a gran escala, la educación, el avance o el desarrollo. No cambiaban muchas cosas. Nunca.

Los aspectos económicos de estos dos sistemas eran desafortunadamente muy similares. El feudalismo no era más que un intercambio de seguridades: los señores proporcionaban protección a los siervos, mientras que los siervos prometían donar su vida a sus señores. Punto. Los sistemas imperiales no eran muy diferentes: cualquier tipo de «comercio» a gran escala tenía que existir dentro de las fronteras del imperio. La única manera de asegurarse el acceso a nuevos bienes era aventurarse a conquistar. Y como cualquier ventaja era temporal, todo se reducía al intercambio de

---

33   El «cambio» implica una relación de elección. Los siervos eran básicamente esclavos vinculados a la tierra. Si un noble vendía sus tierras, los siervos solían ir con la venta.

seguridad por lealtad entre el centro imperial y sus provincias, garantizado por los ejércitos imperiales.

La tarta no era muy grande. Solo podía crecer muy despacio. A menudo se volvía más pequeña. Nadie tenía acceso a todo el pastel, y la tiranía de la geografía hacía que el comercio se viese fuertemente circunscrito. La humanidad luchaba consigo misma para ver quién controlaba qué trozos de un pastel estancado y fracturado.

Entonces, de repente —desde un punto de vista histórico— todo cambió.

Las expediciones de Colón a principios del siglo xv desencadenaron una reacción en cadena de interconectividad. La navegación en aguas profundas permitió primero a los españoles y portugueses y más tarde a los británicos y, bueno, a todo el mundo, llegar e interactuar con cada pedazo de tierra que tocara el océano. Todavía existían los imperios, pero sus bases económicas cambiaron porque podían llegar a casi cualquier producto en casi cualquier lugar. Con las bases económicas ahora más amplias de los sistemas más grandes, la economía de los sistemas locales y feudales se derrumbó. Las guerras imperiales requerían más gente. La expansión económica imperial requería más trabajadores. El comercio imperial generó nuevas industrias. En todos los casos, los perdedores indiscutibles fueron los señores feudales, que apenas podían ofrecer una existencia de subsistencia.

A medida que las décadas se convirtieron en siglos, las expectativas cambiaron porque también lo hicieron los aspectos económicos. La tarta ya no era singular y estaba estancada. Ahora aumentaba. Nunca dejaría de hacerlo. Y eso, ante todo, es el mundo que conocemos.

Más productos. Más participantes. Mercados más grandes. Más mercados. Mayor facilidad de transporte. Más interconectividad. Más comercio. Más capital. Más tecnología. Más integración. Más penetración financiera. Más y mayor y mayor y más.

Un mundo de más.

Desde que Colón navegara por el océano azul, la economía humana se ha definido por este concepto de «más». La evolución del mundo dentro de la idea de «más», esta expectativa razonable de «más» es en última instancia lo que destruyó las antiguas economías de la época anterior a la navegación en aguas profundas de sistemas imperiales y feudales. Los nuevos productos, mercados, participantes, riqueza, interacciones, interdependencias y expansiones requerían nuevas formas de gestionar las recientes relaciones. La humanidad desarrolló nuevos modelos económicos, siendo los más exitosos y duraderos el corporativismo fascista, el comunismo autoritario, el socialismo y el capitalismo. La competencia entre estos sistemas —entre estos -ismos— ha definido los últimos siglos de la historia de la humanidad.

En su esencia, todos los modelos económicos son sistemas de distribución: decidir quién se lleva qué, cuándo y cómo.

- El capitalismo es lo más conocido por los estadounidenses. La idea es que el Gobierno debe mostrarse prácticamente imperceptible y dejar que sean los ciudadanos y las empresas privadas los que tomen la mayoría de las decisiones, en especial en lo que respecta al consumo y la producción, la oferta y la demanda, la tecnología y la comunicación. El capitalismo es el punto de referencia económico de Estados Unidos, pero los estadounidenses no son los únicos capitalistas del mundo: Japón, Australia, Suiza, México, Taiwán, Líbano y los países bálticos tienen sus propias iteraciones de sistemas capitalistas.

- El socialismo es la norma (si estás en Europa) o el enemigo (si estás en la derecha política estadounidense). En los sistemas socialistas modernos, las empresas, el Gobierno y la población existen en un cambiante caleidoscopio de cooperación y lucha. Sin embargo, la idea central de todas las estructuras verdaderamente socialistas es que el Gobierno forma parte inseparable del sistema económico. El debate se centra en lo importante que debe ser el papel desempeñado por aquel y en la forma en que debe utilizar su poder y su alcance para moldear o mantener la sociedad. Es probable que Canadá y

Alemania sean los mejores ejemplos contemporáneos de sistemas socialistas bien gestionados. Las versiones italiana, brasileña y sudafricana del socialismo necesitan algún que otro... ajuste.[34]

- El comunismo autoritario es el socialismo llevado a su extremo absurdo. La idea es que el Gobierno es el único que decide todas las cosas que el capitalismo externalizaría al sector privado y a la población. La eliminación de la toma de decisión privada —y del sector privado en su conjunto— permite al Gobierno dirigir todo el poder de la sociedad para lograr cualquier objetivo que deba ser abordado. La Unión Soviética es el país más grande y con más éxito que se ha valido del comunismo autoritario, pero han aparecido versiones en muchos lugares donde la élite política es particularmente... autoritaria. La Corea del Sur de principios de la Guerra Fría era un sistema autoritario extraordinariamente bien gestionado y bastante cerrado, a pesar de ser muy «anticomunista» desde un punto de vista político.[35]

---

34  Vale la pena señalar que muchos sistemas que dicen ser socialistas en realidad son cualquier cosa menos eso. La versión que acecha a la derecha estadounidense, por ejemplo, es el «socialismo» de Venezuela. En Venezuela, el socialismo es la marca que utiliza la élite para cubrirse políticamente mientras lo saquea todo, incluso lo que está literalmente controlado, todo para su propio beneficio personal. Deberíamos temerlo. Pero eso no es socialismo. Eso es cleptocracia. Definitivamente no es un -ismo funcional.
    Y estoy seguro de que hay algunos politólogos y/o ideólogos clásicos que asocian «socialismo» con «trabajadores propietarios de los medios de producción». Eso no ha pasado nunca, y yo tiendo a ignorar las cosas que nunca han ocurrido. Los economistas contemporáneos equiparan el término «socialismo» con los generosos estados de bienestar social populares en Europa, y no veo la necesidad de discutir con ellos.

35  Estoy seguro de que hay algunos ideólogos y/o economistas leyendo esto que se preguntan qué pienso sobre el comunismo «verdadero» o «puro»: la idea de que el Estado existe para ser un mecanismo imparcial de distribución de bienes y servicios por parte de los que tienen capacidad a los que tienen necesidad. Desde la época de Karl Marx, nadie lo ha intentado... y nadie lo hará nunca, sencillamente porque las personas son personas y bajo un sistema así los que tienen capacidad se convertirán en unos perezosos o desertarán. ¿No

- El corporativismo fascista es un sistema en el que no solemos pensar; fusiona el liderazgo empresarial con el estatal. En última instancia, el Gobierno dirige el cotarro y, obviamente, coordina las empresas para que trabajen en el seguimiento de los objetivos del Gobierno, pero la palabra clave es «coordinar». Las empresas están vinculadas y dirigidas por el Gobierno, pero, por regla general, no son operadas por este. En una economía fascista bien gestionada, el Gobierno puede apropiarse del sector privado para lograr amplios objetivos, como, por ejemplo, la construcción de una autopista o la aniquilación de los judíos. Pero, en su mayor parte, la gestión diaria se deja en manos de las propias empresas. Está claro que la Alemania hitleriana es el principal ejemplo de un sistema moderno fascista-corporativista, mientras que la Corea del Sur de finales de la Guerra Fría vivió un par de décadas fascistas antes de hacer una suave transición hacia un sistema más capitalista/socialista. La China «comunista» contemporánea se parece mucho más al fascismo que al socialismo, y mucho menos al comunismo. Lo mismo aplica para el Egipto posterior a la Primavera Árabe.

Cada modelo tiene sus pros y sus contras. El capitalismo renuncia a la igualdad para maximizar el crecimiento, tanto económico como tecnológico. El socialismo sacrifica el crecimiento en aras de la inclusión y la placidez social. El comunismo autoritario descarta el dinamismo y apuesta por la estabilidad y los logros concretos. El corporativismo fascista intenta alcanzar los objetivos del Estado sin sacrificar el crecimiento ni el dinamismo, pero a costa de la voluntad popular, de un Estado ultraviolento, de unos niveles de corrupción épicamente asombrosos, y del terror desgarrador de saber que el genocidio patrocinado por el Estado está muy cerca. El capitalismo y el socialismo son ampliamente com-

---

estás de acuerdo? Crece. O vete a tu propio planeta y puéblalo con algo que no sea humano.

patibles con la democracia y todo el ruido político y caos que conlleva. El comunismo autoritario y el corporativismo fascista son mucho más tranquilos desde un punto de vista político.

Pero lo que tienen en común todos estos -ismos que hemos desarrollado en el curso de los últimos siglos y perfeccionado en las últimas décadas es algo que le va a faltar a nuestro mundo: más.

La geopolítica nos dice que los auges económicos posteriores a la Segunda Guerra Mundial y, sobre todo, a la Guerra Fría fueron artificiales y transitorios. La vuelta a algo más «normal» requiere por definición... cierta contracción. La demografía nos dice que el número y el volumen colectivo de las economías basadas en el consumo masivo ya ha tocado techo. En 2019, y por primera vez en la historia, la Tierra tenía más personas de sesenta y cinco años o más que de cinco o menos. En 2030 habrá el doble de jubilados, en términos relativos.

Casi todos los países que cuentan con una geografía lo bastante favorable para permitir el desarrollo sin el auspicio de la seguridad estadounidense ya se han desarrollado. Casi todos llevan décadas en declive demográfico terminal. Casi todos están envejeciendo hacia la obsolescencia masiva.

Por otro lado, aquellos países que no cuentan con una buena geografía y que necesitan ese auspicio estadounidense han perdido ya su oportunidad. En el medio, los países que lograron desarrollarse bajo el aval estadounidense en las últimas décadas están viendo cómo se les retira la alfombra demográfica y geopolítica.

Si combinamos la geopolítica y la demografía, sabemos que no habrá nuevos sistemas de consumo masivo. Y lo que es peor, el pastel de la economía mundial no va a menguar sin más, sino que se está fracturando en trozos muy poco integrados, cortesía de la inacción estadounidense.

Piensa en tu ciudad natal. ¿Qué pasaría si tuviera que dotarse de todo lo que necesita referente a productos manufacturados, alimentos y energía? Incluso si tu ciudad natal es Shanghái, Tokio, Londres o Chicago, te sería imposible llevar tu vida actual. Lo que el Orden ha hecho es encapsular la mayor parte del mundo en una única «ciudad» en la que todos nos especializamos en lo que se nos da bien, ya sea recoger aguacates, cortar metal o purificar butadieno, ensamblar memorias USB, cablear turbinas eólicas o dar clases de yoga. Luego utilizamos los ingresos de las ventas de lo que sabemos hacer para pagar los artículos y servicios que no sabemos hacer. No es perfecto, pero ha promovido el mayor avance tecnológico de la historia de la humanidad, nos ha conducido a la gran mayoría a la era digital y ha creado una demanda cada vez mayor de niveles de educación cada vez mejores.

Pero nada de esto es un resultado natural del mundo «normal»; más bien se trata de un resultado artificial del Orden comercial y de seguridad creado por los estadounidenses. Sin paz global, el mundo se hace más pequeño. O, para ser más precisos, el gran mundo único se divide en varios mundos más pequeños (y, a menudo, mutuamente antagónicos).

Para ser sincero, nuestros -ismos existentes son lamentablemente incapaces de gestionar los próximos desafíos.

- El capitalismo sin crecimiento genera enorme desigualdad, ya que los que ya tienen contactos políticos y riqueza manipulan el sistema para controlar partes cada vez más grandes de un pastel cada vez más pequeño. El resultado tiende en la dirección de los estallidos sociales. Tres ejemplos, de los muchos que hay, de cómo puede irse al garete son los movimientos anarquistas en Estados Unidos durante la Gran Depresión, el ascenso de Donald Trump en el cinturón del óxido estadounidense como reacción a la desindustrialización de la región y el colapso social general de la guerra civil libanesa.

- El futuro del socialismo es, si cabe, más oscuro. El socialismo no puede generar niveles capitalistas de crecimiento ni siquiera cuando el pastel se expande, y mucho menos cuando disminuye. El socialismo puede ser capaz de preservar la igualdad económica, pero es poco probable que eso salve el modelo. A diferencia del capitalismo, donde al menos las élites podrían salir adelante, en el socialismo todo el mundo empeorará visiblemente cada año. Los levantamientos populares y la fractura del Estado están muy presentes en este producto.

- El corporativismo fascista podría brindar una opción al externalizar gran parte de la gestión clínica de la economía a las grandes empresas. Pero, al final, se enfrentará a los mismos problemas que el capitalismo y el socialismo —desigualdad al concentrar el poder en las empresas, estancamiento degradante por la reducción del pastel— y, como el Gobierno es el que manda, no tardaría en pasar a señalar con el dedo cualquier marcha de trabajadores.

- Eso solo nos deja el comunismo autoritario. Por desgracia, podría ser el más viable de los cuatro. Pero solo si aplasta el alma de la población hasta el punto de que una dictadura predominante, al estilo de la novela de Orwell *1984*, controle la opinión generalizada. Por supuesto, conservará todas las carencias habituales del modelo tal y como lo conocemos: solo funciona si los que dirigen la economía aciertan con respecto a qué tecnologías triunfarán, qué bienes serán necesarios y cómo acceder a los insumos pertinentes para fabricarlos. En cada ocasión.

No estamos simplemente ante un colapso económico inducido por la demografía; estamos ante el final de quinientos años de historia económica.

En la actualidad, solo veo dos modelos económicos preexistentes que podrían funcionar para el mundo hacia el que estamos evolucionando. Ambos pertenecen a la vieja escuela:

El primero es el viejo y simple imperialismo. Para que esto funcione, el país en cuestión debe contar con un ejército, en particular con uno que posea una poderosa Armada capaz de realizar asaltos anfibios a gran escala. Ese ejército se aventurará a conquistar territorios y poblaciones, y luego explotará dichas tierras y pueblos de la manera que desee: obligando a la mano de obra conquistada a elaborar productos, despojando a los territorios conquistados de sus recursos, tratando a los pueblos conquistados como un mercado cautivo para sus propios productos, etc. El Imperio británico en su pleno apogeo fue un experto en esto; aunque, a decir verdad, también lo fue cualquier otra entidad política posterior a Colón que incluyera la palabra «imperio» en su nombre. Si esto te suena a esclavitud con algún desplazamiento geográfico y legal entre amo y esclavo, vas por el buen camino.

El segundo es algo llamado «mercantilismo», un sistema económico en el que se restringe en gran medida la capacidad de cualquier persona para exportar cualquier cosa a su base de consumidores, pero en el que también se hace pasar lo que sea de su producción por la garganta de cualquier otro. Este tipo de imposición se realiza a menudo con el objetivo secundario de destruir la capacidad de producción local para que el mercado de destino dependa de ti a largo plazo. Los franceses de la época imperial practicaron el mercantilismo como algo natural; pero también lo hizo cualquier potencia industrial emergente. Es por todos conocido que a principios del siglo xix los británicos hicieron *dumping* a los productos alemanes, y que estos hicieron lo mismo a finales del siglo xix a cualquier nación a la que pudieran llegar. Se podría argumentar (con bastante facilidad) que el mercantilismo fue más o menos la política económica nacional estándar de China en las décadas de 2000 y 2010 (bajo la protección estratégica estadounidense, por increíble que parezca).

En esencia, ambos modelos posibles se implementarían con la vista puesta en chupar la sangre a otros pueblos y transferir el dolor de la disrupción económica general de los invasores a los invadidos. Lograr un trozo más grande de un pastel más pequeño, por así decirlo. Ambos modelos podrían funcionar en teoría en un mundo más pobre, violento y fracturado; sobre todo si se unen. Pero, incluso juntos, cualquier versión del mercantilismo imperialista se enfrenta a un problema singular, global y es probable que condenatorio:

Demasiadas armas y escasas botas.

En los viejos tiempos imperiales (y mercantilistas), cuando los británicos (o los alemanes, o los franceses, o los holandeses, o los belgas, o los japoneses, o los portugueses, o los españoles, o los argentinos, etc.) aparecían, llevaban armas de fuego y artillería a regiones cuya tecnología punta militar era de lanza y cuchillo. Los recién llegados no tuvieron que mostrar demasiados ejemplos a los lugareños antes de que estos decidieran que lo mejor era hacer lo que se les pedía (suponiendo que sobrevivieran lo suficiente para tener que tomar una decisión). El hecho de poseer una ventaja tecnológica tan evidente significaba que los invasores podían mantener el control con pequeñas fuerzas de ultramar. Puede que el mejor ejemplo sea el Raj británico en la India. Los británicos solían tener (mucho) menos de 50.000 soldados en su colonia del sudeste asiático, a veces menos de 10.000, frente a una población local de más de doscientos millones. Con la elevada ratio de un «ocupante» por cada 4000 ocupados, sería como si la población de mi ciudad natal, Marshalltown (Iowa), intentara ocupar la totalidad de Estados Unidos al oeste del Misisipi.

En una época en la que un bando estaba industrializado y el otro no, tal desequilibrio numérico podía funcionar. Pero a medida que los indios fueron volviéndose más sofisticados desde un punto de vista tecnológico, la idea de que los británicos pudieran mantener el control pasó rápidamente de sorpresa a histeria desmesurada. Era solo cuestión de tiempo y de voluntad política que los indios mandaran a los británicos a paseo.[36]

No hay duda de que en la actualidad hay partes del mundo más industrializadas (y mejor armadas) que otras, pero ya no existe un gran abismo como los del siglo xix entre un mundo industrializado y uno preindustrial. Piensa en lo bien que se lo pasó Estados Unidos (un país que está a la cabeza del grupo) al intentar transformar Afganistán (un país que está en la cola). No hace falta la excelencia en armas, ferrocarriles, asfalto, electricidad, ordenadores y teléfonos para tener armas, ferrocarriles, asfalto, electricidad, ordenadores y teléfonos.

---

36   #Gandhieslaleche.

Los únicos países en un mundo posterior a 2022 que podrían ser capaces de mantener un imperio de ultramar son aquellos con tres cosas a favor: un serio complejo de superioridad cultural, un ejército capaz de proyectar con seguridad el poder sobre lugares que no pueden resistirse de forma efectiva, y montones y montones y montones de jóvenes disponibles.

El último país que presumió de esa combinación de factores fue Estados Unidos tras la Segunda Guerra Mundial. El ascenso de Estados Unidos en el siglo XIX y principios del XX fue tecnológico, geográfico, demográfico y económico, pero, cuando el fuego cesó en 1945, los yanquis gozaban de ventajas tecnológicas, geográficas, demográficas, económicas y militares, así como estratégicas y numéricas. Aun así, los estadounidenses optaron por no ocupar el territorio que habían conquistado, incluso cuando sus potenciales súbditos los habían recibido como liberadores. Hoy vivimos en un mundo de acelerado colapso demográfico. No hay ningún país que cuente con la mezcla de juventud y alcance necesaria para proyectar poder más allá de sus inmediaciones de forma rentable y sostenida.

Lo mejor que se podría llegar a gestionar es un imperio regional anterior a la era de aguas profundas, en el que las superpotencias locales dominasen a sus vecinos de la forma más ruda: vía intimidación directa y/o conquista. E incluso entonces, me cuesta imaginar que pudiera funcionar para cualquier país a excepción de Francia o Turquía, países que tienen estructuras demográficas estables, fuertes bases industriales y una gran ventaja tecnológica sobre sus posibles futuras neocolonias.[37] Cualquier otra cosa sería un juego de cifras al que pocos países en pocos lugares podrían jugar siquiera teóricamente, y mucho menos jugar lo bastante bien para que el esfuerzo pudiera amortizarse. El objetivo de este análisis sobre los posibles modelos económicos no es deprimirte

---

37  Hay un montón de información sobre los porqués y los «cómo» del pasado, presente y futuro de estos dos países en mi anterior libro, *Desunited Nations*.

(aunque, a mi parecer, esa es una consecuencia del todo razonable), ni siquiera señalar cuál es el resultado más plausible.

Por el contrario, se trata de subrayar dos resultados:

En primer lugar, todo va a cambiar. Cualquiera que sea el nuevo sistema o sistemas económicos que desarrolle el mundo será algo que hoy en día nos parecerá increíble en cuanto a su viabilidad. Es probable que necesitemos un volumen mucho mayor de capital (los jubilados lo absorben como esponjas), pero que tendremos mucho menos (menos trabajadores significa menos contribuyentes). Esto sugiere que el crecimiento económico y el progreso tecnológico (ambos requieren capital como insumo) se estancarán. Y eso es solo una faceta. No es que aquello para lo que fueron diseñados para equilibrar o gestionar el capitalismo, el fascismo y el resto —oferta, demanda, producción, capital, trabajo, deuda, escasez, logística— se esté contorsionando, sino que está evolucionando hacia formas que con total seguridad jamás hemos experimentado como especie. Estamos entrando en un periodo de transformación extrema, con todas nuestras normas estratégicas, políticas, económicas, tecnológicas, demográficas y culturales en proceso de cambio al mismo tiempo. Por descontado, pasaremos a un sistema de gestión diferente.

En segundo lugar, el proceso será la mismísima definición de traumático. El concepto de «más» ha sido nuestro faro como especie durante siglos. Desde cierto punto de vista, los últimos setenta años de globalización han sido simplemente un «más» con esteroides, un aprovechamiento pronunciado de nuestra anhelada comprensión económica. Entre la inversión demográfica y el fin de la globalización, no solo estamos poniendo fin a nuestra larga experiencia con el «más», ni comenzando un aterrador nuevo mundo de «menos»; nos enfrentamos a la caída libre de la economía a medida que todo lo que ha sustentado la existencia económica de la humanidad desde el Renacimiento se desintegra a la vez.

Entre el colapso del Orden global y la inversión de la demografía mundial, está claro que las viejas normas no funcionan, y nos llevará décadas averiguar qué puede hacerlo. Los distintos países sentirán que el antiguo sistema se desmorona a diferentes velocidades y de distintas maneras, y reaccionarán a esos estímulos utilizando enfoques determinados por sus propias fortalezas y debilidades, así como por su cultura y posición geográfica. Tampoco se implementará el desarrollo de un nuevo -ismo en circunstancias controladas durante un periodo de tiempo sosegado. Ocurrirá en el aquí y ahora del colapso demográfico y geopolítico.

No acertaremos en nuestro primer intento. No avanzaremos por los mismos caminos. No llegaremos al mismo destino. Nuestro mundo tardó siglos en descubrir nuestros cuatro modelos económicos actuales. Es un proceso, y no uno que avance en una línea recta, predecible y tranquila. La última vez que la humanidad luchó contra factores de cambio que requerían nuevos modelos económicos, las causas fueron la Revolución Industrial junto con la primera ola de globalización. Argumentamos —con firmeza— qué sistema podía ser mejor. Nos peleamos. Nos enfrentamos en guerras. Padecimos guerras enormes. La mayoría no fueron frías.

Vivir en la historia es complicado.

# MODELOS MUY COMPLICADOS

Ahora que todos necesitamos un buen copazo, veamos un par de ejemplos de a qué podría parecerse el... éxito. Porque, si bien nuestro mundo nunca ha experimentado nada parecido a lo que estamos a punto de vivir, la realidad demográfica y geopolítica de algunos países los ha obligado a lidiar con la vanguardia de esta transformación antes que al resto de nosotros. Hay un par de lugares en los que podemos buscar inspiración. O posibles reglas del juego. O, al menos, minas terrestres.

Tengo dos para tu consideración.


## RUSIA... COMO HISTORIA DE ÉXITO

Aunque todo en Rusia se hace y se ha hecho siempre a su manera... tan peculiar, es innegable que Rusia formó parte del primer grupo de países en industrializarse: después de los británicos y en un marco de tiempo similar al de los alemanes. La historia demográfica y de industrialización entrelazada de rusos y alemanes ha sido, de hecho, la historia de Europa desde principios del siglo XIX hasta la actualidad.[38]

---

38  *Desunited Nations* tiene también una sección igual de grande sobre la histo-

Pero mientras que los alemanes utilizaron el Orden liderado por Estados Unidos para dar un salto cualitativo en la escala de valor añadido y lograr que su economía pasara de ser industrializada a ser una estructura tecnocrática más orientada a la exportación, la Unión Soviética era el objetivo del Orden y no pudo hacer nada de eso. En su lugar, los soviéticos siguieron el camino del comunismo autoritario. Fuera del ámbito militar, Rusia no pudo simplemente seguir el ritmo del dinamismo tecnológico del mundo liderado por Estados Unidos. A medida que los años se acumulaban en décadas, la economía soviética tocó techo en términos de sofisticación, y casi todo el crecimiento económico de las décadas de 1960 y 1970 no provino de la tecnología o la productividad, sino de la expansión de la población en edad de trabajar. Más insumos, más productos.

Para creer que la Unión Soviética seguiría funcionando a la larga, había que creer que la población soviética seguiría creciendo, aunque no era ese su destino. Entre la devastación de las guerras mundiales, los delicados esfuerzos de urbanización y colectivización de Stalin, la mala gestión a gran escala de Jrushchov y el estancamiento organizativo de Brézhnev, la Unión Soviética dejó de generar un número suficiente de nuevos trabajadores. Ya en 1980 el *pipeline* demográfico daba señales de agotamiento… y entonces todo se vino abajo. El trauma del colapso soviético fue económico, cultural, político, estratégico y demográfico. Entre 1986 y 1994, la tasa de natalidad se redujo a la mitad, mientras que la de mortalidad prácticamente se duplicó. En la actualidad, Rusia está desindustrializándose al mismo tiempo que se desploma su población.

¿Chungo? Sí, pero es probable que Rusia sea uno de los supuestos más optimistas para gran parte del mundo industrializado. Al menos, Rusia cuenta con gran capacidad para abastecerse de alimentos y combustible en casa, además de tener suficientes armas nucleares para hacer que cualquier posible agresor se pare a pen-

---

ria interrelacionada de ambos.

sar un momento (o largo y tendido) antes de lanzar un ataque. En un mundo de comercio y capital restringidos, se podría estar en una situación mucho más desesperada que la de seguir contando con profundidad estratégica, además de alimentos, combustible y electricidad razonablemente fiables.

Pero el modelo de referencia en términos de preparación para una vida posterior al crecimiento está en otro lugar.

## JAPÓN: ENVEJECER CON GRACIA

Japón lleva más de cinco décadas en el camino del olvido demográfico. La urbanización extrema ha sido la norma desde la Segunda Guerra Mundial y, sencillamente, no hay espacio suficiente en los omnipresentes condominios de Tokio para formar una familia con facilidad, y mucho menos familias de cierto tamaño. El proceso de envejecimiento está tan arraigado que unos 30.000 japoneses mueren en sus apartamentos cada año sin que nadie se dé cuenta hasta que desprenden cierto… olor. Lo que hace necesaria la fumigación. Japón superó el punto de no retorno en su estructura demográfica ya en la década de 1990, pero en lugar de esconderse en un agujero y morir, hace tiempo que el Gobierno japonés y el mundo empresarial se han diversificado en formas que reflejan las debilidades —y fortalezas— demográficas subyacentes del país.

Las empresas japonesas son conscientes de que sus datos demográficos locales son deplorables, pero también saben que fabricar productos en masa en su país requiere una mano de obra joven de la que ya no disponen, y que endosar dichos productos a otros mercados suele interpretarse como un acto de grosería. Así que los japoneses han optado por algo nuevo: la deslocalización.

Las empresas japonesas han trasladado gran parte de su capacidad productiva industrial a otros países, donde utilizan trabajadores locales más abundantes para producir los bienes que luego se venden en esos mismos mercados locales. Después, una parte de los ingresos de esas ventas regresa a Japón para sustentar a la población japonesa (cada vez más envejecida). El diseño y el trabajo técnico y de fabricación de muy alto nivel —el tipo de trabajo realizado por trabajadores altamente cualificados y de mayor edad— se sigue haciendo en Japón, pero casi la totalidad del resto de la cadena de suministro de fabricación se encuentra al otro lado de las fronteras nacionales. En esencia, los japoneses se dieron cuenta de lo que estaba por venir ya en la década de 1980. Comprendieron que a su garante de seguridad estadounidense le molestaba el *dumping* de productos y pusieron en marcha un proyecto de varias décadas para fabricar, en cambio, bienes dentro de sus mercados objetivo. En particular, este concepto de «construir donde se vende» se ha convertido en el nuevo mantra corporativo de Toyota.

Este nuevo modelo industrial ha permitido a Japón envejecer con cierta gracia. Aunque hay un par de problemas evidentes.

El primero es que la economía de Japón se ha estancado. En términos ajustados a la inflación, la economía japonesa era menor en 2019 que en 1995. Parte fundamental de la imposibilidad de construir y vender con y a tu propia población es verse obligado a cambiar algunas reglas del juego. Incluso un éxito económico descomunal en un mundo postcrecimiento carece de mucho, bueno, crecimiento.

El segundo es que es sumamente improbable que pueda replicarse el camino tomado por Japón. Después de todo, la experiencia japonesa de 1980-2019 es única en muchos sentidos.

- La transformación de Japón en un sistema postcrecimiento se produjo bajo una férrea garantía de seguridad estadounidense. Tokio nunca ha tenido que temer por su protección física en casa. El desinterés contemporáneo de Estados Unidos indica que esa cobertura no estará disponible para la mayoría de los países.
- El Japón empresarial no se enfrentó a graves amenazas de seguridad en el extranjero, en parte debido a la naturaleza tipo «todos somos amigos» del entorno posterior a la Guerra Fría, y en parte porque los estadounidenses impidieron que sur-

giera ninguna amenaza a la seguridad. La salida del mundo de Estados Unidos significa que la mayoría de los países —rutas de comercio, en su mayoría— se verán privados del tipo de protección blindada bajo la que evolucionaron los japoneses.

- La transformación de Japón se produjo cuando sus empresas tuvieron acceso a los mercados de consumo mundiales, sobre todo al mercado estadounidense. Dejando a un lado el envejecimiento demográfico, el sistema político estadounidense se ha vuelto marcadamente insular y Estados Unidos no va a mantener el mundo abierto al comercio, eso es todo. Sin duda, no va a mantener el mundo abierto para que se produzca un *dumping* de productos en el mercado de consumo estadounidense.

- Japón era rico en extremo al principio de su transición. En términos per cápita, Japón llegó a ser tan rico como Estados Unidos a finales de la década de 1980. Tuvieron que pagar las plantas industriales que los japoneses construyeron en el extranjero, pero pudieron hacerlo porque, aunque sus parámetros demográficos estaban cambiando, todavía no lo habían hecho. Cuando los japoneses empezaron a deslocalizar en la década de 1990, todavía tenían unos veinte años de mano de obra funcional a la que recurrir. Hoy en día, muy pocos países pueden presumir de haber contado con un punto de partida tan positivo en términos de riqueza, y ninguno tiene una base fiscal o una capacidad de mano de obra que vaya a durar más de una década.

- La población de Japón es la más homogénea del mundo, con más del 98 % de la población puramente japonesa. Esa unidad ha permitido transformaciones sociales y económicas que habrían desencadenado un levantamiento popular en poblaciones más diversas.

- Japón resulta muy fácil de defender. Es un archipiélago que nunca ha sido invadido con éxito. Incluso los estadounidenses se sintieron tan amilanados por la tarea de conquistar las islas principales que optaron por las armas nucleares en Hiroshima y Nagasaki para forzar su rendición, en vez de enviar a los marines a la trituradora. La idea central es: las necesidades defensivas de Japón en un mundo sin vigilancia estadounidense son controlables, y la armada japonesa tiene el tamaño adecuado para defender el país.

- Por último, como con todo lo demográfico, Japón contaba con creces con el activo más crítico: el tiempo. La transformación económica no se consigue de la noche a la mañana. Desde el momento en que el antiguo modelo económico japonés se fue a pique con la caída de la bolsa y el mercado inmobiliario en 1989, Japón tuvo tres décadas para hacer la transición hacia lo que se ha convertido en su nueva normalidad.

Hay muy pocos países que cuentan con la mano de obra cualificada y el capital necesario para intentar una deslocalización como la del modelo japonés. Se me ocurren Dinamarca, Países Bajos, Reino Unido, Singapur, Corea del Sur y Taiwán. Puede que los estados europeos de la lista logren ser capaces de encargarse de su propia seguridad con una ayuda estadounidense limitada o mediante una asociación con Francia, más estable desde un punto de vista demográfico. En cuanto a los Estados asiáticos, podrían encomendarse nada menos que a Japón para que vele por su seguridad.

Pero para todos ellos el lugar al que deslocalizarse será una especie de lotería.

Hasta cierto punto, los europeos occidentales que forman el núcleo original de la Unión Europea han intentado esta estrategia con los centroeuropeos a los que admitieron en la Unión en la década de 2000. Pero, por término medio, los centroeuropeos envejecen aún más rápido que los occidentales, por lo que esta estrategia caerá por su propio peso en la década de 2020. Los tigres asiáticos tienen la posibilidad de deslocalizar a las naciones del sudeste asiático; algo que, de hecho, ya ha ocurrido. Pero ninguno de ellos tiene la capacidad militar necesaria para mantener una relación de este tipo sin una amplia ayuda externa. Con la notable excepción de Estados Unidos, cualquier país con una demografía razonablemente saneada tiene más probabilidades de ser un competidor económico y/o de suponer una amenaza a la propia seguridad y, por tanto, un destino poco aconsejable para sus fondos de inversión.

El cambio a un nuevo sistema siempre acabaría por ser doloroso, aunque la mayoría de los países simplemente no conseguirían dar el salto. Cuando empecé a trabajar en las ideas centrales de este libro en 2016, me imaginaba que tendríamos unos quince años para resolver las cosas. Es una cantidad de tiempo ridículamente corta para darle la vuelta a medio milenio de historia, pero era mejor que nada. Pero entonces, de repente, de forma trágica y terrible, en las primeras semanas de 2020, toda esperanza se esfumó.

## QUE TE DEN, CORONAVIRUS

La pandemia de coronavirus no solo nos robó vidas. Nos robó lo que necesitábamos más que nada para prepararnos para la devastación demográfica que se avecina. Nos robó la única cosa que nadie en la Tierra puede hacer que haya más.

Nos robó tiempo.

En noviembre de 2019, el patógeno que el mundo conocería como el «nuevo coronavirus-2019» —COVID-19, o simplemente COVID, para abreviar— comenzó a circular en la provincia china de Hubei. Las autoridades locales, en un intento por evitar perder prestigio, eludieron presentar informes sobre el aumento de las tasas de infección. Incluso a sus superiores. Incluso al personal médico. Aunque muchos Gobiernos, en numerosos niveles, han mostrado grados de creatividad en su mala gestión de la crisis en una asombrosa variedad de formas un impresionante número de veces, fue esta primera decisión de ocultar información la que transformó un problema de salud local en una pandemia mun-

115

dial. La COVID es la enfermedad más infecciosa que ha afectado a la población general desde el sarampión, y la tasa de mortalidad de la COVID es cinco veces mayor. En el momento de escribir esto (febrero de 2022), se ha diagnosticado COVID a más de trescientos millones de personas en todo el mundo, de las cuales seis millones han fallecido.[39]

La COVID se propaga casi exclusivamente por vía respiratoria, lo que es desolador desde el punto de vista económico. El VIH puede prevenirse con preservativos. El cáncer no es transmisible. Las enfermedades cardiovasculares dependen en gran medida del estilo de vida. Contraer el tétanos requiere un combate de lucha libre con un alambre de espino. Pero, si se puede propagar o contagiar un destructor de la salud al respirar, tenemos un problema. La gente vive en el interior. La mayoría de los negocios se hacen en el interior. La mayoría de los alimentos se consumen en el interior. La mayoría de los medios de transporte funcionan con las ventanas cerradas. La COVID afectó y amenazó todos los aspectos de nuestra existencia.

El único medio eficaz para hacer frente a una enfermedad respiratoria es limitar el contacto. Las mascarillas ayudan, pero el aislamiento ayuda más. Los esfuerzos de mitigación de la COVID no lo cerraron todo, pero no veas cómo golpeó a la mayoría de las economías una y otra y otra vez.

Las consecuencias de un agente patógeno que se propaga con tanta facilidad son innumerables, pero para nuestros fines destacan cuatro:

En primer lugar, la disminución y contención del contacto entre las personas se traduce directamente en una disminución y contención de la actividad económica, o, como se conoce por su nombre técnico, una recesión. En agosto de 2020 era evidente que la

---

39  Las estadísticas nacionales, por no hablar de las mundiales, sobre la COVID son confusas. No se trata (solo) de incompetencia política. Más del 40 % de los casos de COVID son asintomáticos, por lo que el número real de infecciones y muertes es sin duda mucho mayor que estas cifras.

recesión no iba a ser algo puntual, sino que persistiría hasta que la población en general alcanzara la inmunidad de rebaño. Para cuando llegamos a octubre de 2021 supimos que la respuesta inmunitaria generada por el sufrimiento a través de la entonces dominante variante delta de la COVID difería mucho en la protección que generaba, pero lo que es más importante, para algunos dicha protección solo duraba varias semanas. Aprendimos que la vacunación era la única solución razonable.[40] Por suerte, una serie de vacunas comenzó a llegar al mercado en diciembre de 2020, pero entre las dudas sobre las vacunas y las limitaciones de fabricación, la mayor parte del mundo avanzado no fue capaz de alcanzar el umbral de vacunación del 90 % necesario para prevenir la transmisión comunitaria en 2021, y las nuevas variantes siguieron postergando el objetivo previsto que significaba el «éxito».

En segundo lugar, la propia naturaleza de nuestra «normalidad» económica explotó. Cada una de las treinta principales economías sufrió el confinamiento y la disrupción. Las recesiones directas ya eran bastante malas, pero la alteración del estilo de vida cambió el conjunto de bienes que todos consumimos: menos servicios, más bienes y más bienes de tipos muy específicos como productos electrónicos e informáticos. Con cada cierre y/o apertura, nuestra cartera de consumo cambiaba, y con cada cierre y/o apertura, los fabricantes de todo el mundo intentaban redoblar y alterar sus esfuerzos para satisfacer la demanda alterada. Cada esfuerzo requería más trabajadores, más inversión y más tiempo. En términos técnicos, cada esfuerzo resultaba sumamente inflacionario… en un momento en el que cada vez más *baby boomers* se jubilaban y pasaban a tener ingresos fijos. En el momento de escribir esto, a principios de 2022, los empresarios del mundo van por su novena reestructuración relacionada con la COVID.

En tercer lugar, si el objetivo era la estabilidad económica, las partes del mundo que de alguna manera escaparon a la COVID

---

40   O, al menos, la mayoría de nosotros llegó a esa conclusión.

fueron... los lugares equivocados. Al África subsahariana le fue razonablemente bien, pero, para ser francos, en la mayor parte de la región la esperanza de vida es demasiado baja para que haya muchas personas mayores de setenta años. (Más de la mitad de las muertes por coronavirus corresponden a personas de setenta y cinco años o más, por lo que el grupo demográfico que más sufre la enfermedad simplemente no existe en masa). La segunda región fue el este asiático, donde las respuestas rápidas y competentes de los Gobiernos pulverizaron el número de casos. Por desgracia para el sistema mundial, el África subsahariana es un actor secundario, ya que en conjunto solo genera el 1,9 % del producto interior bruto (PIB) mundial, mientras que todas las economías del este asiático están orientadas a la exportación. No importaba mucho al consumo mundial que ellos no se contagiaran. Habían perdido mercados a los que vender.

En cuarto lugar, cuestiones que no guardaban relación con la enfermedad se intensificaron durante la crisis del coronavirus para fracturar aún más las conexiones globales. En concreto, la administración Trump estaba llevando a cabo una guerra comercial con China, mientras que China caía en un nacionalismo narcisista. Ambos empujaron a todos los sistemas impulsados por el consumo —incluido Estados Unidos— a llevar a nivel interno la mayor parte posible de sus necesidades de fabricación. Ya fuera por razones de miedo nacionalista, populismo, salud, seguridad nacional, política o puestos de trabajo, las complejas cadenas de suministro que habían dominado cada vez más el sector manufacturero durante décadas se desintegraron de forma enérgica.

En el momento de escribir este texto, hace ya dos años que la COVID afecta a la parte del mundo orientada al consumo. La parte del mundo cuyo crecimiento está basado en las exportaciones iba a pasar, a pesar de todo, de estar impulsada por las exportaciones a estarlo por el postcrecimiento en la década de 2020, y la mayor parte de este paso se produciría en la primera mitad de la década. La COVID debilitó las conexiones entre las economías basadas en las exportaciones y las impulsadas por el consumo;

esto hizo que la mayoría de las últimas se encerraran en su propio mundo en parte secuestrado, a la vez que negaban a las primeras la venta de las exportaciones que necesitaban para alimentar sus sistemas y el tiempo de transición necesario para adaptarlos a lo que venga después de la globalización.

No es que el juego de la globalización esté terminando. Es que ya ha terminado. Gran parte de los países nunca volverá al grado de estabilidad o crecimiento que experimentaron en 2019. Y ahora la mayoría ha perdido la oportunidad de intentar siquiera mudar a una posición más adecuada.

La palabra clave en esta última frase es, por supuesto, la «mayoría».

# LOS ÚLTIMOS VESTIGIOS DEL «MÁS»

Hay muy pocos países que, contra todo pronóstico, hayan mantenido encendida la antorcha demográfica. La vida para ellos también cambiará, pero no de manera tan rápida, drástica o negativa. Estados Unidos es el más importante, más que todos los demás juntos.

## EL «MÁS» ESTADOUNIDENSE, PARTE 1: LA GEOGRAFÍA

Empecemos por todo lo geográfico y estratégico.

- Estados Unidos tiene más tierras de cultivo de alta calidad en zonas templadas que cualquier otro país del mundo y toda su cadena de suministro agrícola se encuentra dentro de Norteamérica. Esto convierte a Estados Unidos en el mayor productor y exportador agrícola del mundo. La seguridad alimentaria no es un tema importante.
- Estados Unidos tiene más tierra apta para ser habitada —clima razonable, relativamente plana, buen acceso al agua, ausencia de plagas, etc.— que cualquier otro país del mundo. En términos de tierra utilizable por persona, puede que Estados Unidos pudiera soportar el doble de su población

actual —trescientos treinta millones de personas—, antes de experimentar cierta sensación de agobio.

- Mover cosas por el agua cuesta aproximadamente una duodécima parte de lo que vale trasladarlas por tierra. Por gentileza de las omnipresentes vías fluviales propias —más que el total combinado del resto del mundo—, Estados Unidos tiene unos costes de transporte interno más bajos que cualquier otro país.[41]

- Gracias a la revolución del esquisto, Estados Unidos no solo es el mayor productor de petróleo del mundo, lo que le permite ser independiente en términos netos, sino que los productos derivados de su producción de petróleo de esquisto han conseguido que disfrute de los costes de electricidad no subvencionados más bajos del mundo.

- Estados Unidos es el país del primer mundo más cercano al ecuador, lo que hace que tenga más potencial de energía solar que cualquier otro país, mientras que la posición de sus montañas en comparación con sus costas hace que cuente con más potencial de energía eólica que cualquier otro país. El suministro de electricidad, verde o de origen fósil, nunca será un problema estadounidense.

- El abaratamiento de los insumos —ya sea en forma de tierra o energía— ayudó a desencadenar un proceso de reindustrialización masiva en Estados Unidos ya en 2010. Esto le ha otorgado una ventaja en la reorganización industrial a gran escala que dominará la descomposición global de la década de 2020.

- Estados Unidos no se ha enfrentado a ninguna amenaza de seguridad desde el interior del continente norteamericano desde la década de 1840. Los desiertos y las montañas hacen que una invasión desde el sur sea sencillamente imposible, mientras que los lagos y los bosques (y un desequilibrio

---

41  Sería aún mejor si los estadounidenses consiguieran desenmarañar su estructura reguladora interna.

demográfico de diez a uno) limitan el mismo concepto de una invasión desde el norte al ámbito de las películas de baja calidad y llenas de improperios.[42]

- En lugar de hostilidad, los estadounidenses han trabajado con los canadienses y los mexicanos para formar un espacio de fabricación y una zona comercial integrados. Las economías de escala ampliadas permiten una capacidad de fabricación regional de primera clase por lo que respecta a la calidad y al coste.

- Los océanos Atlántico y Pacífico hacen que Estados Unidos sea prácticamente inmune a las invasiones desde fuera de su hemisferio. Muy pocos países tienen buques que puedan cruzar un océano sin ayuda. Si alguien quisiera darle un escarmiento a Estados Unidos, tendría que superar primero a la Armada estadounidense, que es diez veces más poderosa que las Armadas combinadas del resto del mundo.[43]

- Estados Unidos tiene armas nucleares. Miles de ellas. En un concurso de piedra-papel-tijera-lagarto-Spock-arma nuclear, las armas nucleares ganan siempre.

En pocas palabras: en un mundo sin «más», Estados Unidos no solo sigue teniendo mucho, sino que tiene la capacidad de conservarlo.

Y lo que es aún mejor: hasta ahora los estadounidenses han logrado en gran medida escapar de la trampa demográfica y del desarrollo global.

---

42   ¡Han matado a Kenny! ¡Qué cabrones!
43   Y la segunda y tercera Armada de largo alcance más poderosas del mundo —las de Japón y el Reino Unido— son aliadas.

## EL «MÁS» ESTADOUNIDENSE,
## PARTE 2: LOS *BOOMERS* Y LOS *MILLENNIALS*

De los diecisiete millones de hombres estadounidenses —más del 20 % de la población masculina de Estados Unidos— que lucharon en el extranjero en la Segunda Guerra Mundial, todos menos 400.000 regresaron a casa. Y lo hicieron listos para seguir adelante con su vida. La Ley del Soldado los ayudó a acceder a la educación. La Ley Interestatal de Eisenhower de 1956 permitió construir el sistema nacional de carreteras que propició que los antiguos soldados se establecieran en cualquier lugar. Los nuevos programas de préstamos hipotecarios favorecieron que los jóvenes veteranos se compraran o construyeran su primera vivienda y, al hacerlo, combinados con el nuevo sistema de autopistas interestatales, pusieron en marcha lo que ahora conocemos como los «suburbios».

Todos estos nuevos programas gubernamentales fueron en muchos sentidos los primeros de este tipo para los estadounidenses. La mayoría se pusieron en marcha por temor a que se repitiera el desastre económico que siguió a la última vez que varios millones de soldados estadounidenses regresaron de la guerra. Después de la Primera Guerra Mundial, el repentino regreso de los soldados inundó el mercado laboral, lo que generó un exceso de oferta tan masivo que desencadenó una espiral deflacionista que contribuyó a la Gran Depresión.

La motivación última de los nuevos programas fue utilizar el gasto público para absorber toda esa mano de obra o enviar a los antiguos soldados a la universidad durante unos años para posponer el dolor. Muchos debatieron (y aún debaten) los pros y los contras de ampliar de forma tan permanente el espacio que ocupa el Gobierno, pero es innegable que, con todas estas piezas en su lugar, Estados Unidos experimentó el mayor *baby boom* de su historia. Entre el final de la guerra y 1965, hubo más de setenta millones de nacimientos en un país que antes de la guerra tenía menos de ciento treinta y cinco millones de almas. El horror de los *baby boomers* se desató sobre todos nosotros.

Hay un sinfín de historias que contar sobre la generación de los *boomers* de Estados Unidos. Son los que alcanzaron la mayoría de edad durante la década de 1970, creando lo que se presenta como cultura estadounidense. ¿Música disco? La culpa es suya. Son los que crearon el estado de bienestar estadounidense, y a partir de ello su jubilación en curso ha roto el presupuesto federal. Son los que crecieron a la sombra de los nuevos complejos de fabricación que comenzaron a brotar después de la Segunda Guerra Mundial, cuando el resto del mundo estaba destrozado, y luego vieron con amargura cómo esas mismas instalaciones iban deslocalizándose a medida que el resto del mundo fue recuperándose bajo el Orden. De Vietnam a Afganistán, de Johnson a Trump, de los derechos civiles a los largos desplazamientos para ir al trabajo, de la revolución sexual a la incapacidad tecnológica, sus decisiones y rarezas colectivas han determinado con exactitud lo que es Estados Unidos.

La mayor parte del resto del mundo tuvo también una generación *boomer*, y por razones de formulación similares. El fin de la guerra sumado a los albores de la nueva era (casi siempre sin guerras) bajo el auspicio de Estados Unidos permitió a la mayoría de los Gobiernos ocuparse de la vida de sus ciudadanos sin necesidad de cargar con la tarea de la defensa nacional. Los Gobiernos europeos, en particular, dedicaron mucho más tiempo y energía a intentar que la vida de sus ciudadanos fuera cómoda, y mucho menos a intentar matar a sus vecinos. Muchos países de todo el mundo se desarrollaron —y experimentaron la misma reducción de la mortalidad de los Estados más avanzados— por primera vez. La población creció en todas partes.

Sin embargo, en relación con la población que había antes de la guerra, los *boomers* estadounidenses eran un grupo mucho mayor que el de sus homólogos a nivel mundial. Incluso ciento setenta años después de la independencia y con una población treinta veces mayor, los estadounidenses seguían disfrutando de una gran cantidad de tierra urbanizable y cultivable. Los estadounidenses seguían creciendo en los territorios que habían quedado vacíos tras la erradicación de los nativos. Que hubiera mucha tierra útil significaba que los *boomers* disfrutaban de una gran variedad de oportunidades a bajo coste y con una alta remuneración. En cambio, Europa había alcanzado el umbral de saturación de sus tierras décadas atrás y no había muchas fronteras internas. Ni siquiera en los nuevos Estados en desarrollo estaba el campo repleto de territorios sin utilizar.

Pero eso era antes, y esto es ahora. A medida que nos adentramos en la década de 2020, los *boomers* son una fuerza demográfica en gran medida agotada. En el año 2022 y 2023, la mayoría de los *boomers* del mundo habrán cumplido sesenta y cinco años y se habrán jubilado.

Esto genera un doble impacto en los mercados laborales. Los *baby boomers* son la generación más numerosa de la historia, por lo que su ausencia tiene un enorme impacto en términos numéricos. Son también la generación económicamente activa de mayor edad, lo que significa que su número constituye el grueso de toda la mano de obra cualificada disponible. Si se suprimen tantos trabajadores altamente cualificados en un corto periodo de tiempo, la escasez de mano de obra y la inflación laboral serán el resultado inevitable en los próximos años.

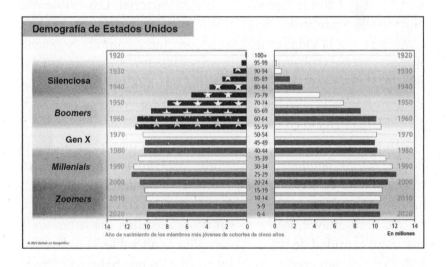

La siguiente generación es la X, un grupo que observó las pruebas y tribulaciones de sus antecesores y... no le gustó lo que vio. Había tantos *baby boomers* que cuando se incorporaron al mercado laboral compitieron entre sí por los salarios, suprimiendo los costes laborales. Esto obligó a muchos *boomers* a decidir que la única manera de que un hogar sobreviviera era con dos salarios, lo cual no solo deprimió más los costes laborales, sino que introdujo un estrés considerable en las relaciones interpersonales, lo que dio lugar a la elevada tasa de divorcios de los *baby boomers*. La generación X ha intentado evitar este desenlace hasta cierto punto. La generación X es mucho más propensa a tener hogares con un solo ingreso en comparación con sus mayores, ya que valoran su tiempo al menos tanto como su dinero.

La generación X ya era una generación más reducida, y nunca iba a poder llenar el gran hueco dejado por la partida de los *boomers*, pero con un menor porcentaje de población activa, el resultado será un déficit de mano de obra mucho mayor. Eso es estupendo para la generación X —los que decidan trabajar tendrán mayor poder de fijación de precios que cualquier fuerza de trabajo hasta la fecha—, pero es un poco desastre para el mercado laboral a gran escala.

En la parte inferior de la escala están los *zoomers*. Son trabajadores con muchas ganas, pero existen muy pocos. Los *zoomers* son los hijos de la generación X. Una generación pequeña genera una generación pequeña. Ya han nacido todos los *zoomers* que tienen que nacer, y, aunque todos sigan el ejemplo de los *baby boomers* en lugar del de sus padres y todos se incorporen al mundo laboral, ni de lejos hay suficientes para completar la población activa. Durante las próximas dos décadas.

Hasta la fecha, la situación de *boomers*, generación X y *zoomers* es generalizada a nivel mundial, pero ahora diverge, porque los *boomers* de Estados Unidos hicieron una cosa que sus homólogos mundiales no hicieron. Tuvieron hijos. Muchos. Digan lo que digan sobre la generación *millenial* estadounidense —y sí, se pueden decir muchas cosas—, tienen algo a su favor que casi ningún otro grupo *millenial* tiene a nivel mundial.

Existen.

En general, el grupo demográfico de *millennials* estadounidenses se divide en dos categorías. La primera coincide con el estereotipo de flojos y vagos y con una prolongada adolescencia entre la universidad y su incorporación al mundo laboral. La segunda... lo tiene fatal: intentaron ser adultos, pero se vieron perjudicados por la combinación de los *boomers*, que hacía muy difícil su incorporación a la vida profesional, y el desempleo generalizado provocado por la crisis financiera de 2007-09. Más allá de las críticas severas, los *millennials* perdieron años de experiencia laboral significativa, y hoy en día son los menos cualificados de cualquier cohorte de edad equivalente en la historia moderna de Estados Unidos.

Pero son muchos. Los *millennials* estadounidenses son ya por número el grupo demográfico más numeroso de la población activa. Eso es genial. Eso es fundamental. Pero la verdadera esperanza reside en sus hijos. Las cifras de *millennials* estadounidenses plantean la posibilidad de que tengan suficientes hijos para algún día resolver la falta de mano de obra. Aunque eso sucederá, como muy pronto, cuando esos hijos se incorporen al mercado de trabajo..., proceso que no empezará hasta mediados de la década de 2040. Y todavía hay un riesgo: está la cuestión nada despreciable de que primero los *millennials* deben tener esos hijos. En la actualidad, sus tasas de natalidad son las más bajas de la historia de Estados Unidos.

Así pues, para Estados Unidos, los *millennials*, con todas sus imperfecciones, están completando la mano de obra hasta cierto punto. Insuficiente en muchos sentidos, pero su propia existencia es tanto una ventaja como un motivo de esperanza de cara al futuro.

Más allá de Estados Unidos, el panorama es mucho más oscuro, por la sencilla razón de que la mayor parte de la cohorte de *boomers* del mundo no tuvo hijos. Los motivos de esta ausencia de reproducción varían mucho de un lugar a otro. El este asiático estaba ya densamente poblado; la urbanización masiva no ayudó. La mayor parte de Europa dedicó sus fondos a llevar a cabo una modernización técnica en lugar de facilitar la formación de familias. En Canadá hace tanto frío que todo el mundo se congregó en las ciudades en busca de calor tan pronto como fue una opción, y los apartamentos son el factor definitivo de reducción del tamaño de la familia, con independencia de su ubicación o de la razón por la que la gente viva en ellos.

Así que, sí, la jubilación masiva de los *boomers* estadounidenses costará un dineral. Pero entre su menor tamaño relativo en comparación con las normas mundiales y la creciente contribución de sus retoños a los resultados del Gobierno, sus mazazos financieros no son nada en comparación con el enjambre de desafíos que destruirán por completo los sistemas de gobierno de países tan diversos como China, Corea, Japón, Tailandia, Brasil, Alemania, Italia, Polonia, Rusia e Irán. Mientras tanto, la simple existencia de los *millennials* estadounidenses significa que Estados Unidos se recuperará, al menos en parte, de su crisis financiera en la década de 2030, y es probable que lo haga de su contracción de mano de obra en la década de 2040. Pero para el resto del mundo, las cosas nunca serán mejor que en la década de 2010. Nunca.

Los estadounidenses no estarán solos y contarán con cierta compañía:

Francia, en un esfuerzo consciente y sostenido por superar a Alemania occidental, se convirtió en una de las naciones en las que resulta más fácil formar una familia. La versión sueca de la socialdemocracia implica el apoyo a la familia desde el nacimiento hasta la muerte. Nueva Zelanda tiene espacio más que suficiente y, a la sombra (tenue) de pasadas políticas australianas y estadounidenses, redujo exprofeso las opciones para su propia población indígena con el fin de aumentar las de los blancos. Pero estos tres países, más Estados Unidos, son las excepciones que confirman la regla. Los *boomers* de todos los demás países no lograron procrear a niveles cercanos al de reemplazo. Seis décadas después, el cuadro global de *millennials* del mundo avanzado es sencillamente demasiado pequeño para mantener a flote, ni siquiera teóricamente, sus respectivas naciones a largo plazo.

Los cálculos rápidos y aproximados realizados por quienes habitan en la intersección entre la demografía y la estadística (que para mí se parece mucho al cálculo) sugieren que aquellos lugares con un perfil demográfico regular o malo, como España, el Reino Unido o Australia, sufrirán un lastre en su crecimiento anual de alrededor del 2 % del PIB. Aquellos con características demográficas en estado terminal como Alemania, Italia, Japón, Corea y China se enfrentan a un mínimo del 4 %, mientras que las poblaciones más bien jóvenes de Estados Unidos y Francia solo sufrirán una contracción del 1 %. Si sumamos esto a una sola década, resulta difícil imaginar cómo el «inevitable ascenso» de lugares como Alemania y China puede siquiera sobrevivir, mucho menos funcionar, y muchísimo menos dominar.

Lo mejor de todo es que hay más al «más» estadounidense.


EL «MÁS» ESTADOUNIDENSE,
PARTE 3: LA CULTURA

Estados Unidos es uno de los cuatro Estados colonos del mundo, término pseudotécnico que indica que la mayoría de los estadounidenses pueden rastrear su linaje hasta personas que no pertenecen al actual territorio estadounidense. Durante los siglos XVIII y XIX, estos futuros estadounidenses llegaron jóvenes. Los vejestorios y las carcamales no podían (ni querían) soportar las condiciones de hacinamiento en las que había que navegar durante varias semanas a través del océano. Eso significaba que a su llegada tenían (a) menos probabilidades de morir de viejos, (b) más probabilidades de empezar a tener muchos hijos en seguida, (c) podían expandirse a todo tipo de terrenos disponibles y (d) se veían reforzados por más jóvenes colonos que llegaban en el siguiente barco esperando en la cola de la isla Ellis. Todo lo cual dio lugar a un grupo demográfico muy joven y de rápido crecimiento. Claro, todo esto fue hace más de un siglo, pero los ecos de las tendencias demográficas duran mucho tiempo. (Solo ahora la Rusia contemporánea está recogiendo la mala cosecha demográfica de la Primera Guerra Mundial y de las purgas de Stalin de antes de la Segunda Guerra Mundial).

Como Estado colono, Estados Unidos tiende a estar mucho más seguro de su identidad política y a ser más favorable a la inmigración que otros países. Hasta el punto de que Estados Unidos es uno de los pocos países que incluso publica datos sobre cuántos de sus ciudadanos han nacido en otro país. En todos los demás países, incluso el proceso de recopilación (y mucho menos de información) de estos datos se sitúa en algún lugar entre la desestabilización política y la traición. No debería ser una sorpresa, ya que, con la salvedad de la población indígena, ningún estadounidense es realmente de Estados Unidos. La migración interna ha experimentado fluctuaciones a lo largo de las décadas en función de las condiciones económicas del país y del mundo, así como de los giros de la cultura política estadounidense, pero, como norma general, es significativamente mayor que la de casi todos los países del mundo en porcentaje sobre la ciudadanía total.

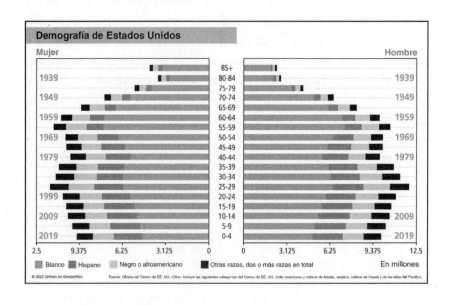

Tiene que ver en gran medida con la naturaleza de las identidades nacionales. La mayoría de los países son Estados nación: sus Gobiernos existen para servir a los intereses de una etnia específica (la nación) en un territorio específico (el Estado). Francia para los franceses, Japón para los japoneses, China para los chinos, etc. En los Estados nación, el Gobierno central tiende a ser la única autoridad en materia de política, porque sabe a qué intereses debe servir. El término técnico para este tipo de Gobiernos es «unitario».

Pero no todos los Gobiernos son Estados nación. Algunos se componen de varios pueblos que residen en diferentes zonas geográficas y que tienen sus propias autoridades locales, pero que, debido a las vicisitudes de la historia, la guerra, la necesidad y la suerte, han improvisado una Administración común. El resultado es un sistema híbrido con diferentes niveles estratificados de gobierno —por lo general local, regional y nacional—, cada uno con diferentes derechos, autoridades y responsabilidades. Algunos, como Canadá, Brasil, Suiza o Bosnia, son asociaciones tan laxas que sus Gobiernos nacionales apenas lo son de nombre: son confederales. En otros —como Estados Unidos, India o Australia—, los equilibrios entre los distintos niveles son más o menos iguales: son federales.[44]

La moraleja de todo este bla-bla-bla político es que en Estados Unidos el Gobierno federal —el que tiene su sede en Washington D. C.— no fue diseñado expresamente para servir a los intereses de ninguna etnia específica. Incluso los partidarios de la teoría racial crítica admiten sin ambages que el grupo política y económicamente dominante en Estados Unidos —los blancos caucásicos— es a su vez una mezcla de pueblos de ascendencia inglesa,

---

44 Alemania también es un sistema federal, aunque no por elección. Al finalizar la Segunda Guerra Mundial, los aliados redactaron la Constitución alemana. El resultado fue una estructura constitucional diseñada a propósito para dificultar la toma de decisiones nacionales rápidas y, en concreto, para evitar que los alemanes se pusieran en plan Highlander con sus vecinos. Hasta ahora, todo bien.

alemana, irlandesa, italiana, francesa, polaca, escocesa, holandesa, noruega, sueca y rusa (por ese orden).

Esta definición relativamente laxa de lo que significa ser «estadounidense» hace que sea mucho más fácil para Estados Unidos en concreto, y para los Estados colonos en general y, en la definición más amplia, cualquier sistema federal o confederal, absorber montones de nuevos inmigrantes. En los sistemas unitarios, los nuevos inmigrantes deben ser invitados a unirse a la cultura dominante. Si no lo consiguen, se convierten en una subclase. Pero, en Estados Unidos, a menudo se permite a los nuevos inmigrantes definirse como miembros de la comunidad más amplia.

En el mundo por venir esa será una magnífica característica muy útil. Con las economías mundiales basadas en el consumo asumiendo cada vez más responsabilidad de su propia producción y volviéndose cada vez más insulares, simplemente no habrá muchas oportunidades económicas para los adultos en edad de trabajar que vivan en sistemas basados en la exportación, y mucho menos en sistemas postcrecimiento. Incluso si estos países en vías de debilitamiento sobrevivieran, sus trabajadores tendrán que elegir entre tasas impositivas cada vez más altas para mantener a sus poblaciones envejecidas o irse. Es de esperar que gran parte de la mano de obra restante del mundo —en especial la de alta cualificación— llame pronto a la puerta de Estados Unidos. Con cada traslado, la posición de Estados Unidos frente a los demás países mejora.

E incluso más allá de los mecanismos de la inmigración, los estadounidenses tienen una última baza.

## EL «MÁS» ESTADOUNIDENSE, PARTE 4: MÉXICO

Parte del factor México es obvio: en 2021 el mexicano medio era casi diez años más joven que el estadounidense medio. Como fuente directa de inmigrantes, los mexicanos cubren varias debilidades estadounidenses. La inmigración mexicana ha mantenido a raya la edad media de los estadounidenses, ha controlado los costes de la mano de obra semicualificada y no cualificada y ha completado la demografía en general, sobre todo en regiones como el sur profundo, que sin la afluencia de mexicanos sufriría una estructura demográfica similar a la de Italia, que envejece de forma acelerada.

Parte del factor México es una razón menos obvia: la integración de la fabricación. El sistema mexicano no es igual de capaz de proporcionar electricidad, educación e infraestructuras a sus ciudadanos. Esto hace que disminuyan no solo los salarios mexicanos, sino también las habilidades y la productividad de sus trabajadores. Cualquier sistema de producción de varias etapas tendrá pasos que sean muy técnicos, y otros que lo sean muy poco. La fusión de bauxita es más fácil que la extrusión de aluminio. Encajar las piezas de un ordenador es más sencillo que codificar el *software*. Cavar una zanja es más simple que fabricar el cable que se tiende en dicha zanja. La adecuación de las tareas a los conjuntos de habilidades —es decir, la división del trabajo—, permite la máxima producción con un mínimo de costes. Las cadenas de suministro globalizadas tratan de aprovechar los diferentes conjuntos de habilidades y estructuras de costes laborales para generar los resultados más eficientes desde el punto de vista económico. Pocos lugares son tan afortunados como Estados Unidos y México por tener el complemento técnico perfecto justo al lado.

Parte del factor México es absolutamente contra intuitivo. El grupo étnico dominante en México tiene su origen en España, mientras que el grupo «étnico» dominante en Estados Unidos es el blanco caucásico. A los ojos de los mexicanos, eso no es tan diferente. Los mexicanos de ascendencia española desprecian en cierto modo a los mexicanos de ascendencia indígena, y piensan más o menos lo mismo sobre los inmigrantes centroamericanos que los estadounidenses. Una vez que los mexicanos emigran a Estados Unidos, se asimilan rápidamente. Es bastante habitual que los mexicano-estadounidenses de segunda generación —y casi por reflejo para los de cuarta— se definan como blancos. Dentro de su propio estrato social, los mexicano-estadounidenses han redefinido el término «blanco», pasando de ser un término exclusivo que se refiere a «ellos» y en concreto a «esos gringos» a un término inclusivo que no solo significa «nosotros», sino «todos nosotros».

La capacidad de asimilación de Estados Unidos ha demostrado funcionar con los mexicanos incluso mejor que con las anteriores oleadas de inmigrantes. En todos los casos, el inglés estadounidense tiende a eliminar el idioma de los inmigrantes en dos o tres generaciones. En el caso de los mexicano-estadounidenses, sin embargo, rara vez se necesita más de una. En la época contemporánea, los mexicano-estadounidenses son los buscadores del sueño americano más entusiastas, no solo económica, sino también culturalmente.

Por supuesto, no todo es sol y tacos.

A pesar de todas las ventajas económicas, financieras y demográficas de la inmigración, una cultura solo puede absorber a un número determinado de personas con rapidez y, en la década de 2010 y principios de 2020, ha parecido a veces que Estados Unidos había llegado a su límite. Es algo más que una sensación instintiva. Un vistazo a los datos sugiere por qué:

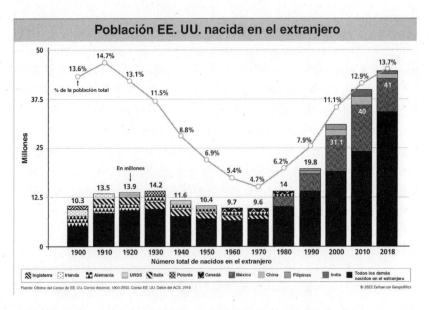

La inmigración a Estados Unidos alcanzó un mínimo histórico relativo en la década de 1970; años en que los *boomers* alcanzaron la mayoría de edad. Para los *boomers* —un grupo demográfico abrumadoramente blanco— su principal experiencia con la política interracial fue el movimiento por los derechos civiles, un movimiento en el que participaron personas que ya estaban aquí en una época en la que los *boomers* eran jóvenes y políticamente liberales.

La inmigración aumentó entonces de forma constante hasta alcanzar un nivel prácticamente histórico (de nuevo, en términos relativos) en la década de 2010, momento en que los *boomers* se acercaban a la jubilación y, al hacerlo, se volvían políticamente... aburridos. En todas y cada una de las décadas en las que los *boomers* fueron envejeciendo, el mayor grupo de inmigrantes fue siempre el mexicano. En las mentes de muchos *boomers*, los mexicanos no solo han sido durante mucho tiempo el «otro», sino el «otro» que ha llegado en cantidades cada vez mayores. Un motivo de peso por el que tantos *boomers* han apoyado a políticos nativistas como Donald Trump es que su sentimiento de conmoción ante el ritmo de cambio de la sociedad estadounidense no es una alucinación colectiva. Está firmemente respaldado por la realidad.

Esta es una pieza del caleidoscopio de por qué la política estadounidense se ha vuelto tan marcadamente insular en la década de 2010 y principios de 2020. Pero al margen de lo que se piense sobre los *boomers*, los mexicanos, la raza, el comercio, la asimilación o las fronteras, hay un par de ideas que tener en cuenta:

En primer lugar, los mexicanos ya están en Estados Unidos. Ya sea que te preocupe qué se percibe como cultura estadounidense o el mercado laboral, la gran ola mexicana no solo ha llegado, sino que ha terminado. La migración neta de mexicanos a Estados Unidos alcanzó su punto máximo a principios de la década de 2000 y ha sido negativa durante doce de los trece años transcurridos desde 2008. Así como la industrialización y la urbanización redujeron las tasas de natalidad en el mundo desarrollado, el mismo proceso ha comenzado en México, apenas unas décadas después. La actual estructura demográfica mexicana sugiere que nunca más será un contribuyente neto a gran escala de la migración estadounidense. La mayor parte de los grandes flujos migratorios hacia Estados Unidos desde 2014 proceden, en cambio, de los Estados centroamericanos casi fallidos de Honduras, El Salvador y Guatemala.[45]

En segundo lugar, incluso entre las corrientes más nativistas del pensamiento político estadounidense, se ha encontrado un hueco para los mexicanos. En solo dos años, nada menos que Donald Trump pasó de condenar abiertamente a los inmigrantes mexicanos como violadores y «hombres malos» a abrazar a México en acuerdos comerciales y de seguridad que llevaron las relaciones bilaterales a su nivel más amistoso y productivo en la historia de ambas repúblicas. Parte intrínseca de la renegociación de los acuerdos del TLCAN por parte de Trump fueron las cláusulas que tienen como objetivo expreso devolver la producción a Norteamérica. No a Estados Unidos en particular, sino a cualquier signatario de los acuerdos. El equipo de Trump añadió esas cláusulas pensando expresamente en México.

En el otro plato de la balanza, los mexicano-estadounidenses se están volviendo nativistas. El grupo demográfico de Estados Unidos que más se opone a la inmigración en las encuestas no es el de los estadounidenses blancos, sino el de los mexicano-estadounidenses (que no son de primera generación). Quieren la reunificación familiar, pero solo para sus propias familias. No hay que olvidar que el antiinmigrante y constructor de muros Donald Trump ganó en casi todos los condados de la frontera sur cuando se presentó a la reelección en 2020.

En tercer lugar, Estados Unidos y México siguen teniendo algo que la mayoría de los demás no tienen: «más». Y ciertamente tienen más «más» juntos.

---

45  La demografía colectiva de este trío está pasando por el mismo colapso de la tasa de natalidad que México, con solo unos años de retraso. De una forma u otra, no va a haber un gran número de aspirantes a inmigrantes de camino a Estados Unidos durante mucho más tiempo.

Hay algunos nubarrones en el horizonte. Aunque envejece despacio, la población estadounidense lo sigue haciendo. Y, aunque los mexicanos son jóvenes, están envejeciendo más rápido que los estadounidenses. Es muy probable que en algún momento de mediados de la década de 2050 el mexicano medio sea mayor que el estadounidense medio.

Pero incluso en el peor de los casos —desde un punto de vista demográfico—, Estados Unidos tiene algo que casi nadie más tiene en el mundo de Desorden en el que todos que estamos cayendo: tiempo.

Mientras que otros países tienen que averiguar cómo desenredar y reprogramar sus sistemas para diseñar e implantar un nuevo -ismo en pocos años, los estadounidenses y los mexicanos tienen décadas por delante. Al menos hasta la de 2050. Al ser de los últimos, los estadounidenses y sus socios mexicanos podrán mirar al otro lado del mundo y aprender de lo que todos los demás hayan intentado hacer.

Pero quizá lo más destacable no es que los estadounidenses (en alianza con los mexicanos) afronten la adaptación menos traumática al mundo que está por venir en breve, sino que el futuro del mundo es estadounidense.

Los cálculos son bastante sencillos: la población de Estados Unidos es lo suficientemente joven para que, incluso sin México o la inmigración, su población pueda seguir creciendo durante al menos unas décadas.

## ES EL FIN DEL MUNDO TAL Y COMO LO CONOCEMOS...

Compárese con China. La trayectoria de la población china se volvió terminal hace dos décadas. Según los datos estadísticos que se utilicen, el ciudadano medio chino superó al ciudadano medio estadounidense en algún momento entre 2017 y 2020. La mano de obra y la población total de China alcanzaron su punto máximo en la década de 2010. En el supuesto más optimista, en el año 2070 la población china será menos de la mitad de la que había en 2020. Datos más recientes filtrados de la autoridad censal china sugieren que tal vez haya que adelantar esa fecha a 2050. El colapso de China ya ha comenzado.

Esta aritmética ni siquiera tiene en cuenta lo que ocurrirá con los niveles de mortalidad en el mundo (y en China) una vez que la globalización haya pasado a la historia. La mayor parte del mundo (incluida China) importa la inmensa mayoría de su energía, así como los insumos utilizados para cultivar sus alimentos. La mayor parte del mundo (incluida China) depende del comercio para mantener a su población no solo rica y sana, sino viva. Si se suprime esto, los niveles de mortalidad mundiales (y de China) aumentarán, y las tasas de natalidad seguirán cayendo.

Entre el colapso demográfico en gran parte del mundo y la estabilidad demográfica en Estados Unidos, el porcentaje estadounidense en la población mundial total aumentará con toda seguridad en las próximas dos generaciones, es probable que en más de la mitad. Y Estados Unidos conservará el control de los océanos mundiales. Y los estadounidenses tendrán tiempo para adaptar su sistema. Y es probable que el resto del mundo se pelee por los restos de un sistema económico colapsado.

En el momento de escribir esto, en 2022, tengo cuarenta y ocho años. No espero ser plenamente funcional en la década de 2050, cuando este nuevo mundo se desmorone. Qué pinta tendrá el mundo que está por venir, cómo será cuando los estadounidenses vuelvan a comprometerse total y definitivamente consigo mismos tendrá que ser un proyecto para otro momento. En cambio, el propósito de este libro es exponer cómo es y será nuestra transición. Qué nos va a parecer el mundo en el que vamos a vivir. ¿Cómo va a cambiar aquello que sabemos y entendemos sobre la comida, el dinero, el combustible, el movimiento, los aparatos y las cosas que sacamos de la tierra? Crecer, reorganizarse.

Fracasar.

Así que, con esto en mente, hablemos de la vida después del fin del mundo.

# UNA NOTA RÁPIDA DEL AUTOR...
# Y DE MOSCÚ

La programación de publicaciones es un poco extraña. Supongamos que has asesinado recientemente a un par de líderes mundiales importantes o que eres Oprah. Todo el mundo quiere escuchar lo que tienes que decir. Aun así, desde el momento en que terminas de plasmar tus ideas, el proceso de edición, corrección de texto, pruebas, impresión y distribución del libro significa que pasarán al menos cinco meses antes de que tu libro llegue a las estanterías.

No soy Oprah (ni un asesino), así que hay un desfase necesario entre la escritura de este libro y tu lectura de estas palabras. Nuestro equipo editorial y de producción han estado compitiendo nada menos que contra el regreso de la historia para sacar este libro lo antes posible, pero, como estoy seguro de que eres consciente, en algunos aspectos hemos fracasado. Presentamos la versión definitiva de este manuscrito el 16 de febrero de 2022. Rusia lanzó una invasión total de Ucrania menos de dos semanas después, y este libro no se publicará en EE. UU. hasta el 14 de junio.

Es muy posible que se produzcan otros trastornos importantes entre la redacción de esta nota, el 28 de febrero de 2022, y el momento en que leas estas palabras. Observo muy de cerca el posible colapso del culto a la personalidad del presidente del Partido

Comunista chino, Xi Jinping. Pero estas perturbaciones continuas no son tanto un problema como una característica del mundo hacia el que ya estamos evolucionando. Las acciones dilatorias que han mantenido la historia estancada han desaparecido, y todos estamos avanzando —rápidamente— hacia la próxima era.

Mucha suerte a todos.

# APARTADO II:
# TRANSPORTE

# EL LARGUÍSIMO CAMINO

Empecemos por las quesadillas de *kimchi*.

Me encanta la comida de fusión. Beicon agripicante. *Pizza* de desayuno. Enchilasaña. Wantán de tarta de queso con caramelo. Hamburguesas de piña. *Pavlova* de *crème brûlée*. *Poutine* de pato a la mantequilla. ¡Vamos!

Quizá esto te sorprenda, pero no se puede entrar en una tienda de comestibles y comprar un plato de *sushi* sabor perrito caliente ya hecho en la sección de congelados. (Una pena). Lo que sí se puede hacer es comprar polenta molida, harina, sal del Himalaya, granos de pimienta verde, azúcar turbinado, huevos sin colesterol en una huevera de cartón, atún para *sushi*, vinagre de arroz, pepinos de invernadero, salmón ahumado, *wasabi*, mayonesa, hojas de *nori*, zanahorias multicolores, jengibre, pasta de miso, salsa de soja, semillas de sésamo y aceite de cártamo.

La tienda de comestibles media cuenta en la actualidad con unos 40.000 artículos individuales, frente a los doscientos de principios del siglo xx. La humilde tienda de comestibles es un milagro tecnológico que me permite surtirme de prácticamente todo lo que necesito en cualquier lugar, en cualquier momento en que sienta la necesidad de experimentar con alguna nueva y extravagante combinación culinaria.[46] ¿Cocina sueca?, ¿tailandesa?, ¿marroquí? ¿Ingredientes de fuera de temporada? Ningún problema. Los insumos casi nunca están agotados, y casi siempre están disponibles a precios que no son prohibitivos. No se trata simplemente de la disponibilidad y del bajo coste; se trata de que la disponibilidad y el coste son de fiar.

Si tomamos este concepto de completa disponibilidad y lo aplicamos a todo, tenemos un atisbo de la absoluta conectividad que sustenta la economía moderna y globalizada. Los ingredientes de los bienes industriales y de consumo actuales solo están disponibles porque pueden trasladarse desde, literalmente, el otro lado del mundo a bajo coste, a gran velocidad y con perfecta seguridad. Teléfonos, fertilizantes, aceite, cerezas, propileno, *whisky* de malta..., lo que sea, están en movimiento. Constantemente. El transporte es el principal facilitador.

La mayoría de las tecnologías no nos cambian en lo fundamental. Pensemos en el *smartphone* contemporáneo. Es una linterna, un reproductor de música, una cámara, una consola de juegos, una tarjeta de crédito, un mando a distancia, una biblioteca, una televisión, un libro de cocina, un ordenador; todo en uno. No nos ha permitido hacer muchas cosas fundamentalmente nuevas, pero ha combinado más de una docena de dispositivos que ya existían en uno solo, aumentando la eficiencia y el acceso. ¿Importante? De forma extrema. Pero estas tecnologías basadas en la mejora no cambian en esencia lo que somos.

Las tecnologías del transporte, en cambio, alteran en profundidad nuestra relación con la geografía. Hoy se pueden saltar continentes en pocas horas. No siempre fue así. De hecho, casi nunca fue así. Hasta hace un par de cientos de años, era raro que alguno de nosotros se aventurara a más de unos pocos kilómetros de su casa. Los seis milenios de historia de la humanidad han sido, literalmente, un lento y agonizante arrastrarse por un larguísimo camino.

---

46  Dato curioso: mis cenas de Acción de Gracias son toda una leyenda.

Si entendemos las evoluciones y revoluciones en la forma en que hemos viajado de A a B, si entendemos la conectividad que ha hecho posible nuestras tiendas de comestibles modernas y nuestros *smartphones*, podremos entender por qué nuestro mundo está conformado del modo en que lo está.

Y qué maravillas y horrores nos depararán las próximas décadas.

## LA AGONÍA DE LA FÍSICA DEL TRANSPORTE

El cuerpo humano es una forma frágil y ridículamente ineficiente de transportar mercancías.

Imagina que eres un ser humano cualquiera de la época en la que surgimos como *Homo sapiens* hasta más o menos mediados del siglo XVII. Por desgracia para ti, es probable que tus piernas sean tu único medio de transporte. Las carretillas no se convirtieron en algo importante hasta el año 100 de nuestra era. Los carros fueron demasiado caros para el campesino medio hasta siglos después, aunque hubiera caminos por los que arrastrarlos. Incluso la espera de algo tan anticuado como una bicicleta te habría tenido con los brazos cruzados hasta finales del siglo XVIII (mediados del XIX si querías pedales). Hay buenos motivos para que los comerciantes sigan utilizando camellos aún en nuestros días.

Para la mayoría de la gente, su vida, su ciudad y su medio de vida estaban restringidos a la distancia a la que estaban dispuestos a caminar en un día con una pesada carga a la espalda.

Eso hacía que las ciudades fueran pequeñas. Antes de que las tecnologías industriales reconfiguraran el mundo, las zonas «urbanas» necesitaban casi medio acre de tierra de cultivo por habitante para evitar el hambre, más de siete veces la tierra que utilizamos hoy, además de otras cien veces más de superficie en bosques para producir carbón para cocinar y para que la población pasara el invierno. Esto hizo que las ciudades fueran pequeñas. Si crecen demasiado, o bien (a) los alimentos tienen que venir de muy lejos (en otras palabras, te mueres de hambre), o bien (b) talas tus bosques para cultivar más alimentos localmente y se te niega la tecnología punta del momento —el fuego— (te mueres de hambre y también de frío).

La invención de la rueda ayudó, pero no tanto como se podría pensar. Seguro que todos habéis oído hablar de las famosas calzadas romanas como uno de los mayores logros de la era premoderna. Algunos puntos de perspectiva:

Las carreteras romanas iban de Glasgow a Marrakech, pasando por Bagdad y Odessa, y su longitud total era aproximadamente equivalente a la de las carreteras actuales en... Maine. La red de carreteras romanas tardó seis siglos —mil millones de días de trabajo— en construirse, por no hablar del mantenimiento.

El concepto mismo de «comercio» era dudoso. No se podía llamar con antelación para saber si el pueblo de al lado necesitaba de verdad lo que uno tenía para vender... y luego está el problema del deterioro. No se podía llevar suficiente comida para que el comercio a larga distancia fuera viable, salvo para los artículos más valiosos.

El hormigón y el asfalto, los conservantes químicos y la refrigeración son solo algunas de esas inoportunas tecnologías de la era industrial que no aparecieron hasta el siglo xix. El transporte regular y eficiente de mercancías a granel por tierra, incluso en distancias relativamente cortas, no solo fue difícil, sino también económicamente imposible durante casi toda la historia de la humanidad.

Ni siquiera los «graneros» podían alimentarse de forma fiable. Entre 1500 y 1778, Francia sufrió varias hambrunas nacionales (y docenas de hambrunas regionales). Sí, esa Francia, el mayor y más fiable productor de alimentos de Europa desde hace un milenio, el país que tiene tres regiones agrícolas separadas, el país que tenía, sin excepción, el mejor sistema de transporte interno del mundo preindustrial.

Trasladar cosas por tierra es un asco.

Así que solucionamos el problema de mover cosas de otra manera. Descubrimos cómo flotar.

Mientras que un camello podía mover un cuarto de tonelada y los carros tirados por bueyes alrededor de una, ya los primeros barcos de carga podían mover varios cientos de toneladas a una fracción del precio por tonelada. Es sabido que los romanos importaban la mayor parte de los alimentos para su capital desde Egipto. ¿Te acuerdas de las carreteras romanas de primer nivel? En el año 300 de la era cristiana, costaba más transportar el grano a cien kilómetros por esas carreteras que hacerlo a través de 2250 kilómetros de Egipto a Roma. La economía del transporte por agua era tan desigual que algunas culturas (véase: el Gobierno, los holandeses, los aztecas, los chinos) reorganizarían todo su sistema de gobierno en torno a la capacidad de movilizar mano de obra para cavar canales que se extendían cientos de kilómetros a través de paisajes rocosos y sinuosos con poco más que picos de piedra. Todo para hacer flotar lo que era la máxima expresión de la tecnología de transporte humano hasta bien entrado el segundo milenio de la era cristiana: la modesta barcaza.

En el siglo xiv, la historia empezó por fin a tomar velocidad: velas y clavos, remos y timones, bodegas y cubiertas, cañones y artillería, brújulas y astrolabios. Y cierta locura. No hay que olvidar una abundante inyección de locura. El fabuloso descubrimiento occidental de los vientos monzónicos fue realizado por algún griego fanático dispuesto a navegar hasta el medio del océano sin tener ni idea de lo que pasaría después. Si lo tomamos todo junto y sumamos barcos más nuevos, grandes, resistentes, rápidos y mejor armados acabamos en la era de aguas profundas a finales del siglo xv.

Por supuesto, esta es la forma cómoda de considerarlo desde el lado oscuro de la Revolución Industrial.

## TRANSPORTE EN LA ERA DE AGUAS PROFUNDAS: MEJOR, MÁS RÁPIDO, MÁS BARATO, MÁS SEGURO... PERO NO LO BASTANTE BUENO, RÁPIDO, BARATO O SEGURO

El hecho de que ahora la humanidad pudiera enviar mercancías a larga distancia no quiere decir que lo hiciéramos muy a menudo.

Los envíos de grano de la región del Báltico a la Europa occidental continental, posteriores a la era de aguas profundas pero preindustriales, no era algo que se hiciera con regularidad. Aun en el caso de que las disputas anglo-holandesas no interrumpieran las entregas, aunque los suecos no se pusieran en plan vikingo con tus barcos y la Commonwealth polaco-lituana tuviera un buen día, lo que era raro, la mitad del coste del producto final solía provenir del transporte, y otra cuarta parte se acumulaba como cargos de almacenamiento. Los cereales producidos en el interior, por muy productiva que fuera la tierra, tendían a quedarse allí. A finales del siglo xviii, los colonos y los estadounidenses ya independizados enviaban algunos cereales a través del Atlántico, aunque no se trataba de un flujo constante. Pocas cosas eran más desagradables que hacer el penoso viaje de seis semanas para descubrir que Inglaterra había tenido una cosecha abundante.

Sin embargo, incluso cuando los barcos se volvieron más eficientes, la intersección de la tecnología y la geopolítica dividió al mundo.

La geopolítica exigía que ningún imperio comprara alimentos a otro. Aun en los raros casos en los que el transporte marítimo se consideraba fiable, el estado de ánimo y apetito de los monarcas contrarios no lo eran en absoluto. La geopolítica exigía que los envíos de alimentos rara vez merecieran la pena ni el coste ni el riesgo. Pero ¿jade, pimienta, canela, porcelana, seda y tabaco? ¡Por supuesto que sí! Ayudaba (mucho) que la mayoría de los productos de lujo no fueran perecederos. El té era uno de los productos más vulgares que se podía transportar.[47]

El «comercio» de objetos de lujo se consideraba «global» solo debido a las distancias. En realidad, los imperios comerciaban poco entre sí. Se trataba más bien de una serie de sistemas cerrados que compartían muy pocos puntos de contacto, y además erráticos. Los cargamentos se limitaban a lo que de verdad era valioso y a la clase de cosas de las que se podía prescindir en última instancia. Cuando se avistaba un carguero transoceánico, interrumpir su trayectoria era una apuesta segura. Los españoles llamaban «ingleses» a estos interruptores. Los británicos los llamaban «franceses». Hoy los llamamos «piratas».[48]

Como resultado de esta desconexión deliberada, los vecinos no lo eran para comerciar con ellos y sí para lanzarles proyectiles de artillería. El mundo «civilizado»[49] existía en un estado de competencia casi permanente. Poner orden en este caos era simplemente imposible. La potencia naval superior de la época —la española en el siglo XVII y principios del XVIII, o la inglesa a finales del XVIII y el XIX— intentaba convencer a todos de que era grande y estaba al mando, pero esto sucedía antes de la era del radar y los misiles de crucero. Había mucho océano que patrullar. Los rivales tenían razones estratégicas y económicas de peso para fastidiar las cosas. Solo era posible mantener el «orden» a la vista de los buques militares.

Las nuevas tecnologías de los primeros años de la era industrial —posterior a los textiles, anterior a los barcos de acero— ampliaron en cierta medida la oferta de bienes que se podían transportar de forma económica, lo que a su vez dio cabida a una nueva clasificación de país: los intermediarios que negociaban o transportaban mercancías entre imperios opuestos. Era un negocio arriesgado. Los tratos que un imperio clasificaba como «intermediación» el

---

47  Y eso solo porque los europeos son raros.
48  ¡¡ARRRRGH!!
49  Para usar la jerga europea de la época.

lunes, a menudo se reclasificaban como «doble negociación» el jueves. Los holandeses —el intermediario favorito de todos los europeos— se hicieron famosos por sus auges masivos cuando se encargaban del comercio europeo, y por sus enormes caídas cuando británicos, franceses o alemanes decidieron que estaban hartos de que los holandeses comerciaran con la otra parte.

Los estadounidenses aprendieron esta lección pronto y de manera asidua. Muchas de las primeras pesadillas geopolíticas del joven país se centraron en el comercio de la variedad decididamente holandesa.

- La primera gran disputa estratégica de Estados Unidos, la cuasiguerra de 1798-1800, se centró en la inmovilización por parte de los franceses de buques estadounidenses «neutrales» que iban camino de Gran Bretaña. Los británicos prepararon palomitas para la refriega que se avecinaba y se atrevieron a hablar mal de Francia a los recién independizados estadounidenses, aunque acabaron decepcionados cuando ambos bandos se echaron atrás.

- Solo doce años después, los estadounidenses se encontraron de nuevo en medio de una guerra franco-británica (la tercera si se incluye la guerra de Independencia).[50] Esta vez, Francia estaba gobernada por Napoleón. Los británicos se mostraron especialmente agresivos a la hora de interceptar los barcos estadounidenses por considerar que rompían el bloqueo, e incluso reclutaron a la fuerza a las tripulaciones de los barcos con bandera estadounidense para que se unieran a la Royal Navy.[51] Bla, bla, bla, pasaron cosas, se dijeron cosas, se apretó el gatillo, se lanzaron antorchas y, antes de que nadie se diera

---

50  Y así debería ser.
51  Los británicos fueron meros instrumentos en este periodo. No reconocían la ciudadanía estadounidense naturalizada. Por lo tanto, cualquier persona nacida en las «colonias» era susceptible de ser reclutada a la fuerza. (¿Nacido en 1775? ¿En Filadelfia? ¡Todavía eres súbdito británico! ¡Entra en la Armada!).

cuenta, los británicos estaban asando malvaviscos sobre las brasas de la antigua Casa Blanca, y los canadienses empezaron a no estar seguros de cuánto se podía confiar en los yanquis.

Y, a pesar de todo, fue impresionante —impactante— cuánto no cambió.

Al final de la era preindustrial, la mayoría de las economías seguían siendo autónomas o estaban subyugadas de un modo u otro, dominando en gran medida aquellas ciudades que disfrutaban de ríos navegables o costas seguras. Mientras que la economía y la mecánica de los viajes de ultramar mejoraron notablemente a lo largo de los siglos, los viajes por tierra solo experimentaron mejoras ocasionales.

No es que no hubiera progresado nada. Había habido avances constantes en la cría de caballos, la alimentación rica en nutrientes, el aprovechamiento, etc. Cada pequeño avance significaba un mayor acceso a los recursos para impulsar la industria o el acceso a nuevas ciudades que podían comerciar con el mundo exterior. Pero a diferencia de mejoras mil veces superior en el desplazamiento por el agua, la circulación por tierra en 1820 se parecía mucho a la de los romanos, solo que, en muchos casos, con peores carreteras. Incluso en una época tan «reciente» como la de la Senda de Oregón,[52] uno no solo estaría contento, sino entusiasmado, si su carro tirado por bueyes conseguía recorrer veinticinco kilómetros al día. Aunque los avances tecnológicos en cosas como las herraduras y los ejes de acero sentaron importantes bases para lo que vendría después, en lo fundamental estas tecnologías no cambiaron la forma en que nos movíamos nosotros o nuestras cosas.

Y no podían hacerlo. Y no lo harían. Eso es hasta el momento en que surgió un conjunto de tecnologías completamente nuevas y lo cambió todo.

---

52 Ruta histórica de emigración al oeste de los Estados Unidos que siguieron los primeros colonos entre 1840 y 1869. (*N. de la T.*)

# LA LIBERACIÓN
## LA INDUSTRIALIZACIÓN DEL TRANSPORTE

A principios de la era industrial, Londres, al igual que la mayoría de las grandes ciudades industriales de la época, había crecido más allá de su capacidad de aprovechar la madera para obtener carbón vegetal. La deforestación elevó el precio de la madera, lo que hizo mejorar el rendimiento del producto alternativo: el carbón. La demanda de carbón, cada vez más elevada, provocó que las minas de carbón fueran cada vez más profundas.

Esas minas más profundas perforaban por debajo de la capa freática, lo que obligaba a utilizar bombas para extraer el agua. El músculo no funcionaba bien a la hora de extraer la maldita capa freática, así que para solucionar el problema se creó la máquina de vapor. Funcionó durante un tiempo, pero las nuevas máquinas de vapor requerían energía y esa energía procedía del carbón y ese carbón procedía de pozos cada vez más profundos que se llenaban de más agua, por lo que en realidad los mineros no resolvieron su problema, sino que industrializaron su escala.

Ante el coste de los pozos cada vez más profundos y las máquinas de vapor cada vez más caras, algunos proveedores se aventuraron a ir más lejos para obtener carbón de vetas que no estuvieran al lado de Londres. Esta solución necesitó la construcción de canales y de barcos para transportar el material negro de vuelta a la alegre Londres. Pronto la mitad de los barcos privados de Gran

Bretaña se utilizaron para transportar carbón, generando un problema de inflación de precios.

Empujados a considerar otras opciones, algunos emprendedores proveedores de carbón combinaron las nuevas y potentes máquinas de vapor con los raíles utilizados para el transporte de carros dentro de las minas, con un metal que solo el carbón podía fundir: el acero. ¡Bam! El ferrocarril.

El ferrocarril era la energía animada. Fue genial y todo eso llevar al hombre a la luna, pero el mayor truco de la humanidad hasta la fecha es construir máquinas para llevar el grano desde más de ochenta kilómetros tierra adentro hasta el agua. ¡Y hacerlo sin dejar de obtener beneficios! Mover cosas por agua seguía siendo más barato, pero era posible construir una línea de ferrocarril hasta cualquier lugar que fuera llano, y el transporte de cosas por ferrocarril «solo» costaba el doble que hacerlo por barco. En comparación con el coste veinte veces mayor del transporte terrestre anterior al ferrocarril, el hecho de tener que pagar solo el doble supuso una auténtica revolución. Las tierras agrícolas más prolíficas del mundo, de las que dependemos hasta nuestros días no solo para mantener la sociedad moderna en movimiento, sino para mantener literalmente a todo el mundo con vida, podían ahora abrirse al público. En Europa, el paso del carro al ferrocarril redujo el coste del transporte interno por un factor de ocho, permitiendo la rápida masificación de sustantivos de todo tipo a precios económicamente sostenibles, ya fueran alimentos, carbón, mineral de hierro o soldados.

Rusia es un excelente ejemplo de lo transformador que esto puede llegar a ser.

Gran parte del territorio del sur de Rusia es una zona climática conocida como «estepa»: veranos calurosos, inviernos fríos y desmoralizantemente plana y aburrida. Las precipitaciones son variables, pero en un año húmedo el crecimiento agrícola puede ser espectacular. El problema es sacar el grano de allí. Los ríos navegables que tiene Rusia no fluyen a través, ni hacia, lugares útiles, y la mayoría desembocan en el Ártico.

Los caballos y carros que arrastraban miles de toneladas de grano a través de la gran extensión rusa resultaban demasiado agotadores para ser rentables en cualquier época. El escaso comercio que se producía se ajustaba a lo normal: alto valor en relación con el peso; pensemos en telas caras y metales preciosos. Entre la amplitud de la estepa y el ciclo económico de abundancia y escasez que seguía a las lluvias, no debería sorprender que los mongoles montados a caballo no tuvieran problemas para conquistar toda la región y conservarla durante tres siglos... mientras se ganaban la vida a lo grande gravando las secciones del tramo norte de la Ruta de la Seda.

En cualquier caso, los elevados costes del transporte interno hacían que cualquier producto que la Rusia imperial postmongola deseara exportar tuviera que obtenerse cerca de los puertos. En el siglo XVIII, alrededor del 70 % de las exportaciones rusas de grano no se cultivaban en las regiones más fértiles del imperio, sino en las provincias rusas del Báltico, Estonia y Livonia,[53] en virtud de su proximidad al puerto de Riga. Las tierras agrícolas del interior de Rusia, por muy productivas que fueran, quedaban básicamente aisladas del mercado ruso, por no hablar del mercado mundial.

Para cambiar se necesitaron dos cosas:

En primer lugar, a mediados del siglo XIX, Catalina la Grande amplió el territorio ruso hasta el mar Negro, lo que otorgó por primera vez a Rusia un acceso portuario de aguas cálidas. No solo gran parte de estas tierras se encontraban en las zonas fértiles de lo que hoy es Ucrania, sino que el mar Negro también está próximo a la región rusa conocida como «la tierra negra», al norte del Cáucaso (una zona de esa infame estepa).

En segundo lugar, en la guerra de Crimea de 1853-56, varios países europeos en vías de industrialización no se limitaron a derrotar, sino que humillaron por completo al ejército ruso, en gran parte no industrializado. En un intento por evitar que se

---

53  Actual Letonia.

repitiera una catástrofe semejante, la Rusia de Alejandro II realizó su primer auténtico esfuerzo de industrialización. Teniendo en cuenta la gran extensión física de Rusia y lo difícil que era transportar mercancías incluso dentro de los territorios más poblados del imperio, la construcción de una red de ferrocarriles ocupaba el primer lugar en la lista de tareas pendientes.

De repente, el grano ruso pudo llegar a los mercados internacionales. ¡Y vaya si lo hizo! El programa ferroviario ruso empezó formalmente en 1866. En solo quince años, la red rusa se cuadruplicó hasta alcanzar casi 24.000 kilómetros, añadiendo más vías de las que el resto de Europa había colocado durante el medio siglo anterior. Durante el mismo periodo, las exportaciones de grano de Rusia aumentaron casi al mismo ritmo, hasta las 4200 toneladas métricas. En este caso, la correlación es causalidad.

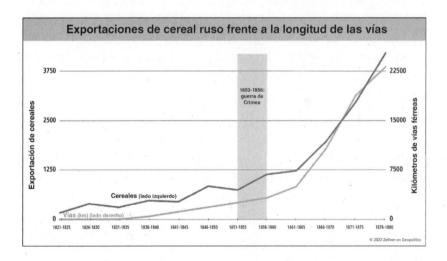

La Revolución Industrial llegó también para el transporte por agua. Solo que tardó un poco más, por un par de razones técnicas un tanto obvias.

En primer lugar, la máquina de vapor se inventó mucho antes de que el acero estuviera disponible en grandes cantidades. Los primeros barcos de vapor seguían siendo de madera. Las máquinas de vapor funcionaban con carbón. El carbón arde a más de 3000 grados. No hace falta tener un doctorado en química para entender la complicación.

En segundo lugar, el carbón se quema y desaparece, mientras que el viento lo es para siempre (si se planifica el viaje de forma adecuada). Navegar demasiado lejos de casa en un barco de vapor convierte a la embarcación en una costosa balsa. Gran parte de las necesidades logísticas del Imperio británico en los primeros años de la era industrial giraban en torno al establecimiento y la protección de estaciones carboneras lejanas como Adén y Perim en la desembocadura del Bab el-Mandeb, Hong Kong y Singapur en el sudeste asiático, la isla de Fanning y las Fiji en el Pacífico central, Australia y Nueva Zelanda en el Pacífico sudoccidental, la isla Diego García en el océano Índico, Halifax en Canadá, las Bermudas en el Atlántico central y Gibraltar y Malta en el Mediterráneo. Los británicos volaban sobre las olas, pero la construcción de un imperio seguía requiriendo tiempo y esfuerzo. Las necesidades tecnológicas moldearon el imperio y a la inversa.

Los primeros barcos de vapor podían mover unas mil toneladas a entre ocho y doce kilómetros por hora, una velocidad razonable para un perezoso paseo en bicicleta.[54] La década de 1840 trajo consigo motores de tornillo (piénsese en hélices en vez de ruedas de paletas) y velocidades más rápidas. Los cascos de acero hicieron su debut en la década de 1860, resolviendo en gran medida el problema de que no se quemara el barco, junto con otros que limitaban la velocidad, como la suciedad de este. En la década de 1890, estas y otras tecnologías ya contaban con varias generaciones de resolución de problemas tras de sí, sentando las bases para la fabricación de barcos más grandes y rápidos. En 1914, algunos buques mercantes totalmente de acero navegaban a una velocidad impresionantemente fiable de diecinueve a veinticuatro kilóme-

---

54 Por muy lento que parezca, la velocidad media sigue siendo alrededor de cinco veces superior a la de los barcos de vela de la época preindustrial.

tros por hora. Hay que añadir a esto el canal de Suez y de Panamá (1869 y 1914, respectivamente), con los que las mercancías pudieron llegar a más lugares sin tener que circunnavegar por completo los continentes. Más beneficios por menor inversión.

En 1940, los motores de combustión interna a petróleo empezaron a sustituir a los de vapor que funcionaban con carbón, aumentando la autonomía, disminuyendo los requisitos de carga de combustible y rompiendo el vínculo entre los marinos mercantes y las estaciones de carbón gestionadas por el imperio. Al igual que la energía de vapor alimentada por carbón pasó de los ferrocarriles a las vías marítimas, lo mismo sucedió con la combustión interna impulsada por el petróleo. Cada avance contribuyó a que el transporte transoceánico y terrestre fuera más regular y predecible. Los costes cayeron en picado, los cargamentos aumentaron, la fiabilidad mejoró y las mercancías se movían a una escala hasta entonces inimaginable.

Por primera vez fue posible un verdadero comercio internacional de mercancías a granel. Entre 1825 y 1910, los precios ajustados a la inflación del flete de algodón y trigo cayeron un 94 %. Entre 1880 y 1910, la cuantía del transporte del trigo que se enviaba desde Estados Unidos a Europa cayó del 18 al 8 %. Ahora que el problema del transporte había pasado de ser una camisa de fuerza a ser un trampolín, nadie en Gran Bretaña que tuviera la opción seguiría consumiendo alimentos locales. Entre 1850 y 1880, la proporción de cereales británicos en la dieta media de los ingleses se redujo de tres a un quinto.

No hablamos solo de cosas, sino también de personas. Al igual que la tecnología preindustrial del transporte de alta mar ofreció nuevas oportunidades a muchos trabajadores, el ferrocarril y los barcos de vapor permitieron al ciudadano medio plantearse una nueva vida. El viaje —ahora más fácil, rápido, barato y, sobre todo, más seguro— abrió el mundo. O, al menos, abrió la zona templada del mundo en la que los europeos blancos se encontraban a gusto. Treinta millones de europeos, en su mayoría británicos e irlandeses, se trasladaron a los estados coloniales.

Para los que se quedaron, las ciudades se transformaron por completo. Se esfumaron las limitaciones de alimentos y bosques locales, e incluso los agricultores[55] descubrieron que a menudo era más fácil importar víveres desde otros lugares. Un abastecimiento más sencillo de los alimentos combinado con más suministro de acero no solo permitió que las poblaciones se expandieran hacia fuera, sino también hacia arriba. La densidad de población aumentó a la par que el tamaño de las ciudades, la planificación urbana y las nuevas tecnologías relacionadas con la salud, complicando el crecimiento demográfico. Mientras que las ciudades preindustriales solían depender de una afluencia constante de personas para sustituir a las que morían de hambre o enfermedad, las ciudades industrializadas no eran sinónimo de muerte. Podían sustentar a sus habitantes y por ello crecer deprisa.

En la década de 1920, los motores de combustión interna que tanto revolucionaron primero el transporte marítimo y fluvial y luego el ferroviario se habían miniaturizado lo bastante para dar lugar a otra renovación del transporte: el camión. A diferencia del transporte por agua, que requería un puerto, o del transporte por ferrocarril, limitado en gran medida a zonas con pendientes inferiores al 1 %, los camiones podían ir a cualquier lugar al que pudiera llegar una carretera. La demanda de producción de energía entró en una era completamente nueva. Los trenes mantuvieron su predominio en los viajes de más de ochocientos kilómetros, pero los camiones se encargaron de casi todo lo demás, sobre todo del importantísimo último kilómetro de entrega. El hormigón y el asfalto empezaron a sustituir a la tierra y el ladrillo como principales materiales de construcción de carreteras. Por fin tuvimos mejores carreteras, quince siglos después de la caída de Roma. Por fin desaparecieron de repente —por milagro, por suerte—, los excrementos de caballo de las calles urbanas.

---

55   En especial los agricultores británicos.

En 1945, los ferrocarriles, las barcazas y los camiones estaban repletos de productos manufacturados, agrícolas y a granel, como el carbón y el trigo, cada vez más fáciles de producir. Los atolladeros logísticos y de transporte que habían frenado a la humanidad desde que nos caímos de los árboles en los límites de la sabana africana se esfumaron finalmente en los brumosos recuerdos de antaño. No es tanto que la historia acelerara como que dio un salto hacia adelante. Pasamos de los inicios del vapor, de morir de disentería y de los tiempos de *La doctora Quinn*, a la cultura de las vacaciones en coche en el lapso de una sola vida humana.

No está nada mal tras haber empezado caminando a todas partes con una carga en la espalda.

# LA AMERICANIZACIÓN DEL COMERCIO

El comercio mundial antes de la era moderna era un goteo, apenas un error de redondeo para los estándares de principios del siglo XXI. La Compañía de las Indias Orientales comercializaba unas cincuenta toneladas de té al año a principios del siglo XIX y 15.000 a finales. En la actualidad, esas mismas 15.000 toneladas se cargan o descargan en algún lugar del mundo cada cuarenta y cinco segundos aproximadamente. No hay que dejarse engañar por el pequeño tamaño. La colonización, las guerras entre grandes potencias, la Revolución Industrial y el comercio de esclavos son algunas de las consecuencias de ese «error de redondeo». Pero el hecho es que en las últimas décadas nos hemos alejado mucho de lo que una vez fue. En el punto máximo de la era imperial, en 1919, el comercio combinado, tanto dentro de los imperios como entre los países, alcanzaba solo el 10 % del PIB. A finales de la era del Orden, esa cifra se había triplicado. Sin imperios.

Culpa de los estadounidenses.

Los estadounidenses salieron de la Segunda Guerra Mundial financieramente fuertes y con la única Marina de sustancia que quedaba en el mundo. Europa occidental se encontraba débil y aturdida, ya que los europeos sentían que el capitalismo les había fallado durante la Gran Depresión y que sus dirigentes lo habían hecho durante la Primera y la Segunda Guerra Mundial. Estados Unidos aceptó reconstruir los Estados europeos con la condición de que el comercio dejara de estar aislado dentro de sus sistemas imperiales. Por el contrario, quedó terminantemente prohibido interceptar los barcos de los rivales. Ah, y una cosa más: dejaría de haber imperios.

A cambio se concedió algo de verdad transformador. Los estadounidenses se asegurarían de que todos los países de todos los continentes disfrutaran de pleno acceso al océano global. Lo que antes había sido un entorno estratégico muy disputado se transformó en una vía navegable única, global, segura y funcionalmente interna, ocupada y abastecida por colosos de acero con motor diésel. Las tecnologías desarrolladas durante los dos siglos anteriores podrían funcionar por fin sin el espectro de la guerra (o, mejor dicho, los estadounidenses se encargarían de dicho espectro). Sin corsarios. Sin piratería. Sin confiscaciones imperiales. El transporte «global» pasó de ser la celosa provincia de los imperios al sistema de circulación sin restricciones de la economía mundial.

Si bien la Revolución Industrial abarató mucho el envío de productos de A a B, fue necesario el Orden global de los estadounidenses para que el transporte fuera mucho más seguro. Entre la flamante base tecnológica y las nuevas circunstancias geopolíticas, lo que se entiende por una Geografía del Éxito se amplió a... prácticamente todas partes. Y eso nos hizo avanzar en algunas direcciones inesperadas.


PRIMERA CONSECUENCIA:
BARCOS: MÁS GRANDES, MEJORES... MÁS LENTOS

En la era de la globalización, todo el mundo podía participar de la accesibilidad global, la fabricación y el consumo masivo. El trabajo con valor añadido ya no estaba reservado a los centros imperiales. Para fabricar en otros lugares eran necesarios el combustible y las materias primas. La expansión de las bases industriales y de las infraestructuras en otros sitios requería lo mismo. La expansión de la clase media en otros lugares exigía aún más.

El mundo necesitaba más barcos para transportar más productos, pero, en un mundo en el que la competencia entre los centros imperiales ya no era la característica que definía el entorno global, la seguridad ya no era el principal problema. La competencia ya no tenía que ver con las armas y el control de las vías marítimas, sino con los costes. Este paso de la seguridad a la eficiencia como principal preocupación empresarial significaba que el mundo no necesitaba simplemente más barcos; necesitaba diferentes clases de barcos.

Las economías de escala en el transporte provienen de cuatro factores: el tamaño, la tripulación, el combustible y el embalaje. Los tres primeros son bastante sencillos.

Aunque los costos de capital para construir un buque se incrementan con el tamaño, no se trata de un aumento lineal. Si se duplica el tamaño de un buque, lo más probable es que «solo» cueste un 80 % más construirlo.[56] Si se duplica el tamaño de ese buque de setenta y cinco contenedores a ciento cincuenta, trescientos, seiscientos, 1200, 2500, 5000, 10.000 y hasta el máximo actual de 20.000 contenedores, se habrá acumulado un ahorro por contenedor superior al 80 %. Del mismo modo, el número de tripulantes necesarios para cuidar de 10.000 contenedores inmóviles o de 5000 toneladas de mineral no es mucho mayor que el necesario para cuidar de mil contenedores o de quinientas toneladas de mineral. Los índices de uso de combustible siguen la misma tendencia general que el tamaño del buque: si se duplica el tamaño del buque, se reduce su uso de combustible en un 25 % aproximadamente.

Luego está la velocidad. Los costes de combustible suponen el 60 % del coste de un viaje, y los viajes más rápidos consumen mucho más que los más lentos. ¿La solución? Como la seguridad no es un problema, los barcos pueden navegar más despacio. Es

---

56  Los detalles varían mucho en función del tipo de buque y de la carga para la que esté diseñado llevar, pero un aumento del 80 % es una buena pauta general.

raro que un buque moderno supere los veintiocho kilómetros por hora,[57] y la mayoría de los graneleros apenas alcanzan los 22,5.

Y, cómo no, si todos los barcos se mueven más despacio, hay mucha más carga a flote en cualquier momento dado. La solución no es simplemente más barcos o más grandes, sino que haya más barcos y que sean más grandes.

En consecuencia, los buques de carga contemporáneos no solo son más grandes, sino que son gigantescos. Los barcos que trasladan soja desde el sector estadounidense del golfo de México a China son unas ocho veces más grandes que los cargueros de clase Liberty y Victory de la Segunda Guerra Mundial. Según los estándares modernos, ni siquiera eso está muy logrado. En relación con los estándares de 1945, los buques cargueros modernos son dieciséis veces más grandes, mientras que los buques de transporte de crudo modernos lo son cuarenta veces más. Las cifras varían mucho según el barco y el tipo de carga, pero, por regla general, los costes totales —tripulación, combustible, tamaño del barco, todo— de los barcos actuales son aproximadamente una cuarta parte por unidad de carga en comparación con los de la época de la Segunda Guerra Mundial.[58]

Seguro que te has fijado en que solo he hablado acerca de las tres primeras características de la lista: tamaño, tripulación y combustible. La cuarta —el embalaje— nos lleva a una dirección totalmente nueva.

---

57  O quince nudos para quienes os guste navegar.
58  Teniendo en cuenta que los megabuques de hoy en día son tan grandes — el mayor portacontenedores del mundo, la clase Evergreen-A de construcción coreana, es más grande que los mayores edificios contemporáneos del mundo—, es probable que hayamos alcanzado el tamaño máximo. Al fin y al cabo, estos colosos tienen que poder entrar en los puertos, y los grandes necesitan mayor profundidad que la que pueden ofrecer las mayores bahías.

| Tipo de buque | Capacidad de carga máxima (unidades) | Aprox. valor de segunda mano* | Valor típico de la carga** | 2,5 % coste anual normal del seguro de daños propios | 5 % prima adicional por riesgo de guerra durante siete días | 0,375 % prima de riesgo de carga adicional durante un periodo, 80 % asegurado | Costo adicional de seguro por unidad durante siete días en zona de alto riesgo (USD) | Dimensiones aproximadas del buque – longitud, manga, puntal en metros |
|---|---|---|---|---|---|---|---|---|
| Maersk Triple E | 18,000 TEU | $180 | $630 | $4.50 | $9.00 | $1.89 | $605 / container | 400x59x15 |
| Panamax Container (post-expansion) | 12,500 TEU | $130 | $438 | $3.25 | $6.50 | $1.31 | $625 / container | 366x49x15 |
| Panamax Container (pre-expansion) | 5,000 TEU | $7.0 | $175 | $0.18 | $0.35 | $0.53 | $175 / container | 290x32x13 |
| Very Large Crude Carrier | 2,000,000 barriles | $62 | $200 | $1.55 | $3.10 | $0.60 | $1.85 / barriles | 330x58x31 |
| Buque de carga Aframax | 800,000 barriles | $18 | $80 | $0.45 | $0.90 | $0.24 | $1.43 / barriles | 245x34x20 |
| Buque de carga granelero Capesize | 196,000 toneladas métricas | $33 | $16 | $0.83 | $1.65 | $0.05 | $8.66 / toneladas métricas | 280x45x24 |
| Buque de carga granelero Panamax (preexpansión) | 83,000 toneladas métricas | $20 | $7 | $0.50 | $1.00 | $0.02 | $12.29 / toneladas métricas | 225x32x14 |
| Buque de carga granelero Handymax (feeder) | 59,000 toneladas métricas | $12 | $5 | $0.30 | $0.60 | $0.01 | $10.41 / toneladas métricas | 190x32x11 |

* Los valores están basados en barcos de cinco años, excepto Handymax y Aframax donde solo se disponía de datos para barcos de diez años y los de clase Triple E que son de nueva construcción. Los precios son aproximados según informes de marzo de 2017.
** Con el precio del barril de petróleo a cien dólares, la tonelada métrica de carbón a ochenta dólares y el de la ropa a 35.000 TEU.

Fuentes: Athenian, Clarkson, Maersk, ZoG Researc

© 2022 Zeihan on Geopolitics

## SEGUNDA CONSECUENCIA:
## CONTENERIZACIÓN: CONSTRUIR UNA CAJA MEJOR

Bretton Woods, con el telón de fondo de la Guerra Fría, creó las condiciones necesarias para el libre comercio y la siguiente ronda de globalización, pero la realidad sobre el terreno no se parecía en nada a lo que conocemos hoy. Puede que los costes de transporte se redujeran de manera drástica, pero existían fricciones desiguales y feroces en todo el sistema.

Costaba esfuerzo embalar los productos en un camión, sacarlos de dicho camión y meterlos en un almacén, sacarlos de dicho almacén y llevarlos a un muelle, que un grupo de operarios los volvieran a embalar en dicho muelle y los colocaran en un palé, que otro grupo de operarios los moviera mediante una serie de poleas hasta la bodega de un barco, donde otro grupo de operarios aseguraba dicho palé para su navegación. Dicho barco navegaba entonces por el océano azul. Al llegar al puerto de recepción, otro grupo de operarios descargaba el palé mencionado anteriormente para su inspección, otro grupo de trabajadores lo cargaba en un camión, que lo llevaba a un astillero donde otro grupo de operarios lo subía a un vagón, que lo llevaba hasta una instalación de descarga, donde dicho palé se descargaba en otro camión. Solo alguien acababa conduciendo —por fin— ese camión hasta el lugar que hubiera comprado lo que fuera.

Pieza a pieza.

Lo peor, con diferencia, desde el punto de vista logístico y de costes, eran los puertos. Había que separar cada artículo de otros miles de artículos, descargarlo en el muelle, inspeccionarlo físicamente, a menudo volver a cargarlo en el barco (porque estorbaba), y luego volver a descargarlo, y volver a trasladarlo a un almacén local, antes de llegar al consumidor. Cada vez más barcos y más grandes requerían más almacenes, más grandes y alejados del puerto, iniciando un camino cada vez más largo y congestionado de una reorganización de la carga cada vez más constante, y cuellos de botella que se extendían hasta los mismos barcos. La experiencia portuaria típica duraba cinco días y contaba con múltiples grupos de estibadores en cada extremo, sin tener en cuenta la numerosa y morena tripulación de cubierta de los barcos. En términos generales, era un auténtico coñazo que generaba apasionantes oportunidades para niveles de robo y corrupción sin precedentes. No es de extrañar que, hacia comienzos del siglo xx, los puertos representaran la mitad del costo total del transporte marítimo.

Hasta que descubrimos cómo… meter cosas en… cajas.

En la década de 1960, el creciente volumen de comercio exigía poner fin a esta agonía de embalar/reembalar. La solución fue lanzar un par de modelos de cajas de transporte, en concreto la unidad equivalente a veinte pies (o TEU) y la unidad equivalente a cuarenta pies (FEU). Es probable que los conozcas por su nombre coloquial de «contenedor» y sin duda has visto montones de ellos siendo transportados en trenes, camiones y semirremolques.

El proceso de contenerización transformó el transporte en general, y los procesos portuarios y de los barcos en particular.

Ahora un fabricante llena un contenedor estándar con su producto y lo sella. El contenedor se acopla a un camión, que lleva la mercancía a un puerto, donde se desmonta el contenedor y se apila con otros del mismo tipo. Cuando el barco está listo, se sube el contenedor con una grúa directamente al barco (en el orden adecuado para equilibrar el peso), una pequeña tripulación, a la que se le dan mejor los teclados que las mancuernas, lo traslada a través del océano y lo baja junto a un montón de contenedores en el puerto. Como el desembalar y el reembalar ya no se realiza en los puertos, ya no necesitan tener almacenes, salvo para el equipamiento y el personal. Solo tienen que contar con un estacionamiento plano para albergar interminables pilas de contenedores. Cuando llega el momento, lo único que hay que hacer es encarrilar el contenedor un poco antes de cargarlo con una grúa directamente en un camión, para luego llevarlo a su destino final donde lo desembalarán y procesarán.

En teoría, y en gran medida en la práctica, el contenedor no se abre ni una sola vez.

Expliquémoslo de una forma más personal. Si alguna vez te has mudado, sabes que la mayoría de la gente puede meter todo lo que tiene en la parte trasera de un camión de dieciocho ruedas. Este tipo de camiones (eso es un FEU) mide cuarenta pies de largo y unos ocho pies de ancho y alto —12,2 x 2,4 metros—, lo que equivale a unos 2700 pies cúbicos en su interior (76,45 metros cúbicos). Imagina una mudanza en la que tienes que meter tus cosas en el almacén durante unos días. ¿Preferirías descargar y apilarlo todo en un almacén y luego volver a cargarlo y amontonarlo en otro contenedor cuando estés listo, o simplemente dejar todo en el FEU original en un estacionamiento hasta que dispongas de tus llaves nuevas?

Añade a eso una travesía marítima y repite esa secuencia doscientos millones de veces al año y empezarás a ver la escala del cambio para la economía mundial. No importa lo que haya en el contenedor. Kias o kumquats. Bauxita o utensilios de bar. Mientras el peso total del contenedor se mantenga por debajo de los límites máximos, todos los contenedores se pueden manipular de manera idéntica.

¿Qué ha hecho falta para que se produzca esta normalización? El Orden. La seguridad global, el comercio global, el capital global, la escala global y una arrolladora voluntad de proporcionar fiabilidad para que el mundo pudiera construir todo su... mundo en torno a un estándar unificado de tamaño, peso, forma y cierres, permitiendo que el omnipresente contenedor se mueva sin problemas a través de la cadena de suministro. Ya en 1966, el impacto era evidente. El plazo de entrega total de los puertos en ambos extremos pasó de tres a cinco semanas a menos de veinticuatro horas. El costo portuario se redujo de la mitad del coste total del transporte marítimo a menos de una quinta parte. En 2019, los portacontenedores transportaban alrededor del 50 % del valor total del comercio mundial, mientras que a principios de la década de 1960 era prácticamente nulo.

No solo se han rediseñado los barcos y la metodología de carga. También han cambiado los puertos.

## TERCERA CONSECUENCIA:
## PUERTOS: MÁS GRANDES, MENOS... EN OTRA PARTE

Los puertos siempre han necesitado contar con un fácil acceso hacia el interior, ya sea para acceder a los insumos o para distribuir los productos. Antes de la Revolución Industrial, eso significaba normalmente un río. Como en Hamburgo, Nueva Orleans o Shanghái. En el peor de los casos, los puertos requerían una gran extensión de terreno llano adyacente al océano. Como en San Petersburgo, Los Ángeles o Bangkok. En la actualidad, sin embargo, la flexibilidad que proporcionan los contenedores implica que lo único que un puerto necesita es un acceso por carretera (y, preferiblemente, por ferrocarril). En lugar de necesitar una alineación geográfica poco frecuente —y por tanto cara—, los puertos pueden ubicarse fuera de las ciudades, allí donde la combinación de costes de suelo, mano de obra y electricidad lo permita. Como en Tianjin, Savannah o Saint John.

Pero si bien la reducción de los costes, combinada con la flexibilidad proporcionada por los contenedores, permitió que la localización de los puertos fuera menos exigente, los propios puertos sí tuvieron que volverse más complicados. Ahora que cualquier cosa se podía transportar en contenedores, los puertos tenían que ser capaces de servir como estaciones de paso para volúmenes absolutamente colosales. Y, como los barcos pasaron a ser cada vez más grandes, no todos los puertos fueron capaces de albergarlos.

Los primeros en desaparecer fueron los puertos regionales de tamaño medio que simplemente no pudieron lidiar con los nuevos mastodontes transoceánicos. La carga se dirigió a los nuevos y gigantescos puertos de megacontenedores o a los pequeños puertos que gestionaban la distribución local. A medida que los megapuertos atraían más y más carga y se volvían cada vez más...

megapuertos, también desaparecieron los pequeños centros de distribución. Después de todo, las líneas ferroviarias podían conectarse a los puertos más grandes y transportar la carga por ferrocarril a la red de distribución de los puertos pequeños. Los puertos río arriba, sobre todo los más pequeños que no podían gestionar los buques oceánicos, quedaron obsoletos.

Este tipo de reorganizaciones económicas se produjo en todo el mundo, desencadenando carreras simultáneas para convertirse en el centro de distribución regional. Los puertos diseñados para prestar servicio a una sola región metropolitana —como los de París, Londres, Brooklyn, San Luis o Chicago— prácticamente desaparecieron. En su lugar, surgieron otros que podían adaptar su forma para facilitar la distribución de contenedores a gran escala, como los puertos de Rotterdam, Felixstowe, Nueva Jersey, Houston o Tacoma.

Barcos cada vez más grandes navegaban entre cada vez menos puertos, que a su vez se hacían cada vez más grandes.

En conjunto, estas tres primeras consecuencias han convertido al transporte marítimo en el rey.

Entre 2000 y 2020, mover un contenedor a través del Atlántico o del Pacífico costaba una media de setecientos dólares por contenedor. O, dicho de otro modo, once céntimos por par de zapatos. Incluso los cuellos de botella tradicionales han dejado de serlo... tanto. Una de las mayores clases de buques portacontenedores del mundo en producción razonablemente a gran escala, la clase Maersk Triple-E, paga alrededor de un millón de dólares por transitar por el canal de Suez, pero ese derecho se reparte entre unos 18.000 contenedores. Esto equivale a unos cincuenta y cinco dólares por contenedor, es decir, menos de un céntimo por par de zapatos. El transporte se ha vuelto algo tan mecánico que en 2019 la industria de reciclaje china tuvo que poner restricciones a la importación de basura reciclada de baja calidad.

Junto con barcos más grandes y lentos, la contenerización ha reducido el coste total del transporte de mercancías a menos del 1 % del coste total de dichas mercancías. Antes de la industrialización, la cifra solía ser superior a las tres cuartas partes. Antes de las aguas profundas, la cifra a menudo era superior al 99 %.

Dejando a un lado el pequeño detalle de que no se puede transportar carga por camión o ferrocarril entre Londres y Tokio, Shanghái y Sídney o Nueva York y Río, incluso si existiera la infraestructura adecuada, la comparación de costes sería del todo ridícula. Si se quiere un tren que pueda competir en capacidad con los barcos diseñados para pasar a duras penas por el recién ampliado canal de Panamá, se necesitaría uno de más de sesenta y cuatro kilómetros de largo. También se podría optar por una flota de 6500 camiones.

Con los costes de transporte redondeados a cero, los cálculos para todo lo demás han cambiado para adaptarse.

## CUARTA CONSECUENCIA:
## CIUDADES: LA EXPLOSIÓN URBANA

Antes de la Revolución Industrial, el viento, el agua y el músculo eran las únicas fuentes de energía que permitían a una ciudad reunir insumos, lo que delimitaba el tamaño máximo de esta.

Las tecnologías de la era industrial ampliaron el alcance de una ciudad en términos de magnitud y permitieron concentrar recursos de una forma insólita. Pero esta misma expansión hizo que las ciudades se volvieran voraces. Las ciudades más grandes con más actividad económica requieren más insumos para alimentar esa actividad. Es un poco como el antiguo dicho de que las ciudades necesitaban cien veces su superficie para obtener carbón vegetal, pero ahora necesitan trigo para el sustento de sus ciudadanos, mineral de hierro para el acero, petróleo para el combustible, piedra caliza para el hormigón, cobre para el cableado, y así sucesivamente.

Las ciudades ampliaron su alcance a las regiones por necesidad. Las regiones ampliaron su alcance a los imperios por lo mismo. Los estadounidenses conquistaron el Oeste y canalizaron su riqueza agrícola y sus recursos materiales hacia las ciudades de la costa este. Los japoneses hicieron lo mismo con Manchuria. Los europeos cosecharon sus imperios. La propia naturaleza de las nuevas tecnologías aseguró tanto la expansión imperial como los conflictos por el acceso, que contribuirían a la competencia y al odio mutuo que culminaron en las guerras mundiales.

Si avanzamos hasta después de la Segunda Guerra Mundial, el Orden de los estadounidenses eliminó incluso los límites teóricos del alcance de una ciudad. Carbón, alimentos, incluso gente, todo se podía traer ahora de otro lugar. De cualquier otro lugar. Ya no era necesario establecer el control de las zonas que una ciudad quería cosechar, necesitaba cosechar. Al ser el mundo el terreno de explotación, todas las ciudades podían aumentar su tamaño.

## QUINTA CONSECUENCIA: CADENAS DE SUMINISTRO: PRODUCIR *IN SITU*, VENDER GLOBALMENTE

Una de las características fundamentales del mundo preindustrial eran los centros imperiales. Todos gozaban de una mezcla mágica de clima templado, terreno llano y acceso marítimo y/o fluvial, lo que les permitía no solo aventajar a la competencia local, sino contar con la suficiente fuerza y estabilidad para llegar a conquistar territorios lejanos. Con la llegada de la era industrial, todos pudieron aprovechar los siglos de riqueza y conocimientos acumulados para dedicarse a la fabricación en masa.

Pero tuvieron que enfrentarse a restricciones comunes. No todas las etapas de un proceso de fabricación requieren el mismo acceso a los mismos insumos. Algunos necesitan más hierro, otros más mano de obra, otros más carbón, otros más personas con un doctorado. Pero, como ninguno de los imperios confiaba en los demás, cada centro imperial tenía que arreglárselas para intentar organizar todos los pasos del proceso de producción dentro de su propio sistema, celosamente independiente.

Los albores del Orden liderado por Estados Unidos lo cambiaron todo. Los estadounidenses no se limitaron simplemente a prohibir los conflictos entre sus aliados, sino que vigilaron toda la navegación mundial como si se tratara de su propio comercio interno, inaugurando una era del transporte poco costoso de la más absoluta santidad.

En un mundo «seguro» para todos, las geografías «exitosas» del mundo ya no podían dominar sobre y/o explotar al resto. Un efecto secundario no deseado de esto fue la degradación de la geografía, que pasó de tener un papel bastante determinista en la medición del éxito o el fracaso de un país, a algo que se convirtió en poco más que un ruido de fondo. Las geografías que en su día se quedaron atrás podían ahora florecer con seguridad.

A la mayoría de los antiguos centros imperiales tampoco les importó demasiado. Un proceso en el que los antiguos centros imperiales no sobresalían, como el de bajo valor añadido de convertir el metal de aluminio en alambre o la confección de zapatos, podía externalizarse a otro lugar —un nuevo competidor en ascenso en el sistema ahora globalizado— que pudiera hacerlo de forma más eficiente y competitiva. El coste cada vez más bajo del transporte, combinado con la inviolabilidad de dicho transporte gracias a Estados Unidos, permitió que el trabajo que antes se llevaba a cabo en una sola ciudad se distribuyera en cien lugares diferentes de todo el mundo.

El transporte, que antes se limitaba «solo» a materias primas y productos acabados, ahora daba servicio a una serie en apariencia interminable de productos intermedios. Había nacido el moderno sistema de cadena de suministro de fabricación de varias etapas. En la década de 1960, estas cadenas de suministro se habían convertido en algo habitual, sobre todo en el sector de la automoción y la electrónica.

Corea del Sur, Brasil, India y China eran las cuatro mayores potencias —de entre varias decenas— que de repente desempeñaban un papel real. Muchas de las áreas «centrales» a las que tan bien les había ido en las décadas y siglos anteriores a Bretton

Woods —se me ocurre el cinturón del acero estadounidense y la Gran Bretaña de los canales— se oxidaron en la memoria bajo la embestida de estos competidores hasta entonces insólitos.

La Guerra Fría y las épocas posteriores de estabilidad mundial ampliada permitieron que cada vez más países se unieran a la fiesta. No solo los nuevos jugadores se unieron a la diversión en diferentes décadas, también avanzaron a diferentes ritmos, poblando el mundo con más y más países con niveles de sofisticación técnica muy diferentes.

En 2022, hay tecnocracias avanzadas en Europa occidental, Japón y Angloamérica; economías industrializadas avanzadas en el noreste de Asia y Europa central; economías en rápido proceso de industrialización en el sureste de Europa, América Latina, Anatolia y el sureste de Asia; y economías mixtas en China, Asia meridional, América Latina y la antigua Unión Soviética. Las cadenas de suministro, cada vez más complejas, las unen. Todo ello ha sido posible gracias a más transporte y más barato, que ha generado mayor desarrollo económico y mayor integración, que a su vez ha exigido más transporte y más barato.

Si se añaden barcos más grandes, la contenerización y un nuevo tipo de puerto, no solo se han eliminado las numerosísimas fricciones que impedían a los países comerciar con sus vecinos, sino que se han disuelto hasta el punto de que el comercio transoceánico de varios pasos, verdaderamente mundial, no solo es posible, sino que se ha convertido en la norma. En 2022, cerca del 80 % del comercio mundial en volumen y el 70 % en valor se habrá transportado en buques oceánicos.

## CAERSE A PEDAZOS

A medida que la tecnología iba desarrollando, incrementando y diversificando el sistema de transporte, dos pensamientos opuestos se entrecruzaban para definir nuestro sistema moderno:

En primer lugar, cada vez resulta más sencillo aplicar la tecnología industrial. Forjar el acero es más difícil que convertirlo en líneas de ferrocarril, lo que es más difícil que colocar las líneas de ferrocarril, lo que es más difícil que operar un tren, lo que es más difícil que llenar un vagón. No es que los holandeses y los japoneses pudieran llevarse a casa los sistemas ferroviarios que habían construido cuando el sistema imperial llegó a su fin. A sus antiguas colonias les resultó bastante fácil apropiarse de los activos y explotarlos. A diferencia de las tecnologías preindustriales, que requerían maestros artesanos, gran parte de la era industrial —y en especial la digital— ha demostrado ser *plug-and-play*.

En segundo lugar, cada vez resulta más difícil mantener la tecnología industrial. La capacidad de diversificar los sistemas de suministro a cualquier distancia significa que es económicamente ventajoso dividir la fabricación en decenas, incluso miles de fases individuales. Los trabajadores que construyen esta o aquella pequeña pieza del aparato que sea se vuelven muy buenos en ese proceso, pero no tienen ni idea del resto. La mano de obra que purifica el dióxido de silicio no puede crear obleas de silicio, no puede construir placas madre y no puede codificar.

Esta combinación de alcance y especialización nos lleva a una conclusión muy clara y premonitoria: los bienes consumidos en un lugar por un pueblo ya no reflejan los bienes producidos en un lugar por un pueblo. La geografía del consumo y la de producción ya no tienen ataduras. Ahora no solo necesitamos un transporte seguro a escala para vincular producción y consumo; necesitamos un transporte seguro a escala para apoyar la misma producción y consumo.

Esto es genial en muchos sentidos. La industrialización más la globalización no solo han generado el crecimiento económico más rápido de la historia, sino que, en conjunto, han incrementado de un modo espectacular el nivel de vida de miles de millones de personas en todo el mundo. A diferencia del mundo preindustrial, terriblemente desigual, el combo industrialización/globalización ha logrado la «duología» aparentemente imposible de permitir a los que no tienen ninguna cualificación vivir por encima de un nivel de subsistencia abusivo, al tiempo que se han traspasado las fronteras del conocimiento y la educación humanos de forma más rápida y amplia que nunca.

Pero, en muchos más aspectos, esto es terrible.

# LA GRAN REVERSIÓN

Vamos a centrar la mente con algunos incisos.

- Los buques modernos son monstruos bien cebados. Los buques portacontenedores que funcionan a toda máquina alcanzan un máximo de poco menos de cuarenta y seis kilómetros por hora. Los graneleros, la mitad. Los barcos civiles más rápidos que tenemos son los cruceros de pasajeros, porque son espacios vacíos, básicamente. Para qué reacondicionarlos a buques para transportar maíz...

- Los modernos buques portacontenedores transoceánicos albergan miles de contenedores, más de la mitad de los cuales están repletos de productos intermedios esenciales para la fabricación de casi todos los productos manufacturados.

- Esos productos intermedios son fabricados por una mano de obra que solo sabe producir una pieza específica de cada producto, en particular en el lado de la balanza de menor calidad.

- Los «países inteligentes» pueden hacer trabajos menos inteligentes. Una planta de fabricación de semiconductores que haga chips para granjas de servidores también puede hacerlos para automóviles o juguetes. Lo contrario no es cierto.

- Los puertos modernos son pocos, dispersos, absolutamente enormes y por lo general no están ubicados cerca de las poblaciones a las que sirven.

– Las ciudades modernas son tan grandes y sus economías están tan especializadas que requieren un acceso regular no solo a una enorme franja de territorio, sino a todo el planeta.

El rasgo característico principal de todo este trabajo es un transporte seguro y barato. Limita eso y... todo se desmorona sin más.

Si bien la facilidad de adopción de las tecnologías industriales facilitó su difusión, lo contrario también es cierto. Al fin y al cabo, hay muy poco grado de especialización en la población que permita mantener la idea de industrialización del mundo contemporáneo si las omnipresentes conexiones de transporte actuales se rompen por cualquier motivo. Por otra parte, la mano de obra está hiperespecializada, es prácticamente no cualificada o, evidencia de que el mundo casi siempre resulta más extraño de lo que se piensa, una combinación de ambas características. Peor aún, la vida moderna en la ciudad requiere un acceso permanente a muchísimas poblaciones y lugares dispersos por el mundo y sobre los que una ciudad no tiene ninguna influencia. En pocas palabras, las regiones pueden desindustrializarse mucho más rápido de lo que se industrializaron, y el factor fundamental es lo que ocurra con el transporte.

La desindustrialización podría suceder mucho más rápido de lo que se piensa.

Considera esos barcos grandes, voluminosos y lentos.

Una historia de guerra rápida, en este caso, la guerra entre Irán e Irak de la década de 1980: en 1983 el conflicto había llegado a un punto muerto, lo que indujo a ambos países a lanzar misiles contra los barcos del otro en un intento de estrangular económicamente a su oponente. Se alcanzaron unos trescientos buques en total. Unos cincuenta quedaron inutilizados y se hundieron una docena. Comparado con el tamaño del transporte marítimo mundial de la época, apenas fue una nota a pie de página.

Pero esos pocos eventos casi destruyeron el sector global de... los seguros.

La garantía de seguridad estadounidense para el transporte marítimo se consideraba blindada. Después de todo, habían sucedido escasos incidentes en todo el mundo durante décadas. Incluso hubo un periodo, entre 1950 y 1975, en el que no se produjo ningún ataque al transporte marítimo. Por lo tanto, las provisiones por pérdidas en los seguros marítimos eran, como mucho, mínimas. Prepararse para tales incidentes con grandes sumas de dinero habría sido como reservar miles de millones para hacer frente a las reclamaciones por terremotos en Illinois. Pero, cuando se presentaron las reclamaciones por la guerra entre Irán e Irak, las compañías de seguros se quedaron rápidamente sin capital de explotación. Así que presentaron reclamaciones a sus empresas de reaseguro, que también se agotaron enseguida. De repente, todas las compañías de seguros descubrieron que el sector completo estaba en peligro. Seguros de incendio, seguros de coche, seguros hipotecarios, seguros de salud; daba igual. Y como la mayoría de las empresas de seguros están vinculadas a la mayoría de los mercados de bonos a través de grandes casas financieras, se aproximaba una catástrofe.

Lo único que impidió una crisis financiera mundial a gran escala fue la decisión de la administración Reagan de (a) escoltar físicamente los barcos no iraníes en el golfo Pérsico, (b) cambiar el pabellón de todos esos barcos por el estadounidense y (c) proporcionar una indemnización soberana general a todos esos barcos. Una disputa militar local entre un par de potencias no mercantiles que ni siquiera contaban con un sistema financiero escaló con rapidez hasta el punto de que solo una superpotencia tenía la fuerza militar, financiera y legal para evitar un colapso financiero mundial.

Imagina que en la actualidad se produjera un hecho similar. Desde 1970 hasta 2008, los estadounidenses han tenido casi siempre un grupo de portaaviones en el golfo Pérsico (y, desde el conflicto de la Tormenta del Desierto de 1991, normalmente dos). El acompañamiento a buques comerciales en 1983 solo requería algunos cambios en las pautas de vigilancia. Pero desde 2015 es normal que los estadounidenses pasen meses sin buques de gran tamaño en la región. A finales de 2021, los estadounidenses habían retirado todas las tropas terrestres regulares de la zona en su conjunto. Sin Estados Unidos, solo quedan algunas potencias —Francia, Reino Unido, Japón y China— que podrían llegar al golfo Pérsico con activos militares. De ellas, solo Japón cuenta con la capacidad técnica necesaria para actuar con fuerza, y ninguna tiene los buques necesarios para crear convoyes significativos.

Imagina que los buques en cuestión fueran portacontenedores en lugar de graneleros. Un solo barco contendría miles de contenedores con decenas de miles (¿cientos de miles?) de productos. En el caso de la década de 1980, incluso esos barcos hundidos fueron reflotados a tiempo y siguieron con su vida. No hay forma de que eso ocurra con la carga moderna transportada en contenedores (además, ¿comprarías un ordenador si un trozo de la placa madre hubiera pasado algunos días en el fondo del golfo Pérsico?).

Imagina que un acontecimiento así ocurriera en otro lugar. Irán e Irak en los años ochenta eran economías sin valor añadido por excelencia. Consumo local muy limitado. Ninguna participación en los sistemas de suministro de fabricación. ¿Y si el transporte marítimo se viera afectado en el mar Báltico o en el mar de China oriental, lugares fundamentales para la fabricación europea y asiática? Los buques portacontenedores modernos no llevan productos individuales de un puerto a otro, sino que realizan circuitos. Viajan a múltiples puertos, recogiendo y dejando contenedores llenos de una vertiginosa variedad de productos a medida que pasan. Si un solo barco no puede transportar o desembarcar su carga, el impacto se transmite a cientos o miles de cadenas de suministro en múltiples industrias y regiones. Incluso un breve retraso en un puñado de puertos bastaría para forzar una racionalización de industrias enteras, por no hablar de la pérdida real de buques. Como se suele decir, se necesitan 30.000 piezas para hacer un coche. Si solo cuentas con 29.999 piezas, lo que tienes es un pisapapeles de ambicioso tamaño.

Imagina que un acontecimiento así no fuera un hecho aislado. La escala de 1983 frente a la de 2022 es radicalmente diferente. Entre cadenas de suministro más diferenciadas, mayor riqueza y más países, el valor total de la carga marítima mundial actual es seis veces superior. Los cálculos rápidos realizados a partir de los datos de los últimos doscientos cincuenta años sugieren que la reducción de los costes de transporte en un 1 % se traduce en un aumento del volumen del comercio de alrededor de un 5 %. No hace falta revertir el proceso durante mucho tiempo para que el mundo moderno, impulsado por el comercio, se convierta en un recuerdo entrañable.

Conclusión: el mundo que conocemos es muy frágil. Y eso cuando se trabaja en el diseño. El panorama económico actual no es tanto dependiente como sumamente adicto a la vigilancia estratégica y táctica estadounidense. Retira a los estadounidenses y el transporte marítimo de larga distancia pasa de ser la norma a ser la excepción. Elimina el consumo masivo debido al colapso demográfico y todo el argumento económico para la integración intensiva se derrumba. De un modo u otro, nuestra «normalidad» va a terminar, y lo va a hacer pronto.

## EL MUNDO QUE VIENE: COQUETEAR CON —Y EVITAR— EL PELIGRO

El resultado más milagroso y, hasta cierto punto, inesperado del Orden liderado por Estados Unidos es el grado en que transformó zonas que en raras ocasiones —si es que lo había hecho alguna vez— habían participado en un sistema comercial multiestatal a gran escala. La mayor parte del mundo no cuenta con una configuración geográfica que fomente la actividad económica de forma natural, como los climas templados o las densas redes fluviales comunes a Europa occidental o Norteamérica.

El Orden hizo que la geografía importara menos. Los estadounidenses protegían ahora tus fronteras, así como tu comercio exterior. Tal estructura permitió que geografías que nunca se habían desarrollado, o que habían sido aplastadas bajo este o aquel imperio, se alzaran como actores independientes. El mayor crecimiento económico que ha experimentado la humanidad desde 1945 ha sido el del efecto base dentro de estas geografías hasta hace poco olvidadas y económicamente paralizadas. Esto significa que a medida que los estadounidenses transiten hacia una mentalidad tipo «eso no es problema mío», la mayor propensión a la disrupción y los mayores impactos de estas disrupciones no solo sucederán en los mismos lugares, sino que ocurrirán en los mismos nuevos lugares.

La primera de estas geografías, que no tardará en ser una locura, son los territorios de la primera cadena de islas de Asia y de su costa, una región que incluye Japón, China, Corea y Taiwán y, en menor grado, Filipinas, Vietnam, Indonesia, Malasia, Tailandia y Singapur. Los recursos existentes disminuyen a medida que se viaja de sur a norte, mientras que el valor y el volumen de la fabricación tienden a ir en la dirección contraria, esto es, de norte a sur. Se trata de una zona natural de intensa competencia caracterizada por la concentración de la demanda de recursos, las líneas de suministro más largas de la Tierra y la enorme dependencia de las exportaciones. ¿El resultado? Bienes intermedios por todas partes, y todos ellos transportados por agua.

Esta combinación de vulnerabilidad e integración solo podía haberse producido en un entorno de seguridad en el que una potencia externa obliga a todos a jugar limpio. Sin embargo, incluso con la vigilancia estadounidense, Asia oriental nunca desarrolló un sistema regional de cooperación, ni siquiera válvulas diplomáticas de descarga de presión para no llegar al intercambio militar. China odia a Japón, Japón (puede que ahora de un modo inconsciente) quiere colonizar Corea y partes de China, Taiwán quiere contar con un elemento de una disuasión nuclear, y los surcoreanos no se fían de nadie.

Peor aún, con la notable excepción de Japón, ninguna de las potencias locales tiene la capacidad de asegurar sus propias líneas de suministro o comercio. Es difícil evaluar quién está en peor posición: Corea del Sur y Taiwán, que sufren una dependencia casi total de la vigilancia naval estratégica estadounidense, o China, que tendría que atravesar las aguas de múltiples combatientes hostiles (incluidos todos los países de la cadena), así como media docena más de cuellos de botella para llegar a cualquier mercado o acceso a recursos que importen... utilizando una Armada que en gran medida solo es capaz de realizar operaciones costeras.[59]

El fascismo chino ha funcionado hasta ahora, pero entre el colapso del consumo interno debido al envejecimiento demográfico, la pérdida de mercados de exportación debido a la desglobalización y la incapacidad de proteger las importaciones de energía y materias primas necesarias para que todo funcione, la adopción del nacionalismo narcisista por parte de China corre el riesgo de generar tal malestar interno que consuma al Partido Comunista. O al menos eso es lo que ha ocurrido antes (en repetidas ocasiones) en la historia de China, cuando el Gobierno no pudo seguir proporcionando bienes a su pueblo.

Parece que será Japón la nación que va a heredar la región, pero el futuro no va a ser ni mucho menos tan ordenado. Es cierto que la superioridad naval de Japón le permite estrangular a China en pocas semanas y elegir el momento y el lugar de cualquier conflicto en aguas profundas; pero incluso en caso de debilidad, China tiene la capacidad de atacar objetivos a uno cientos de kilómetros de su costa. Eso no incluye simplemente partes de las islas japonesas, sino también la mayor parte de Corea del Sur y todo Taiwán. Cualquier cosa fuera de un completo colapso de la gobernanza en China (lo que por cierto ha ocurrido varias veces a lo largo de su historia) convertirá toda la región en una zona de peligro para cualquier tipo de navegación.

Ninguna región se ha beneficiado más del Orden, ninguna región sufrirá más con su final, y todo lo que sabemos sobre la fabricación moderna terminará la primera vez que alguien dispare a un barco comercial.

La segunda región que preocupa es el golfo Pérsico. Explicar por qué no es especialmente difícil. El clima local va de lo árido a... lo desértico. Por lo general, esto no solo haría que las pobla-

---

59  Vale. No importa. Lo retiro. Es muchísimo peor para China.

ciones fueran pequeñas, sino diminutas. Pero hay petróleo y eso lo cambia todo.

En el marco de la globalización, los estadounidenses no tuvieron más remedio que patrullar el golfo e implicarse en los penosos pormenores de la política de la zona. El petróleo impulsaba el comercio mundial, el comercio mundial impulsaba la alianza estadounidense y esta impulsaba la seguridad del país. Si el golfo Pérsico no fuera relativamente pacífico —y, según los criterios históricos, lo ha sido más o menos desde 1950—, la estrategia global de Estados Unidos habría sido inútil.

Ese petróleo, combinado con la presencia de los estadounidenses, ha transformado las posibilidades de la zona. En lugar de beduinos nómadas, un grupo de pueblos costeros dedicados al cultivo de perlas y de tierras hace tiempo envenenadas por la sal debido a miles de años de irrigación, el territorio cuenta en la actualidad con una mezcla errática de ciudades futuristas, multicines abarrotados, paisajes urbanos y regiones interiores asoladas por la guerra y, en muchas zonas, una clase baja casi esclava.

La región exporta petróleo, gas natural y... prácticamente nada más. Importa alimentos. Tecnología. Electrónica. Electrodomésticos. Ropa. Artículos de telefonía móvil. Artículos de informática. Maquinaria. Aviones. Automóviles. Material de construcción. Más o menos todo. Incluida la mano de obra, tanto cualificada como no cualificada. Hasta camellos. Poco más o menos toda molécula de hidrocarburo se envía por agua, mientras que casi todo paquete de importación viaja de la misma manera. En un mundo en el que el transporte marítimo internacionalizado colapsara, las soluciones alternativas del estrecho de Ormuz tendrían, en última instancia, un valor limitado. Se diseñaron para eludir la amenaza de Irán, no el colapso del Orden.

Esto no significa que la región vaya a desaparecer del radar colectivo de la humanidad. Lo que el golfo tiene —petróleo— es lo que el sur de Asia, el este de Asia y Europa necesitarán con desespero. Pero todas las potencias locales adolecen de Armadas y no pueden patrullar de forma efectiva sus propias costas, escoltar el tráfico local, ver a los barcos entrar o salir de Hormuz con total seguridad y mucho menos vigilar a los petroleros con destino al consumidor final o a los buques graneleros y portacontenedores procedentes de proveedores lejanos.

Ninguna potencia extranjera puede tampoco cubrir la zona con un manto de seguridad al estilo estadounidense. En lo que quizá sea la demostración más destacada del hecho indiscutible de que los militares estadounidenses consideran que la capacidad excesiva de destrucción está infravalorada, las Armadas combinadas del resto del mundo cuentan con menos de una décima parte de la capacidad de proyección de poder que tiene la Marina estadounidense. La incapacidad global para imponer normas en la zona garantizará una depresión global que durará décadas, así como una sucesión de esfuerzos deplorablemente inadecuados por parte de media docena de potencias —Japón, Reino Unido, Francia, India, Turquía y China— para salvaguardar... algo del caos sangriento. Va a ser un desastre.

La tercera zona que tener en cuenta es Europa. Pensamos en la Europa moderna como en una región de cultura, democracia y paz. Como si se hubiera zafado de la historia. Pero esa escapatoria se debe en gran medida a la reestructuración de todo lo europeo por parte de los estadounidenses. Lo que se oculta bajo el barniz histórico de la calma es el trozo de tierra más devastado por la guerra inestable del planeta desde un punto de vista estratégico. La Europa moderna es el mejor ejemplo de la altura y del completo artificio del sistema de Bretton Woods.

Los problemas de la Europa futura son muchos, pero destacan cuatro.

- El primero es la energía: los europeos dependen más de las importaciones de energía que los asiáticos, y no hay dos países grandes europeos que piensen que ese problema pueda resolverse de la misma manera. Los alemanes temen que no llegar a un acuerdo con los rusos signifique la guerra. Los polacos quieren un acuerdo con cualquiera menos con Rusia.

Los españoles saben que la única solución está en el hemisferio occidental. Los italianos temen tener que ocupar Libia. Los franceses quieren forzar un acuerdo con Argelia. Los británicos tienen la vista puesta en África occidental. Todos tienen razón. Todos se equivocan.

- El segundo es demográfico: hace tiempo que los países europeos superaron el punto de repoblación incluso teórico, lo que significa que la Unión Europea es ahora funcionalmente una unión exportadora. Sin el Orden liderado por Estados Unidos, los europeos pierden toda posibilidad de exportar bienes, lo que aleja la posibilidad de mantener la sociedad europea en su forma actual.

- El tercero es la preferencia económica: puede que hoy día lo sea sobre todo en el subconsciente, pero los europeos están al tanto de su sangrienta historia. Los líderes europeos tomaron un gran número de decisiones conscientes para remodelar sus sistemas con cierto corte socialista, de modo que sus ciudadanos quedaran atrapados dentro de sus sistemas colectivos. Funcionó. Funcionó bien. Pero solo en el contexto del Orden, mientras los estadounidenses paguen la mayor parte de los costes de defensa permitiendo así un crecimiento que los europeos nunca habrían podido fomentar por sí mismos. La desglobalización, la demografía de Europa y su falta de alcance mundial sugieren que una de las mejores formas de interpretar los signos es la recesión permanente. No veo un camino que seguir en el que pueda sobrevivir el núcleo del modelo socialdemócrata europeo.

- El cuarto y último problema: no todos los Estados europeos son iguales. Por cada peso pesado británico, hay un caso perdido griego. Por cada Francia aislada, hay una Letonia vulnerable. Algunos países son seguros o ricos o tienen una tradición de proyección de poder. Otros son vulnerables o pobres o son poco más que felpudos históricos. Puede que lo peor de todo sea que el mayor agente económico (Alemania) no cuente con más opciones que ser el peso central de todo, mientras que los dos países con mayor capacidad para ir por libre (Francia y Reino Unido) minimizaron riesgos y nunca se integraron realmente con el resto de Europa. Hay pocas razones para esperar que los franceses utilicen su alcance en beneficio de Europa, y no hay motivo para esperar ayuda por parte de los británicos, que se separaron formalmente de la Unión Europea en 2020.

Por desgracia, la historia nos ofrece algunos derroteros bastante claros. A medida que la fiabilidad del transporte marítimo de larga distancia vaya desapareciendo y Estados Unidos —con creces, el mayor mercado de Europa— siga su propio camino, los europeos primarán la protección de lo que tienen y conocen: sus propias cadenas de suministro y sus propios mercados. Que Europa comience siendo el conjunto de economías más proteccionista de la era del Orden no ayuda.

El resultado final será la creación de distintas mini-Europas a medida que varias grandes potencias intenten extender redes económicas, culturales y (en algunos casos) militares sobre regiones más amplias. El Reino Unido, Francia, Alemania, Suecia y Turquía seguirán su propio camino e intentarán atraer y/o coaccionar a determinados vecinos para que los acompañen. La integración se verá afectada. Para aquellos de vosotros que conozcáis la historia persa, griega, romana, bizantina, otomana, alemana, británica, francesa, medieval o industrial, esto les resultará familiar de un modo perturbador. Al fin y al cabo, la historia no tiene fin.

Valdrá la pena para los europeos mientras estén obsesionados especialmente con el Mediterráneo, que, bajo el Orden, ha sido algo así como un agradable canal interno para el continente, pero que es mucho más probable de cara al futuro que vuelva a su modelo histórico de ser la vía fluvial más disputada del mundo. El Mediterráneo es la conexión de Europa con el petróleo del golfo Pérsico y las manufacturas de Asia oriental a través del canal de Suez. Egipto no puede proteger la zona del canal, pero tampoco ningún país europeo puede dominar Egipto. A través del estrecho de Turquía, el Mediterráneo es la conexión de Europa con los excedentes energéticos y agrícolas de los antiguos estados soviéticos. Turquía está absolutamente segura de que es ella la que tiene que hacerse cargo del estrecho, y nadie tiene la capacidad de desafiar a los turcos en su propia casa.

Ninguna de estas clases de competición es nueva para los estudiantes de historia. Lo nuevo es que los estadounidenses las hayan sofocado. Todas ellas. Durante décadas.

Para creer que la globalización continuará sin un agente y árbitro global, hay que creer tres cosas:

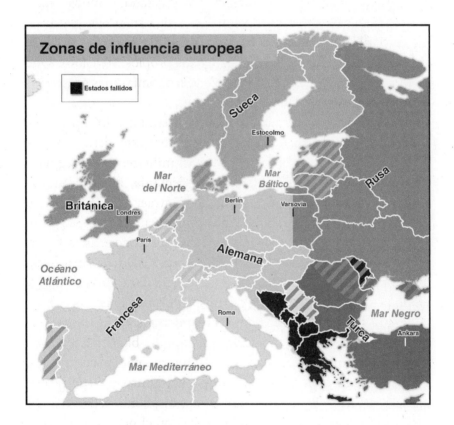

En primer lugar, que todas las potencias de una determinada zona se pongan de acuerdo para hacer aquello que la potencia regional más potente exija. Que los japoneses y taiwaneses accedan a los esfuerzos chinos por redefinir los acuerdos estructurales, económicos, políticos y militares de Asia oriental. Que los franceses, polacos, daneses, holandeses y húngaros (entre otros) transfieran de forma activa la riqueza y el control a Alemania a medida que los alemanes envejezcan hacia la obsolescencia. Que Arabia Saudí, Irak, Kuwait, Qatar, Baréin y los Emiratos Árabes Unidos se sometan a Irán en cuestiones de control regional y política petrolera. Que Ucrania, Estonia, Letonia, Lituania, Suecia, Finlandia, Polonia, Moldavia, Rumanía y Uzbekistán no se resistan a que Rusia reafirme su control sobre todos ellos. Que Pakistán acceda a que la India sea grande y esté al mando. Que Irán, Irak, Siria, Rusia y Alemania no se resistan a que Turquía se incorpore a la «mesa grande». Que las diversas naciones africanas accedan pacíficamente a una renovada ola colonial.

Los estadounidenses han dejado todos estos cálculos en suspenso desde 1945. Elimina ahora el clima de seguridad estadounidense. Mira el mapa con otros ojos. Observa cualquier mapa con otros ojos.

En segundo lugar, hay que creer que ciertas herramientas gubernamentales permanecerán firmemente fuera de la mesa, sobre todo las militares. Que los alemanes, los rusos, los iraníes y los chinos no utilizarán la fuerza militar para imponer su voluntad a sus vecinos. Que los países con poder militar —se me ocurren Francia, el Reino Unido, Turquía y Japón— no utilizarán su capacidad para cortocircuitar las acciones de sus competidores con menor movilidad. La historia no solo está plagada de ejemplos de lo contrario. La mayor parte de la historia es lo contrario. Excepto desde 1945 hasta el presente, por supuesto.

En tercer lugar, hay que creer que las potencias regionales dominantes no entrarán en conflicto. Que los rusos y los alemanes, los chinos y los indios, los rusos y los chinos, los turcos y los rusos, los turcos y los iraníes siempre se pondrán de acuerdo. Así, de repente, me vienen a la mente diez ejemplos de que esto no funcionó solo en el siglo anterior a 1945. La oferta mundial de agravios es inagotable. En su mayor parte, estos no han sido atendidos en setenta y cinco años..., pero solo porque los estadounidenses cambiaron las reglas del juego.

Con independencia de lo que salga mal, el transporte de larga distancia es una víctima inmediata, porque este no solo requiere paz absoluta en esta o aquella zona; necesita la paz absoluta en todas las regiones del globo. Estas disrupciones de largo alcance describen las tres cuartas partes de todos los envíos en los sectores de la energía, la fabricación y la agricultura.

# PUERTOS EN LA TORMENTA

Complicado, sí, pero no será un mundo de todos contra todos. Las «zonas seguras» que hay para el transporte marítimo comercial entrarán en una de las dos siguientes categorías generales.

En primer lugar, una superpotencia regional establecerá una paz territorial para imponer su definición preferida de seguridad en su zona geográfica deseada. Japón lo hará en el noreste de Asia, con el objetivo probablemente no muy oculto de dañar a los chinos. Francia predominará en Europa occidental, para menosprecio de británicos y alemanes. Turquía dominará el Mediterráneo oriental, lo más probable que en alianza con los israelíes. Estados Unidos actualizará la Doctrina Monroe y convertirá el hemisferio occidental en un patio de recreo estadounidense al que solo se podrá acceder por invitación. Que estas zonas de control sean informales o estén blindadas, que permitan el comercio regional o lo bloqueen, o que sean benévolas o no vendrá determinado por una combinación de normas culturales, exigencias económicas, dictados estratégicos y necesidades y oportunidades locales. No habrá una fórmula única para todos.

En segundo lugar, algunos grupos de países podrán patrullar conjuntamente sus territorios. Es probable que el Reino Unido se asocie con los escandinavos para crear un orden regional. Alemania hará lo mismo con los estados de Europa central. Los países del sudeste asiático pondrán en común su fuerza económica y militar con los australianos y neozelandeses.

El conflicto entre las superpotencias y bloques regionales es un resultado previsible, pero eso no es lo mismo que decir que esos conflictos serán crónicos o cinéticos. Seguramente, los franceses y los turcos se observarán desde extremos opuestos del Mediterráneo, al igual que los franceses y los alemanes encontrarán temas para cooperar que vayan más allá de Bélgica. Los holandeses y los daneses buscarán una especie de doble pertenencia a los bloques liderados por los británicos y los alemanes, mientras que lo más probable es que estos dos bloques cooperen contra el poder ruso. Todo el mundo quiere a los australianos…, pero los australianos actuarán felizmente como vigilantes del martillo estadounidense.

La característica determinante de la nueva era es que ya no estaremos todos en el mismo bando. Y, aunque muchos podrían señalar con razón que siempre ha sido así, lo que hizo que el Orden funcionara es que todos acordamos de un modo colegiado que había límites en cuanto a la forma que podía adoptar la competencia intraestatal. Nadie utiliza la fuerza militar para enfrentarse a un competidor económico. Pero lo más importante es que nadie dispara o secuestra embarcaciones comerciales. Punto.

El final de esta norma nos lleva por un montón de caminos oscuros.

Los días del transporte de larga distancia han quedado atrás. Con las notables excepciones de Japón y Estados Unidos, ningún país puede proyectar una fuerza naval a otro continente, e incluso para las dos principales potencias navales del mundo, patrullar franjas de océano lo bastante amplias para permitir un comercio de carga sin escolta queda fuera de su alcance. El Orden funcionaba porque solo Estados Unidos tenía una Armada mundial y todo el mundo estaba de acuerdo en no atacar a los barcos. Ese mundo ya no existe.

El transporte de larga distancia es lo que lleva todo de las zonas de gran oferta a las de gran demanda, sin importar el participante. Para cualquier producto que se encuentre concentrado en lo que respecta a la oferta o la demanda, se espera un colapso del mercado. Entre los productos especialmente concentrados en términos de oferta se incluyen el petróleo, la soja, el litio y los microprocesadores de gama media y baja. Los productos especialmente concentrados en términos de demanda son el gas natural licuado, la bauxita, los vagones de trenes de alta velocidad y los calamares. Entre los productos que se enfrentan a una doble presión están el mineral de hierro, el helio, los granos de cacao y el tóner de impresora.

El daño de las economías de escala y de las líneas de suministro que posibilita un mundo interconectado afectará a todos, pero el desmoronamiento también nos afectará de otro modo. El hemisferio occidental no tiene grandes problemas con los productos alimenticios y la energía, pero tendrá que desarrollar su capacidad de fabricación de artículos tan variados como los ordenadores portátiles y los zapatos. La capacidad de fabricación del bloque alemán es en gran parte interna, faltan por completo los insumos que le permiten funcionar. Los japoneses y los chinos van a tener que salir en busca de alimentos, energía, materias primas y mercados. Es muy conveniente que a Japón le guste fabricar los productos allí donde los vende, y que disponga de una potente Armada de largo alcance. Lo malo es que la mayor parte de la Armada china no puede pasar de Vietnam, incluso en época de paz.

Y tiene realmente importancia aquello que cada bloque regional decida que es un envío prioritario y que, por tanto, merece una protección prioritaria en un día determinado. Los sistemas de fabricación complejos son más eficientes cuando cuentan con más actores, ya sea un grupo de consumidores más grande o un sistema de cadena de suministro más diferenciado y, de ahí, más eficiente. Cuanto más grande sea el bloque, más éxito y sostenibilidad tendrá la fabricación regional. Los rusos están decididos a valerse de un mundo fracturado en contra de sus clientes de petróleo y gas natural, característica que incentivará a alemanes, turcos, británicos, japoneses y chinos a obtener energía en otros lugares, iniciando y enardeciendo así la competencia en todas partes. Irónicamente, es probable que, en un mundo fracturado, los barcos más lentos —esos aburridos graneleros— acaben por ser los más importantes. Al fin y al cabo, si el transporte marítimo contenerizado se hunde, gran parte del mundo se verá económicamente diezmado por el colapso de la fabricación. Pero, si el transporte marítimo a granel —que transporta alimentos y combustible— se hunde, muchos de los habitantes del mundo morirán de hambre. Solos. En la oscuridad.

Los conflictos entre bloques sobre y contra el transporte marítimo serán algo habitual, pero hay que recordar que la mayoría de los países no cuentan con Armadas de largo alcance. Esto sugiere que la verdadera emoción en el transporte marítimo se producirá en tierra de nadie donde ningún bloque impere y ningún barco pueda pedir ayuda de forma solvente.

En ese tipo de entorno, los transportistas se enfrentarán a un triplete de problemas de seguridad.

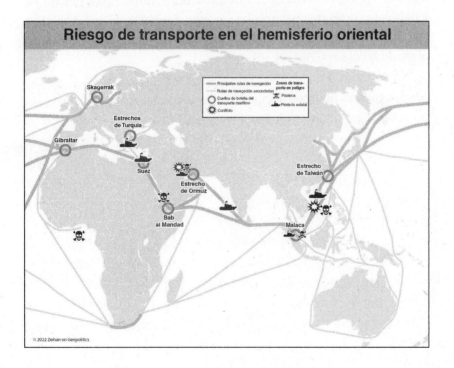

El primero y más obvio: los piratas.[60] Cualquier zona sin una fuerza naval local razonablemente poderosa es un espacio en el que casi con total seguridad se producirá un asedio pirata al estilo de Somalia. El segundo y menos obvio: los corsarios, en esencia piratas patrocinados por un país real para acosar a sus competidores, y a los que se les ha concedido el derecho de buscar socorro, combustible y tripulación (y vender su, ejem, botín) en puertos aliados. Dado que patrocinar a los corsarios permite al menos cierta pátina de repulsa, y por tanto es un paso por debajo de la guerra total, es de esperar que casi todo el mundo entre en ese juego en particular.

Es probable que la tercera preocupación en materia de seguridad no se limitará a tierra de nadie: la piratería estatal. Estamos entrando en un mundo en el que la capacidad de importar cualquier cosa —ya sea mineral de hierro, gasóleo, fertilizante, cable o silenciadores— será muy restringida. Enviar simplemente a tu Armada a arrebatar a los otros lo que necesites es una solución antigua utilizada desde mucho antes de que Colón navegara por el océano azul.

- Es de esperar que la piratería estatal vuelva a ponerse de moda con particular ímpetu en el bloque turco, y que los turcos (y los israelíes) asalten alegremente (y sin descanso) a cualquiera que esté lo bastante desesperado para intentar enviar crudo a través del canal de Suez y el Mediterráneo oriental sin pagar antes el nivel de dinero por protección que Ankara y Jerusalén consideren apropiado.

- India es otra potencia que tener en cuenta, pero de forma un tanto diferente. Puede que la Armada india sea, bueno, peor que mala, pero dentro del océano Índico no se enfrenta a ningún país homólogo a nivel regional. El subcontinente también es la primera parada para cualquier envío que salga

60  ¡ARRRRGH!

del golfo Pérsico. Las posibles empresas navieras no tendrán más remedio que pagar las tasas de «pasaje» que Nueva Delhi exija. Por suerte para estas, es probable que la India sea muy flexible en lo que respecta al pago. Es factible que la India acepte el pago en transferencias directas de crudo, mientras que las grandes y sofisticadas operaciones de refinado del país significan que podría incluso absorber toda la carga de un barco mientras envía combustible refinado.

- En un mundo de transporte marítimo delimitado, los insumos necesarios para mantener los sistemas de fabricación modernos —una larga lista de materiales que abarcan desde el silicio de alta calidad hasta el cobalto, el níquel, las tierras raras y la bauxita— van a ser objetivos de primer orden. Es mucho más fácil dar alcance a esos lentísimos graneleros que ocupar un país por su capacidad minera. Las costas de África y el sudeste asiático pueden resultar especialmente problemáticas, no solo porque muchos de los materiales necesarios se obtienen en esas zonas o pasan por ellas, sino porque no hay potencias autóctonas en ninguna de esas regiones con capacidad naval para mantener a raya la piratería; en particular la piratería estatal.

- El hemisferio oriental en su conjunto es un importador neto de alimentos, siendo el desequilibrio más extremo en las franjas oriental y sudoccidental de Asia. Es de esperar que los japoneses descubran que la «regulación» de los envíos de alimentos del hemisferio occidental al continente asiático puede ser un gran negocio y una excelente ventaja estratégica.

- No hay que olvidar a los estadounidenses. La política exterior de Estados Unidos después del Orden será errática, pero el hecho de que los estadounidenses tengan pocos intereses globales no significa que tengan intención de renunciar a su presencia mundial. Es de esperar que a la Marina y a los marines se les asigne un conjunto de tareas secundarias que incluyan la aplicación agresiva de sanciones. Puede que la cuestión más discordante a la que todos los países y empresas deberán adaptarse no sea solo a que los estadounidenses renuncien a su papel de garante global del orden, sino a que se transformen en agentes activos de desorden.

Todo lo que nos hemos acostumbrado a esperar del transporte desde 1946 se acaba en este mundo. Los buques más grandes, lentos y especializados son poco más que sabrosos bufés flotantes para cualquier corsario o pirata (estatal o no) que se encuentre en la zona. Las naves más grandes podrían maximizar la eficiencia en un mundo unificado y con pocas amenazas, pero en un entorno fracturado y altamente amenazado también concentran el riesgo.

La próxima generación de buques tendrá más en común con sus antepasados anteriores a 1945, mucho más pequeños. Estos buques tendrán necesariamente una menor autonomía y podrán transportar menos carga, no solo porque serán más pequeños, sino porque necesitarán más combustible por unidad de carga para navegar más rápido. También tendrán que diseñarse de forma que no sea necesario almacenar la carga en sus cubiertas. Después de todo, si un pirata o corsario puede identificar el tipo de barco desde cierta distancia, el secuestro puede acabar siendo más selectivo. Solo esta característica reduce la capacidad de carga de los portacontenedores en dos tercios. Despidámonos de las cadenas de suministro de fabricación integradas que dependen del mar.

Esta transformación, incluso con independencia de los cambios en las condiciones de seguridad, acaba con las normas económicas de la época que ahora termina.

Los puertos modernos —y en particular los megapuertos modernos— solo pueden funcionar como centros de tránsito y distribución para megabuques que ya no navegarán. Eso hará disminuir la popularidad de la contenerización y que sea necesario volver a la estructura de más puertos pequeños y más cercanos a los puntos de consumo. ¿Más seguro? Sin duda. Pero también más costoso. Entre los cambios en los barcos y en los puertos, se espera que el transporte que quede cueste al menos el cuádruple de lo que nos hemos acostumbrado. Y eso dentro de los futuros bloques donde la seguridad está más o menos garantizada. ¿Principales beneficiados? Aquellos lugares que entraron con fuerza en la era industrial porque tenían geografías internas repletas de vías navegables y que disfruten de cierta distancia de seguridad de las amenazas: Estados Unidos, el Reino Unido, Japón, Francia, Turquía y Argentina, por ese orden.

Lo peor es que a medida que se vayan incrementando los costes de transporte, será menos probable que se envíen productos no energéticos y no alimentarios con bajos márgenes. Esto no solo debilitará aún más los lazos económicos que todavía existan, sino que también significa que seguramente lo único que se envíe será petróleo, comestibles o productos valiosos de algún modo. Volverán los viejos tiempos en los que «si está en un barco, vale la pena cogerlo». ¿Los grandes perdedores? Los países situados al final de rutas marítimas muy expuestas y que carecen de la capacidad naval para escoltar a sus propios buques mercantes: Corea, Polonia, China, Alemania, Taiwán, Irán e Irak, también por ese orden.

Si las navieras no pueden contar con un entorno benigno de seguridad, y si se han convencido de que un cargamento debe llegar a su destino, entonces la única decisión razonable es asegurarse de que el barco tenga la capacidad de cuidar de sí mismo... armándolo. Este tipo de decisión generó una insana cantidad de bocetos cuando era la norma en los siglos XVII y XVIII, cuando el apogeo de la tecnología militar móvil en los barcos eran los mosquetes y los cañones. Añadamos ahora misiles. Y drones. Y misiles disparados desde drones. No queda muy lejos el regreso a los días de la marina mercante militarizada. ¿Crees que la gente del mundo entero está nerviosa porque en la actualidad no se han impuesto restricciones a las exportaciones militares de algunos países? Imagínate lo que ocurrirá cuando coreanos, israelíes o franceses empiecen a vender armamento antibarcos a prueba de idiotas, diseñado para ser montado en buques de carga gestionados por India, Arabia Saudí o Egipto.

La fabricación moderna —y en especial la fabricación de tecnología moderna— solo puede funcionar en un mundo en el que tropecientos productos intermedios puedan moverse de un sitio a otro sin fricciones. Solo se salvarán de una catastrófica disrupción aquellos bloques en los que pueda colocarle la oferta manufacturera con la demanda manufacturera. Esto supone un gran problema para la industria alemana, ya que muchos de sus proveedores son de más allá del horizonte y más o menos la mitad de sus clientes ni siquiera están en Europa.

Es un problema mucho mayor para la fabricación asiática, donde todos los productos intermedios viajan por mar (al menos Alemania puede transportar los productos intermedios entre sus socios de la cadena de suministro por ferrocarril), y la mayoría de las materias primas y los mercados finales quedan a varios miles de kilómetros de distancia. China, en particular, depende de países situados a un continente de distancia o con los que guarda una gran inquina histórica o geopolítica, para casi todos los componentes de alto valor añadido de su sistema de fabricación. Con el fuerte aumento de los costes de transporte, la parte del sistema de suministro manufacturero que se enfrentará a la mayor perturbación es la de las piezas de bajo margen que dependen del bajo coste..., como el transporte barato.

La simple fluidez del futuro entorno de seguridad no ayudará. La planta industrial necesaria para apoyar las cadenas de suministro de varias etapas existe en múltiples ubicaciones por definición, y se tarda años en construir. Cada vez que se produce un ajuste en el perfil de la demanda —ya sea de productos intermedios o acabados—, suele necesitarse un año para adecuar los equipamientos y avanzar y retroceder en el sistema. Hemos aprendido por las malas esa pequeña lección con la COVID. Cada barco desviado y cada disparo interrumpen alguna parte del suministro y obligan a ese mismo reajuste de un año de duración. En este entorno, carecen de sentido las cadenas de suministro de varias fases en cualquier región sin una seguridad local sólida y un consumo local robusto. Esas cadenas de suministro deben concentrarse en zonas geográficas cada vez más estrechas, y la mayoría de ellas tiene que ser totalmente interna en países concretos. Todo lo demás significa desajustes persistentes y ausencia de productos finales.

Pinta especialmente mal para las ciudades modernas, y en particular las megaciudades modernas de Asia oriental. Todas ellas existen solo porque el Orden les ha facilitado tanto la obtención de los componentes básicos de los sistemas industrializados como el acceso a los mercados finales para su exportación. Si se suprime el sistema y el transporte global, las ciudades serán responsables de abastecerse de alimentos, energía e insumos industriales.

Eso es, en una palabra, imposible. Solo las ciudades que forman parte de un bloque con suficiente alcance pueden confiar en mantener a sus ciudadanos empleados, alimentados y calentitos. Para la mayor parte de la población urbana mundial, esto conduce al mismo lugar: desindustrialización y despoblación masivas, ya que la gente se verá obligada a regresar al campo. Cuanto mayor sea el conglomerado urbano, mayor será el riesgo de catastrófico fracaso. Al menos la mitad de la población mundial se enfrenta a la reversión de décadas de urbanización.

Así pues, un último interrogante para este capítulo: ¿en qué áreas las ciudades pueden aún utilizar los terrenos necesarios para permitir la funcionalidad moderna?

Las Américas están bien, en general. En parte es una cuestión geográfica. Los dos continentes americanos tienen más alimentos y energía que personas para consumirlos. Así que, bueno, no está mal para empezar.

También se trata de un tema económico. El país en desarrollo con mayor estabilidad demográfica del hemisferio occidental (del mundo) —México— ya está fuertemente integrado con la mayor economía del hemisferio (del mundo) y la potencia desarrollada con mayor estabilidad demográfica: Estados Unidos. Ambos se refuerzan mutuamente de una manera sin precedentes en el mundo moderno.

También es un tema geopolítico. A los estadounidenses les interesa evitar, y tienen la capacidad de hacerlo, que las argucias del hemisferio oriental interfieran en el occidental. A todos los efectos, puede que los estadounidenses abandonen el Orden global (con O mayúscula), pero seguirán manteniendo el orden del hemisferio occidental (con o minúscula).

Francamente, eso es sin duda más de lo que los estadounidenses necesitan hacer en realidad. Estados Unidos es una economía continental con una sólida actividad comercial interna, a diferencia de una economía global con un sólido comercio exterior. Solo la mitad del comercio internacional de Estados Unidos y menos del 3 % de su comercio interior —que en conjunto representa solo el 10 % del PIB— flota en absoluto. La mayor parte del comercio con México y Canadá se lleva a cabo por ferrocarril, camión u oleoducto. Los estadounidenses no dependen del comercio marítimo internacional para abastecerse de alimentos, de energía o para aprovisionar su cadena de suministro interna, ni siquiera la mayor parte de las que dependen del marco internacional.

Incluso el único puerto de Estados Unidos con una ajetreada actividad internacional, el de Los Ángeles/Long Beach (California), es especial. A diferencia de los puertos asiáticos y europeos, que son ante todo centros de reexpedición, Los Ángeles/Long Beach es un puerto de destino. No procesa montones de productos intermedios, sino que sirve como puerto de escala final para productos en gran parte terminados que se construyen y ensamblan en otros lugares. Estos productos se cargan en camiones y trenes para su distribución por todo Estados Unidos. La interrupción del suministro sigue teniendo consecuencias, pero no del tipo de las que destruirán el sistema y que serán la norma en la mayor parte de Eurasia.

El segundo pedazo de mundo más grande que se puede «unir» para ayudar a que las ciudades sobrevivan es el continente australiano más las islas de Nueva Zelanda. Del mismo modo que el hemisferio occidental, este par de naciones del suroeste del Pacífico disponen de muchos más recursos y alimentos de los que podrían consumir. Y, al igual que México y Estados Unidos mantienen una relación de refuerzo mutuo, también los australianos y neozelandeses disfrutarán de una similar con los países del sudeste asiático.

Las naciones del sudeste asiático cubren toda la gama en cuanto a niveles de riqueza y sofisticación técnica, de la hipertecnocrática Singapur a la casi preindustrial Myanmar. Desde prácticamente todos los puntos de vista, esta diversificación es una característica, no un error. Permite que se produzcan sistemas de fabricación de varias fases a nivel regional, sin necesidad de recurrir a nada más allá. Si se añaden unos niveles razonables de suministro de alimentos y energía dentro del bloque, equilibrados por la ayuda australiana y neozelandesa, esta región debería ser capaz de salir adelante.

El problema para este bloque del sudeste asiático es que (a) nadie es grande ni está al mando, y (b) el grupo carece de capacidad militar para velar por sus variados intereses. Esto no tiene por qué acabar en desastre, ni es probable que lo haga. Tanto los estadounidenses como los japoneses tendrán motivos para establecer acuerdos económicos y estratégicos con los países del sudeste asiático (incluidos los australianos y los neozelandeses). El truco para los tres vértices de la relación será mantener más o menos alineado el punto de vista de japoneses y estadounidenses. Un grave altercado sería devastador para cualquiera que se encuentre al oeste de la línea internacional de cambio de fecha.

Después de eso, las cosas se complican bastante rápido.

Rusia tiene un montón de cosas que los países necesitan, pero hace mucho tiempo que el Kremlin utiliza su riqueza en recursos para obtener concesiones geopolíticas de sus clientes. La mejor manera de resumir la política estratégica económica de Rusia es… fracasada. En las épocas anteriores a la Guerra Fría, la estrategia oscilaba entre la subyugación rusa de dichos clientes y la invasión directa de Rusia por parte de dichos clientes. En la época de la Guerra Fría y después, de fácil accesibilidad global, la competencia de otros proveedores convirtió esta estrategia en letra muerta. En la actualidad, los rusos piensan que su ferrocarril Transiberiano (TSR), en teoría capaz de transportar volúmenes masivos de mercancías entre Asia oriental y Europa, es una excelente manera de romper el dominio de Estados Unidos sobre los mares.

La realidad discrepa: uno solo de esos grandes portacontenedo-res transportó más carga que el tráfico total anual del TSR en todo el año natural 2019. Conclusión: personalmente, hace tiempo que encuentro divertida la confusión rusa, dado su uso de un manual de estrategias del siglo XIX que les ha fallado sistemáticamente en el siglo XXI. En lugar de que las estrategias rusas funcionen por fin, se espera en cambio una repetición de los periodos remotos de la historia, con complicaciones atómicas en potencia.

Oriente Medio está lleno de energía, pero importa más de dos tercios de los alimentos que necesita. Es de esperar que se pro-duzcan ajustes masivos y rápidos en la población a medida que el comercio mundial de productos básicos se vaya a pique junto con todo lo demás. Como consecuencia, Francia y Turquía se darán un festín con la generosidad de la región para alimentar sus pro-pias necesidades y ambiciones; puede que los japoneses hagan alguna que otra aparición como invitados. Muy probablemente los tres países disfruten de su estancia en la región tanto como lo hicieron los estadounidenses.

El África subsahariana sigue siendo la última frontera del mundo para el comercio. En muchos aspectos se enfrenta a limi-taciones similares a las de Oriente Medio. Se ha industrializado en parte —incluido el aumento de la producción de alimentos— y no puede mantener su nivel de desarrollo sin un compromiso global continuo. En muchos sentidos, refleja la generosidad del hemis-ferio occidental; su bajo nivel de industrialización significa que cuenta con mucha más materia prima industrial de la que podría utilizar... y eso atraerá a los de fuera.

Es de esperar que por ello se produzca una nueva disputa por África, aunque no se volverá al siglo XIX. Puede que el África sub-sahariana no esté tan industrializada como Europa, pero tam-poco está por completo desindustrializada. Esta vez los europeos no disfrutarán de la clase de desequilibrio tecnológico que permi-tió a los imperios gozar de enormes ventajas en cuanto a armas y número de tropas. Esta vez los africanos pueden y van a defen-derse hasta el punto de que las conquistas u ocupaciones al estilo imperial son simplemente insostenibles. En cambio, los europeos (ante todo franceses y británicos) tendrán que asociarse con las autoridades locales para acceder a los insumos que necesiten. La rapidez con la que los forasteros dejen atrás su arrogancia y lleguen a esa conclusión determinará el sabor y la textura de la historia africana de las próximas décadas.

Sin lugar a duda, el país que más perderá con esta nueva desestructuración es China.

Todo lo relacionado con la China moderna —de su estructura industrial a su abastecimiento de alimentos y sus fuentes de ingresos— es resultado directo del Orden dirigido por Estados Unidos. Si se elimina a los estadounidenses de la ecuación, China perderá el acceso a la energía, los ingresos procedentes de la venta de productos manufacturados, la capacidad de importar las materias primas para fabricar esos bienes y la capacidad de importar o cultivar sus propios alimentos. China se enfrenta absolutamente a la desindustrialización y a la desurbanización a una escala que no es otra cosa que mítica. Es casi seguro que se enfrenta a la desintegración política e incluso a la descivilización. Y lo hace con el telón de fondo de una demografía ya en desintegración.

La pregunta pendiente para la cuestión china es simple: ¿colapsará por completo? ¿O algunas partes de China podrán aferrarse por las uñas para que las potencias exteriores las traten de la misma manera que tratarán al… África subsahariana? Si esto último ocurre, es de esperar que algunas ciudades costeras, como Shanghái, colaboren. Después de todo, las ciudades de la costa meridional de China tienen una historia mucho más larga de interacción —en especial cuando se trata de pequeñas cosas como llevar un plato de comida a la mesa— con los extranjeros que con Pekín.

## RESPIRACIÓN PROFUNDA

El transporte es el tejido conectivo que mantiene unido al mundo y, en todo caso, lo que acabas de asimilar solo es el principio de la historia del transporte. Por ejemplo, los barcos modernos de todo tipo necesitan gasóleo. El gasóleo requiere petróleo. El suministro de petróleo al mundo requiere la estabilidad del Orden. ¿Crees que los envíos de petróleo se van a realizar con el mismo volumen y fiabilidad en un mundo post-Orden? ¿Qué tipo de repercusiones crees que tendrá la escasez de petróleo y gasóleo sobre el transporte? Parece todo un esfuerzo eterno, un uróboro. Tengo otras cinco secciones repletas de campos minados con sorpresas para ti.

Así que tómate un respiro. Tal vez una siesta. Sírvete una copa. Y, cuando estés listo, abordemos la otra mitad de la cuestión de la conectividad global.

El dinero.

# APARTADO III:
# FINANZAS

# LA MONEDAS: NAVEGAR POR EL CAMINO MENOS TRANSITADO

En el momento de escribir esto, a principios de 2022, todos los países del mundo han sufrido varias crisis financieras y caídas del mercado en la era posterior a la Guerra Fría. Si crees que esto es sintomático de problemas estructurales profundos, estás en lo cierto. Si crees que todo esto es extremadamente insostenible, vuelves a tener razón. Si no alcanzas a comprender por qué los chinos son capaces de desarrollarse y evolucionar a tanta velocidad, vuelves a ir una vez más por el buen camino. Y si te preocupa el colapso del dólar... no estás pensando lo bastante a lo grande.

Son estas las cuestiones que se imponen en la historia de las finanzas modernas.

Incluso las respuestas que creemos tener resultan poco satisfactorias. ¿Esa sensación que tienes en la boca del estómago de que nos estamos inventando las finanzas sobre la marcha? Escúchala. Es muy acertada. Las reglas de las finanzas no cambiaron de forma drástica al principio del Orden liderado por Estados Unidos, sino en los años posteriores. En la década de 2020 volverán a cambiar en algo que nunca habíamos visto hasta entonces.

Esto va a requerir un poco de análisis.

Empecemos, una vez más, por el principio.

## EL LARGO CAMINO HACIA EL DINERO

Mucho antes del mundo del dólar estadounidense, de la libra esterlina o incluso del oro egipcio, no existía un verdadero medio de intercambio. A la hora de comerciar, había que esperar contra toda esperanza que tus socios quisieran lo que uno tenía en exceso y viceversa. Pero, incluso si los deseos coincidían, existía la persistente cuestión del valor. ¿Cuánto vale una gran tabla de cedro? ¿Vale tu carga una cesta de mineral de cobre o dos? ¿Vale lo mismo este año que el anterior? ¿Puedo hacer que te intereses por un rollo de papiro? El «mercado» del trueque, tal y como era, se movía, y no había forma de saber en qué dirección se había movido hasta que llegabas a presentar tu mercancía.

Teniendo en cuenta el aislamiento mutuo entre los pueblos del mundo antiguo, eso era un problema más que importante.

El límite desértico de los egipcios era la mejor barrera natural de la Edad Antigua. La principal ruta comercial de los egipcios subía por el valle del Nilo hacia Sudán (también conocido como Nubia), pero el Nilo al sur del Egipto poblado estaba maldecido con rápidos (no se podía navegar) y con cañones (no se podía seguir el río). Los comerciantes tenían que cruzar por el desierto… en una época anterior a la domesticación de los camellos. Todo lo cual hacía que los egipcios se sintieran seguros, pero también que no salieran mucho a comprar.

No sabemos tanto sobre la antigua civilización del Indo como sobre nuestros primeros antepasados, pero lo que sabemos no es bonito. Lo más probable es que en algún momento un terremoto, una inundación (o ambas cosas) desviaran el curso del río Indo unas decenas de kilómetros hacia el sureste, dejando de repente en la estacada a las poderosas e independientes ciudades-Estado de la llanura fluvial. Que todos contrajeran tuberculosis no ayudó. Con independencia de cómo murieron los residentes de las primeras civilizaciones del Indo, mientras existieron fueron la luz en la oscuridad. Al oeste, en lo que hoy es el Baluchistán pakistaní e iraní, existen desiertos más secos que el Sáhara, mientras que los pueblos del semicolindante valle del Ganges o de las laderas de la cordillera Hindu Kush tardaron en dejar atrás la economía de cazadores y recolectores. Puede que el Indo no estuviera tan aislado como el Nilo, pero lo más probable es que no lo pareciera en su momento.

Esto dejó a los mesopotámicos como a los del medio.

A diferencia de los sistemas del Nilo y del Indo, Mesopotamia necesitaba comerciar porque solo tenía alimentos. Tenían que importar madera, granito y metales. Por suerte, no solo Mesopotamia estaba rodeada por las otras dos civilizaciones fundadoras, sino también por sus hijas: Anatolia (actual Turquía), los montes Zagros (actual Irán), el Levante mediterráneo (actuales Israel, Líbano, Siria y Jordania) y las comunidades costeras del golfo Pérsico. Mesopotamia era el centro de todo ello. Y, como los mesopotámicos nunca se dedicaron a construir el tipo de infraestructura urbana en expansión de las ciudades del Indo[61] o los omnipresentes y vanidosos proyectos egipcios,[62] pudieron centrarse en generar excedentes de cebada cada vez mayores para utilizarlos en el comercio.

¿Cebada? La cebada fue la moneda de intercambio durante más de dos milenios. ¿Por qué?

Sencillo. El lugar es importante. Para todo.

Los primeros sistemas de irrigación en las tres primeras civilizaciones eran por inundación. Los trabajadores desviaban el caudal estacional de los manantiales hacia los campos y permitían que lo invadiera todo. Como las tres se encontraban en esos valles fluviales desérticos de baja altitud y latitud, los efectos de la evaporación concentraban las pequeñas cantidades de salinidad de la escorrentía de las montañas en el suelo, dando como resultado niveles de salinidad del suelo cada vez más altos año tras año. La cebada podía tolerar esta salinidad mejor que otras plantas.[63]

---

61  ¡Agua corriente para las masas en el año 2000 a. C.!
62  ¡Todas esas pirámides!
63  Más el tema de la cerveza.

Ahora que tenemos nuestra base para la creación de valor, el problema pasa a ser el transporte. Un cuarto de galón de cebada pesa aproximadamente un kilo. Los problemas de volumen y peso limitaban su uso, sobre todo si el plan era llevar de aquí para allá varias toneladas a través del desierto. Los mesopotámicos, que eran de las tres civilizaciones los que más necesitaban y podían comerciar, se vieron obligados a hallar la cuadratura del círculo para su cebada.

La solución que encontraron alrededor del año 2000 a. C. fue el siclo. Se podía intercambiar un cuarto de cebada por tres centésimas de siclo. Un siclo equivalía a once granos de plata. Con el tiempo, el siclo se convirtió en sinónimo de nuestro actual concepto de moneda. Un siclo podía pagar a un trabajador durante un mes. Con veinte siclos se podía comprar un esclavo. Hacia el 1700 a. C. y por cortesía de Hammurabi, si alguien te hería, tenías la opción de elegir la restitución en forma de siclos en vez de en forma de ojos. ¡Bam! ¡Nacieron las finanzas!

Armado con un medio de intercambio elegido por consenso general, la especialización del trabajo dio un salto adelante. El riesgo de que un antiguo agricultor se convirtiera en cualquier otra cosa ahora era mucho menor. Los ingresos de cualquier otra cosa podían intercambiarse por cebada a una tasa conocida. Después de todo, el siclo era literalmente canjeable por alimentos.

El gran avance fue tan práctico que el uso del siclo se extendió por todas partes. Es difícil conseguir datos fiables de un centenar de vidas humanas del pasado, pero todo lo mesopotámico era tan importante —literal y figuradamente— que incluso los egipcios y los pueblos de la civilización del valle del Indo adoptaron el patrón siclo mesopotámico en las raras ocasiones en que entablaron intercambios comerciales entre regiones.

Llevó cierto tiempo que las cosas arraigaran. No solo la moneda. También la civilización.Las tres primeras civilizaciones se remontan a algún momento del cuarto o tercer milenio antes de Cristo, pero solo fueron el principio de la historia. Las tribus de las tierras adyacentes a las tres primeras aprendieron algunos trucos del comercio civilizador y fundaron sus propias civilizaciones reflectantes. Mesopotamia inspiró a persas e hititas. Las expansiones egipcias favorecieron la aparición de Nubia y Fenicia. El Indo dio a luz a ramas arias.[64] Ninguna de ellas perduró realmente porque ninguna de ellas tenía ese escudo desértico tan importante de sus antecesores. Los invasores lograban llegar hasta ellos. Para los aprendices, las precipitaciones eran más importantes que la irrigación, por lo que había malas cosechas, y con frecuencia eso significaba la muerte de todos. O, al menos, la muerte o huida de un número suficiente de personas para hacer naufragar cualquier tipo de progreso civilizatorio.

El periodo que va desde más o menos el 1600 a. C. al 800 a. C. en particular fue una época de caos civilizatorio. No era solo que estas civilizaciones hijas se levantaran y cayeran y se levantaran y volvieran a caer, sino que a veces todas las civilizaciones hijas de toda una región caían juntas. China experimentó algunos colapsos realmente épicos. Dos de las caídas civilizatorias masivas en esta ventana temporal fueron tan graves que se llevaron por delante a Mesopotamia y al valle del Indo; esta última nunca se recuperó. Incluso el eterno Egipto se tambaleó durante un tiempo. Los arqueólogos se refieren a un subconjunto de este periodo de tiempo como «el colapso de la Edad de Bronce tardía». Los cristianos, los judíos y los musulmanes la conocen como «la era del Éxodo».

Tres cosas cambiaron alrededor del siglo VII a. C., tanto para la civilización como para las finanzas.

En primer lugar, cuando una civilización se desmorona, es raro que siga el ejemplo de la del valle del Indo y que todas las personas, productos e ideas desaparezcan por completo de la faz de la Tierra. Los ciudadanos se convierten en supervivientes. Los supervivientes se vuelven diásporas. Las diásporas se entremezclan y forman nuevas comunidades. No solo se combinan perso-

---

64  Probablemente. El colapso de la civilización del valle del Indo, alrededor del 1300 a. C., fue tan repentino y holístico que nadie tuvo tiempo de apuntar ninguna nota fácil de descifrar sobre el apocalipsis en curso.

nas, sino también ideas, productos y técnicas. La gente necesita un medio de intercambio para engrasar el aumento de la variación. La moneda entra en acción.

En segundo lugar, esta integración posterior al colapso condujo de forma natural a un auge técnico por la mezcla de habilidades de las diversas diásporas superpuestas, así como al deseo de volver a conectar con otros en sus culturas caídas.[65] La combinación de un mayor avance tecnológico, una mayor diferenciación de los productos y una mentalidad un poco más enfocada hacia el exterior no solo nos otorgó mayor solidez y estabilidad, así como poblaciones, sino que contribuyó al paso de la Edad de Bronce a la Edad de Hierro. Algunos de los resultados de este recorrido tecnológico acelerado fueron un gran número de nuevas herramientas y técnicas agrícolas, que culminó en la aparición de la Grecia clásica, con sus importantísimos molinos de agua. La civilización humana aún tenía muchos golpes y rasguños por delante —reveses y horrores como la caída de Roma, la edad de las tinieblas, el *twerking*, el debate presidencial estadounidense de 2020—, pero esta combinación posterior al colapso hizo avanzar lo bastante los límites de la técnica para que la humanidad no volviera a sufrir un desplome masivo. Y, si la amenaza del colapso de la civilización desaparece, uno está más dispuesto a aceptar el pago en moneda en lugar de en cebada.

En tercer lugar, con la estabilidad y el dinamismo económico en constante crecimiento, los comerciantes tenían mayor seguridad en que la ciudad, el país o el imperio con el que o para el que querían comerciar estaría allí cuando volvieran. Por primera vez en la historia había una justificación geopolítica para desarrollar una moneda que fuera mejor que la cebada.

Desarrollamos de pronto, en múltiples lugares, la acuña-

---

65  En la época contemporánea, hemos sido testigos de esta tendencia a montones. La década de 1990 en Estados Unidos y la explosión tecnológica de la del 2000 no habría sido tan descomunal sin el talento importado tras el colapso soviético.

ción como método de intercambio: en China, en la India, en el Mediterráneo oriental. El resto, como se dice, es historia. En lugar de que los excedentes o la escasez de un bien desencadenasen una avalancha de trueques confusos y desordenados, gracias a la acuñación de monedas metálicas el valor de una de las partes del intercambio comercial era ahora siempre conocido. Los caprichos del clima, la estación, la cultura, la escasez y la abundancia ya no eran obstáculos que desalentaran la actividad económica, sino su combustible.

## CONSTRUIR LA CONFIANZA

Sin embargo, hablando en términos históricos, a la gente le ha costado tomar en serio tal o cual moneda. Por regla general, solo tiene valor dentro de una zona muy concreta, regida por un Gobierno muy específico. Si se sale de esa zona, la moneda extranjera es poco más que un pisapapeles de mala calidad.

Hay un par de maneras de evitarlo. La primera es fabricar la moneda con algo que la gente quiera. El oro, la plata, el electro y el cobre son buenas opciones, pero en realidad se puede utilizar cualquier cosa que una cultura considere valiosa. A lo largo de la historia, se ha utilizado cebada, tiras de hierro, granos de cacao,[66] dientes de delfín, pasapurés, tulipanes, ruedas de parmesano y, mi favorito, pieles de castor.[67]

Estos sistemas tienen un inconveniente nada desdeñable. Puede que una persona pobre llegue a conseguir unas cuantas monedas de plata a lo largo de años de trabajo, pero una persona rica tendrá literalmente toneladas del material. No es nada práctico llevar ciento treinta kilos de plata, por no mencionar que te convierte en un blanco fácil de robo.[68]

---

66   ¡Qué rico!
67   ¡Oh, Canadá!
68   Mientras que llevar ciento treinta pieles de castor solo te hace parecer un tonto.

Esto nos lleva a la segunda opción: hacer que tu moneda en circulación sea intercambiable por algo de valor. De nuevo, un metal de gran valor es la opción obvia; basta con guardar el metal real en una cámara acorazada del Gobierno en lugar de que el valor resida en la propia moneda. Los comerciantes ricos de la cuenca de Sichuan —donde se encuentran las ciudades chinas actuales de Chengdu y Chongqing— pusieron en marcha un sistema de este tipo en el siglo vii, utilizando una especie de pagaré que podía cambiarse por plata.

Esa es la configuración. ¿Ves dónde está el problema? Hay que ser capaz de convencer a la gente de que realmente se posee el material de valor guardado en algún lugar, y que de verdad se puede intercambiar bajo pedido.

Los colapsos financieros provocados por países que hacen las cosas mal, de manera incorrecta y poco inteligente son tan comunes como estrellas hay en el cielo. En los sistemas fallidos, los Gobiernos suelen verse asolados por necesidades de gasto superiores a sus medios. La tentación es emitir más moneda sin asegurar simultáneamente más activos para respaldarla. El término técnico es «devaluación». Esto funciona durante un tiempo... hasta que la gente deja de creer en la línea gubernamental.

En cuanto se filtre que se está mintiendo sobre la cantidad de oro (o parmesano) que se tiene en la caja fuerte del Gobierno, la gente dejará de aceptar el pago en la moneda oficial o rechazará los servicios si lo único que se ofrece es dinero basura. Después de todo, moneda es sinónimo de confianza. Esa falta de confianza es parte de la razón por la que hace tiempo que los rusos tienen la costumbre de cambiar sus rublos por marcos alemanes, libras esterlinas o dólares estadounidenses y meter esas monedas más respetadas en los muebles.

Una vez dañada esa confianza, el volumen de tu moneda en circulación se dispara a medida que la gente se va deshaciendo de ella. El valor correspondiente de tu moneda cae entonces en picado debido al exceso de oferta. En esos momentos, incluso la gente realmente importante tiende a perder la confianza. Los quebequeses pagaron una vez a sus soldados con trozos de naipes.[69] El Japón imperial emitió moneda de cartón debido a la escasez de metal en tiempos de guerra.[70]

La gente se pasa a otras alternativas, ya sea un activo físico que supuestamente sea más sólido, o incluso a monedas de otros países. El trueque —con todas sus limitaciones— vuelve a ponerse de moda por necesidad. Llegados a este punto, el colapso gubernamental y civil no suele andar muy lejos, y los líderes se encuentran con entradas en las manos para acceder al montón de cenizas de la historia.

Lo que la mayoría ignora es que, si bien la mala gestión económica culmina obviamente en un derrumbe de la moneda, también lo hace la buena gestión económica.

En un sistema eficaz, la estabilidad que proporciona una moneda real genera especialización y crecimiento económico. Estos requieren volúmenes de moneda cada vez mayores para lubricar volúmenes cada vez más grandes de actividad económica. Los volúmenes cada vez más grandes de moneda requieren volúmenes cada vez mayores de las cosas necesarias para respaldar la moneda.

Conseguir esos volúmenes cada vez más grandes de dichas «cosas» es mucho más fácil de decir que de hacer.

El Imperio romano es un excelente caso ilustrativo de ello.

El imperio era, de lejos, la entidad política más estable que la humanidad había inventado hasta entonces. Esa estabilidad fomentó el desarrollo y la evolución tecnológica, así como el comercio dentro del sistema romano. Eso requirió más moneda, y más metales preciosos para respaldar la moneda. Esa necesidad obligó a los romanos a expandirse más allá de los territorios fácilmente accesibles y más allá de los territorios que podían generar riqueza hacia tierras cada vez más lejanas solo para garantizarse el acceso a las minas.

---

69   Los quebequeses perdieron la guerra.
70   También la perdieron los japoneses.

Algunos de estos sitios, como la península ibérica, estaban al alcance de la mano y se pacificaron e integraron con bastante facilidad. Otros, como los montes Tauro del sur de Anatolia, quedaban mucho más lejos y se necesitaron siglos de lucha con potencias lejanas y obstinadamente hostiles. Otros, como las tierras que conforman el actual país del Sahel, Mali, eran centros comerciales que podían acceder a los recursos auríferos que forman parte de las actuales Ghana y Nigeria (la antaño famosa «Costa Dorada»). Los romanos no cruzaron el Sáhara para broncearse, sino que se vieron obligados a ello si querían mantener la estabilidad financiera interna. Al final, Roma se expandió más allá de su capacidad para defender el imperio. Una vez que los romanos perdieron sus marchas (de donde procedía el oro), la economía imperial se paralizó, llevándose consigo la estabilidad política a corto plazo y la capacidad militar a largo plazo.

Tampoco es necesario que el «aventurarse» se produzca con legiones que asalten la geografía. Puede ocurrir con burócratas que asaltan la economía. En lugar de devorar recursos ajenos, algunos Gobiernos optan por engullir los propios de un sector adyacente. La dinastía Tang siguió un camino perpendicular de este tipo. En lugar de expandir físicamente el imperio para abastecerse de más plata, ampliaron la lista de metales que «respaldaban» su moneda para incluir el cobre. La adopción del cobre como moneda por parte de los Tang consiguió estabilizar el sistema financiero, pero a costa de provocar una escasez de metales en todo el imperio que debilitó… todo lo demás.

Este ir rumbo a la victoria y acabar a las puertas de la derrota, este quedarse con la miel en los labios por así decirlo ha sido el destino final de todos los regímenes monetarios aparentemente eficaces a lo largo de la historia de la humanidad. Incluyendo los más grandes y exitosos.

Especialmente los más grandes y exitosos.

Si se busca el lugar y el año en que comenzó el mundo moderno, eso sería en el virreinato de Perú, en el altiplano boliviano, en 1545, cuando un golpe de viento se llevó literalmente en volandas a un tal Diego Huallpa —un nativo que realizaba un trabajo por encargo para un conquistador español local— y este fue a parar a un pedazo de tierra. Huallpa se levantó y se sacudió la suciedad... que brillaba con polvo de plata. En menos de un año, este «golpe de suerte» se materializó en las minas de Potosí, el mayor depósito de plata jamás descubierto en los seis milenios de historia de la humanidad.

Ya que te estoy contando la historia completa, déjame que te explique primero la parte ingrata.

Con frecuencia, la plata se produce junto con el plomo, lo que hace que la extracción sea tóxica. Los métodos de purificación de los siglos XVI y XVII utilizaban mercurio, con lo que se añadía mayor toxicidad aún. Digamos que las técnicas mineras de la época no pasarían la aprobación de la Administración de Seguridad y Salud Ocupacional. Incluían cargar unos noventa kilos de mineral a la espalda mientras se subía de las profundidades de la tierra a través de decenas de metros de escaleras con la única luz de una vela atada a la frente.

Nadie iba a emigrar de España para ese tipo de trabajo, por lo que los españoles hacían incursiones regulares en las poblaciones indígenas en busca de mano de obra. La ley española de la época indicaba que siempre y cuando se bautizara a los trabajadores, no importaba si vivían o no. Y, por si eso no era poco, Potosí se encuentra a una altitud de 4000 metros sobre el nivel del mar. En la era preindustrial, cultivar alimentos en un lugar con el doble de altitud y la mitad de las precipitaciones que Park City, Utah, era, digamos, un reto. Incluso si se sobrevivía a todo lo demás, era muy posible morir de hambre.

A los españoles del imperio no se les daba muy bien la contabilidad, pero lo más probable es que entre cuatro y doce millones de personas murieran en el curso de la extracción de plata de Potosí. (Como punto de referencia, la población total de España en el año 1600 era de solo 8,2 millones).

A los españoles no les importó demasiado. Lanzar el primer sistema verdaderamente global requería dos cosas. La primera era una estructura económica y militar única que pudiera abarcar múltiples continentes. La segunda era un volumen de metales preciosos lo bastante grande para sostener una moneda mundial. Potosí financió la primera y proporcionó el material para respaldar la segunda. Durante varias décadas de los siglos XVI y XVII, Potosí produjo más plata que el resto del mundo junto.

Pronto los españoles dejaron de limitarse a engrasar los intercambios económicos en Iberia y sus alrededores y se dedicaron a patear traseros y a hacer amigos por todo el mundo. Aliados, socios, países neutrales e incluso rivales empezaron a utilizar las monedas españolas de ocho como método exclusivo de intercambio. El Imperio portugués —el principal rival contemporáneo de España— no tuvo más remedio que utilizar la moneda de plata española en el comercio interior.[71] Incluso a finales del periodo colonial hispánico, hasta bien entrado el ascenso del poder británico, el volumen de la moneda española seguía siendo tan grande, su circulación tan amplia y su pureza tan fiable que se utilizaba más en la América británica que la libra esterlina. La moneda española era especialmente popular en el triángulo del ron, el azúcar y los esclavos que unía las posesiones británicas en América, el Caribe y África.

Pero todo pasa con el tiempo.

Para cualquiera que tuviera una moneda respaldada por algún metal, la infinita cantidad de moneda española era de hecho una guerra económica. Para cualquiera que los españoles encontraran estratégicamente problemático, el flujo permanente de moneda española representaba una guerra real. Cuando los españoles utili-

---

71   De manera extraoficial, por supuesto.

zaron toda esa plata peruana para acaparar recursos, bienes y horas de trabajo, el resultado siempre fue el mismo: una inflación galopante no solo en España, sino en cualquier territorio que pudiera suministrar a los españoles lo que querían. Si consideramos que el Imperio español de la época era global, eso quería decir prácticamente todo el mundo. Mantener Potosí significaba que los españoles podían salir del paso. El resto de los lugares, no tanto.

Tras dos siglos de expansión, guerra e inflación, una mezcla de auténtica estrategia creativa y de mala gestión económica en la vieja España, junto con la inquietante costumbre de Napoleón Bonaparte de invadir a sus vecinos, tuvo como resultado la caída del Imperio español en general y de la moneda española en particular. La primera mitad de la década de 1820 marcó el inicio de la independencia de Perú y Bolivia, poniendo fin al acceso español a Potosí y terminando con el Imperio español de forma brutal e indiferente. Pero se había escapado de la botella la posibilidad de un comercio mundial, y nada tan insignificante como la independencia de Bolivia iba a volver a meter a ese genio dentro de aquella.

Mientras los españoles fracasaban, los británicos se hacían con el poder. La primera «libra» británica era, literalmente, una libra de plata (453,5 gramos), pero los británicos no tenían un Potosí propio y por mucho que lo intentaran no podían capturar ni de lejos suficientes galeones del tesoro español para respaldar un suministro de moneda considerable.

El mismísimo sir Isaac Newton encontró una solución a este problema durante sus treinta años al frente de la Real Casa de la Moneda. Inició un esfuerzo de más de un siglo para aprovechar la totalidad del Imperio británico en busca de oro —sobre todo los territorios que hoy comprenden Australia, Canadá, Sudáfrica y la Costa Dorada de África— para crear extraoficialmente un contrapeso a España. A mediados del siglo XIX se creó la libra esterlina con el oro como metal de respaldo.

A finales del siglo XIX, el dominio británico de los mares se tradujo a menudo en poder comercial absoluto. El auge de los alemanes en Europa central generó regiones y periodos alternos y superpuestos de crecimiento inflacionario y colapso estratégico, lo que llevó a muchos europeos a buscar la relativa estabilidad de la libra esterlina, declaradamente no continental. Para los alemanes esta era una de las muchas cosas por las que valía la pena luchar... y que al final no salió bien. Cuando la Primera Guerra Mundial entró en su tercer año, todos los países de Europa continental estaban devaluando sus monedas para pagar el conflicto, lo que inició el colapso de algunas y una inflación galopante... que no hizo sino acelerar la adopción *de facto* de la libra como única moneda atractiva en Europa.

No duró mucho. En el caos y el colapso económico posteriores a la Primera Guerra Mundial, incluso el Imperio británico demostró no ser lo bastante grande para sostener la moneda que todo el mundo necesitaba en Europa. Del mismo modo que romanos y españoles, la demanda de libra esterlina generó una inflación basada en la moneda que se sumó a las perturbaciones económicas generales de la guerra, al desmantelamiento de medio milenio de sistemas económicos coloniales/imperiales y a la guerra arancelaria mundial. Si lo sumamos, la Gran Depresión resultó ser quizá un poco más grande de lo necesario.

Lo que nos lleva a los estadounidenses. En 1900, Estados Unidos ya había desplazado a la totalidad del Imperio británico como la mayor economía del mundo. Además, los estadounidenses no se unieron a la Primera Guerra Mundial hasta tres años después, por lo que pudieron actuar como acreedores de los europeos en lugar de tener que devaluar su moneda para seguir luchando. La libra esterlina no estaba tan devaluada como el franco o el marco alemán o el rublo, pero el dólar no lo estaba en absoluto.[72]

Y lo que es mejor, los estadounidenses estaban más que dispuestos a proporcionar a los aliados de la Segunda Guerra Mundial cualquier cosa que necesitaran —petróleo o combustible, acero o armas, trigo o harina— siempre que se les pagara en oro. Al final de

---

72 Todo era bastante nuevo. Los estadounidenses ni siquiera formaron su Reserva Federal y lanzaron oficialmente la moneda que hoy conocemos como «dólar» hasta 1914.

la guerra, la economía de Estados Unidos era mucho más grande y la de Europa mucho más pequeña. El dólar estadounidense no solo era el único medio de intercambio razonable en todo el hemisferio occidental: había succionado de Europa el mismo metal que habría permitido ser un competidor monetario a largo plazo en cualquier lugar del hemisferio oriental. En todo caso, esto es más cierto de lo que parece. Al fin y al cabo, las monedas europeas respaldadas por metales fueron la culminación de todas las civilizaciones humanas de todas las épocas que despojaron a todo el planeta de metales preciosos desde antes del comienzo de la historia registrada.

Ahora estaba en Fort Knox.

Entre las aflicciones de la Europa continental y la insuficiencia de suministros de la libra esterlina, casi todos los europeos abandonaron la garantía de los metales preciosos y pasaron a un sistema en el que sus propias monedas estaban respaldadas nada menos que por el dólar estadounidense (que a su vez estaba respaldado por el oro... que hasta hacía poco había sido europeo).

## DEL ÉXITO AL FRACASO

Cuando las armas enmudecieron por fin aquella segunda semana de agosto de 1945, todas las grandes potencias de los cinco siglos anteriores estaban aplastadas, empobrecidas, debilitadas, aisladas del resto del mundo o alguna combinación de todo ello. Solo Estados Unidos disponía del metal precioso necesario para respaldar una moneda extranacional y mucho menos global. Solo Estados Unidos tenía la capacidad militar para llevar esa moneda por doquier. El único candidato, incluso teórico, para ser medio de intercambio mundial era el dólar estadounidense. No fue necesario formalizarlo en acuerdos de Bretton Woods para que eso sucediera.[73]

---

73 Los británicos tuvieron la genial idea de que los estadounidenses les prestarían una cantidad inagotable de oro en generosas condiciones de crédito

La dolarización respaldada por el oro a escala mundial era una certeza. De la misma manera en que estaba claro que la dolarización respaldada por el oro estaba condenada al fracaso.

La puesta en marcha del Orden significó que pueblos que habían estado enfrentados a lo largo de toda su historia no solo estuvieran en paz, sino que se vieron obligados a posicionarse en el mismo bando. De pronto, economías locales que en su día estaban programadas para apoyar a un soberano imperial lejano pudieron reinventarse con base en el desarrollo y la expansión locales. De repente, todo el mundo —y quiero decir todo el mundo— podía comerciar con cualquier cosa. Más países, reconstrucción rápida, crecimiento rápido, modernización rápida, industrialización rápida, urbanización rápida, comercio floreciente. Lugares como Alemania y Japón, que habían sufrido bombardeos contra sus infraestructuras durante años, demostraron una vez más que podían construir cualquier cosa. Y bien. Y muy rápido.Para todo lo cual hizo falta dinero. La mayor parte requería una moneda fuerte, y solo había una donde elegir.

Para lubricar un sistema de tan rápido crecimiento se necesitaban muchos dólares, sobre todo cuando el comercio de bienes intermedios pasó de ser un fenómeno interno a uno multinacional. Los estadounidenses ampliaron su oferta monetaria para satisfacer las necesidades de la economía mundial en expansión, lo que también significó que los estadounidenses necesitaron más y más oro para respaldar la oferta monetaria en constante crecimiento.

Las cifras no solo no cuadraban, sino que no podían cuadrar. Es probable que, a lo largo de la historia de la humanidad, no se hayan producido más de 6000 millones de onzas troy de oro (unos 190,5 millones de kilos). Suponiendo que cada pizca de oro jamás extraído estuviera a disposición del Gobierno de Estados Unidos, eso solo

---

para que la libra volviera a reinar. La respuesta estadounidense fue permitir amablemente que los británicos estuvieran a cargo de la asignación de asientos en Bretton Woods. La verdad es que tampoco. Los Boy Scouts se encargaron de eso.

bastaría para «respaldar» un suministro total de moneda mundial de 210.000 millones de dólares.[74] De 1950 a 1971, el comercio mundial se expandió quintuplicando esa cifra, además del hecho de que el dólar estadounidense era la moneda de Estados Unidos, que ya tenía un PIB mayor que el comercio mundial total. La paz y el crecimiento económico que fomentó el Orden también hizo que aumentara la población mundial, que pasó de 2500 millones a 3800 millones de personas, lo que sugiere una demanda mucho más fuerte para el comercio en dólares.[75] El patrón oro estaba condenado al fracaso, aunque la política hubiera sido perfecta.

Los estadounidenses descubrieron de manera un tanto extraña y dolorosa no solo el viejo problema de que las monedas respaldadas por activos eran incompatibles con el crecimiento rápido, sino el nuevo problema de que una divisa respaldada por activos era incompatible con la paz mundial; el tipo de paz que constituía la piedra angular de la alianza antisoviética de Estados Unidos.

Los estadounidenses descubrieron que eran rehenes de su propio plan maestro y que sus políticas no eran perfectas.

Una de las cláusulas de los acuerdos originales de Bretton Woods —diseñados para garantizar la confianza en el nuevo sistema— era que cualquier signatario podía liquidar sus dólares por oro, cualquier volumen, con solo pedirlo. Y eso fue precisamente lo que los franceses hicieron a lo largo de la década de 1960, con una sensación de confianza cada vez más maníaca. Por norma general, este aumento de la demanda de oro hubiera hecho subir su precio, pero el precio del oro se había fijado mediante un tratado a razón de treinta y cinco dólares por onza troy, con el fin de crear esa confianza tan importante. Al eliminarse la vía «normal» para la determinación de los precios, el único desenlace posible era hacer subir

---

74   A precios de 1950.
75   En todo caso, estoy simplificando el asunto. Aunque los estadounidenses, a través de sus beneficios de guerra, habían acumulado las mayores reservas de oro de la historia, algo así como el 90 % del oro producido por la humanidad se encontraba en cosas como exposiciones en museos y alianzas de boda.

la demanda del propio dólar. ¿El resultado? Una creciente escasez del medio de intercambio —el dólar estadounidense—, un proceso que amenazó con echar por tierra todos los logros económicos logrados por el Orden de la posguerra. Los franceses (y otros) apostaban al fracaso de todo el sistema y por eso acumulaban oro: querían prepararse para las posibles consecuencias.

Ante la posibilidad de una depresión económica mundial que dejara a Estados Unidos solo frente a una Unión Soviética con armas nucleares, los estadounidenses hicieron lo único que podían hacer. A principios de la década de 1970, la administración Nixon cortó el cordón umbilical mediante una serie de medidas y puso al dólar estadounidense en régimen de libre flotación.

Era la primera vez que un gran Gobierno ni siquiera pretendía tener nada en la caja fuerte. El único «activo» que respaldaba al dólar era «la solvencia y el crédito» del Gobierno de Estados Unidos. La propia naturaleza de las alianzas que Estados Unidos entabló después de 1971, y que estaban impulsadas por la globalización, se basó nada menos que en la petición que hizo el tramposo de Nixon: «Confiad en mí».

No teníamos ni idea de lo que nos esperaba cuando, juntos, nos lanzamos alegremente por el camino menos transitado: el de la moneda fiduciaria

# PERIPECIAS POR EL CAPITAL

Si había una regla singular de las finanzas en la época anterior a 1971, era que el dinero nunca era el suficiente. El valor de la moneda estaba directamente vinculado a algún tipo de activo, mientras que el volumen de la oferta monetaria venía determinado por la capacidad y el alcance del poder soberano en cuestión. Ambas características generaban limitaciones extremas, tanto para los Gobiernos que emitían las monedas como para las personas y empresas (y otros Gobiernos) que las utilizaban.

En este extraño mundo nuevo, esa regla singular —que el dinero existe en cantidad limitada— se evaporó. En lugar de que el dinero existiera en una cantidad finita y, por tanto, se tuviera que administrar de manera escrupulosa, ya no había ningún límite práctico a la disponibilidad de capital. Las limitaciones se convirtieron en una cuestión netamente política.

Para los estadounidenses esa «limitación» era bastante sencilla: seguir ampliando la oferta monetaria hasta que hubiese el dinero suficiente para apoyar el sistema comercial globalizado. Pero, para todos los demás que utilizaban el dólar estadounidense como fiador financiero, la definición de «limitación» significaba lo que cada Gobierno en particular considerara que debía significar. Esa amplia divergencia permitió el desarrollo de herramientas y opciones que no podrían haber existido en el mundo de las monedas respaldadas por activos. Estas herramientas y opciones, a su vez, dieron origen a sistemas de gobierno enteros que habrían tenido cero posibilidades de existir en la época anterior a las economías fiduciarias.

## DINERO A CAMBIO DE NADA: EL MODELO FINANCIERO ASIÁTICO

Todo empieza en Japón.

Mucho antes de las guerras mundiales, incluso mucho antes de que el almirante estadounidense Perry obligara a Japón a abrirse al mundo, los japoneses tenían una visión singular de la deuda. En Japón, el capital no existe para servir a las necesidades económicas, sino para servir a las necesidades políticas. Para ello, se permitía el endeudamiento, incluso se fomentaba... siempre que no se convirtiera en un inconveniente para el soberano. Desde el siglo VII, si la deuda generalizada interfería con los objetivos del emperador o del sogún, se promulgaban simplemente leyes que cancelaban las deudas conocidas como «decretos del Gobierno virtuoso» o *tokusei*. ¿Sequía? ¡*Tokusei*! ¿Inundaciones? ¡*Tokusei*! ¿Hambre? ¡*Tokusei*! ¿Gobierno en números rojos? *Tokusei*... ¡Con una tasa de procesamiento del 10 %!

Por ello, la deuda tendía a aumentar, en especial cuando ya estaba extendida. Al fin y al cabo, cuanto peor fuera la situación financiera general, más posibilidades tendría el emperador de salir al balcón, agitar su fabuloso cetro y declarar nula tal o cual tipo de deudas. Sucedía tan a menudo que los banqueros hacían esfuerzos extraordinarios para proteger su bienestar económico y físico: tendían a incluir cláusulas *tokusei* en sus préstamos para que los prestatarios no pudieran contar con que la deuda se evaporara sin más; tenían que vivir, asimismo, en recintos amurallados para que, cuando se declarara un *tokusei*, la turba no pudiera asaltar sus casas, golpearlos hasta la muerte y quemar la documentación del préstamo para evitar que se ejecutaran dichas cláusulas. Tiempos felices.

En cualquier caso, la cuestión es que, aunque la economía y la política siempre han estado interrelacionadas, Japón fue el país creador de la tendencia de convertir las finanzas en una herramienta del Estado. Una vez que se rompió ese sello particular, se volvió rutinario que el Gobierno japonés metiera cantidades vergonzosamente grandes de dinero en cualquier proyecto que se necesitara hacer. En la mayoría de los casos, ese «dinero» adoptaba la forma de préstamos porque —lo habéis adivinado— a veces al Gobierno le resultaba práctico anular sin más su propia deuda y empezar desde cero. El *tokusei* siempre dejaba que alguien cargara con el muerto, pero, en el Japón de antes de la Segunda Guerra Mundial, normalmente se trataba de algún sector de la sociedad que resultaba estar enemistado con el Gobierno central, así que... daba igual.

El final de la Segunda Guerra Mundial desencadenó una nueva cancelación de la deuda, aunque no tanto por decreto imperial como porque todo había quedado arrasado. Teniendo en cuenta la absoluta devastación y humillación que los *gaijin* habían infligido a los japoneses, era de suma importancia que el Japón de posguerra se moviera al unísono con la cultura. Que nadie se quedara atrás.

La solución fue aplicar la peculiar actitud japonesa frente al endeudamiento a los esfuerzos de reconstrucción a gran escala, con volúmenes masivos de capital vertidos en cualquier proyecto de desarrollo posible. No se puso tanto el énfasis en la reparación y expansión de la infraestructura física y la planta industrial como en maximizar la cuota de mercado y la productividad a modo de medio para lograr un empleo masivo. La compra de la lealtad y la felicidad de la población —que con razón se sentía traicionada por sus dirigentes en tiempos de guerra— era más importante que generar beneficios o construir cosas. También ayudó el hecho de que a una población leal y feliz se le diera bastante bien construir cosas.

Desde el punto de vista de la economía occidental, este tipo de decisiones se denomina «mala asignación de capital», ya que hay pocas perspectivas de que la deuda se devuelva en su totalidad. Pero esa no era la cuestión. El modelo financiero japonés no pretendía lograr la estabilidad económica, sino asegurar la estabilidad política.

Este enfoque tuvo un precio. Cuando los objetivos son la cuota de mercado y el empleo, la gestión de costes y la rentabilidad pasan tranquilamente a un segundo plano. En un sistema basado en el endeudamiento que no se preocupa por la rentabilidad, se podía cubrir cualquier déficit solo con más deuda. Deuda para contratar personal y comprar materias primas. Deuda para desarrollar nuevos productos. Deuda para comercializar esos productos a nuevos clientes. Deuda para ayudar a los nuevos clientes a financiar esas nuevas compras.

Deuda para refinanciar la deuda.

Los japoneses no fueron los únicos. Al final de la guerra, un nuevo grupo de actores siguió el ejemplo de Japón. Corea del Sur, Taiwán, Singapur y Hong Kong habían sido protectorados japoneses durante años (en algunos casos durante décadas) y disfrutado (o sufrido) la impronta cultural japonesa, que se extendió a la visión japonesa de que las finanzas tienen tanto que ver con la política y los objetivos del Estado como con la economía.

Los cuatro países aprovecharon esa creencia, canalizando montones de capital occidental (y japonés) para saltarse etapas enteras de procesos de desarrollo, industrialización y urbanización. En las décadas de 1950 y 1960 lo hicieron mediante la obtención de préstamos de extranjeros y aplicando el capital a replantear por completo todos los aspectos de sus sistemas. El proceso de industrialización que a los alemanes les llevó más de un siglo —y los alemanes no se quedan atrás cuando se trata de construir y reformar cosas rápidamente— llevó a los taiwaneses, singapurenses y hongkoneses menos de tres décadas. Los coreanos lo hicieron en menos de dos.

Llega el año1971. De repente, el capital extranjero (respaldado por el oro) pasó a no ser tan esencial en la ecuación. Si los beneficios no podían cubrir los pagos de la deuda, lo harían los ingresos por exportación. Si los beneficios no daban para ello, las empresas podían pedir más préstamos, simplemente. Si los préstamos no estaban disponibles, el Gobierno siempre podía ampliar la oferta monetaria para seguir adelante. (Ayudó que la ampliación de la oferta monetaria también redujera el valor de las monedas asiáticas, haciendo que sus exportaciones fueran más competitivas y, por lo tanto, aumentando los ingresos derivados de la exportación).

En la primera oleada asiática, la agricultura dio paso al textil y a la industria pesada. En la ola posterior a 1971, la industria pesada dio paso a una fabricación cada vez más avanzada de todo tipo de productos imaginables: electrodomésticos, juguetes, automóviles, electrónica, ordenadores, teléfonos móviles. Crecimiento impulsado por el capital sobre crecimiento impulsado por el capital significó que, en dos generaciones, los cuatro países se habían transformado en modernos sistemas industrializados a la par de muchas de las ciudades más consolidadas del mundo. Si consideramos que la mayoría de ellos se encontraban al principio entre las zonas menos desarrolladas y más pobres del planeta, su transformación colectiva es uno de los mayores éxitos económicos de la historia.

Tres cosas ayudaron:

En primer lugar, Estados Unidos externalizó de forma continuada su propia industria a los Estados asiáticos, lo que proporcionó una excelente justificación para el modelo de endeudamiento de los países asiáticos, además de garantizar una voraz demanda estadounidense (y, con el tiempo, mundial) de sus productos.

En segundo lugar, que la demanda externa resultó ser lo bastante sólida y estable para que las exportaciones de los asiáticos fueran lo suficientemente rentables para que los cuatro países consiguieran (en su mayor parte) librarse de sus deudas.

En tercer lugar, al ser los más entusiastas en la adopción de la moneda fiduciaria, los asiáticos se mostraron dispuestos a traspasar los límites de lo posible, hasta el punto de que los estadounidenses y los europeos se pusieron un poco nerviosos ante la naturaleza de las finanzas asiáticas. Además de tomarse los números a la ligera, los asiáticos utilizaron una mezcla de barrera legal y cultural para desalentar activamente la entrada extranjera en su mundo financiero. Por ejemplo, la mayoría de los conglomerados asiáticos crearon bancos dentro de sus propias estructuras corporativas; buena suerte a la hora de invertir en «eso». Esta combinación de crecimiento, beneficios y control permitió a los asiáticos tener crisis de deuda ocasionales y medio previstas para reestructurar los peores desequilibrios financieros sin poner en riesgo sus sistemas políticos o económicos.

Con el tiempo, el modelo se extendió a otras naciones asiáticas, con resultados dispares. Singapur evolucionó hasta convertirse en un eje financiero global, aplicando el capital occidental siguiendo las normas (en su mayoría) occidentales a proyectos que tenían sentido para los occidentales, mientras que inyectaba dinero asiático en proyectos más cuestionables en todo el sudeste asiático. Malasia y Tailandia utilizaron estrategias financieras asiáticas para introducirse con éxito en el sector de los semiconductores y la electrónica, y para probar (con mucho menos éxito) el sector del automóvil. Indonesia se centró más en las oportunidades inherentes de corrupción que se manifiestan cuando el dinero es, en cierto modo, gratis. Muchas de las malas decisiones de la asignación de capitales se adoptaron en los cuatro países (y en Corea, Japón y Taiwán) cuando la crisis financiera asiática de 1997-98 obligó a ajustar las cuentas.

El mayor adepto al modelo financiero asiático es, por supuesto, China. No es tanto que los chinos hayan aplicado el modelo de una nueva manera, sino que han llevado el modelo hasta el extremo absurdo en casi todos los sentidos.

Parte del absurdo es simplemente el tamaño. Cuando China empezó su proceso de desarrollo en 1980, ya tenía mil millones de habitantes, más que el total acumulado del resto de las naciones de Asia Oriental, desde Japón hasta Indonesia.

En parte, fue el momento. La entrada de China en el Orden mundial no se produjo hasta después de la cumbre Nixon-Mao, la muerte de Mao y el inicio de reformas económicas de amplio espectro a finales de la década de 1970. Cuando los chinos estuvieron dispuestos a ponerse manos a la obra, hacía casi una década que había desaparecido el patrón oro. La China comunista moderna solo ha conocido la era de las monedas fiduciarias y el dinero barato. No tenía que cambiar ninguna buena costumbre.

En parte, fue la naturaleza de los objetivos de unificación de Pekín. La mitad de la población de Corea, Malasia e Indonesia vive en un espacio reducido (el gran Seúl para los coreanos, la costa occidental de la península media para Malasia y la isla de Java para Indonesia). Japón era el Estado étnicamente más puro del mundo antes de industrializarse. Singapur es una ciudad. Estos Estados asiáticos comenzaron con poblaciones bastante unificadas.

No así China. China es complicada.

Incluso eliminando las partes despobladas o poco pobladas, China abarca una extensión de casi 4000 kilómetros cuadrados, más o menos el mismo tamaño que toda Europa Occidental. Estos 4000 kilómetros cuadrados poblados comprenden zonas climáticas que van del desierto a la tundra y el trópico.[76] Incluso la parte «sencilla» de China, la llanura del norte, ha sido testigo de más guerras y limpiezas étnicas que cualquier otro lugar del planeta. El valle del Yangtze, en el centro de China, ha sido una de las economías más sofisticadas del mundo durante la mayor parte de la historia. Los escarpados paisajes del sur de China han acogido desde los pueblos más pobres y tecnológicamente atrasados de Asia hasta la hipertecnocracia de Hong Kong.

Todos los países dan especial importancia a la unificación política. Todos los países han librado guerras internas para conseguirla. El esfuerzo de unificación interna de China es uno de los más crueles del mundo y se remonta a cuatro milenios y a decenas de altercados distintos. El último gran conflicto —la Revolución Cultural de Mao— mató al menos a cuarenta millones de personas, veinticinco veces el número de estadounidenses fallecidos en todas las guerras. La creencia china en la necesidad de la violencia política interna, la represión y la propaganda no surgió de la nada,

---

76 La China despoblada tiene auténticos desiertos, tundras y zonas tropicales.

sino que se considera una realidad necesaria para evitar las espeluznantes guerras civiles. ¿La solución?

¡Gastar!

El Gobierno chino asigna capital a todo. Mejora de las infraestructuras. Construcción de plantas industriales. Sistemas de transporte. Sistemas educativos. Sistemas de salud. Todo y cualquier cosa que dé trabajo a la gente. Muy poco de todo esto podría calificarse de «asignación inteligente de capital». La meta no es la eficiencia o la rentabilidad, sino lograr el singular objetivo político de superar las barreras históricas regionales, geográficas, climáticas, demográficas, étnicas y milenarias de la unidad. Ningún precio es demasiado alto.

Y así fue como se pagó un precio:

Los nuevos préstamos en el año natural 2020 fueron de unos 34,9 billones de yuanes (aproximadamente 5,4 billones de dólares), lo que, incluso si se utilizan las estadísticas del tamaño de la economía nacional que incluso los economistas estatales chinos aseguran están infladas, se acerca al 40 % del PIB. Lo más probable es que, en el año 2022, la deuda corporativa total pendiente en China haya alcanzado el 350 % del PIB, o unos 385 billones de yuanes (cincuenta y ocho billones de dólares).

Los chinos han acogido la era de la moneda fiduciaria con el mismo entusiasmo con el que adoptaron el modelo financiero asiático. China imprime regularmente moneda con una frecuencia que es el doble de la de Estados Unidos y que a veces es cinco veces la tasa de la de Estados Unidos. Y mientras que el dólar estadounidense es el depósito de valor para el mundo y el medio de intercambio global, el yuan chino ni siquiera se utilizó en Hong Kong hasta la década de 2010.[77]

---

77  Una de las (muchas) razones por las que nunca he confiado en el sistema chino es que los chinos… no lo hacen. Hace unos años, el Gobierno chino relajó las restricciones a las transferencias financieras en un esfuerzo por establecer el yuan como moneda de reserva mundial. Resultó contraproducente. En seis meses, los ciudadanos chinos habían colocado más de un billón de dólares en activos fuera del alcance del Gobierno chino. Pekín abortó rápi-

Parte integral del modelo financiero chino es que no hay tope. Como el sistema echa una inagotable cantidad de dinero a los problemas, está famélico. Nada —y quiero decir nada— puede interponerse en el camino hacia el desarrollo. El precio no es un problema porque el volumen de crédito no lo es. Una de las consecuencias, entre muchas otras, es una demente guerra de ofertas por cualquier producto que exista en cantidad limitada. Si la voraz demanda de cemento, cobre o petróleo hace subir los precios de los productos, el sistema simplemente despliega más capital para garantizárselos. Algo similar ocurrió en Japón en la década de 1980 con el sector inmobiliario, cuando por un breve y extraño momento 2,5 kilómetros cuadrados del centro de Tokio valían supuestamente más que toda la costa occidental de Estados Unidos. Los japoneses reconocieron de inmediato que esto no era señal de que las cosas hubieran ido radicalmente bien, sino señal de que algo había ido radicalmente mal. Los chinos aún no han certificado ese oscuro descubrimiento. En particular, el gran crecimiento económico chino tensionó el mercado mundial de materias primas entre 2003 y 2007. En 2007, el precio del petróleo alcanzó su máximo histórico, ajustado a la inflación, de aproximadamente 150 dólares el barril.

Otra consecuencia es la sobreproducción masiva. A China le preocupan las manos ociosas, no los ingresos netos. China es, con diferencia, el mayor exportador mundial de acero, aluminio y cemento porque produce más de los tres materiales de lo que incluso la hipervoraz China puede llegar a utilizar. Su controvertido programa de infraestructura global llamado «Un cinturón, una ruta» —que muchos no chinos temen que tenga que ver con el tráfico de influencias— es en muchos sentidos poco más que un medio para dar salida a los excedentes.

Quizá el resultado más significativo de la derivación china del modelo financiero asiático es que no tiene fin. Todos los demás Estados asiáticos terminaron por aceptar la naturaleza de la deuda

damente los planes y cerró de golpe el sistema de transferencias.

masiva del modelo, que acaba por conducir a la quiebra. Japón cayó en 1989 y tardó treinta años en salir de su deuda. La recuperación tardó tanto en llegar que Japón perdió la totalidad de su dividendo demográfico y es poco probable que vuelva a tener un crecimiento económico significativo. Indonesia se estrelló en 1998, lo que destruyó su Gobierno. Dos veces. El sistema político del país sigue siendo un caos. Corea y Tailandia también colapsaron en 1998 y aprovecharon el sufrimiento para consolidar la transición a un gobierno civil (proceso que dio resultados más duraderos en Corea que en Tailandia).

No se puede considerar ninguna de estas opciones en Pekín. La única fuente de legitimidad del Partido Comunista de China es el crecimiento económico, y el único crecimiento económico de China proviene de escandalosos volúmenes de financiación. Cada vez que el Gobierno chino intenta reducir el crédito y sanear la economía del país, o hacerla más sostenible, se desploma el crecimiento, los nativos empiezan a hablar de dar largas vueltas en grandes grupos, y el Gobierno vuelve a poner la espita del crédito a tope. En la mente del Partido Comunista, abandonar el modelo de endeudamiento es sinónimo del fin de la China moderna, de la China unificada y del Partido Comunista de China. Puede que el partido tenga razón en eso. No es de extrañar entonces que su método preferido para almacenar su riqueza sea en moneda estadounidense... fuera de China.

## LA GRAN COMBINACIÓN: EL MODELO EURO

Los europeos son mucho más prudentes que los asiáticos en lo que respecta a las finanzas, pero eso es como decir que a Joan Rivers no le gustaba la cirugía plástica tanto como a Cher.

El afán de lucro está vivito y coleando en Europa, y todo, desde comprar una casa hasta la expansión industrial, está limitado por la disponibilidad de capital. Sin embargo, los europeos exigen mayores niveles de servicio, estabilidad y apoyo por parte de sus gobernantes, y la mayoría de los Gobiernos europeos garantizan ese servicio, estabilidad y apoyo manipulando los sistemas financieros, sobre todo a través de los bancos.

¿Las maniobras más comunes? Dar instrucciones a los bancos «privados» para que inviertan capital y apoyar así la financiación pública, ya sea mediante préstamos directos a proyectos o empresas aprobados por el Estado, o mediante la compra de bonos para apoyar los presupuestos gubernamentales. Esta captura parcial del Estado del mundo financiero tiene una amplia variedad de consecuencias, a veces no muy sutiles. Una de las más obvias es que los mercados de valores europeos no son tan grandes como los estadounidenses, en parte porque no hay tanto dinero privado disponible para cumplimentar ese método particular de generación de capital. Otra no tan obvia es la existencia de la propia moneda común europea, el euro.

Según las normas financieras tradicionales (y ciertamente no asiáticas), cuestiones como los requisitos de garantía, el acceso al crédito y los costes de endeudamiento se basan en una combinación de factores que van desde el historial personal o empresarial, la carga de deudas preexistentes y la pura credibilidad. No es demasiado complicado: si quieres pedir un préstamo, te corresponde demostrar que has pagado tus deudas en el pasado, que puedes permitirte el servicio de préstamos que supondrá el nuevo crédito y que no piensas hacer ninguna tontería con el dinero. Añade algunas decisiones basadas en la situación de la economía en general, coloréalo todo para que se ajuste a la política gubernamental del momento en lo que respecta a las finanzas en general y ¡*voilà*! Política de préstamos.

Una característica obvia que se deriva de esto es que no hay dos economías iguales. El crédito a nivel nacional también se ve afectado por una composición de tamaño y diversidad. Los alemanes tienden a disfrutar de un fácil acceso al crédito no solo porque sean frugales, pidan poco y, por lo tanto, sean una buena apuesta crediticia, sino también porque la economía alemana es de primera categoría, está muy diversificada, es macroeconómicamente estable y muy productiva; por no hablar de que las empresas y los Gobiernos alemanes suelen estar dirigidos por... alemanes frugales. Pedir un préstamo en Italia cuesta más porque el Gobierno italiano y su población tienen una actitud tan relajada a la hora de pagar la deuda como con todo lo demás. La economía griega es un espectáculo turístico rural atendido por un pueblo con una comprensión relativamente vaga de lo que hace funcionar a lugares como Alemania. Todo el mundo es un poco diferente. Europa tiene treinta países diferentes con treinta tradiciones crediticias distintas.

En algún momento, los europeos se olvidaron de esta noción básica. Creyeron que tener una moneda única profundizaría la integración económica regional e impulsaría a Europa hacia el objetivo de convertirse en una potencia mundial.

Por razones que solo tenían sentido en su momento, en la década de 1990 y principios de la de 2000 se convirtió en creencia popular europea el hecho de que todo el mundo en Europa debía poder pedir préstamos en condiciones que antes solo se ofrecían a los europeos más escrupulosos. Además, este tipo de préstamos debía de tener luz verde, fuera cual fuese el volumen, para cualquier proyecto de cualquier Gobierno o empresa a cualquier nivel. Los bancos austriacos se atiborraron de capital casi gratuito y lo prestaron a su propia versión de *subprimes*. Los bancos españoles pusieron en marcha fondos reservados para sus políticos locales influyentes. Los bancos italianos empezaron a prestar en masa no solo a su propia mafia, sino a los sindicatos del crimen organizado en los Balcanes. El Gobierno griego pidió préstamos masivos, que desembolsó a casi todo el mundo. Se construyeron ciudades enteras donde nadie quería vivir. Los trabajadores recibieron bonus. Los ciudadanos recibieron pagos directos simplemente por ser ciudadanos. Grecia organizó unas Olimpiadas pagadas por completo a crédito. Un trapicheo a gran escala. Todo el mundo podía jugar (y lo hacía).

Grecia se convirtió en el símbolo de la calamidad financiera resultante. A pesar de haber adoptado el euro en 2001, ya en 2012 Grecia tenía una deuda nacional que superaba el 175 % del PIB, además de los préstamos fallidos de su sistema bancario privado, que contribuyeron a la acumulación de otro 20 % del PIB. Grecia no fue la única. Al final, nueve Estados miembros de la UE necesitaron rescates. No así los británicos, que ni siquiera habían entrado en la zona euro y que salieron indemnes. Entre el endeudamiento en euros y una cierta mentalidad de «no ser menos que el vecino» a la hora de conceder préstamos, la crisis financiera europea acabó empujando a dos de los cinco mayores bancos del Reino Unido a la suspensión de pagos.

Lo verdaderamente aterrador es que Europa nunca se recuperó del estallido de la burbuja del euro. Los europeos no consiguieron investigar y analizar a su sector bancario, con el mismo rigor que adoptaron los estadounidenses en la primera semana de la crisis financiera que comenzó en 2007, hasta el año 2018. En los albores de la crisis del coronavirus de 2019, la deuda como porcentaje del PIB era mayor, sin excepciones, en comparación con 2007. El grueso de la eurozona entró y salió de la recesión en múltiples ocasiones antes de que la pandemia de la COVID-19 de 2020-21 los hundiera a todos a la vez. Los países que experimentaron quiebras crediticias —en especial Grecia— siguen en suspensión de pagos en 2022.

La única manera de recuperarse de la COVID-19 requería aún más deuda, por valor de otro 6,5 % del PIB.[78] Se trata de una deuda que jamás será devuelta, no solo porque la Europa actual hace tiempo que ha superado el punto de no retorno demográfico, sino que además la mayoría de los países europeos ya han envejecido hasta la obsolescencia, lo que impide que ninguno de ellos vuelva a la situación económica de 2006. Europa se enfrenta a muchísimos problemas, pero, si no hubieran echado a perder su mundo financiero, los europeos habrían tenido al menos algunas poderosas herramientas con las que afrontarlos. Ya no. Ahora todo el

---

78  De media. La COVID-19 hizo que cada país fuera un poco por su cuenta, por lo que los datos, y los resultados, varían mucho de un lugar a otro.

sistema europeo no hace más que dejarse llevar por la corriente hasta que la moneda común quiebre de forma inevitable.

Antes de juzgar a asiáticos o europeos, hay que entender que no son los únicos que se aprovechan del mundo de dinero fácil en que vivimos. Los estadounidenses no son una excepción.

## DEL AUGE A LA QUIEBRA Y VICEVERSA: EL MODELO AMERICANO

En el mundo anterior a 1971, la escasez de capital significaba que la mayor parte del trabajo en el ámbito de la energía se gestionaba de arriba abajo, con el menor número posible de actores, a fin de administrar los riesgos. Exxon producía el crudo en países extranjeros. Exxon enviaba el crudo a casa mediante petroleros. Exxon refinaba el crudo en combustible en las refinerías de su propiedad. Exxon distribuía ese combustible a las gasolineras. La red de franquicias de Exxon vendía el combustible a los consumidores.

Sin embargo, después de 1971, si bien las leyes del capital no llegaron a derogarse, sí se volvieron más laxas. La nueva estructura del capital apoyaba la asunción de riesgos casi por defecto. Surgieron nuevas empresas que se encargaban de tareas específicas, como la prospección, el transporte o el refinado, en lugar de la cadena completa del pozo al consumidor. Estas nuevas empresas funcionaron junto —o incluso dentro— de los sistemas internos de los principales actores de la industria energética.

Entra Enron en escena. A finales de la década de 1980, Enron comenzó su expansión con la intención de convertirse en el intermediario por excelencia de todo el complejo energético estadounidense. Creó «bancos» de gas natural que le permitieron ser el tejido conectivo entre el productor y el consumidor. En un mundo anterior a 1971, el coste de inventariar un producto tan inestable como el gas natural en cualquier lugar que no fuera el punto de consumo habría sido una tontería.[79] Pero, después de 1971, había capital disponible para probar todo tipo de nuevas ideas. El negocio original de Enron basado en el gas natural se expandió al petróleo, se expandió a la electricidad, se expandió a la pulpa y el papel, se expandió a las telecomunicaciones, se expandió a la cesión de datos.[80]

Pero Enron no poseía prácticamente nada, ni siquiera los medios de transmisión en la mayoría de los casos. En cambio, Enron obtenía ingresos de la compra y venta de promesas para la futura toma y entrega de diversos productos. El mercado de futuros es algo real —brinda fiabilidad tanto a los productores como a los consumidores al vincularlos con socios antes de que se requiera la entrega instantánea—, aunque para jugar en el espacio intermedio uno debe llevar una sacrosanta contabilidad.

A Enron se le daba genial la contabilidad. ¿La parte sacrosanta? No tanto. Resulta que cuando no posees nada, ni mueves nada, ni añades valor a nada, tus únicos ingresos provienen de lo que aparece en tu libro de cuentas. Enron se volvió muy bueno moviendo cosas sobre el papel, «añadiendo valor» sobre el papel para simular ingresos. Eran tan buenos que muchos creyeron que Enron era la tendencia del futuro, y por eso compraron. Enron era la séptima empresa más valiosa de Estados Unidos que cotizaba en bolsa en su máximo apogeo.

El término para nombrar lo que hizo Enron es «fraude».

Cuando Enron introdujo los futuros meteorológicos y cambió su lema por el de «la mejor empresa del mundo», incluso los mayores fans de la firma percibieron el olor a chamusquina. A los cinco meses de las primeras filtraciones, las prometedoras y ambiciosas acciones de Enron se habían desplomado y valían menos de un dólar; la empresa estaba innegablemente en bancarrota. Como tenía tan pocos activos, sus acreedores no tenían muchos huesos que roer.

---

79  Como el gas natural es, bueno, un gas, es difícil de contener. También es un tanto... explosivo si no se maneja bien.

80  Si no ves las conexiones naturales entre estas industrias, no estás... solo ni por asomo.

Un ejemplo más candente:

Cuando la recesión de 2000-01 en Estados Unidos, con tintes de Enron, dio paso a una expansión larga, sólida y de baja inflación, el mercado inmobiliario estadounidense creció a pasos agigantados.

Parte del sueño americano es que uno disfrutará de una vida económica mejor que la generación anterior. Desde la década de 1950 hasta la de 1980, los estadounidenses blancos de clase media vinculaban el «sueño americano» al hecho de «poseer una vivienda». A través de una combinación de evolución de las normas culturales y del estímulo del Gobierno, este aspecto del sueño tendió una red más amplia en las décadas de 1990 y 2000. Los bancos desempeñaron un papel muy importante en el mercado inmobiliario. Las empresas de construcción de viviendas aumentaron en número y ampliaron su alcance. Las instituciones gubernamentales intervinieron de manera más directa para reducir los costes de las transacciones y los intereses para los compradores de viviendas.

Con el apoyo de las fuerzas gubernamentales, financieras y culturales a gran escala, surgió un tipo de empresa totalmente nuevo. Estas nuevas «empresas de tramitación de hipotecas» identificaban a los posibles compradores de viviendas, les proporcionaban la financiación para que las adquirieran y luego vendían las hipotecas resultantes a los inversores. Estos inversores agrupaban las hipotecas en paquetes que después troceaban para su circulación en los mercados de bonos. La idea consistía en que las hipotecas eran las inversiones más seguras (la gente hará lo que sea para no perder su casa y el dinero que ha invertido en ella). Al convertir las hipotecas en bonos (en concreto, en «títulos con garantía hipotecaria»), más inversores de más tipos podrían meter más dinero en el mercado, lo que reduciría los costes de financiación para todos.

Los términos crediticios se fueron relajando cuando el capital dejó de ser el factor restrictivo de antaño. Atrás quedaron los días en los que cualquiera que quisiera comprar una casa tenía que poner por adelantado la mitad de la cuota inicial. La mitad se convirtió en un cuarto. Un cuarto se convirtió en un quinto. La quinta parte se convirtió en la décima parte. Una décima parte se convirtió en una vigésima. La vigésima parte se convirtió en nada. Nada pasó a ser... un 5 % de reembolso en efectivo. Las verificaciones de crédito se volvieron menos estrictas. Al final, desaparecieron por completo. Ahora que emitían hipotecas a clientes que sabían que no podían hacer frente a los pagos de sus nuevas casas, las empresas de tramitación de hipotecas empezaron a venderlas a los pocos días —incluso a las pocas horas— de organizar las ventas de las casas, por miedo a que alguien descubriera el pastel. Los valores respaldados por hipotecas pasaron rápidamente de ser la inversión más segura a algo a lo que incluso Enron se habría opuesto. Los nuevos propietarios empezaron a dejar de pagar sus hipotecas antes incluso de haber llegado a hacer un solo pago. Todo se fue a pique. Conocemos la posterior carnicería económica como «la crisis financiera de 2007-09».

Un ejemplo de mayor alcance:

En la década de 2000, Estados Unidos era, con mucho, el mayor consumidor e importador de petróleo del mundo, por lo que era muy sensible a los vaivenes del mercado petrolero mundial. A partir de 2004, el mercado del crudo sufrió una fuerte subida. Los precios se cuadruplicaron en menos de cuatro años. Este aplastante incremento fue motivo más que suficiente para impulsar una serie de novedades en Estados Unidos con el fin de generar mayores niveles de fuentes de energía a nivel nacional.

Sin duda, habrás oído hablar de algunas de estas innovaciones: la perforación horizontal permitió acceder a nuevas fuentes de crudo donde las técnicas de producción convencionales no llegaban; la inyección de agua a presión logró fracturar la roca madre, permitiendo que billones de bolsas de crudo fluyan hacia el pozo; el desarrollo de técnicas de reciclaje permitió reducir el volumen de agua necesario en más de un 90 %; la mejor gestión de fluidos facilitó la eliminación de la toxicidad del sistema; y la mejora de la gestión de los datos ayudó a los perforadores a ajustar sus operaciones para atacar solo los puntos específicos que contenían hidrocarburos. El mundo conoce estos avances colectivos como *fracking* o «revolución del esquisto» y, en conjunto, han convertido a Estados Unidos en el mayor productor de petróleo y gas natural del mundo.

Pero hay un aspecto del petróleo de esquisto que la mayoría de las personas ha pasado por alto: las finanzas. Desarrollar una nueva tecnología no es barato. Perforar 1,5 kilómetros verticalmente no es barato. Girar ese pozo de perforación vertical y luego perforar tres kilómetros horizontales no es barato. Presurizar los líquidos en la superficie para fracturar la roca a cinco kilómetros de profundidad no es barato. Conseguir que el servidor de tiempo interprete la retrodispersión sísmica con el fin de optimizar el proceso de fracturación no es barato. Formar a la gente para que desempeñe un trabajo que nunca se ha hecho antes no es barato. Y después están todas las partes «normales» de la industria petrolera —sobre todo la construcción de redes de oleoductos de recogida y distribución del crudo y las infraestructuras ferroviarias—, que tampoco salen precisamente gratis. En 2012, la producción de un barril de petróleo a partir de formaciones de esquisto costaba en total unos 90 dólares el barril.

Como es normal en Estados Unidos, la mayor parte de las innovaciones tecnológicas en industrias en rápida evolución —como el petróleo de esquisto— corren a cargo de los operadores menores. Si hay algo que tienen en común las empresas más pequeñas es que necesitan ayuda para acceder al capital. Pero, si se combina la abrumadora necesidad estratégica y económica que tiene Estados Unidos de aumentar la producción nacional de petróleo en un entorno de precios elevados con las posibilidades financieras de la era de la moneda fiduciaria, este problema desaparece. Wall Street llenó de dinero la zona rica en esquisto: préstamos comerciales, préstamos directos, bonos, compra de acciones, inyecciones directas de efectivo de grupos financieros en forma de empresas conjuntas de perforación, contratos de cobertura de producción. Todo esto y mucho más canalizó capital hacia la creciente industria.

En retrospectiva, no todo tuvo mucho sentido. Los pozos de esquisto tienden a expulsar la mayor parte de su producción solo durante los primeros meses de su ciclo de vida de veintipocos años. Esto tiende a sugerir que el capital se reembolsará con rapidez... o nunca. En numerosas ocasiones, resultó ser definitivamente nunca. Sin embargo, durante más de una década, a pocas compañías se les exigió explicaciones. En lugar de eso, esas mismas pequeñas empresas pudieron volver al mercado una y otra vez para conseguir más financiación que les permitía seguir perforando. El engranaje de la producción, producción, producción —aunque no siempre de beneficios— tenía una extraña cualidad china que resultaba familiar. Estas decisiones de financiación, reiteradamente cuestionables, nunca se habrían tomado en el mundo anterior a 1971, pero, como podían hacerse en el mundo de las monedas fiduciarias, Estados Unidos experimentó la mayor expansión de la producción de petróleo en términos absolutos de cualquier zona petrolera que se haya producido jamás.

No pienses ni por un momento que este despilfarro en Estados Unidos se limita a las finanzas, al sector inmobiliario y a la energía. El último presidente estadounidense que fingió preocuparse por la prudencia fiscal fue Bill Clinton, no precisamente famoso por su... templanza. Durante su mandato, el Gobierno de Estados Unidos equilibró el presupuesto federal. Luego llegó George W. Bush, que registró uno de los mayores déficits presupuestarios desde la Segunda Guerra Mundial. Su sucesor, Barack Obama, duplicó ese déficit. El siguiente, Donald Trump, volvió a duplicarlo. En el momento de escribir estas líneas, a principios de 2022, el siguiente en la fila, Joe Biden, ha apostado su vida política en múltiples planes de gasto que si se promulgan duplicarán ese déficit de nuevo.

Nada de todo esto —Enron, las hipotecas *subprime*, el petróleo de esquisto o el déficit fiscal federal, por no mencionar la moneda común europea o de la China moderna como país— habría sido posible sin el capital casi ilimitado de la era de la moneda fiduciaria.

# EL DESASTRE ES RELATIVO

El objetivo de esta diatriba, un tanto extensa y con gran carga histórica, sobre las debilidades de la era de la moneda fiduciaria es triple:

En primer lugar, la era del dinero fiduciario ha permitido que economías grandes y pequeñas, países de todo el mundo, disimulen sus problemas con dinero. Los factores que permiten que a este o aquel lugar le vaya bien en cualquier época —la Geografía del Éxito— palidecen en comparación con una oferta inagotable de capital de bajo coste. Es cierto que hemos visto muchas burbujas financieras bajo el sistema fiduciario, pero lo más importante es que todo ese dinero ha dejado en suspenso la historia económica. Bajo el sistema fiduciario, todo el mundo, en todas partes, puede tener éxito. Siempre y cuando el dinero siga llegando.

En segundo lugar, todo el mundo —y quiero decir todo el mundo— lo está haciendo. Los únicos sistemas en la actualidad que no están ampliando su oferta monetaria son los que han decidido de manera consciente renunciar al crecimiento económico en favor de la estabilidad de los precios. Por lo general, se trata de lugares que han experimentado recientes reveses económicos e intentan encontrar el equilibrio. En la era del capitalismo tardío, estas excepciones son muy pocas, muy distantes entre sí e insignificantes para el panorama general.

En tercer lugar, nadie —y quiero decir nadie— está imprimiendo moneda al mismo ritmo. Sí, es probable que los estadou-

244

nidenses hayan ampliado su oferta monetaria más de lo razonable, pero hay que tratar de mantener cierta perspectiva:

- Estados Unidos tenía un número récord de viviendas disponibles cuando estalló la burbuja de las hipotecas *subprime* (unos 3,5 millones), pero eso era entonces. Estados Unidos sigue teniendo un crecimiento demográfico positivo, por lo que la gente quiere esas viviendas. No son activos inmovilizados. La generación que se ha mudado a viviendas unifamiliares en la década de 2010 y principios de 2020 es la de los *millennials*, la segunda generación más grande de la historia de Estados Unidos. Además, cada año se destruye alrededor del 1 % del parque de viviendas simplemente por obsolescencia, incendios y derribos. En 2021, el número de viviendas disponibles se había desplomado por debajo de las 700.000, un mínimo histórico. No pretendo quitar importancia a las malas decisiones de asignación de capital de la década de 2000, pero, sin el pulso de las hipotecas *subprime*, los problemas de vivienda de Estados Unidos en la década de 2020 serían muchísimo peores.
- Un equilibrio similar ocurrió con el sector del petróleo de esquisto. Las condiciones crediticias fueron endureciéndose en bloques, porque los bancos se dieron cuenta, porque a Wall Street le entraron dudas, por las fluctuaciones de los precios en el mercado de la energía a los que ninguna empresa con problemas financieros podía sobrevivir. En 2022, el número de operadores de esquisto había descendido en dos tercios con respecto a 2016. Sí, muchas pequeñas empresas duraron demasiado tiempo gracias al crédito barato, pero sus esfuerzos colectivos desarrollaron toda una nueva generación de tecnologías con las que los estadounidenses podrán contar durante décadas.
- La expansión monetaria estadounidense durante la crisis financiera de 2007-09 tuvo como objetivo evitar el armagedón financiero. Era estrictamente necesaria y, en parte, gra-

cias a las reformas vinculadas a la crisis, los bancos estadounidenses son ahora, con diferencia, los más sanos del planeta. La expansión de la crisis financiera tampoco fue tan grande, en términos relativos. La expansión monetaria total para todo el periodo fue «solo» de alrededor de un billón de dólares, menos del 15 % de la oferta monetaria.

Compárese con Europa, donde la expansión monetaria desde 2006 se ha producido como algo natural para mantener vivo un sector bancario que se encuentra entre los menos estables y saneados del mundo. En menos de dos años, la expansión de la crisis bancaria europea aumentó en un 80 % la oferta monetaria en euros. Y no se trata solo de paliar la crisis. Europeos y japoneses amplían su oferta monetaria con regularidad cada vez que tienen que alcanzar algún objetivo político, un proceso de toma de decisiones que anima a la mayoría de las personas que no son europeas ni japonesas a no tener ni realizar transacciones en sus monedas. Por ello, su oferta monetaria ha superado a menudo la de Estados Unidos, a pesar de que tanto el euro europeo como, sobre todo, el yen japonés ya no son verdaderas monedas mundiales.

Pero es China la que utiliza la expansión monetaria como procedimiento operativo estándar para todo, la que realmente ha hecho saltar la banca. Desde 2007 —el año en que todo el mundo empezó a hablar de que los chinos se iban a apoderar del planeta— la oferta de yuanes ha aumentado en más de un 800 %.Fuera de su territorio, el yuan chino solo es popular en Hong Kong, y únicamente porque Hong Kong hace las veces de intersección financiera entre China y el resto del mundo. En cualquier otro lugar, el yuan es casi inexistente. La economía china, por mucho que alardeen los chinos más ultranacionalistas, sigue siendo significativamente más pequeña que la estadounidense y, sin embargo, la masa monetaria china lleva una década siendo mayor que la de Estados Unidos, a menudo el doble. Tiene sentido que el yuan no sea un depósito de valor para nadie. La fuga de capitales de China a la red de dólares estadounidenses supera con frecuencia el billón de dólares anuales.

El sistema financiero chino, junto con sus datos demográficos terminales, la condena a no estar impulsada por el consumo, ni siquiera por las exportaciones, sino por los préstamos. Esto hace que China sea vulnerable a cualquier novedad, en cualquier parte del mundo, que pueda impactar en el suministro de materias primas, en el de energía o en las rutas de exportación; novedades sobre las que Pekín no podrá influir, y mucho menos logrará controlar. China lleva casi medio siglo en esta senda de destrucción. No es la clase de desastre tipo «se avecina un iceberg en el horizonte» del que debería caer víctima cualquier Gobierno bien controlado, con visión de futuro y dirigido de forma competente.

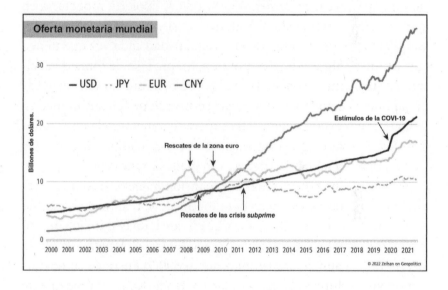

¿Acaso los estadounidenses se han tomado a la ligera su política monetaria? Tal vez. ¿Tendrá eso consecuencias en el futuro? Es probable que sí. ¿Serán agradables esas consecuencias? Probablemente no. Pero son los europeos y los japoneses los que han perdido los estribos y hecho locuras, mientras que los chinos han nadado mar adentro durante un huracán y se han zambullido de cabeza en el remolino del tamaño de Texas que sirve de puerta de entrada a Godzilla. La escala importa.

Sobre todo, cuando las reglas cambian.

La cuestión es que el aumento general de la disponibilidad de capital de la era del dinero fiduciario no es más que la mitad del problema. Hay un segundo factor, más tradicional, que ha amplificado la oferta de capital y asfixiado los costes de este en los últimos años. Y está en proceso de implosionar.

# EL FIN DE MÁS, EL REGRESO

## DEMOGRAFÍA Y CAPITAL

Es una simple cuestión de edad.

Desde los albores de la civilización hasta mediados de la era industrial, los distintos grupos de edad —niños, trabajadores jóvenes, trabajadores de mayor edad y jubilados— existían en cierto equilibrio que solo cambiaba a nivel marginal. Esto hizo que la oferta de capital fuera muy estable, aunque muy limitada. Los jóvenes se endeudan para impulsar su gasto, y son muchos los que demandan ese capital.

Los trabajadores maduros tienden a gastar menos y, al mismo tiempo, son los ricos de su sociedad. Han acumulado riqueza a lo largo de su vida y gastan menos que cuando eran jóvenes. Su rendimiento financiero —ya sea en forma de inversiones realizadas o de impuestos pagados— constituye la columna vertebral de toda sociedad. Pero la simple mortalidad hace que no existan en gran número. Pocos ahorradores, muchos derrochadores. Oferta y demanda. Los costos de endeudamiento se mantienen altos.

La industrialización cambió las reglas del juego. Los primeros en vivir en un mundo industrializado experimentaron una mayor esperanza de vida y una menor mortalidad infantil, lo que hizo que su población se triplicara aproximadamente. Por otra parte, la industrialización desencadenó la urbanización masiva, que con el tiempo condujo a familias más pequeñas y al envejecimiento de la población. La frase clave es «con el tiempo». No todo el mundo empezó a la vez ni vio los cambios en las estructuras de población al mismo ritmo. Por regla general, los primeros en vivir la industrialización fueron los que avanzaron más despacio.

Luego, los estadounidenses utilizaron el Orden para extender la globalización y la estabilidad a toda la familia humana, incluida China. Todos los países iniciaron el camino hacia la industrialización y la urbanización. Los más tardíos pudieron saltarse fases enteras del proceso de industrialización, progresando directamente del hierro al acero, del aluminio a la fibra de vidrio, de las tuberías de cobre al PVC y a los tubos flexibles, de los teléfonos fijos a los móviles y *smartphones*. Cuanto más tarde comenzaba un país el proceso de urbanización, más rápido se desarrollaba y se desplomaban las tasas de natalidad.

Casi todos los pueblos se han enriquecido desde el final de la Guerra Fría, pero, lo que es más importante para el mundo de las finanzas, la naturaleza comprimida en el tiempo del proceso de modernización significa que todos los pueblos han envejecido. En el mundo de 1990 a 2020, esto ha sido estupendo porque significaba que todos los países más ricos y con mayor movilidad ascendente del mundo estaban en la etapa de abundancia de capital de su proceso de envejecimiento más o menos a la vez. A lo largo de ese periodo de tres décadas ha habido muchos países con una gran cantidad de personas de entre cuarenta y sesenta años, el grupo de edad que genera más capital. Sus dólares, euros, yenes y yuanes invertidos han inundado el sistema, ignorando a menudo las fronteras internacionales. En conjunto, sus ahorros han hecho subir la oferta de capital y bajar el costo de este. Para todo. En todas partes. Entre 1990 y 2020, esta amplia convergencia de factores nos trajo la oferta de capital más barata y el crecimiento económico más rápido de la historia de nuestra especie. Además de la locura general de la era del dinero fiduciario. Además del hipercrecimiento de la era del Orden.

Las tasas hipotecarias han sido las más bajas de la historia y a veces los Gobiernos avanzados han podido pedir préstamos a tipos negativos, mientras que los principales mercados bursátiles siguen explorando cotas cada vez más elevadas. El capital omnipresente e históricamente barato también ha reducido los costos de financiación para cualquiera que quiera poner en marcha una nueva línea de producción, desbrozar nuevas tierras agrícolas, programar un *software* nuevo o construir un nuevo barco. La explosión de la producción industrial y los avances tecnológicos de la última década se deben en gran medida a la combinación del prolongado sistema de Bretton Woods y este momento demográfico de enorme exceso de oferta de trabajadores maduros. Y de su dinero.

El mismo capital también es responsable de recientes explosiones de estupidez. A principios de 2021, un grupo compuesto en su mayoría por *gamers* invirtió tanto capital en la plataforma de videojuegos GameStop que por un breve periodo de tiempo pasó a ser una de las empresas más valiosas de Estados Unidos, a pesar de haber estado a punto de declararse en quiebra. Las criptomonedas como el bitcoin no están respaldadas por ningún Gobierno, no son fácilmente intercambiables, no sirven para efectuar pagos, no tienen valor intrínseco y son generadas sobre todo por magnates chinos que buscan evitar las sanciones, aunque el valor combinado de todas las criptomonedas supera los dos billones de dólares. Mi favorita es la llamada *dogecoin*, que literalmente se creó a modo de broma para poner de manifiesto lo idiotas que pueden llegar a ser los inversores en criptomonedas. Por momentos, el valor total de *dogecoins* ha llegado a superar los 50.000 millones de dólares. Todo esto y más es una sobrecapitalización de libro a una escala casi china. Cuando el capital es lo bastante barato, hasta los cerdos pueden volar.

Una vez.

Volvamos a la demografía. La gente no deja de envejecer solo porque corran buenos tiempos. El lento envejecimiento demográfico de Estados Unidos, el moderado envejecimiento de Japón y de los europeos y el rápido envejecimiento de los países en desarrollo avanzados convergen en una jubilación masiva en las décadas de 2020 y 2030. Y cuando se retiren —cuando todas esas personas se jubilen a la vez— dejarán de aportar el capital que ha alimentado nuestro mundo. Más o menos al mismo tiempo que Estados Unidos deje de ser el pilar del mundo.

De esto se desprenden dos cosas importantes.

Primero, gran parte de este nuevo desarrollo genera mayor producción y consumo sin importar la realidad que sustenta una economía. Esto fomenta los excesos de los Gobiernos (piénsese en el Obamacare, en el presupuesto federal de la administración Trump o en la crisis de la deuda griega); lo que fomenta el exceso de los consumidores (piénsese en la deuda bancaria italiana o en las hipotecas de alto riesgo estadounidenses); lo cual fomenta la sobreproducción de una variedad interminable de productos que podrían tener una economía cuestionable (piénsese en la industria china o en el auge/destrucción de las puntocom). El crédito barato otorga la ilusión de la invencibilidad a personas y empresas que por norma general no podrían participar del juego. Pero lo que parece natural, embriagador y emocionante durante los buenos tiempos no puede durar para siempre. Todo se viene abajo cuando el dinero deja de fluir y los costes de financiación aumentan.

En segundo lugar, ya se está desmoronando. Y aquí no hay ninguna previsión geopolítica, se trata de pura matemática. La mayor parte de los hombres y mujeres del grupo de trabajadores maduros del mundo —los importantísimos *baby boomers*— se jubilarán en la primera mitad de la década de 2020. Los jubilados ya no cuentan con nuevos ingresos con los que invertir.

Eso es peor de lo que parece para el mundo de las finanzas.

No solo no hay nada nuevo en lo que invertir, sino que las inversiones que tienen tienden a redistribuirse desde las acciones de alta rentabilidad, los bonos corporativos y los activos extranjeros hacia inversiones a prueba de inflación, a prueba de caídas de la bolsa y a prueba de caídas de la moneda. Adiós a los fondos chinos de creación de empresas tecnológicas, los bonos de infraestructuras de Ruanda y los proyectos de litio de Bolivia, y bienvenidos los bonos del Tesoro, los mercados monetarios y el dinero en efectivo. De lo contrario, una sola corrección del mercado podría hacer desaparecer décadas de ahorros y el ahora jubilado podría perderlo todo. Por dos razones, esto es inteligente y lógico para el individuo, pero no para el sistema en general.

La primera es bastante obvia. El crédito es la savia de la economía moderna. Si tienes una empresa, los préstamos te ayudan a pagar las nóminas, a financiar expansiones, a comprar maquinaria y a construir nuevas instalaciones. Todos los ciudadanos utilizan el crédito en su día a día: préstamos para la universidad, para comprar un coche, hipotecarios, tarjetas de crédito. Es el lubricante que hace que prácticamente todo sea posible. Sin el crédito, uno de los pocos métodos de compra de bienes es el efectivo, por adelantado y en su totalidad. ¿Cuánto tardarías en ganar lo suficiente para pagar un coche, los estudios universitarios o una casa por adelantado y en su integridad?

Si aumentan los costes de ese crédito, todo se ralentiza, suponiendo que no se paralice. En el año fiscal 2021, el Gobierno de Estados Unidos pagó unos 550.000 millones de dólares en intereses. Si se aumenta el coste de los préstamos del Gobierno en un solo punto porcentual, esos pagos se duplican. El Gobierno de Estados Unidos puede soportar ese tipo de aumento. Pero ¿y Brasil? ¿O Rusia? ¿O la India? Hagamos esto más personal. Si el tipo de interés de un préstamo hipotecario estándar aumenta en un 2,5 % —lo que haría que los tipos hipotecarios siguieran estando muy por debajo de la media de este último medio siglo— la cuota mensual se incrementa la mitad de lo que ya se paga; lo que es más que suficiente para que la compra de una vivienda quede fuera del alcance de la mayoría de la gente.

La segunda es menos obvia, pero igual de notoria. Los trabajadores maduros no solo generan muchos ingresos y capital, sino que pagan muchos impuestos. El mundo en general y los países avanzados en particular han tenido un montón de trabajadores maduros en las últimas décadas, lo que ha hecho que las arcas del Gobierno sean las más florecientes de la historia. Eso es estupendo. Con ello se pagan cosas como la educación, las fuerzas del orden, la sanidad, las infraestructuras y la ayuda en caso de catástrofe.

O al menos es genial hasta que esos trabajadores maduros se jubilan. En lugar de contribuir al sistema, los jubilados lo utilizan en forma de pensiones y costos de asistencia. Si se sustituye la situación demográfica de las décadas de 2000 y 2010, en las que había muchos trabajadores maduros que pagaban muchos impuestos, por la de las décadas de 2020 y 2030, con muchos jubilados y pocas personas pagando impuestos, los modelos de gobierno de la era posterior a la Segunda Guerra Mundial no solo van a la quiebra, sino que se convierten en pactos sociales suicidas.

Una vez más, las últimas décadas han sido la mejor época de la historia de la humanidad y nunca vamos a volver atrás. Aún más, no estamos ante una vuelta a los servicios gubernamentales al estilo de los años cincuenta, ya que en ese momento había un relativo equilibrio entre trabajadores jóvenes, maduros y jubilados. Para gran parte del mundo, estamos ante la posibilidad de una vuelta a los servicios gubernamentales al estilo de 1850, antes de que la mayoría de los Gobiernos siquiera ofrecieran servicios, pero sin el consiguiente crecimiento económico que permitiría a la población la oportunidad de cuidar de sí mismas.

# UN COMPENDIO SOBRE EL CRÉDITO

Si añadimos las extravagancias y exageraciones de la era de la moneda fiduciaria a los excesos y estallido del momento demográfico, hemos vivido los mayores aumentos del crédito de la historia de la humanidad. En Estados Unidos conocemos la mayor parte de esos incrementos como «la etapa de las hipotecas basura o *subprime*». Desde el año 2000, cuando nació la industria de las hipotecas *subprime*, hasta 2007, cuando terminó, prácticamente se duplicó el crédito total en el país. El consiguiente desplome de esta irracional euforia redujo el PIB estadounidense en más o menos un 5 % en los dos años que la economía tardó en estabilizarse.

Duplicación del crédito. Un retroceso económico del 5 %. No está mal. Echemos ahora un vistazo a todos los demás…

– Todo el mundo ha oído hablar del desastre griego. Se admitió a Grecia en la eurozona a pesar de no cumplir… bueno… con ninguno de los requisitos en cuanto a deuda y déficit. A continuación, procedió a actuar como alguien que abandona la universidad y posee la tarjeta de crédito de platino de un padrastro ausente. El crédito total se multiplicó por siete en solo siete años. La factura acabó venciendo, el país se derrumbó y, durante los tres años siguientes, la economía griega implosionó el doble en términos relativos de lo que lo hizo Estados Unidos durante la Gran Depresión. En 2019 las cosas parecían... si no mejores, al menos no tan malas. La COVID entra en escena. Como economía dependiente del turismo, Grecia volvió a bajar en caída libre. Si el país sigue existiendo, será bajo custodia de alguien.

- Como era de esperar, Alemania es el polo opuesto. Los alemanes son bastante conservadores en sus operaciones financieras, tanto como pueblo como Gobierno. Para poder acceder a una hipoteca, primero hay que realizar pagos regulares en una cuenta bancaria durante varios años para demostrar la actitud y la buena fe. Por lo tanto, los alemanes evitaron el tipo de catastrófico colapso financiero que asoló a gran parte de Europa en la crisis de 2007-09. Uno de los muchos resultados fue que la economía alemana se recuperó primero y más rápido, lo que llevó a las empresas de todo el continente a poner sus huevos en la cesta alemana mientras el resto de Europa se debilitaba. ¡Un brindis por los alemanes! Pero solo uno. El establecimiento de lo alemán en el centro de Europa generó resentimiento en el continente.

- Una parte nada despreciable de ese resentimiento echó raíces en el Reino Unido, donde la crisis financiera de 2007-9 envalentonó a los movimientos económicos y étnicos nacionalistas a presionar por la separación del reino de la Unión Europea. Tanto la derecha política británica como la izquierda implosionaron como parte de la lucha que siguió. Los populistas acabaron por hacerse con el control de la derecha y condujeron al reino a través del desordenado proceso que hoy conocemos como Brexit, mientras que la izquierda cayó durante un tiempo bajo el control de neofascistas apenas blanqueados.

- La acumulación de crédito en Hungría en la década de 2000 fue una de las mayores de Europa y llegó a multiplicarse por ocho. Gran parte de ese capital inundó el mercado de la vivienda de una forma que haría sonrojar a los financieros estadounidenses de alto riesgo, colocando a personas con ingresos o historiales crediticios mínimos en viviendas que no podían pretender permitirse pagar. Para empeorar la situación, la mayoría de los préstamos estaban en moneda extranjera, de modo que, cuando se produjeron las inevitables oscilaciones monetarias, incluso los húngaros que podían permitirse sus casas en circunstancias normales vieron de repente cómo se duplicaban los pagos de la hipoteca. El caos económico y financiero que se derivó endureció el panorama político contra extranjeros de todo tipo, lo que permitió al primer ministro Viktor Orban hacerse con el control de todo el espacio financiero y político del país. A todos los efectos, Hungría dejó de ser una democracia a partir de 2022.

- Singapur tiene una gran firma de crédito, que se ha quintuplicado desde el año 2000. Pero Singapur es un centro financiero y, por tanto, invierte sin parar en lugares ajenos a él. Gran parte de su «crédito privado» está atado a economías extranjeras. Además, Singapur tiene una agencia gubernamental de inversiones —Temasek— que se encarga de canalizar gran parte del dinero de la ciudad-Estado hacia proyectos en el exterior. Si se excluyen estos elementos, el panorama no parece muy halagüeño. Dicho esto, Singapur se encuentra en el estrecho de Malaca —la ruta comercial más transitada del mundo— y que es el mayor centro de transbordo del mundo, hasta el punto de que sus depósitos de combustible contienen y gestionan la distribución de tanto petróleo que constituyen un estándar de precios global. Si la velocidad del comercio mundial se viera afectada, la economía de Singapur, centrada en el comercio, no lograría evitar verse afectada a corto plazo, sin importar la buena gestión de las finanzas de la ciudad-Estado.

- Gracias a la combinación de una economía bastante diversificada, unas políticas gubernamentales que acogen la inmigración con satisfacción y un conjunto de reservas minerales lo bastante abundantes para abastecer la insaciable demanda china, Australia ha evitado la recesión durante una generación. Otros se han percatado de ello, y el dinero extranjero ha entrado a raudales en el país para aprovechar el periodo de crecimiento económico continuo más largo de la historia de la humanidad. Esto ha convertido a Australia en el único país occidental con exceso de crédito que aún no ha experimentado un colapso crediticio. El crédito se ha multiplicado por seis desde el año 2000. La vivienda y el endeudamiento de los hogares son, por supuesto, los problemas esperados, pero las afluencias de crédito han llevado al dólar australiano a unos máximos insostenibles, erosionando la competitividad de todos los sectores económicos, excepto la minería. Todos los esfuerzos que ha hecho el Gobierno por disminuir la demanda a base de leyes se han visto desbordados por un código fiscal que no solo fomenta la propiedad inmobiliaria, sino que, de hecho, anima a los que ya poseen una propiedad residencial a comprar otra. Esto sería un problema en cualquier otro lugar, pero en Australia es especialmente grave. Australia puede parecer un lugar con mucha tierra, pero el Outback —las vastas áreas deshabitadas y principalmente áridas que conforman el interior de Australia y las costas remotas— no sirve para nada en lo referente a bienes inmuebles. La mayor parte de la población australiana vive en menos de diez regiones metropolitanas en gran medida desconectadas, lo que limita considerablemente la disponibilidad y eleva el coste de la construcción de nuevas viviendas. La cosa va a explotar. La cuestión es cuándo.

– El crédito se multiplicó por cinco en Colombia en un periodo de solo diez años a partir de 2003, pero todo lo que rodea a Colombia es un caso especial. Enfrascada en la peor guerra civil del hemisferio occidental durante la mayor parte del siglo pasado, un periodo particularmente violento empujó por el precipicio la economía (incluida la disponibilidad de crédito) a finales de la década de 1990. Gran parte de la expansión crediticia de 2003-14 fue de la mano de los progresos en la guerra: a medida que los colombianos reformulaban y consolidaban su espacio político y su estrategia militar, el Gobierno fue encajonando a sus oponentes militares en enclaves cada vez más pequeños, hasta asegurar un acuerdo de paz definitivo y una rendición *de facto* en 2015. Esta restauración política y militar tuvo su reflejo en una recuperación económica. El «atracón» crediticio de Colombia consistió, en todo caso, en recobrar el terreno perdido. El reto de cara al futuro será conquistar la paz demostrando a los dos bandos de la guerra que no disparar al otro es bueno para el negocio. ¿El camino más probable? Crédito fácil para todo el mundo, para impulsar así el desarrollo de infraestructuras y la actividad de consumo. La fiebre crediticia de Colombia no está en el pasado, sino en el futuro.

- Indonesia es un país con respecto al que tiendo a ser optimista por una combinación de razones: una población extensa, joven y en ascenso; un Gobierno que se centra a propósito en la densamente (super)poblada isla de Java, lo que le permite concentrar sus esfuerzos en una geografía bastante específica y políticamente unificada; seguridad energética a gran escala; una excelente ubicación, a horcajadas entre las rutas comerciales más prolíficas del mundo; y la proximidad a los exportadores masivos de minerales y productos agrícolas de Australia y Nueva Zelanda, por un lado, y a los socios industriales y financieros complementarios de Singapur, Tailandia y Malasia, por otro. A esto se añade un perfil crediticio sorprendentemente conservador. Sí, el crédito global en el país del sudeste asiático se ha multiplicado por más de siete, pero el crecimiento económico es superior. En el año 2000, el crédito global era igual al PIB, algo que por lo general sería más que preocupante para un país pobre y en expansión como Indonesia. Sin embargo, a pesar de que el crédito absoluto ha aumentado durante los dieciséis años posteriores, la relación entre el crédito y la economía en su conjunto ha disminuido en un tercio. Indonesia sigue enfrentándose a una serie de retos importantes —falta de mano de obra cualificada, infraestructuras en malas condiciones, corrupción (que se sitúa en lo más alto de la lista o muy cerca)—, pero el exceso de crédito del país es mucho menos preocupante de lo que sugiere la cifra global.

- El panorama crediticio de Brasil es un eco razonable del de Grecia: se multiplicó por seis y alcanzó su punto álgido en 2014. En ese año, el sentimiento de los inversores y el sistema político brasileño quebraron al mismo tiempo, desencadenando una crisis política y una profunda recesión que, en el momento de escribir estas palabras, no muestra signos de remitir. Para empeorar las cosas, la constitución y la moneda de Brasil se remontan únicamente a la década de 1990. No solo se trata de la primera y auténtica crisis política y económica del Brasil moderno, sino de una crisis constitucional en toda regla que afecta a los cimientos de todo lo que hace que Brasil sea Brasil. Asumiendo de momento que el sistema político brasileño se regenere en poco tiempo (y no hay señales de ello) y que las instituciones gubernamentales del país no sufran ningún daño adicional (y eso parece pura fantasía), Brasil se enfrenta a años de grave recesión solo para lograr recuperarse de su excesiva ampliación crediticia. Brasil no se asoma a las puertas de una década perdida, sino a la de dos. Por lo menos.

- Dado que ha sido el mayor exportador de petróleo del mundo durante los últimos cincuenta años consecutivos, la palabra «crédito» no es lo que a uno le viene a la mente cuando piensa en Arabia Saudí. Sin embargo, los saudíes han aprovechado con apreciable éxito su flujo de ingresos petroleros para adquirir una serie de créditos destinados a todas las partes de su sistema, generando un auge crediticio del 750 % desde el año 2000. Es probable que, dado que este crédito está respaldado por unos ingresos constantes, su situación no sea tan problemática como la de Brasil o Australia; y desde luego no tan grave como la de Grecia. Pero la mayor parte del crédito ha ido a parar a vanidosos proyectos en el desierto o a subvenciones a la población para comprar la lealtad de los ciudadanos.

Cuando el flujo se rompa —y lo hará— esa lealtad se vendrá abajo. Por suerte para los dirigentes saudíes, los servicios de seguridad interna del país se encuentran entre los más eficaces del mundo... en caso de tener que reprimir la disidencia.

- El crédito en la India se ha multiplicado por diez desde el año 2000, con apenas una pequeña caída sobre la marcha. El ritmo constante de la expansión económica ha convertido al país en un lugar mucho más tranquilo desde el punto de vista político de lo que sugieren sus constantes episodios de hambruna y agitación religiosa y racial. Cuando la corrección llegue inevitablemente, será épica. Soy muy capaz de ser optimista con respecto a la India por razones geopolíticas y demográficas, y alertar al mismo tiempo sobre una tremenda crisis financiera.

- El panorama se está complicando en Turquía. Entre el año 2000 y el 2013, el crédito total se multiplicó por más de doce; uno de los incrementos más pronunciados y sostenidos del mundo. El auge otorgó al primer ministro (y ahora presidente) Recep Tayyip Erdogan el capital político necesario para consolidar el control sobre un sistema a menudo díscolo, poniendo fin a décadas de incómoda cohabitación entre sus propios conservadores religiosos de Anatolia, los modernizadores prooccidentales de la región del Gran Estambul y un ejército secularizado que se veía a sí mismo como guardián del Estado. Solo queda Erdogan. Pero en 2013 la expansión crediticia se detuvo en seco. La pérdida de legitimidad económica, la presión de tres millones de refugiados de la guerra civil siria y la creciente hostilidad geopolítica desde y hacia Europa, Rusia, Irak y Estados Unidos hacen que el Gobierno de Erdogan se haya vuelto frágil, duro y cada vez más autoritario. Y todo ello antes de que Turquía sufra la inevitable corrección crediticia.

- En el momento de añadir este párrafo, el 28 de febrero de 2022, se está apartando a Rusia de las finanzas mundiales como castigo por la guerra de Ucrania; Banco Central ruso incluido. Cuando leas esto, el mundo tendrá un fascinante y horrible caso de estudio de una auténtica desintegración financiera. Y no solo eso. Acosada por una población que envejece hasta la decrepitud y un sistema que ha renunciado a educar a la siguiente generación, el colapso crediticio de Rusia no es más que uno de los factores capaces de acabar con el Estado ruso. La cuestión no es si los rusos se comportarán de forma agresiva —la invasión rusa de Ucrania es prueba de ello—, sino a quién más agredirán. Cuidado con los países con un exceso de crédito. Los colapsos crediticios pueden producirse por un gran número de acciones o inacciones. No requieren una guerra. O sanciones.

– No es por insistir con el asunto, pero la auténtica explosión financiera que es China ha generado la mayor expansión del crédito, y la más insostenible, de la historia de la humanidad, tanto en medidas absolutas como relativas. Los chinos saldrán del mundo moderno igual que entraron en él: con gran revuelo. La única pregunta es cuándo. Si tuviera la respuesta a eso, no estarías leyendo este libro, porque, en lugar de estar editándolo, viviría en San Pedro, en las Islas Vírgenes.

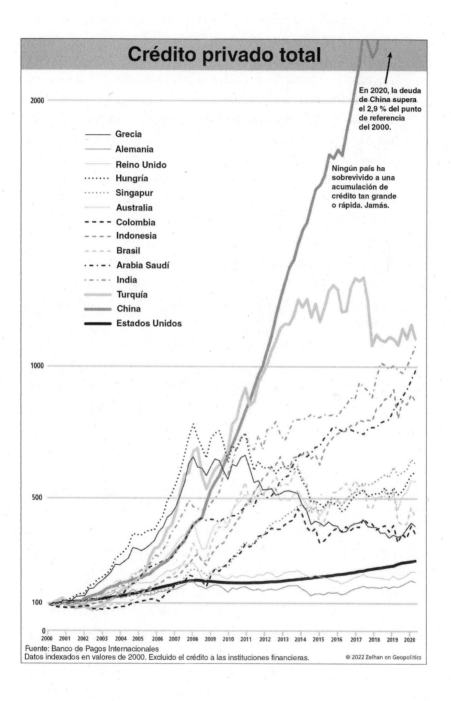

## Crédito privado total

En 2020, la deuda de China supera el 2,9 % del punto de referencia del 2000.

Ningún país ha sobrevivido a una acumulación de crédito tan grande o rápida. Jamás.

Grecia
Alemania
Reino Unido
Hungría
Singapur
Australia
Colombia
Indonesia
Brasil
Arabia Saudí
India
Turquía
China
Estados Unidos

Fuente: Banco de Pagos Internacionales
Datos indexados en valores de 2000. Excluido el crédito a las instituciones financieras.

© 2022 Zeihan on Geopolitics

# TRAMPEAR EL FUTURO FALLOS DE FINANCIACIÓN

Entre los fracasos del dinero fiduciario y la crisis demográfica, los días de la financiación barata, fácil y omnipresente están llegando a su fin. Las repercusiones y los resultados variarán no solo en su naturaleza, sino también en su aplicación.

Debemos empezar, claro, por los cambios en las Geografías del Éxito. En cualquier mundo con restricciones de capital, se tiende a poner mayores recursos monetarios en aquellos sitios y poblaciones que tengan grandes resultados inmediatos. Es más fácil y barato de construir y mantener una infraestructura en zonas llanas y templadas que en las montañosas o en los trópicos. Del mismo modo, es más fácil y barato mantener los conocimientos especializados de una población ya educada que potenciar una poco cualificada. En el entorno de capital elevado de la última época del Orden, este tipo de sencillas reglas no eran muy nítidas porque había muchísimo dinero. Eso se está terminando. En las décadas de 2020 y 2030, y más allá, las pautas que nos son conocidas y que hemos visto a lo largo de la historia se reafirmarán con fuerza, y habrá regiones que tendrán mayor capacidad de generar y aplicar el capital que otras. El norte de Europa por encima del sur de Europa, por encima de la India, por encima de Rusia, por encima de Brasil, por encima de Oriente Medio, por encima del África subsahariana.

La tecnología va a ser un caos. Las granjas de servidores, los *smartphones* y los *softwares* no se manifiestan por arte de magia. Son el resultado final de miles de tendencias simultáneas y a menudo no relacionadas. En un sentido más amplio, un sector tecnológico saludable y en crecimiento requiere un mercado masivo que genere ingresos e impulse el desarrollo, una gran cantidad de mano de obra cualificada que realice el trabajo intelectual y de implementación y una oferta casi ilimitada de financiación para estimular la investigación, la puesta en práctica y la aplicación masiva.

Estas tres grandes categorías se enfrentan a la desaparición. La desglobalización reducirá la globalidad y desmenuzará lo que quede en mercados segregados. El envejecimiento mundial está colapsando la oferta de mano de obra cualificada. Y la contracción financiera hará que todo sea más caro y difícil.

Quizá lo peor sea que, a medida que los suministros de capital y de mano de obra se contraigan, los proyectos que obtengan financiación serán los que puedan reducir más su perfil de empleo, en particular cuando se trate del tipo de fabricación que suele subcontratarse a lugares donde los costos laborales son más bajos.

Vamos a alcanzar un nuevo equilibrio, pero no será una tecnoutopía que beneficie a todos. Los países que aún no han sido capaces de participar en el sector tecnológico ya ni siquiera podrán intentarlo. Otros que estaban abriéndose paso perderán pie. Será menos una historia de riqueza de los países desarrollados y de pobreza del mundo en desarrollo, y más una historia de riqueza de un puñado de países desarrollados y de nada para los demás.

Es de esperar que se hable mucho de la fuga de capitales y de los controles sobre el capital. En el mundo más o menos unificado del Orden, el capital puede ir y venir a través de las fronteras con pocas limitaciones. Muy pocos países tienen restricciones significativas, debido a la constatación generalizada de que cualquier medida que se pueda tomar para frenar la circulación de capital hacia dentro o hacia fuera privará al país de inversiones, y eso tiene costes: en crecimiento económico, empleo, turismo, transferencia tecnológica y oportunidades de participar en el mundo moderno en general. Históricamente, esta apertura es tan anómala como todo lo demás en el mundo del Orden, y por las mismas razones. «Por lo general» el mundo es una especie de carrera de locos, y el capital es algo que hay que acumular.

Vuelven los malos tiempos de escasez de capital. Si añadimos cierta dosis de inseguridad e inestabilidad, lo lógico será ver cómo gente de gran parte del mundo intenta trasladar su dinero —y en muchos casos, a sí mismos— a sitios más seguros.

La fuga de capitales ya es una característica de estos últimos años del Orden. La reputación de Estados Unidos, bien merecida en su mayor parte, de adoptar un enfoque no intervencionista con respecto al capital privado lo ha convertido en el innegable centro financiero mundial. El modelo de hiperfinanciación chino (y, en menor medida, los sistemas financieros similares a los de Asia Oriental) ha enviado montones irregulares de dinero a Estados Unidos. Las oscilaciones europeas desde el año 2000 proporcionaron aún más. Los datos al respecto son extraordinariamente difíciles de conseguir y aún más de verificar, pero una buena estimación es que desde el año 2000 han entrado cada año en Estados Unidos entre uno y 2,5 billones de dólares de dinero extranjero. Es de esperar que esa cifra se incremente, y mucho, a medida que la brecha entre el crecimiento y la estabilidad estadounidenses y la depresión y la inestabilidad mundiales se amplíe.Esto es estupendo para los estadounidenses y promete aliviar un poco el aumento de los costes de capital, pero es un desastre en potencia para los países de los que proceda el dinero. La rápida jubilación de la población aumenta la demanda de gasto público, mientras que la disminución de la población activa reduce la capacidad de los Gobiernos para recaudar fondos. Cualquiera que quiera enviar su dinero fuera será visto como un traidor. La solución es restringir esa fuga, es decir, el control del capital.

Los resultados se manifiestan con rapidez. Cuando las empresas creen que no podrán sacar sus beneficios de un país extranjero, es mucho menos probable que tengan interés en operar en ese determinado país en cuestión. Los mayores riesgos para el capital tendrán lugar allí donde las poblaciones envejezcan más rápidamente, así como donde la población activa se jubile más rápido: Rusia, China, Corea, Japón y Alemania, por ese orden.

Habrá inflación por todas partes. Una rápida lección de economía: La inflación se produce cuando los costes aumentan, algo que puede deberse a cualquier tipo de desconexión entre la oferta y la demanda: interrupciones en la cadena de suministro cuando alguien secuestra un barco de contenedores, una población joven y/o hambrienta que necesita más viviendas y alimentos, modas en las que todo el mundo debe tener una muñeca repollo o cuando una autoridad monetaria amplía su oferta para aumentar adrede la demanda. Suelen considerarse aceptables los niveles de inflación inferiores al 2 %, pero todo lo que supere esa cifra resulta cada vez menos divertido.

La desinflación es un tipo muy específico de caída de precios. Cuando tu *smartphone* o tu ordenador reciben una actualización que te permite hacer algo mejor y más rápido, eso es desinflacionario. Lo mismo ocurre cuando un nuevo yacimiento de petróleo, una fábrica de coches o una fundición de cobre entran en funcionamiento y aumentan la oferta. Los precios caen, pero las relaciones que componen el mercado no se alteran en exceso. A la mayoría de la gente le encanta un poco de desinflación. A mí me chifla.

Luego está la deflación. Los precios bajan, pero es porque algo anda mal, muy mal. Puede que la población haya envejecido antes de que el mercado inmobiliario o una planta industrial haya tenido tiempo de ajustarse. El hundimiento de la demanda genera un exceso de oferta en algo básico, como electricidad, pisos o aparatos electrónicos. Los mercados no se pueden adaptar sin amputar parte de la producción, lo que perjudica a los trabajadores, lo que reduce aún más la demanda. Alguna versión de la deflación ha venido afectando a Japón desde su crisis económica en la década de 1990, a la Unión Europea desde la crisis financiera de 2007-09, y es probable que ya sea endémica en China, donde el mantra del Estado es el aumento de la producción a toda costa.

Así que, con esto en tu haber, hablemos del futuro.

La expansión monetaria es inflacionaria. La escasez endémica de capital inyecta directamente inflación en las finanzas. La caída del consumo de una población envejecida es deflacionaria, así como lo es la ruptura de la cadena de suministro. La construcción de nuevas instalaciones industriales para reemplazar las cadenas de suministro internacionales es inflacionaria mientras el proceso está en marcha, y desinflacionaria una vez que la obra está terminada. Las nuevas tecnologías digitales tienden a ser desinflacionarias, a menos que se necesiten cadenas de suministro internacionales para mantenerlas en funcionamiento, en cuyo caso son inflacionarias. Los colapsos monetarios son inflacionarios en los países que los padecen, ya que todo el mundo pasa del dinero en efectivo a los bienes que puedan atesorar, pero tales hundimientos son desinflacionarios en aquellos países donde el capital que huye busca refugio. Casi siempre, la escasez de materias primas es inflacionaria. Pero, si esta se debe a una ruptura de la cadena de suministro, entonces puede ser deflacionaria cerca de la fuente de los productos básicos, lo que significa precios más bajos, lo que conduce a una menor producción, lo que lleva a precios más altos, que una vez más son inflacionarios.[81]

Mi conclusión es una evasión de responsabilidad total: el futuro de las... «-flaciones»[82] será diferente en cada región, cada país, cada sector, cada producto, y cambiará de forma radical según una amplia variedad de factores en los que apenas se puede influir, y mucho menos predecir. Odiaría ser analista de inversiones.

Es de esperar mucho más populismo. El panorama demográfico mundial está envejeciendo a toda velocidad, y gran parte de las personas mayores son más bien... obstinadas. Pero más que eso, los jubilados dependen de sus pensiones. La mayoría de los sistemas de pensiones se financian con cargo a los ingresos fiscales o con los dividendos que proporcionan las grandes inversiones en bonos. Los ingresos procedentes de los bonos suelen ser bajos

---

81   Eso ha sido agotador.
82   Sí, acabo de inventarme la palabra.

y estables, lo que significa que los jubilados necesitan estabilidad de precios. Los flujos de ingresos relacionados con los bonos tienden a interrumpirse en recesiones prolongadas. En este momento, muchos países (¿la mayoría?) tienen prácticamente previsto una depresión de una o dos décadas de duración. Entre la desglobalización, el colapso demográfico y el coronavirus, casi ninguno de los países volverá nunca a donde estaba en 2019. Gran parte de las pensiones van a volar en pedazos en un mundo con niveles de inflación crecientes y variables.

En cuanto bloque de votantes, los jubilados no temen el cambio, sino que se quejan sin cesar de él, lo que da lugar a culturas reaccionarias y frágiles. Uno de los resultados es que los Gobiernos atienden cada vez más a las demandas populistas, se aíslan económicamente de los demás y adoptan posturas más agresivas en materia militar. ¿Te has avergonzado alguna vez de la tendencia de voto de tus padres y abuelos? Imagínate a qué tipo de bobos apoyarán si la cuantía de sus pensiones baja.

Habrá excepciones estadounidenses. La mejor geografía del mundo mantendrá bajos los costes de desarrollo. El mejor panorama demográfico del mundo rico hará que los aumentos de los costes de capital de Estados Unidos sean menos onerosos. El auge de los *millennials* estadounidenses sugiere que para la década de 2040 —cuando entren por fin en ese grupo etario rico en capital— volverá a aumentar la oferta de capital, lo que reducirá la tensión de sus costes. El relativo conservadurismo de la política monetaria estadounidense, combinado con el estatus del dólar como única moneda de reserva, otorga a los estadounidenses un mayor margen de maniobra para compensar la pérdida de capital y les garantiza la mayor proporción de fuga de capital de un mundo lleno de tribulación y problemas.

Lo más curioso es que los actuales problemas de desigualdad que padece Estados Unidos podrían en realidad ser de ayuda.¿Recuerdas cómo los ingresos de la gente se incrementan con la experiencia laboral, y cómo la proporción de ingresos que se invierte aumenta de forma similar? Eso ocurre con los ricos igual que con la gente «normal». Donde los dos grupos divergen es en la jubilación. Los jubilados «normales» tienen que cambiar sus propiedades a inversiones de bajo riesgo porque no pueden tolerar la volatilidad, pero los ricos tienen tanto acumulado que hacen dos cosas diferentes.

En primer lugar, los ultrarricos solo necesitan preservar una fracción de sus posesiones para mantener su estilo de vida. Pueden tolerar un nivel de riesgo mucho más alto y, por tanto, dedicar gran parte de su cartera de inversiones —por lo general, más de la mitad— a los mercados de acciones y bonos. En segundo lugar, los ricos son mucho más propensos a darse cuenta de que no pueden llevarse su riqueza con ellos y que no hay razón para morir con cien millones de dólares en el banco. Suelen empezar a transferir activos a la siguiente generación o a organizaciones benéficas mucho antes de fallecer.

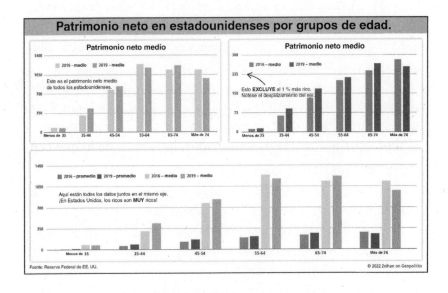

En la mayoría de los países estas diferencias no producen muchos cambios significativos, pero en Estados Unidos el 1 % más rico controla más de la mitad de todos los activos financieros. Solo con que no se liquide la mitad del capital del 1 % en los mercados de acciones y bonos estadounidenses y este siga trabajando (o se transfiera a personas más jóvenes, que desplegarán el capital siguiendo patrones más normales), el cambio general a un entorno de restricción de capital no será entonces tan brusco. Pero esto solo es cierto en los países avanzados con grandes mercados de capitales y una sangrante desigualdad. Se trata de una lista de exactamente uno. Un gran volumen de capital móvil no puede arreglarlo todo, pero ¿y en un mundo de capital restringido? Sólido comienzo.

Si nada de esto suena particularmente capitalista, es porque no lo es. El entorno que permitió la existencia del capitalismo forma parte del «más» al que todos nos hemos acostumbrado, y es muy cuestionable que el capitalismo pueda existir sin un crecimiento económico continuo.

Lo que quiero decir no es que el capitalismo esté muerto, sino que incluso los estadounidenses, la población avanzada más joven y rica del mundo —la gente que tiene más «más»— ya está metida de lleno en la transición de un sistema capitalista y globalizado a... lo que sea que venga después.

Además, si lo que conocemos, o al menos lo que creemos conocer, ya está desapareciendo ahora en Estados Unidos, entonces, ¿qué esperanza tiene el resto del mundo de descifrar el futuro?

Ahora que todos estamos animados, hablemos de lo que ocurre cuando se apagan las luces.

# APARTADO IV:
# ENERGÍA

# ARPONEAR EL PROGRESO

Permitidme contar una breve historia un tanto disparatada.

En la antigua república soviética de Kazajistán hay un yacimiento de petróleo llamado Kashagán. Está situado a unos tres kilómetros bajo el fondo del mar Caspio, en una zona azotada regularmente por vientos de cien kilómetros por hora. En invierno, no solo hay hielo marino en movimiento, sino que los vientos arrastran brisa marina que a menudo sepulta toda la instalación de producción en alta mar en «pies» de hielo. Kashagán tiene, sin duda, las peores condiciones operativas del mundo.

Algo atípico en un yacimiento petrolífero, Kashagán es un depósito vertical, de más de tres kilómetros de arriba abajo. Presenta niveles de presión muy variados, lo que provoca frecuentes —e impresionantemente aterradoras— explosiones. Su petróleo es tan alto en azufre que hay que procesar el crudo una vez que llega a tierra, generando lechos de azufre de kilómetros de ancho. Kashagán cuenta, sin excepción, con el entorno técnico más difícil del mundo.

La explotación de Kashagán exigió que los mejores cerebros de la industria desarrollaran tecnologías fundamentalmente nuevas para hacer frente a los desafíos únicos del yacimiento. El consorcio de empresas que las impulsaron gastó más de 150.000 millones de dólares —bastante más que todo el PIB anual de Kazajistán en aquel momento—, e hicieron falta catorce años para llegar a la primera producción comercial. Los costos iniciales de Kashagán son, sin duda, los más altos del mundo.Una vez bombeado, despresurizado y procesado, el crudo de Kashagán se transporta por tuberías a lo largo de más de 1600 kilómetros hasta el mar Negro, donde se carga en pequeños barcos petroleros capaces de transitar por el estrecho de Turquía hasta el Mediterráneo, pasando por el centro de Estambul, antes de navegar por el canal de Suez hasta el mar Rojo. A continuación, se vuelve a cargar en superpetroleros de larga distancia que transportan el crudo otros 12.800 kilómetros pasando por Pakistán e India, a través del estrecho de Malaca, y por toda la costa vietnamita y china antes de llegar a su destino final en Japón.

Se trata de una ruta arriesgada. Kazajistán es una antigua provincia de Rusia y ambos países no se llevan muy bien. Turquía ha librado once (¿o más?) grandes guerras contra Rusia y tampoco se llevan muy bien. Egipto es una antigua provincia de Turquía y no se llevan muy bien. Arabia Saudí considera a Kazajistán un competidor económico y no se llevan muy bien. La ruta pasa por Pakistán e India, que no se llevan muy bien, y Vietnam y China, que tampoco se llevan muy bien, y China y Japón, que tampoco se llevan especialmente bien. Ah, hay además piratas en el mar Rojo y en Malaca. La ruta de exportación de Kashagán es, sin excepción, la más arriesgada del mundo.

(Hay planes dudosos para enviar el crudo de Kashagán al este a través de una serie de tuberías soviéticas parcheadas hasta el extremo occidental de China, antes de enviarlo a través del viaje de más de 3000 kilómetros hasta los centros de población de la costa china. Teniendo en cuenta que esa ruta expone a personas e infraestructuras a oscilaciones de temperatura que van desde los cuatro grados centígrados de cada invierno hasta los cuarenta de cada verano, no está claro si esto supondría una mejora logística).

Cada vez que me planteo la historia, la mecánica y las rutas de exportación de Kashagán, lo único que puedo pensar es: ¿qué demonios?

La desconcertante maravilla frankensteiniana que es Kashagán y su ruta de exportación solo podía ocurrir bajo la tutela del Orden. El Orden ha hecho que todo sea tan pacífico, estable y abundante durante tanto tiempo que los sistemas de producción y transporte que se habrían considerado algo del todo absurdo en cualquier otra época están ahora a nuestro alcance.

Eso no va a durar para siempre.

Es evidente que al medio millón de barriles diarios de Kashagán no le queda mucho en este mundo. Pero no es la única zona geográfica de producción que se enfrenta a un colapso total en los próximos años. La energía moderna en general y el petróleo en particular es lo que diferencia nuestro mundo contemporáneo del preindustrial. Separa lo que definimos como «civilización» de lo que hubo antes.

Teniendo en cuenta los problemas de transporte que han refrenado a la humanidad a lo largo de seis milenios de historia, el petróleo es una sustancia mágica. Los combustibles líquidos derivados del petróleo multiplicaron por mil nuestra capacidad de mover objetos a distancia. La electricidad a la carta, posible directa o indirectamente gracias al petróleo, tuvo un impacto similar en nuestra productividad. Por primera vez en la historia, podíamos hacer cualquier cosa, ir a cualquier lugar en cualquier momento. Y lo que es mejor: por primera vez «nosotros» no significaba el imperio más poderoso de la época, sino cada persona individual. Una vez instalada, todo el mundo puede tener electricidad en casa a bajo coste. A diferencia de la madera o el carbón, los combustibles líquidos derivados del petróleo, como la gasolina y el gasóleo, son tan densos en energía y tan fáciles de almacenar que los guardamos dentro de nuestros medios de transporte.

Sin petróleo, el Orden mundial liderado por Estados Unidos nunca habría tenido una oportunidad. Tampoco los coches. O la distribución global de alimentos. O la fabricación global. O la sanidad moderna. O los zapatos que la mayoría de nosotros utilizamos. El poder del petróleo es tal que, en muchos sentidos, casi nos ha permitido ignorar nada menos que la propia geografía.

Casi. El petróleo no es tan perfecto. La restricción del petróleo no es tecnológica, sino de abastecimiento. El petróleo no existe allí donde sea conveniente. Durante toda la era industrial, transportar el petróleo desde donde existe hasta donde se necesita ha sido... complicado. Kashagán no es diferente.

Lo mejor es empezar por el principio. Con el capitán Ahab.

## EL CAMINO HACIA LA ENERGÍA MODERNA: GUERRAS, CULTOS, BALLENAS Y... ¿TEJIDOS?

Hay pocas maneras de mejorar la condición humana. Una de ellas es conquistar un gran trozo de tierra y hacerla tuya. Otra es dar al mayor número posible de personas dentro de tu sociedad una participación en el sistema, de modo que sus acciones colectivas apoyen todos los aspectos del gobierno y la economía. Una tercera idea es retrasar la noche y, con ello, fabricar el más raro de los bienes: tiempo.

A finales del siglo XVIII, los británicos experimentaban con textiles de forma cada vez más agresiva y a mayor escala. Los nuevos telares, husos e hiladoras tenían un par de características comunes. Eran las últimas tecnologías y las más caras de la época. Era importante proteger estos bienes de los elementos, y su uso requería un ojo muy atento, tanto para obtener un resultado de calidad como para evitar la pérdida de dedos. Si alguna vez has estado en Inglaterra, reconocerás el problema. El clima inglés suele ser húmedo y oscuro. Londres está lo bastante al norte para que en diciembre haya una media de menos de ocho horas de luz al día... suponiendo que no llueva.[83] Eso hacía que el interior de las fábricas textiles fuera oscuro. Las antorchas tradicionales habrían contaminado el hilo y la tela, las velas no generan suficiente luz y el mochilero de larga distancia que hay en mí puede asegurar que el algodón sin procesar es un excelente material combustible.

La solución fue el aceite de ballena. Limpio, luminoso, de combustión prolongada y fácil de contener en una lámpara adecuada,

---

83   Y siempre está lloviendo.

el aceite de ballena protegía al personal limitando las lesiones y, al mismo tiempo, aumentaba al máximo el número de turnos de trabajo de una fábrica. Este producto se convirtió rápidamente en la solución para todo, desde los servicios religiosos hasta las fiestas de cóctel, pasando por los apartamentos de clase media. Y con los inicios de la Revolución Industrial, que proporcionó a Europa un excedente de alimentos, la humanidad se expandió rápidamente hasta ocupar todo el espacio disponible, exigiendo más aceite para iluminar más servicios religiosos, más fiestas de cóctel y más apartamentos de clase media.

El aceite de ballena no se utilizaba solo para obtener luz. En los inicios de la era industrial se fabricaba mucha maquinaria con numerosas piezas que podían atascarse con facilidad (entre ellas, el equipo textil antes mencionado). Para evitar daños tanto a las personas como a las máquinas, la solución fue la lubricación. La ballena se convirtió en una panacea: luz, lubricante y además unos buenos filetes. Todo el mundo salió ganando.

Excepto las ballenas.

Por cortesía del capitán Ahab y de hombres como él, las criaturas que antes se contaban por millones pasaron en poco tiempo a ser decenas de miles. Menos ballenas significaba menos aceite de ballena, y su precio subió.

La solución adoptó dos formas:

En primer lugar, el carbón. Uno de los peligros habituales en las minas de carbón es el metano, una sustancia gaseosa que conocemos alternativamente como gas natural, flatulencias de vaca y gas de carbón. La gestión del gas metano de carbón es un desafío permanente para los mineros, ya que cada vez que uno abre una grieta en una veta, existe la posibilidad de liberar alguna bolsa oculta de esta sustancia. Las consecuencias más comunes son la asfixia y la explosión.

Sin embargo, cuando existe el riesgo de que algo explote de forma incontrolada, también cabe la posibilidad de hacer que arda de forma controlada. Si añadimos un poco de conocimientos de química de la era industrial, descubrimos cómo procesar el carbón para generar metano a demanda. Luego lo canalizamos hacia los postes de luz (o las fábricas textiles) para obtener luz. Esto fue así en el sur de Inglaterra, el noreste de Estados Unidos y Alemania.

La segunda solución, más extendida, fue algo llamado «queroseno». A diferencia del gas metano de carbón, los peligros de explosión eran inexistentes, y no había que estar cerca de un suministro de carbón ni instalar ninguna infraestructura. Solo se necesitaba una lámpara.

El queroseno de los primeros tiempos se obtenía del carbón, pero el proceso de destilación era mucho más caro y peligroso que subirse a un barco a vela y navegar por medio mundo para luchar contra colosales cetáceos antes de subirse a sus cadáveres para despedazarles las entrañas y luego hervir los trozos en el mismo barco y viajar de vuelta, todo ello acompañado por un grupo de exconvictos violentos y cachondos. A principios de la década de 1850, los avances tecnológicos casi simultáneos en Estados Unidos y Polonia demostraron que era mucho más barato, rápido y seguro obtener queroseno a partir de algo que en aquella época se llamaba «aceite de piedra». Hoy lo llamamos «petróleo crudo» o simplemente «petróleo».

A continuación, pasamos a abastecernos. La humanidad conocía las «filtraciones» de petróleo crudo desde la antigüedad. Los bizantinos utilizaban estas fuentes de petróleo para la fabricación de una pequeña sorpresa para sus enemigos conocida como «fuego griego», mientras que los seguidores del zoroastrismo preferían prender fuego a las filtraciones para asegurarse de que nunca terminara la fiesta. El problema era el volumen. Estas filtraciones rara vez generaban más de unos pocos litros de producto al día. La humanidad necesitaba un millón de veces más. Un billón de veces más.

La solución borboteó en Estados Unidos. En 1858, un tal Edwin Drake aplicó unas piezas de motor de ferrocarril a un taladro vertical en las afueras de Titusville (Pensilvania). En pocas semanas, el primer pozo petrolífero del mundo producía más petróleo crudo en un par de horas que la mayoría de las filtraciones en un año. En pocos años, el queroseno era tan barato y sencillo de obtener que el aceite de ballena prácticamente desapareció de los mercados del alumbrado y la lubricación.

Entonces llegó el verdadero milagro. Empezamos a aplicar los conocimientos de la ciencia de los materiales que acabábamos de adquirir con el carbón a este nuevo mundo del petróleo. No pasó mucho tiempo antes de que el queroseno, que sustituía al aceite de ballena, nos mostrara el camino al fuel, que sustituiría a la energía eólica, y la gasolina, que sustituiría a los caballos.[84] El petróleo ya no era simplemente un producto necesario para diferir la noche y lubricar engranajes. Era el material que nos permitía hacer... todo. Lo que significaba que no solo necesitábamos más, ¡necesitábamos muchísimo más!

¿Dónde buscar algo que se necesita? Pues en el último lugar donde se ha visto, por supuesto. Los imperios de la época iniciaron una búsqueda, de alcance mundial, de esas famosas filtraciones que habían coloreado las culturas durante la antigüedad, para poder perforar ahí. Las filtraciones del norte de las tierras zoroástricas (el actual Azerbaiyán) estaban ahora en manos rusas. Las filtraciones del sur estaban en territorio persa, pero eso no impidió que los británicos se hicieran con el control. Los holandeses hicieron valer su poder imperial sobre las filtraciones de Java. Los estadounidenses no solo tenían Pensilvania y la cuenca de los Apalaches, sino también el amplio valle del río Ohio y Texas. En el turbulento mundo de la competitividad imperial hasta la Segunda Guerra Mundial inclusive, el control de esos emplazamientos de producción no fue simplemente una cuestión de vital importancia, sino que a menudo marcó la diferencia entre la fuerza estratégica y la obsolescencia.

El carácter común de estas primeras décadas de la era del petróleo era simple: o bien se tenía petróleo y se podía dispo-

---

84  «No pasó mucho tiempo», en términos relativos, claro. El aceite de ballena tenía muchos usos e hizo falta la mayor parte de siete décadas para que el petróleo lo eclipsara por completo.

ner de equipos militares modernos, con la increíble velocidad, alcance y poder de ataque que ello suponía, o bien se iba... a caballo. Por ello, los centros de producción de petróleo se encontraban entre los lugares más celosamente vigilados del mundo. Y todo el mundo almacenaba su petróleo en casa.

Este último punto era fundamental. Cada país tenía su propia gran petrolera importante: la Compagnie Française des Pétroles para Francia, la Anglo-Persian Oil Company para el Reino Unido, la Standard Oil Company para Estados Unidos, etc.[85] Su primera y principal responsabilidad era abastecer el frente interno. Para ello, las exportaciones estaban muy limitadas, la producción extranjera se enviaba a casa y cada país tenía su propia estructura de precios interna. Los precios entre estos sistemas aislados variaban con regularidad en más de un factor de tres. Los estadounidenses, que producían todo lo que les hacía falta en su país y, por tanto, no necesitaban una marina mercante que atravesara el globo, se encontraban casi siempre en la parte baja de la escala de precios.

Entre la novedad de las tecnologías relacionadas con el petróleo y la importancia del suministro de petróleo, la Segunda Guerra Mundial mostró la centralidad de los recursos de una manera sin precedentes en la historia de la humanidad. Los imperios solían luchar por la pimienta debido al dinero que podía generar su venta. Los imperios luchaban por el petróleo porque no podían librar una guerra sin él. Los japoneses lograron capturar Java en 1942 para hacerse con los recursos petrolíferos holandeses, mientras que la guerra submarina sin restricciones de Estados Unidos a finales de 1944 dejó a los japoneses sin combustible. El intento desesperado de los alemanes por hacerse con los antiguos recursos zoroástricos del Azerbaiyán soviético fracasó en Stalingrado en el invierno de 1942-43, mientras que los estadounidenses bombardearon los campos petrolíferos rumanos en agosto de 1943 para que los nazis no pudieran apoderarse de ellos.

---

85  En la actualidad las conocemos como Total, BP y ExxonMobil, respectivamente.

Por otro lado, el petróleo de Estados Unidos procedía de los estados continentales, no de una tierra lejana ubicada al final de una línea de suministro vulnerable. No solo la maquinaria bélica estadounidense no sufrió nunca escasez de combustible a gran escala, sino que los yanquis pudieron abastecer a sus aliados británicos e incluso soviéticos. Sin Pensilvania y Texas, la guerra habría terminado de forma muy diferente.

Por supuesto, la forma en que los estadounidenses reorganizaron el mundo al final de la guerra lo cambió todo. El petróleo no fue una excepción.

# EL PEDIDO DE PETRÓLEO DEL ORDEN

Cuando los estadounidenses acabaron con la época imperial, también lo hicieron con las estructuras económicas imperiales que habían gestionado su sistema de distribución de petróleo. Esto se hizo en parte con la intención de condenar firmemente a la historia al antiguo sistema imperial. Al fin y al cabo, si los ingleses dejaban de ser dueños del petróleo persa, Londres tendría menos peso mundial.

Pero una parte más importante fue el mismo intercambio de economía por seguridad que impulsó el cálculo estratégico estadounidense.

El plan estadounidense para contener a los soviéticos necesitaba aliados; había que comprar a esos aliados con la promesa de acceso y crecimiento económico; había que abastecer ese acceso y crecimiento, y el combustible podía provenir de muchos lugares. De repente, en lugar de petróleo británico, holandés y francés, solo había petróleo mundial... garantizado por la Marina de Estados Unidos. Cualquier crudo podía llegar a cualquier comprador. Los variados modelos de fijación de precios aislados pasaron a tener un único precio global, modificado solo por la distancia y las peculiaridades químicas específicas del crudo de este o aquel yacimiento.

El petróleo se vio envuelto de inmediato en el nuevo entorno estratégico.

Productores de energía conocidos, como Persia y las Islas Orientales Neerlandesas, cobraron nuevo impulso y se convirtieron en los países independientes que hoy conocemos como Irán e Indonesia. Los productores de energía en ciernes que eran técnicamente independientes, pero que en realidad estaban medio gestionados por alguna potencia extranjera (pensemos en Irak y Arabia Saudí), tuvieron la oportunidad de madurar. Como era de esperar, algunos países europeos se resistieron a la descolonización, pero los estadounidenses mostraron una paciencia poco habitual y a menudo esperaban a que los movimientos revolucionarios en las colonias alcanzaran una masa crítica antes de presionar a sus aliados o hasta que los altibajos de las relaciones bilaterales le dieran una oportunidad. Así, países tan diversos como Nigeria (1960) y Emiratos Árabes Unidos (1971) se independizaron del Reino Unido, Argelia (1962) de Francia y Angola de Portugal (1975). El resultado final fue el previsto: una lista cada vez más diversa de proveedores de petróleo independientes e importantes para un sistema globalizado; y, sobre todo, gestionado por Estados Unidos.

Pero por mucho que la lógica del Orden de Bretton Woods exigiera que los estadounidenses construyeran, salvaguardaran y ampliaran un mercado mundial del petróleo, fueron los resultados de Bretton Woods los que hicieron que el proceso resultara agotador. El núcleo del sistema de Bretton Woods —lo que hizo que tuviera tanto éxito a la hora de atraer y mantener a los aliados— era la idea de un crecimiento económico seguro, constante y fiable a través del acceso al mercado estadounidense y a los sistemas globales. A medida que esas economías aliadas crecían, utilizaban cada vez más crudo de lugares cada vez más lejanos. Una vez que Estados Unidos empezó a atraer cada vez más países a la alianza, también comenzó a utilizar cada vez más crudo de lugares más y más lejanos. A principios de la década de 1970, el crecimiento económico interno había alcanzado el punto en que la demanda de energía de Estados Unidos superaba su capacidad de producción. No solo los estadounidenses ya no podían abastecer a sus aliados, sino que ni siquiera podían abastecerse a sí mismos.

En muchos sentidos, se trataba del mismo problema que acabó por destruir el patrón oro: el éxito engendró el uso, que engendró más éxito, que engendró más uso, que engendró el fracaso. Las crisis del petróleo de 1973 y 1979 convirtieron lo que hasta entonces había sido una discusión hipotética en Estados Unidos en un asunto de gran importancia.

Cuando se produjeron acontecimientos que amenazaron el acceso al petróleo, los estadounidenses respondieron como si el fin fuera inminente porque, bueno, lo era. Sin un volumen suficiente de petróleo asequible, se derrumbaría todo el Orden. Las acciones estadounidenses (¡y británicas!) comprendieron la financiación de un golpe de Estado en Irán en 1953 para derrocar un sistema semidemocrático en favor de una monarquía proestadounidense. Las acciones estadounidenses incluyeron el apoyo a una purga casi genocida en Indonesia de elementos comunistas en 1965-66. Las acciones estadounidenses comprendieron el apoyo silencioso a un Gobierno mexicano autoritario contra las fuerzas prodemocráticas en 1968. Las acciones estadounidenses incluyeron la mayor acción militar expedicionaria estadounidense desde la Segunda Guerra Mundial como parte de la expulsión por la fuerza de las tropas iraquíes de Kuwait en 1992.

Con el fin de la Guerra Fría, las interconexiones del sistema de Bretton Woods se aplicaron de forma aún más amplia, y los estadounidenses ampliaron deliberada, metódica e implacablemente el alcance de la disponibilidad de petróleo. El colapso económico de la Rusia postsoviética afectó mucho más a la industria rusa que a la producción petrolera rusa, y el excedente de producción llegó a los mercados mundiales. Las empresas estadounidenses entraron en las antiguas repúblicas soviéticas —sobre todo en Kazajstán y Azerbaiyán— para transferir un volumen cada vez mayor de crudo al mundo. Como siempre, la atención se centró en la diversidad y la seguridad del suministro, lo que llevó a la administración Clinton a impulsar sinuosas rutas de oleoductos para trasladar la mayor parte posible de los nuevos flujos al mercado mundial sin utilizar el territorio ruso.

A lo largo de todo el periodo de 1945 en adelante, el proceso costó no pocos disgustos a los estadounidenses, por parte de... casi todo el mundo. Los europeos estaban resentidos por haber perdido sus colonias. A las colonias recién liberadas no les gustaron los esfuerzos estadounidenses por meterlas en un mismo bloque para contener a un país, la Unión Soviética, con el que pocos habían tenido contacto previo. Al mundo árabe no le hizo ninguna gracia que los estadounidenses obligaran a su engranaje energético a participar en la maquinaria de Bretton Woods (y mucho menos que intentaran convertirlos en compañeros de cama de los israelíes). Los mexicanos no veían con buenos ojos el enfoque de mano dura de Washington. Los rusos (postsoviéticos) odiaban cómo los estadounidenses trabajaban de forma expresa para socavar su influencia en su patio de atrás. A los iraníes no les gustó nada el golpe.

Pero la escala no dejó de aumentar. En los albores de la era de Bretton Woods, toda la alianza (sin Estados Unidos) utilizaba menos de diez millones de barriles diarios (MMbd), la mayoría de los cuales procedían del mismo Estados Unidos. En 1990, solo los miembros avanzados de la coalición consumían más del doble, el 90 % de los cuales eran importados; solo los estadounidenses importaban otros ocho MMbd. Con el fin de la Guerra Fría y la globalización de las reglas del Orden, todo un nuevo grupo de países se sumó a la fiesta y añadió sus propias demandas a la historia del petróleo. Los precios alcanzaron su máximo histórico de ciento cincuenta dólares por barril en 2008, lo que supuso un aumento de quince veces con respecto a la década anterior, incluso cuando la demanda mundial superó los ochenta y cinco MMbd.

Lo que había comenzado como un esfuerzo para subvencionar una alianza militar con el crudo estadounidense se había convertido en un lío desmesurado, insostenible y, sobre todo, caro, del que los propios estadounidenses dependían ahora económicamente. Puede que con el fin de la Guerra Fría los estadounidenses quisieran desempeñar un papel menos activo en los asuntos mundiales, tal vez querían desvincularse, pero, con un único precio mundial del petróleo, al hacerlo podían arriesgarse a sufrir cierta inestabilidad, escasez de suministros y a que los precios del petróleo fueran tan altos como para arruinar la economía estadounidense. Estados Unidos se había quedado atrapado económicamente en su propia y anticuada política de seguridad.

# EL MAPA DEL PETRÓLEO
## EDICIÓN CONTEMPORÁNEA

El grueso de todo el crudo comercializado internacionalmente en 2022 procede de tres regiones.

La primera es la más importante, la más obvia y la más problemática: el golfo Pérsico.

A diferencia de las distintas regiones importantes del último medio milenio, la región del golfo Pérsico no ha sido importante desde el punto de vista de la agresividad. Es cierto que antes de más o menos el año 1500 la zona estaba en medio de todo, por eso se llama Oriente «Medio». El comercio «global» que existía dependía de las tierras y aguas que rodeaban el golfo Pérsico como medio de conectar los vastos territorios entre Europa y el Lejano Oriente. Pero los estadounidenses no fueron los primeros en encontrar irritante la región. La propia existencia de las tecnologías de aguas profundas se debe en gran parte a los intentos europeos de evitar por completo Oriente Medio. Desde el momento en que los portugueses lograron abrirse camino hasta la India a principios del siglo XVI, poco más o menos que desapareció la necesidad de transitar, o detenerse, por la zona; todo Oriente Medio, desde Egipto hasta Persia, pasó algo así como a la irrelevancia estratégica.

El petróleo cambió las cosas. La monetización de las antiguas tierras zoroástricas hizo que Persia fuera lo bastante importante para llamar la atención del Imperio británico. El estatus de Persia se convirtió en parte integral de los esfuerzos de guerra en 1939-45. La verdadera explosión de actividad se produjo más tarde, con el descubrimiento y la explotación de yacimientos de petróleo en todo el territorio que ahora comprende no solo el suroeste de Irán, sino también Irak, Kuwait, Arabia Saudí, Bahrein, Qatar, los Emiratos Árabes Unidos y Omán. Aunque las evoluciones y manipulaciones, tanto del mercado como militares, han variado mucho la producción individual de estos actores a lo largo de los años, su producción colectiva ha sido de unos bastante fiables veinte MMbd durante las últimas siete décadas. A partir de 2021, esos veinte millones de barriles representan aproximadamente una quinta parte de las existencias mundiales y la mitad del crudo comercializado a nivel internacional.

Estos ocho países tienen dos cosas en común. En primer lugar, son tecnológicamente incompetentes o, en el mejor de los casos, muy perezosos. Sus sistemas educativos son una broma sin gracia, y los ciudadanos locales que tienen la suerte de obtener títulos técnicos fuera de la región tienden a no regresar. La incompetencia de los locales no se limita al sector energético. Estos países importan como algo natural millones de trabajadores extranjeros para que se hagan cargo de todo, desde sus sistemas de energía hasta la construcción de edificios e infraestructuras cívicas. Los ocho países dependen de trabajadores de fuera —sobre todo de Estados Unidos, Reino Unido, Francia, Rusia, Turquía, Argelia y Egipto— para mantener el flujo de crudo. La región no necesita a todos estos actores foráneos, pero cada país de la región necesita al menos a uno de ellos.

En segundo lugar, por muy incompetentes que sean estos Estados desde el punto de vista técnico, lo son aún más en lo que respecta a la acción naval. Pocos han construido a nivel nacional algo más interesante que una lancha rápida, y, en casi todos los casos, ni siquiera eso. La Armada de Irán en particular se compone principalmente de zódiacs.[86] Ninguno tiene la capacidad de patrullar sus propias costas ni sus accesos comerciales y mucho menos las rutas comerciales de las que dependen sus ingresos, esto es, su existencia. Cada uno de ellos depende por completo de potencias exteriores para hacer llegar cada gota de su producción de crudo a los consumidores finales. Para más de la mitad de esas exportaciones, eso significa llegar a los Estados del Noreste Asiático de Japón, Corea, Taiwán y China. Para la mitad del resto, quiere decir llegar a Europa o Norteamérica. Puede que el Orden no hubiera sido posible sin el petróleo de estos países, pero tampoco lo que han conseguido estos países hubiera sido posible sin la vigilancia estratégica del Orden.

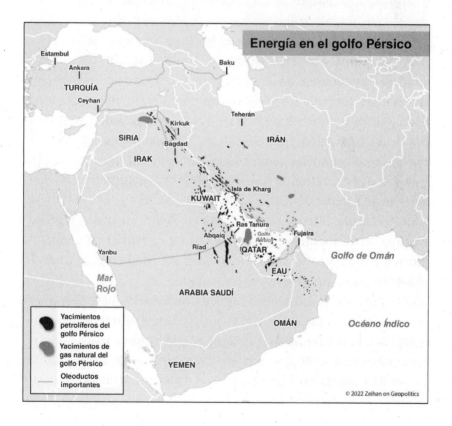

---

86   Importadas, por supuesto.

La segunda gran zona de producción de petróleo es el antiguo espacio soviético.

Si bien la política y la geopolítica de esta región son, en todo caso, más ruidosas, complicadas e importantes que las del golfo Pérsico, el cálculo del petróleo de la región es mucho más sencillo. La Unión Soviética era un gran productor de petróleo, pero la mayor parte de su producción se consumía dentro del Imperio soviético. Las cosas solo empezaron a ponerse interesantes a nivel internacional con el colapso de la Unión Soviética. La industria soviética se derrumbó junto con ella, a la vez que se separaron todos los antiguos satélites soviéticos de Europa Central. Con el fracaso de la demanda interna rusa y la demanda de otros antiguos imperios soviéticos ahora al otro lado de las fronteras internacionales, los rusos tenían grandes volúmenes de producción de petróleo sobrante que necesitaban encontrar un nuevo hogar.

En la primera fase de exportaciones postsoviéticas, los rusos se centraron no solo en lo que conocían, sino en lo que permitía su infraestructura: exportaciones vía oleoductos y gaseoductos a sus antiguos satélites, uno de los cuales era ahora parte integrante de una Alemania reunificada. La segunda fase amplió lo que los rusos conocían, engrosando y ampliando esos oleoductos y gaseoductos a través de Europa central hacia Alemania occidental, Austria, los Balcanes occidentales y Turquía.

A la hora de implementar la segunda fase, los rusos descubrieron que podían utilizar puertos como Gdansk (Polonia), Ventspils (Letonia) y Constanza (Rumanía) para descargar el crudo ruso, haciendo posible que este llegara a clientes de todo el mundo. La tercera fase consistió en conectar y construir los propios puertos rusos para que sirvieran al mismo fin: Primorsk, cerca de San Petersburgo, en el mar Báltico, y Novorossiysk y Tuapse, en el mar Negro.

Durante estas tres primeras fases, los demás Estados exsoviéticos no se quedaron quietos. Separados ahora de su antiguo amo imperial, todos necesitaban establecer sus propias fuentes de ingresos, preferiblemente unas que no dependieran ni favoreciera a Moscú. Azerbaiyán y Kazajistán cortejaron a todos los inversores extranjeros, siendo BP y Exxon los más interesados. Los extranjeros ejecutaron algunos de los programas de sísmica, perforación, procesamiento e infraestructura más complejos que el mundo de la energía haya visto jamás y comenzaron a enviar crudo por cualquier vía posible. Algunas rutas aprovechaban la infraestructura soviética heredada, dirigiéndose al norte y al oeste, a lugares como Ventspils o Novorossiysk. Pero, con el paso del tiempo, el flujo se concentró cada vez más en un único corredor de tuberías que comenzaba en Bakú (Azerbaiyán) y terminaba en un puerto de superpetroleros en la ciudad mediterránea de Ceyhan (Turquía).

Lo que todas estas opciones tienen en común es que fluyen en la dirección general de los extremos europeos de Eurasia. Y, como Europa estaba llegando a su máximo nivel demográfico, había pocas razones para esperar que la demanda europea de petróleo volviera a aumentar. Los rusos cubrían una porción cada vez mayor de esa demanda, pero la saturación del mercado estaba disminuyendo su capacidad de fijar precios; algo que los rusos odiaban. Así que, en la cuarta fase, iniciaron el largo y costoso proceso de trazar una nueva infraestructura de tuberías hacia el este, hasta el Pacífico. Abundan los problemas relacionados con el permafrost, las montañas y la distancia, pero si hay algo que se puede decir de los rusos es que nunca se dejan intimidar por el tamaño. En 2021 había dos líneas principales en funcionamiento: una tubería muy larga, cara y económicamente cuestionable que va de Siberia occidental al puerto ruso de Nakhodka, en el mar de Japón, y una línea mucho más corta que lleva el crudo directamente al antiguo centro de refinado chino de Daqing.

Si lo sumamos todo, estamos hablando de quince MMbd de petróleo de la antigua Unión Soviética, de los que once MMbd se originan dentro de la frontera rusa, de los cuales algo más de la mitad se exporta; es fácilmente la segunda mayor fuente de flujo de crudo objeto de comercio internacional del planeta.

Se observan dificultades.

La mayoría de los yacimientos petrolíferos rusos son antiguos y están alejadísimos de los clientes de Rusia. Los yacimientos del Cáucaso septentrional están prácticamente agotados, los de Tartaristán y Baskortostán han superado con creces su nivel de producción e incluso los de Siberia occidental llevan más de una década mostrando signos de disminución de los rendimientos. Con pocas excepciones, los nuevos descubrimientos rusos son más profundos, pequeños, difíciles técnicamente y están aún más apartados de los centros de población. La producción rusa no está en peligro de colapsar, pero para mantenerla se necesitarán más infraestructuras, unos costes iniciales mucho más elevados y continuos cuidados y amor técnico para evitar que el descenso constante de la producción se convierta en algo mucho peor.

Los rusos no se quedan atrás en lo que se refiere a trabajos petroleros, pero estuvieron fuera de circulación desde 1940 hasta el año 2000. La tecnología implicada ha avanzado mucho en ese tiempo. Los extranjeros —sobre todo la gran BP y las empresas de servicios petroleros Halliburton y Schlumberger— son responsables de más o menos la mitad de la actual producción de Rusia. Cualquier supresión a gran escala de las empresas occidentales tendría impactos catastróficos en la producción de petróleo en todo el antiguo espacio soviético. La guerra de Ucrania está sometiendo a prueba esta teoría.

Por su parte, los proyectos de Azerbaiyán y Kazajistán son, con diferencia, los más exigentes del mundo desde el punto de vista técnico (piénsese en Kashagán). Aparte del puñado de personas de las grandes compañías de petróleo y gas del mundo que diseñaron estos proyectos, nadie en el planeta puede mantenerlos.

Luego está el tema de las rutas de exportación. Todos los flujos de petróleo de la región en su conjunto viajan primero por tuberías —literalmente miles de kilómetros en algunos casos— antes de llegar a un cliente o a un puerto de descarga. Las tuberías no pueden... esquivar nada. Cualquier cosa que obstaculice un solo centímetro de tubería la cierra por completo. No pasa nada dentro del Orden. Después del Orden, ya veremos.

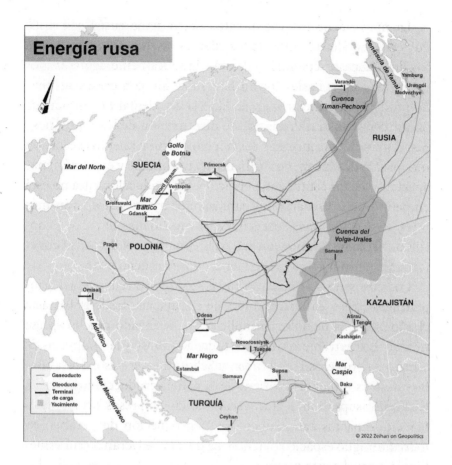

Energía rusa

Varandéi
Cuenca
Timan-Pechora
Yamburg
Urengói
Medvezhye
Península de Yamal
RUSIA
Golfo
de Botnia
Mar del Norte
SUECIA
Primorsk
Nord Stream
Ventspils
Greifswald
Mar
Báltico
Gdansk
Praga
POLONIA
Cuenca del
Volga-Urales
Samara
Omisalj
KAZAJISTÁN
Odesa
Atirau
Tengiz
Novorossiysk
Tuapse
Kashagán
Mar Adriático
Mar Negro
Estambul
Samsun
Supsa
Mar
Caspio
Baku
Mar Mediterráneo
Gaseoducto
Oleoducto
Terminal
de carga
Yacimiento
TURQUÍA
Ceyhan

© 2022 Zeihan on Geopolitics

Alrededor de la mitad de los flujos terminan en usuarios finales como Alemania, mientras que hay que cargar la otra mitad en buques cisterna para llevarlo a otros lugares. Ahí es donde las cosas se ponen más difíciles. En el Pacífico, el puerto de Najodka se encuentra justo en medio de las esferas de influencia de Japón, China y Corea. Cualquier conflicto significativo que involucre a cualquiera de los tres países y Najodka se convertirá en una ciudad ocupada, o en un cráter.[87] Hacia el oeste, las exportaciones a través de los puertos del mar Negro de Novorossiysk y Tuapse

---

87   O, más probablemente, ocupado y luego un cráter.

dependen por completo de la navegación a través del centro de Estambul, por lo que cualquier contratiempo con los turcos acabaría con un par de millones de barriles de flujos diarios. Más al norte, todo lo que sale de Primorsk tiene que navegar por el mar Báltico y el estrecho de Skagerrak, pasando por no menos de siete países con exceso de capacidad naval para su tamaño que tienden a alimentar temores y odios patológicos hacia todo lo ruso. Además de Alemania. Además de Reino Unido.

Si eso no fuera suficiente, existe otro factor que complica más las cosas. A pesar de hacer el suficiente frío para que se te congele la nariz en octubre, Siberia no se enfría lo suficiente.

La mayor parte de la producción rusa de petróleo se encuentra en el permafrost y este es inaccesible durante la mayor parte del verano porque su capa superior se deshace en una sucia ciénaga que abarca el horizonte. Para extraer petróleo aquí hay que esperar a que la tierra se congele, construir carreteras a través del terreno baldío y perforar en el invierno siberiano. Si algo sucediera con el consumo de crudo ruso, los flujos volverían a subir a través de los miles de kilómetros de tuberías hasta el lugar de la perforación. En caso de que las exportaciones fracasasen —ya sea por una guerra lejana, una guerra contra Rusia o una guerra por parte de Rusia— solo hay una forma de reducir los daños: cerrarlo todo. Volver a poner la producción en marcha requeriría una revisión manual de todo, desde el pozo hasta la frontera. La última vez que esto ocurrió fue debido al colapso soviético en 1989. Treinta y tres años después, en el momento de escribir estas líneas, Rusia aún no ha recuperado los niveles de producción de la Guerra Fría. La actual iteración del complejo petrolífero internacionalizado de Rusia solo es posible gracias a la estabilidad de la posguerra fría del Orden liderado por Estados Unidos. Y eso ha terminado con la guerra de Ucrania.

La tercera y última fuente importante de crudo mundial se encuentra en Norteamérica.

Gran parte de la producción de petróleo en el continente entra en la categoría general de legado: en regiones que llevan produciendo desde hace más de un siglo. La primera producción mexicana se remonta a la década de 1920 y desde entonces ha suministrado a México todo lo que necesita y más. En los últimos años, muchos de los grandes y antiguos yacimientos mexicanos han pasado a mejor vida. La razón es, en parte, la geología, pero también es importante la política estatal mexicana, que a menudo impide que el capital, la experiencia y la tecnología extranjeros desempeñen un papel importante.[88] Abandonados a sus propios recursos, los mexicanos están demostrando su incapacidad para mantener, aunque sea con respiración asistida, sus viejos yacimientos y para explotar los nuevos descubrimientos, tanto en tierra como en el mar. Sin embargo, a pesar de esta debilidad manifiesta, las necesidades de petróleo de México están más o menos equilibradas. Exporta una parte del crudo a Estados Unidos, y luego importa un volumen similar de producto refinado. En conjunto, México produce —y utiliza— unos dos MMbd.

En el norte, el sector petrolero canadiense tuvo su inicio en la década de 1950 y adquirió importancia mundial en la de 1970. Pero no fue hasta la década de 1980 cuando la provincia de Alberta empezó a descifrar el código de la producción no convencional. Tradicionalmente, el petróleo migra a través de las formaciones rocosas hasta llegar a una capa de roca impermeable. Por ejemplo, el crudo puede migrar a través de arenisca, pero el granito lo detiene en seco. La presión se acumula detrás de la capa impermeable. Cuando un taladro perfora la capa, se libera la presión; y se libera el petróleo.

La mayor parte de la extracción de petróleo de Alberta no tiene nada que ver con esto.

En lugar de grandes reservas líquidas a presión de crudo encerradas tras la roca dura, el petróleo de Alberta se difunde a través de una roca mucho más blanda, integrada funcionalmente en la

---

88    Hasta Corea del Norte ha tenido leyes de inversión menos estrictas en su sector energético durante décadas.

matriz de la roca en forma sólida. Para sacarlo hay que inyectar vapor en la formación para fundir el petróleo o extraerlo y lavarlo con agua caliente. A partir de ahí, este petróleo ultradenso debe mezclarse con otros más ligeros para diluirlo y poder bombearlo por oleoductos convencionales.

No importa cómo se mida, Canadá produce mucho más de lo que podría llegar a utilizar. Consume una cantidad similar a la de México, pero vuelve a exportar esa misma cantidad. Casi toda la producción de «arenas petrolíferas» de Alberta se envía al sur, a Estados Unidos, sobre todo para su procesamiento en Texas.

En las latitudes medias del continente, los estadounidenses tienen... muchas cosas entre manos. Tienen un sector marítimo heredado en el golfo de México que no arrancó hasta la década de 1970. El crudo convencional sigue saliendo de Pensilvania y Texas en lugares que llevan produciendo petróleo más tiempo que cualquier otro lugar del planeta. Incluso California estuvo entre los mayores productores de petróleo del país hasta hace poco, con uno de los pozos más prolíficos situado en un centro comercial de Wilshire Boulevard, mientras que otro está hábilmente camuflado de sinagoga.

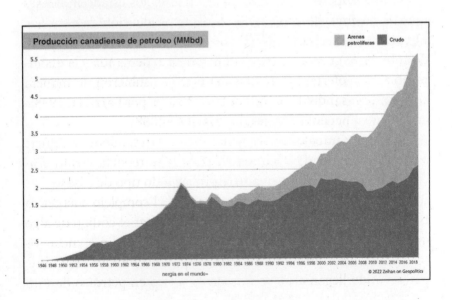

En conjunto, el legado de petróleo convencional estadounidense sigue siendo importante: continua produciendo unos cuatro MMbd, un volumen favorable en comparación con el de Irán en su apogeo de la década de 1970 y que casi iguala la producción total de Canadá en la actualidad.

Pero la verdadera historia es lo nuevo: el sector del petróleo de esquisto de Estados Unidos.

A principios de la década de 2000, el mundo del petróleo fue golpeado por cuatro acontecimientos simultáneos y no relacionados. En primer lugar, las hipotecas *subprime* ya estaban descontrolándose en Estados Unidos, generando niveles poco saludables de demanda de todos los elementos que intervienen en la construcción de viviendas: madera, hormigón, cobre, acero... y petróleo. En segundo lugar, el *boom* chino estaba empezando a ser una locura. La demanda poco sensible a los precios hizo subir el costo de todas las materias primas disponibles a nivel mundial, petróleo incluido. En tercer lugar, en 2002 un infructuoso golpe de Estado en Venezuela condujo a una purga política muy acertada de la empresa petrolera estatal del país, purga que se centró en los tecnócratas que producían el petróleo. El sector energético del país nunca se recuperó. En cuarto lugar, en 2003 los estadounidenses invadieron Irak, desconectando toda su producción de petróleo. El país tardó dieciséis años en volver a los niveles de producción de antes de la guerra. Entre el aumento de la demanda y la disminución de la oferta, los precios del petróleo subieron de manera constante, pasando de menos de diez dólares por barril en 1998 a casi ciento cincuenta dólares por barril en 2008.

Cuando tu trabajo te hace ganar diez dólares, tiendes a ceñirte a la eficacia probada. Cuando tu trabajo te reporta ciento cincuenta dólares, puedes permitirte probar todo tipo de cosas.

Con algunos años de experimentación, el complejo energético colectivo estadounidense fue capaz de descifrar el código de algo que ahora llamamos la «revolución del esquisto». En esencia, los operadores de esquisto perforan hacia abajo como de costumbre, pero cuando llegan a un estrato de roca rico en petróleo dan un giro brusco y perforan horizontalmente a lo largo de toda la capa. A continuación, bombean agua y arena a alta presión en la formación. Como los líquidos no se comprimen, la roca se resquebraja desde el interior, liberando incontables trillones de diminutas bolsas de petróleo y gas natural que, de otro modo, serían demasiado pequeñas para extraerse con la perforación convencional. La arena suspendida en el fluido de fracturación abre las grietas, mientras que el petróleo ahora liberado proporciona una presión inversa que empuja el agua de vuelta a la tubería. El petróleo sigue fluyendo una vez que el agua ha desaparecido. Y ya está. Ha nacido un pozo de esquisto.

En los albores de la era del esquisto, en 2005, estos pozos horizontales tenían solo ciento ochenta y dos metros de largo por plataforma de perforación y únicamente producían unas pocas docenas de barriles de petróleo al día. A partir de 2022, muchos de los nuevos pozos superan los tres kilómetros, y muchos de ellos cuentan con un verdadero árbol de ramas de más de un kilómetro y medio de longitud cada una, todos ellos conectados a la misma tubería vertical. Gracias a las mejoras introducidas en todos los aspectos, desde la gestión del agua hasta los aparatos de perforación, pasando por el procesamiento de datos, las imágenes sísmicas y la potencia de bombeo, ahora es habitual que los pozos individuales arrojen más de 5000 barriles de petróleo al día, una cifra que sitúa a los pozos de esquisto estadounidenses al mismo nivel que algunos de los más prolíficos de Irak y Arabia Saudí.

En conjunto, estos cambios han añadido unos diez MMbd, convirtiendo a Estados Unidos en el mayor productor de petróleo del mundo y permitiéndole, al mismo tiempo, alcanzar la independencia petrolera neta. En esta afirmación hay un montón «sí, pero», que va desde las complicaciones en cuanto a la calidad del crudo, el gas natural, la infraestructura y el cambio climático —y llegaremos a todos ellos—, pero la conclusión central es fácil de entender: el mapa energético mundial es radicalmente diferente en 2022 comparado con el aspecto que tenía hace apenas quince años, porque el mayor importador del mundo se ha convertido en un exportador neto.

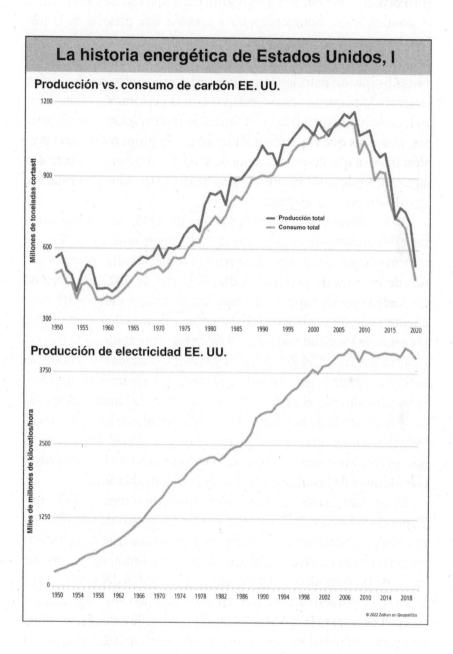

## La historia energética de Estados Unidos, I

### Producción vs. consumo de carbón EE. UU.

Millones de toneladas cortastt

1200

900

600

300

— Producción total
— Consumo total

1950 1955 1960 1965 1970 1975 1980 1985 1990 1995 2000 2005 2010 2015 2020

### Producción de electricidad EE. UU.

Miles de millones de kilovatios/hora

3750

2500

1250

0

1950 1954 1958 1962 1966 1970 1974 1978 1982 1986 1990 1994 1998 2002 2006 2010 2014 2018

© 2022 Zeihan on Geopolitics

# La historia energética de Estados Unidos, II

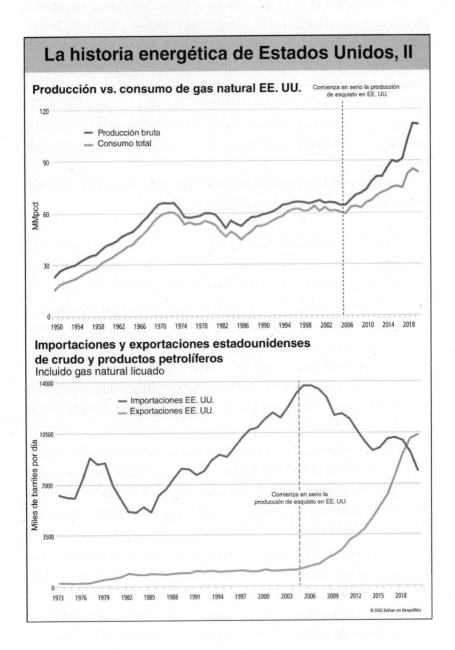

## Producción vs. consumo de gas natural EE. UU.

Comienza en serio la producción de esquisto en EE. UU.

— Producción bruta
— Consumo total

MMpcd

120
90
60
30
0

1950 1954 1958 1962 1966 1970 1974 1978 1982 1986 1990 1994 1998 2002 2006 2010 2014 2018

## Importaciones y exportaciones estadounidenses de crudo y productos petrolíferos
Incluido gas natural licuado

— Importaciones EE. UU.
— Exportaciones EE. UU.

Miles de barriles por día

14000
10500
7000
3500
0

Comienza en serio la
producción de esquisto en EE. UU.

1973 1976 1979 1982 1985 1988 1991 1994 1997 2000 2003 2006 2009 2012 2015 2018

© 2022 Zeihan on Geopolitics

La revolución del esquisto ha modificado los números estratégicos que sustentan el sector energético mundial y, con ello, la globalización en su conjunto. Dicho de manera muy sencilla y directa, tanto la producción como las exportaciones del golfo Pérsico y del antiguo espacio soviético dependen tanto de la arquitectura de seguridad global de Estados Unidos como de la capacidad de los técnicos extranjeros para acceder a ambas regiones. En cambio, la producción dentro de Norteamérica no depende de ninguna de las dos cosas.

Hay infinidad de posibilidades de que todo esto salga terriblemente mal. He aquí algunos ejemplos.

- Estados Unidos retira sus fuerzas —terrestres y navales— del golfo Pérsico, dejando que los iraníes y los saudíes discutan sobre quién manda en realidad. En riesgo: 26,5 MMbd.
- India reacciona al aumento de los precios del petróleo incautando petroleros con destino a Asia oriental. Ninguna potencia de Asia oriental tiene la capacidad de proyectar una fuerza naval hacia el golfo Pérsico sin la complicidad activa de India. En riesgo: veintiún MMbd de flujos de exportación de Hormuz, más otros 1,5 MMbd de Nigeria y Angola que se dirigen a Asia.
- Egipto restringe el tránsito de mercancías por Suez. De nuevo. En riesgo: 4,25 MMbd de flujos de exportación, de los cuales aproximadamente el 60 % se transborda a través de oleoductos de derivación del canal, por lo que podría ser vulnerable a la violencia política interna egipcia.
- En ausencia del poder naval estadounidense, la piratería florece en las costas de África occidental y oriental. En riesgo: 3,5 MMbd de exportaciones de petróleo de África occidental, además de cualquier envío desde el golfo Pérsico a Europa que navegue de forma imprudente demasiado cerca de la costa.
- Los rusos tienen puntos de vista muy diferentes de los noruegos, suecos, finlandeses, polacos, estonios, letones, lituanos y

303

daneses en cuanto a cómo deben resolverse las cuestiones de seguridad regional. En riesgo: dos MMbd de flujos de exportación rusos a través del mar Báltico y dos MMbd de producción petrolera noruega.

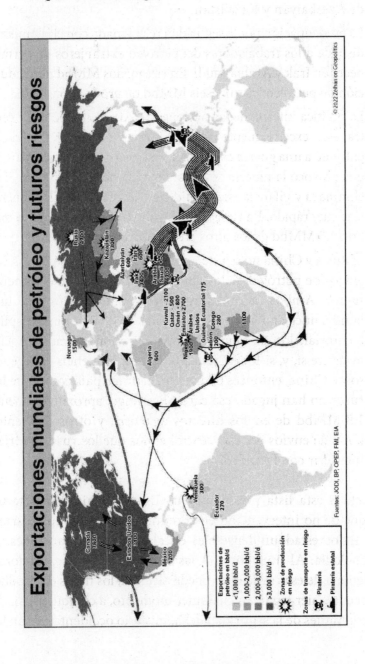

Exportaciones mundiales de petróleo y futuros riesgos

Exportaciones de petróleo en bbl/d

<1,000 bbl/d
1,000-2,000 bbl/d
2,000-3,000 bbl/d
>3,000 bbl/d

Zonas de producción en riesgo

Zonas de transporte en riesgo

Piratería

Piratería estatal

Fuentes: JODI, BP, OPEP, FMI, EIA

© 2022 Zeihan on Geopolitics

Canadá 2800
Estados Unidos 3700
México 1200
Venezuela 300
Ecuador 270
Noruega 1500
Rusia 4700
Kazajistán 1300
Azerbaiyán 600
Irak 3300
Arabia Saudí 6700
Kuwait - 2100
Qatar - 500
Omán - 800
Emiratos Árabes Unidos 2700
Nigeria 1900
Gabón 200
Congo 280
Guinea Ecuatorial 175
1100
Algeria 600

- Las relaciones entre los principales proveedores de expertos en petróleo —Reino Unido y Estados Unidos— y los rusos se desploman. Puede que porque haya una guerra. En riesgo: cinco MMbd de producción petrolera rusa, y otro un MMbd de Azerbaiyán y Kazajistán.

- La preocupación por la seguridad relacionada con el islamismo disuade a los trabajadores del petróleo extranjeros de permanecer en Irak y Arabia Saudí. En riesgo: dos MMbd de producción de petróleo iraquí y seis MMbd de producción saudí.

- La política interna de las naciones de África occidental y central es... excesivamente violenta. Entre 1967 y 1970, Nigeria se enfrentó a una guerra civil por el control del petróleo del país, lo que provocó la muerte de unos dos millones de personas. Si se elimina la vigilancia estadounidense, las cosas podrían ponerse feas muy rápido. En riesgo: dos MMbd de flujos de Nigeria más otro 1,5 MMbd de los otros productores regionales.

- Si Rusia y China no se unen por su odio a Estados Unidos, los envíos de petróleo de la primera a la segunda no son sacrosantos. Ambos países estuvieron a punto de lanzarse una bomba nuclear a finales de la década de 1960 por una disputa territorial; los dos pueblos son impresionantemente racistas entre sí, y, si Rusia nunca utiliza su influencia energética sobre China, entonces China será el único país con el que los rusos no han jugado esa carta. En riesgo: aproximadamente 1,8 MMbd de envíos directos de Rusia, y otros doscientos kbpd de envíos de Asia central en los que los rusos podrían interferir con facilidad.

Incluso esta lista presupone que Estados Unidos adopte un enfoque de no intervención en el mundo, en vez de uno disruptivo. A los estadounidenses les encanta imponer sanciones. A la tecnología. Al transporte. A las finanzas. A las aseguradoras. Cualquiera de esas sanciones puede afectar a los flujos de productos en cualquier lugar, en cualquier momento, a cualquier país. Y, como garantes de la seguridad del hemisferio occidental, serán los estadounidenses los que decidan si el petróleo regional que sale del hemisferio llega a buen puerto.

Si bien es cierto que cualquiera de estas restricciones podría haberse producido en el marco del Orden, hay que tener en cuenta algunas cosas:

En primer lugar, Estados Unidos tenía un gran interés en mantener los flujos mundiales de petróleo, tanto por su propia prosperidad económica como por sus objetivos estratégicos más amplios. Esas preocupaciones ya no son válidas y ningún otro país tiene la visión técnica energética de Estados Unidos ni su alcance militar.

En segundo lugar, la producción de petróleo nunca es gratis, y con frecuencia ni siquiera es barata. La producción de petróleo en Venezuela es tan difícil que las inversiones iniciales ascienden a unos 4000 dólares por barril de producción de petróleo a largo plazo. En el pasado Orden de capital barato, eso es sumamente viable. En las restringidas condiciones financieras del Desorden, no tanto.

En tercer lugar, debido a la concentración de la oferta, el petróleo es el producto que más lejos navega para llegar a su destino. Cuanto más larga la navegación, más importante es tener un entorno de seguridad tranquilo.

En cuarto lugar, un proyecto petrolero no es algo que se lleve a cabo rápidamente. Un proyecto típico en tierra requiere de tres a seis años entre una primera evaluación y la primera producción. Los proyectos en alta mar suelen tardar una década o más.

El mejor ejemplo, con diferencia, de la conjunción de estos cuatro factores durante el Orden no es otro que Kashagán. Pero la misma lógica se aplica a la producción de energía en todo el antiguo mundo soviético y en el golfo Pérsico.

La recuperación de cualquier perturbación en el mundo por venir será difícil. Conseguir la mágica constelación de factores de seguridad, costes, acceso a habilidades técnicas y un periodo de tiempo lo bastante largo para producir el crudo en primer lugar no será viable para gran parte del mundo, simplemente. Una vez que se desconecte la producción, en la mayoría de los lugares no podrá recuperarse. Desde luego, no se podrá hacer rápido.

# Energía mundial, 2019

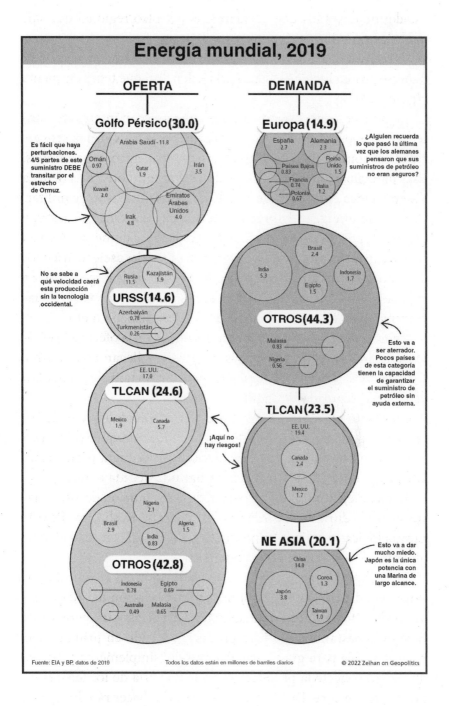

## OFERTA

### Golfo Pérsico (30.0)

Es fácil que haya perturbaciones. 4/5 partes de este suministro DEBE transitar por el estrecho de Ormuz.

- Arabia Saudí - 11.8
- Omán 0.97
- Qatar 1.9
- Irán 3.5
- Kuwait 3.0
- Emiratos Árabes Unidos 4.0
- Irak 4.8

No se sabe a qué velocidad caerá esta producción sin la tecnología occidental.

### URSS (14.6)

- Rusia 11.5
- Kazajistán 1.9
- Azerbaiyán 0.78
- Turkmenistán 0.26

### TLCAN (24.6)

- EE. UU. 17.0
- Mexico 1.9
- Canada 5.7

### OTROS (42.8)

- Nigeria 2.1
- Brasil 2.9
- Algeria 1.5
- India 0.83
- Indonesia 0.78
- Egipto 0.69
- Australia 0.49
- Malasia 0.65

## DEMANDA

### Europa (14.9)

¿Alguien recuerda lo que pasó la última vez que los alemanes pensaron que sus suministros de petróleo no eran seguros?

- España 2.7
- Alemania 2.3
- Países Bajos 0.83
- Reino Unido 1.5
- Francia 0.74
- Italia 1.2
- Polonia 0.67

### OTROS (44.3)

- Brasil 2.4
- India 5.3
- Indonesia 1.7
- Egipto 1.5
- Malasia 0.83
- Nigeria 0.56

Esto va a ser aterrador. Pocos países de esta categoría tienen la capacidad de garantizar el suministro de petróleo sin ayuda externa.

### TLCAN (23.5)

- EE. UU. 19.4
- Canada 2.4
- Mexico 1.7

¡Aquí no hay riesgos!

### NE ASIA (20.1)

- China 14.0
- Corea 1.3
- Japón 3.8
- Taiwan 1.0

Esto va a dar mucho miedo. Japón es la única potencia con una Marina de largo alcance.

Fuente: EIA y BP, datos de 2019          Todos los datos están en millones de barriles diarios          © 2022 Zeihan on Geopolitics

Los aspectos concretos serán tan disparatados e imprevisibles como el resto del caos posterior al Orden, pero un buen punto de partida es suponer que el 40 % del suministro mundial será del estilo Kashagán: rutas de exportación demasiado peligrosas para sobrevivir al fin de la globalización, proyectos demasiado caros para mantenerlos sin financiación externa, demasiado difíciles desde un punto de vista técnico para operarlos sin un ejército de trabajadores de fuera de la región. Estos proyectos desaparecerán y no volverán en décadas. Si es que lo hacen. Y la ausencia de petróleo durante unas semanas, por no hablar de algunas décadas, sería más que suficiente para que la civilización moderna, tal y como la conocemos, se viniera abajo.

Eso no es ni remotamente un presagio del alcance de las perturbaciones que se avecinan.

# EL PETRÓLEO ES MUCHO MÁS QUE PETRÓLEO

El petróleo no es un producto «normal». De los miles de formas en que es único, merece la pena examinar siete por el absoluto cambio de las circunstancias en que el mundo está a punto de encontrarse.

## INELASTICIDAD

Lección rápida de economía. En circunstancias normales, los precios son el resultado de la relación entre la oferta y la demanda. Si la oferta aumenta mientras la demanda se mantiene constante, los precios bajarán. Del mismo modo, si la demanda aumenta mientras la oferta se mantiene constante, los precios subirán. La inversa de ambas afirmaciones también es cierta. Este concepto se denomina «elasticidad de los precios» y es válido para todo, desde los monopatines hasta el pan, pasando por las plantas o los trabajadores de la construcción.[89]

El petróleo es diferente. Dado que es fundamental para todo lo que hacemos, desde las tejas de tu tejado hasta el teléfono que tie-

---

89   ¡Felicidades! Acabo de ahorrarte tres meses de universidad.

nes en la mano, pasando por la espátula de tu cocina, las tuberías y mangueras de tu fontanería, los pañales de tu hijo, la pintura de tus paredes, tu desplazamiento diario al trabajo o la forma en que los productos cruzan el océano, un ligero aumento de la demanda de petróleo o una ligera disminución de la oferta de petróleo provoca grandes fluctuaciones de precios que, con toda seguridad, no son proporcionales. Y lo que es aún más importante: el petróleo es el combustible del transporte. Si no hay petróleo, tu coche no funciona. Tampoco lo hace ese gigantesco barco contenedor que te trae esa reluciente lavadora nueva de Corea que debes tener. Los detalles varían de un lugar a otro y de un momento a otro, pero una buena regla básica es que un cambio en la demanda de alrededor del 10 % se traduce en un cambio de precio de alrededor del 75 %.

Durante la década de 2000, cuando la oferta y la demanda estaban especialmente desequilibradas y fuera de control, el precio no tardó en subir un 500 %. Del mismo modo, cuando estalló la burbuja estadounidense de las hipotecas *subprime* en el contexto de una crisis financiera mundial, la consiguiente caída de la demanda hizo que el petróleo devolviera rápidamente unas 4/5 partes de esa subida de precio.

## PERTURBABILIDAD

Todos los productos viajan por los siete mares, por lo que todos se enfrentan a cierto grado de riesgo cara al futuro, a pesar de que no todos los productos son iguales. Tanto si se evalúa la cadena de suministro de la madera como la de los cuencos, casi todo tiene diferentes fuentes y rutas de suministro que pueden participar activamente según dicte el mercado.

El petróleo es diferente. Como todo el mundo debe tenerlo, y como solo unos pocos lugares lo producen en volúmenes exportables, las rutas de transporte están mucho más concentradas. Y lo que es más problemático: las líneas de suministro son muy largas. Los flujos que salen del golfo Pérsico deben recorrer entre 8000 y

11.000 kilómetros para llegar a los destinos de Asia oriental, entre unos 5000 y 10.000 kilómetros para llegar a los destinos europeos y entre 8000 y 14.500 kilómetros para llegar a los norteamericanos. Otros proveedores menores no están mucho mejor. Venezuela, por ejemplo, ha enviado en ocasiones crudo alrededor de Sudamérica y a través del Pacífico hasta el norte de China, un viaje de casi 19.500 kilómetros, que es el recorrido de suministro más largo del mundo, literalmente más de la mitad de la vuelta al planeta.

Obviamente, esto es un problema. Es muy fácil identificar un petrolero: viajan muy despacio y no tienen más remedio que seguir la ruta más corta posible, que ya es bastante larga. No hay buenas alternativas para la mayoría de esos cargamentos de petróleo. Casi todo el petróleo que se origina en el golfo Pérsico debe utilizar el estrecho de Ormuz. Incluso los oleoductos de derivación tienen un uso limitado, ya que terminan en el lado oriental de Ormuz o en el mar Rojo, donde los envíos todavía tienen que pasar por Suez o por Bab el-Mandeb. Eludir el estrecho de Malaca sigue requiriendo atravesar el archipiélago indonesio por un lugar diferente. Y, al final, el punto de destino de muchos de estos envíos es un lugar de inevitable difícil acceso, ya sea el mar de China Meridional, el mar de China Oriental, el mar de Japón, el Mediterráneo o el mar del Norte.


## INSEPARABILIDAD

Uno de los muchos efectos transformadores del Orden fue la combinación de todo el mundo en un único mercado. Con pocas excepciones, los productos pueden fluir de zonas de alta oferta a las de alta demanda. En el caso de la mayoría de los productos, esto suaviza cualquier vaivén de precios, ya que suele haber material extra en alguna parte que se puede utilizar para abastecer de lo que sea necesario allí donde se necesite.

Al petróleo, con su inelasticidad de precios, le pasa todo lo contrario. Cualquier cambio repentino en la oferta o la demanda repercute en seguida en todo el sistema. Por ejemplo, puede que la crisis financiera asiática de 1997-98 solo afectara a la demanda de petróleo de forma marginal y a nivel regional, pero esos pequeños cambios hicieron caer el precio del crudo a más de la mitad. A nivel mundial. Esto deja en una especie de pacto suicida a gran parte del mundo. Cualquier perturbación que se produzca en cualquier zona de producción o a lo largo de cualquier ruta de transporte repercutirá en todo el mundo.

Habrá algunas excepciones, que se clasifican en dos categorías generales:

En primer lugar, están esos protoimperios que son capaces de comandar militarmente los envíos fuera de zonas de producción específicas cercanas. Estas intervenciones no suelen ser limpias, fáciles ni bien recibidas por los productores de petróleo, pero ocurrirán de todos modos. El segundo grupo de excepciones incluye a las grandes potencias que producen el crudo que necesitan internamente y que, por tanto, pueden bloquear las exportaciones con un par de gestos de bolígrafo o de interruptor.

En ambos tipos de sistemas regionales, la economía del petróleo se hará eco de los modelos establecidos en el mundo anterior al Orden. Cada sistema tendrá su propia mecánica de oferta y demanda, sus propias primas de riesgo de seguridad, sus propios patrones de grado de crudo y, sobre todo, su propia lógica de precios.

– La más fácil de predecir es la de Estados Unidos. Se necesitan años para comenzar a operar la mayoría de los pozos petrolíferos convencionales, pero los de esquisto solo necesitan unas semanas. Es de esperar incrementos de precios en el mercado estadounidense —que no tardará en aislarse—, que se atenuarán con facilidad, con una estructura de precios bastante equilibrada que alcanzará un máximo de unos setenta dólares por barril. (Canadá se dejará llevar, ya que toda la infraestructura de exportación canadiense relevante termina en territorio estadounidense).

- En segundo lugar, se encuentra Rusia. Si bien la capacidad tecnológica civil rusa prácticamente ha colapsado desde el final de la Guerra Fría, también lo ha hecho su capacidad industrial. El resultado final ha sido la liberación de cinco millones de barriles de petróleo y unos 10.000 millones de pies cúbicos de gas natural para exportación diaria. Los rusos nunca han sido esclavos de las normas capitalistas modernas, algo que no cambiará en el futuro. Creo de verdad que, con el tiempo, la escasez rusa de capital, mano de obra y dominio técnico socavarán todas esas exportaciones. No obstante, la expresión clave es «con el tiempo». En cualquier escenario que no implique nubes de hongos o una crisis civil extrema, los rusos tendrán energía más que suficiente para satisfacer sus propias necesidades al menos hasta principios de la década de 2040. Y, como Rusia será en esencia un sistema cerrado, los precios internos de la energía serán precisamente los que el Kremlin decrete.

- Es probable que Argentina disfrute de un sistema petrolero no muy diferente al de Estados Unidos. A pesar de algunos enfoques muy... creativos de gestión económica, Argentina ya tiene el segundo sector del gas de esquisto más avanzado del mundo, así como toda la infraestructura necesaria para llevar la producción local a sus centros de población.

- También en Francia y Turquía pintan bien las cosas. Ambos países están cerca de los productores regionales de energía — Argelia y Libia en el caso de Francia, Azerbaiyán e Irak en el de Turquía— y cuentan con los conocimientos técnicos locales necesarios para hacer funcionar esas áreas petroleras. Dicho esto, para asegurar dicha producción será necesario un enfoque neocolonial de sus regiones, y eso generará... drama.

- Reino Unido, India y Japón son los siguientes. Todos necesitan aventurarse, pero todos tienen fuerzas navales más o menos adecuadas para llegar a las posibles fuentes. En este sentido, los británicos lo tienen más fácil; Noruega proporciona suministros nacionales, mientras que la Armada británica puede llegar fácilmente a África occidental. También los indios tienen buena pinta: el golfo Pérsico está a un paso. La situación de Japón es un poco más incierta. Si bien es cierto que Japón cuenta con la segunda armada más poderosa del mundo, los campos petrolíferos del golfo Pérsico están a unos desalentadores 11.200 kilómetros. De los países que pueden asegurar sus necesidades, Japón es el que se enfrentará al mayor riesgo de interrupciones, escasez y precios altos.

Fuera de esta corta lista de Estados, el panorama se vuelve más sombrío de todas las formas imaginables. Sin la redundancia y variedad de suministros que ha dominado el mundo posterior a 1945, cualquier interrupción en los envíos supone una fuerte subida inmediata de los precios. Y lo que es peor: muchos de los proveedores de petróleo del mundo no se encuentran precisamente en lo que yo llamaría una zona estable.[90] Si un yacimiento sufre algún daño —ya sea por militancia, guerra, incompetencia o falta de mantenimiento— no deja de funcionar sin más, sino que lo hace durante años.

Es de esperar que los precios sean muy erráticos y que solo caigan por debajo de los ciento cincuenta dólares el barril en contadas ocasiones. Suponiendo que se puedan conseguir suministros.


## LAS RESERVAS NO SON TANTAS

El petróleo mundial se encuentra en más sitios que en las principales zonas de producción del golfo Pérsico, la antigua Unión Soviética y Norteamérica. Da la sensación de que algunas de ellas deberían ayudar a resolver los problemas del futuro. Hay cierta verdad en esta afirmación, pero solo cierta.

Consideremos los candidatos.

---

90   Me refiero a Irán. Y a Irak. Y Kuwait. Y Arabia Saudí y Qatar y Sudán del Sur y Sudán y Azerbaiyán y Uzbekistán y Turkmenistán y Nigeria y Egipto.

Empecemos por las buenas noticias: los países del hemisferio occidental, Colombia, Perú y Trinidad y Tobago. Ninguno es un gran productor, pero todos son razonablemente estables. En un mundo posterior al Orden, los estadounidenses establecerán un cordón de seguridad alrededor de todo el hemisferio para evitar escarceos de las potencias euroasiáticas. El comercio estará permitido. La exportación de productos petrolíferos latinoamericanos al hemisferio oriental se considerará inofensiva, siempre y cuando ninguna potencia del hemisferio oriental deje su huella y que los estadounidenses la perciban como estratégica. Puede que los países de este trío no sean grandes productores —en conjunto, no estamos hablando de mucho más de un millón de barriles al día—, pero como mínimo los estadounidenses pueden y garantizarán la seguridad marítima de cualquier transporte en su lado del planeta.

Brasil es un poco más complicado. La mayor parte de la producción brasileña se da en alta mar y la mayoría de sus yacimientos verdaderamente prometedores no están solo bajo tres kilómetros de océano, sino bajo otros tres de fondo marino. La energía brasileña presenta entornos operativos muy difíciles, costes de producción muy elevados y un telón de fondo político muy complicado. El problema no es otro que la coherencia futura de Brasil como Estado. El Orden ha funcionado a la perfección para Brasil: grandes mercados globales, demanda china sin fondo, financiación global barata. Dado que la geografía tropical y accidentada de Brasil le impone uno de los costes de desarrollo más elevados del mundo para... todo, eso ha sido fantástico. Pero esto está desapareciendo, y no está claro si habrá suficientes socios extranjeros técnicamente capaces y con capital al otro lado del Orden. Incluso si la respuesta resulta ser un sí entusiasta, la producción brasileña a gran escala suficiente para generar grandes exportaciones está a un mínimo de dos décadas y cientos de miles de millones de dólares de inversión.

Venezuela solía ser importante. Acostumbraba a estar entre los productores y exportadores más fiables del mundo. En muchos sentidos, las decisiones tomadas en Caracas acabaron con las crisis del petróleo de la década de 1970. Esos días han quedado atrás.

Más de dos décadas de una gestión horrible y deliberada, y cada vez más creativa y violenta, han acabado por destruir el complejo energético del país. La producción se ha reducido en más de un 90 % con respecto a su nivel máximo, la infraestructura de extracción y transporte se está desmoronando y filtraciones internas del Gobierno sugieren un daño irreparable en los depósitos de petróleo del país.

El destino de la mayor parte del petróleo venezolano solía ser Estados Unidos, pero las refinerías norteamericanas han renunciado a que Venezuela vuelva al mercado, por lo que han restructurado sus equipos para operar con otros flujos de entrada. Como los estadounidenses ya no están interesados, Venezuela ni siquiera tiene compradores exclusivos de sus grados específicos de crudo ultrapesado. Las finanzas del Gobierno se han derrumbado llevándose consigo tanto la producción como la importación de alimentos. La hambruna es ahora uno de los escenarios más favorables del país, siendo más propenso al colapso civilizatorio total.

Si Venezuela —y la palabra correcta es «si»— quiere contribuir al suministro mundial de petróleo, alguien tendrá que desplegar fuerzas en el país para imponer la seguridad, detener la caída y aportar miles de millones de dólares en suministros para mantener a la población y decenas de miles de millones para renovar la infraestructura energética, todo ello al mismo tiempo que convencen a los estadounidenses de que no van a intentar hacer nada raro. ¿Imposible? No. Pero como mínimo sería un proyecto de reconstrucción de tres décadas. Algo un poco más plausible es que una de las regiones petroleras de Venezuela —en concreto Maracaibo— se separe de Venezuela y busque protección extranjera, lo más probable que de Estados Unidos directamente o de la vecina Colombia. Esto podría devolver a los mercados un par de millones de barriles de producción diaria con una inversión de «solo» unos pocos años y unos 30.000 millones de dólares.

Los Estados africanos occidentales de Nigeria, Guinea Ecuatorial y Angola siempre han sido entornos operativos poco favorables para las empresas petroleras extranjeras. Se trata en gran medida de un problema de seguridad. Los Estados africanos tienen un pobre historial a la hora de controlar su propio territorio, lo que a menudo hace que los extranjeros sean víctimas de secuestros, sabotajes o cosas peores; y eso suponiendo que la producción de petróleo no sea presa de las disputas políticas internas. Que lo es. Constantemente. Con toda seguridad, en un mundo posterior al Orden, estos problemas de seguridad interna se intensificarán, lo que obligará a la mayoría de los actores extranjeros a centrarse en tipos de producción muy específicos: los que se desarrollen en aguas profundas, a decenas de kilómetros de la costa. Estas plataformas marinas tendrán que estar militarizadas para evitar el asalto de los piratas. Los países occidentales con más posibilidades de participar son los que están más cerca de los africanos occidentales y cuentan con la capacidad técnica y militar para llegar a ellos: el Reino Unido y Francia. Definitivamente, se avecina una época de aguas agitadas, pero este trío de Estados africanos es con toda probabilidad el que generará las pocas buenas noticias que verán los mercados petroleros del hemisferio oriental en las próximas décadas.

En el sudeste asiático, países como Australia, Brunéi, Indonesia, Malasia, Tailandia y Vietnam son productores aceptables. Sin embargo, en las últimas décadas han experimentado una expansión económica suficiente para que la creciente demanda regional de petróleo haya absorbido casi toda la oferta regional disponible. En conjunto, estos países ya no son exportadores netos de petróleo. Y eso antes de tener en cuenta las preferencias geopolíticas. Esta región está estrechamente unida no solo por la integración manufacturera, sino por una serie de pactos políticos y de seguridad amistosos y cooperativos. Seguro que preferirían que el resto de un mundo cada vez más caótico se mantuviera al margen. Cavarían un agujero y lo meterían en él si pudieran.

El mar del Norte es la única zona de producción importante que queda en Europa, y la mayor parte de la producción se encuentra en el sector noruego. Los noruegos mantienen excelentes relaciones con sus primos culturales de Suecia, Finlandia y Dinamarca, así como con su principal vecino marítimo, el Reino Unido. Para ser francos, es probable que todo este elenco de países se encuentre en el lado opuesto tanto de los franceses como de los alemanes, y ya están al otro lado de la alambrada rusa. Para preservarse a sí mismos, es casi seguro que este colectivo tomará medidas conjuntas para impedir que la energía del mar del Norte se vaya a otra parte que no sea a los miembros del grupo. Eso es genial si uno pertenece al club. No tanto si no es así.

Argelia lleva décadas siendo un gran productor, y su producción ha ayudado a mitigar parte del caos de precios que el golfo Pérsico brinda con tanta seguridad. Eso no va a ocurrir durante mucho más tiempo. En el mundo posterior al Orden habrá muy pocos países que puedan velar por sus propias necesidades económicas y de seguridad, y el país que encabeza esa corta lista es Francia..., ubicada directamente al otro lado del mar Mediterráneo. Francia fue la antigua potencia colonial de Argelia y la ruptura no fue muy bonita que digamos. Lo mejor que puede hacer Argelia es acercarse a España o a Italia y ofrecerles suministros para que Argel no tenga que lidiar con los franceses. Puede que incluso funcione. De no ser así, los argelinos pueden esperar que los franceses absorban toda su capacidad de exportación de energía. Al menos los franceses pagarán por ello. Probablemente.

Las cosas en Libia se volverán complicadas porque, bueno, es Libia. Hogar de al menos tres insurrecciones importantes, en medio de una guerra civil en curso; mi instinto me dice que se trata de un país que descartar por completo. Pero también está Italia. En un mundo en el que el crudo de la antigua Unión Soviética y del golfo Pérsico se reduce y Francia se hace cargo *de facto* de los campos argelinos, Libia se convertiría en la única fuente de petróleo de Italia. A menos que los italianos decidan renunciar a la existencia de su país, no tendrán otra opción que aventurarse a asegurar los principales puertos de Libia, los centros de producción de Libia en las profundidades del desierto, y todas las infraestructuras de conexión entre ellos. Teniendo en cuenta la característica desorganización de Italia, su falta de práctica en lo que respecta a la ocupación colonial y su completo racismo en lo que respecta a los árabes, este pequeño capítulo de la historia será sin duda entretenido. Y horrible.

¿Cuánto queda, entonces?

Si se excluyen los suministros cautivos en lugares como América del Norte, el mar del Norte, el norte de África o el Sudeste Asiático, y los suministros sumamente perturbadores del golfo Pérsico y el antiguo espacio soviético, los suministros para la demanda local en lugares como América del Norte y Rusia se colocan en un cubo diferente, y el total de los suministros exportables, más o menos fiables, a nivel mundial solo asciende a unos míseros seis millones de barriles diarios... frente a una demanda mundial de noventa y siete millones.

## EL PETRÓLEO ES MUCHO MÁS QUE SOLO ESO

Nadie pone petróleo crudo sin más en el depósito del coche. Primero hay que procesarlo en una refinería. Tal vez las cadenas de suministro de petróleo no sean tan complicadas como las de, por ejemplo, los ordenadores, pero los resultados pueden ser mucho más dramáticos. No hay dos flujos de petróleo crudo que tengan exactamente la misma composición química. Algunos son viscosos y están cargados de impurezas, sobre todo de azufre, que puede representar hasta el 3 % del volumen del crudo. Estos crudos se denominan «pesados». Otros, como las arenas petrolíferas de Canadá, son tan pesados que a temperatura ambiente son sólidos. Y algunos son tan puros que tienen el color y la consistencia de un quitaesmalte y se llaman «ligeros».

Entre estos extremos hay todo un mundo de posibilidades, cada una con su propia composición química. Los cientos de refinerías del mundo tienen todas ellas una mezcla preferida, que en el caso de muchas antiguas estaba adaptada a un campo petrolífero específico. También esto es consecuencia del Orden. En un mundo seguro, nada impedía que el crudo de una determinada fuente llegara a una determinada unidad de proceso. Pero ¿y después del Orden? Cualquier cosa que altere los modelos de producción o de transporte en el estadio intermedio, también alterará todo lo que pase en la fase de refinación del sector energético.

En el peor de los casos, utilizar el crudo «equivocado» puede causar daños importantes en instalaciones multimillonarias. Incluso en el mejor de los casos, seguro que cierto porcentaje del crudo que pasa por una refinería para ser procesado acabará perdiéndose debido simplemente a mezclas de entrada inadecuadas. Las pérdidas aumentan rápidamente cuando se pide a una refinería que haga algo para lo que no se ha diseñado o cuando no tiene acceso a la mezcla de crudo «correcta». Por ejemplo, a los europeos les encanta el diésel, y la mezcla rusa de los Urales (un crudo medio/ácido) es una materia prima bastante buena para refinar diésel. Si se interrumpe el flujo de los Urales y se sustituye por otro tipo de crudo, los europeos se enfrentarán a graves cuellos de botella, incluso si pueden mantener sus refinerías funcionando a su capacidad prevista. Teniendo en cuenta la inelasticidad de los precios del petróleo, algo tan pequeño como una pérdida del 1 % en las refinerías puede tener un impacto enorme en los clientes.

Nos enfrentamos en el futuro a una pérdida de crudo mucho mayor que el 1 %. La mayoría de las refinerías del mundo fueron diseñadas para funcionar con crudos más ligeros porque tienen menos contaminantes y son más fáciles de procesar. En la actualidad, la mayor parte de los crudos más ligeros del mundo proceden de los yacimientos de esquisto estadounidenses. Es posible renovar las refinerías, pero se necesitan dos cosas que escasearán en el nuevo mundo: tiempo y dinero. Además, la remodelación no hace más que confinarte a una nueva fórmula de crudo. En un mundo inestable, la fiabilidad de determinados flujos de entrada de crudo solo puede darse si se está muy cerca de la fuente segura. Para la mayoría de las refinerías, eso simplemente no es posible.

## EL PETRÓLEO ES AÚN MUCHO MÁS QUE PETRÓLEO

También existe algo llamado «gas natural», que junto con el petróleo es uno de los combustibles fósiles clásicos.

Los dos se parecen en muchos aspectos. Ambos tienen las tres mismas concentraciones de oferta: el golfo Pérsico, la antigua Unión Soviética y Norteamérica. Ambos tienen las mismas tres concentraciones de demanda: el Noreste Asiático, Europa y América del Norte. Ambos se utilizan para cosas similares, desde combustible para el transporte hasta materia base petroquímica.

Sin embargo, tienen una diferencia crítica que determina su uso, su prevalencia y su impacto.

El petróleo es un líquido. Se puede transportar por tuberías, barcazas, camiones cisterna o camiones, y se puede almacenar en un tanque no presurizado. Los grandes depósitos de petróleo de los principales puertos tienen incluso tapas flotantes que suben y bajan con el nivel de llenado.

Es imposible hacer algo así con el gas natural. Es un... gas. Es difícil contener y transportar un gas, incluso si no es inflamable (y el gas natural lo es), tiende a ser explosivo bajo presión.

Esta diferencia tiene algunas consecuencias directas.

– Dado que los gases se queman mucho mejor que los líquidos, el gas natural es uno de los principales combustibles para la generación de electricidad (mientras que prácticamente nadie utiliza ya el petróleo para generar energía).[91] Cuando se quema en una instalación eléctrica moderna, el gas natural suele generar apenas la mitad de las emisiones de dióxido de carbono que el carbón. La mayor parte de la reducción de emisiones de $CO_2$ de Estados Unidos desde 2005 se ha producido porque el gas natural ha ido desplazando al carbón en

---

91　Aunque, vaya, varios de esos países del golfo Pérsico queman petróleo para obtener electricidad. ¡Y un montón!

su combinación energética. Se están produciendo desplazamientos similares en gran parte del resto del mundo, sobre todo en Europa y China.

- La mayor parte del gas natural que utiliza el ser humano se transporta por gaseoductos, lo que requiere unos vínculos económicos mucho más estrechos entre el productor y el consumidor. Por ello, la mayoría del gas natural canalizado se produce en el país del que procede, lo que hace que la geopolítica del gas natural sea mucho menos sexi que la del petróleo. Por supuesto, hay excepciones. Rusia es el mayor exportador de gas natural del mundo, en gran parte debido a la infraestructura heredada de la era soviética. Pero el Kremlin considera (no sin razón) que el gas natural por gaseoducto genera dependencias geopolíticas, y ha extendido sus redes de gas natural a Alemania, Italia, Turquía y China con la intención de manipular las políticas estratégicas de esos países. El resultado (desde el punto de vista ruso) solía ser positivo... hasta que les dio por invadir a los vecinos de sus clientes.

- El gas natural se puede enfriar, presurizar y transportar por barco, pero eso es caro y requiere una infraestructura especializada, por lo que solo se hace con un 15 % del total. El cálculo de la oferta y la demanda de este «gas natural licuado», o GNL, se asemeja al del petróleo. La mayor parte del GNL procede de Qatar, Australia, Nigeria o Estados Unidos y su destino es Europa o, sobre todo, el noreste de Asia. Esto significa que, en lo que respecta a los envíos, tanto productores como consumidores de gas natural deben esperar interrupciones en el suministro, igual que con el petróleo.

En conjunto, estas tres diferencias no auguran necesariamente un futuro más brillante para este rincón del sistema energético mundial, sino un tipo diferente de oscuridad. Y «oscuridad» es la palabra. El petróleo se utiliza especialmente para el transporte, por lo que su escasez ralentiza la interacción humana. El gas natural se utiliza sobre todo para generar electricidad, por lo que su escasez significa que las luces se apagan. Los lugares más vulnerables son los que más dependen de los flujos masivos de gas natural desde, o a través de, los territorios y las aguas de países poco fiables: Corea, Taiwán, Turquía, China, Ucrania, Alemania, Austria, España, Japón, Francia, Polonia e India, más o menos en ese orden.

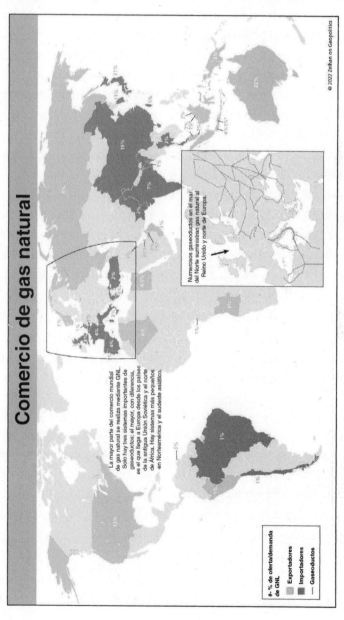

323

Otro dato curioso. El gas natural es vital para los lugares que... carecen de él: el noreste de Asia y Europa occidental, sobre todo. Con frecuencia pagan diez dólares por cada mil pies cúbicos y tienen que lidiar con productores quisquillosos y Estados de tránsito más irascibles aún, así como con la hostilidad de los vecinos. En el acto de apertura de la guerra de Ucrania, los precios superaron enseguida los cuarenta dólares.

Pero, en Estados Unidos, el gas natural suele ser un subproducto de los esfuerzos petroleros de su sector de esquisto. A menudo, tienen que quemarlo porque no pueden construir su infraestructura de distribución lo bastante rápido para capturarlo todo. Una vez capturado, suele venderse en el sistema a precio cero o casi cero; incluso añadiendo los costes de procesamiento y transporte, la mayoría de los usuarios finales estadounidenses obtienen acceso a algo menos de una cuarta parte del coste del resto del mundo. Si se cambia el sistema global, el único ajuste que quizá tendrían que hacer los estadounidenses en su configuración de gas natural es empezar a producir un poco más intencionadamente para poder transformarlo en productos acabados para su venta en el extranjero.

Queda, por último, el fuego en el horizonte.


## CAMBIO CLIMÁTICO

Estoy seguro de que muchos de vosotros os estaréis preguntado cómo he podido llegar tan lejos en un capítulo sobre la energía sin apenas mencionar el cambio climático. No es que no crea en él. En una vida anterior estudié química orgánica. La idea de que los diferentes gases tienen diversas características para atrapar el calor y reflejar la luz[92] es una ciencia bastante básica, con más de un siglo de pruebas. No, ese no es el problema.

---

92  La palabra técnica es «albedo» si quieres parecer inteligente.

El problema es más… farragoso.

En primer lugar, me dedico a la geopolítica. Geo. Geografía. Lugares. El estudio del lugar. Analizo cómo decenas de factores geográficos se interconectan para conformar la cultura, la economía, la seguridad y la población. Si me dicen que el mundo entero se va a calentar cuatro grados, puedo decirte cómo evolucionará. Pero eso no es lo que está ocurriendo.

Al igual que los diferentes gases tienen diversas características para atrapar el calor y reflejar la luz, también lo hacen los diferentes climas. Y tipos de tierra. Y latitudes. Y altitudes. No se trata de un calentamiento uniforme, sino de un calentamiento extremadamente desigual que afecta más a la tierra que al agua, al Ártico que a los trópicos, a las ciudades que a los bosques. Eso repercute no solo en las temperaturas locales, sino en los patrones de vientos regionales y en las corrientes oceánicas globales. Esta incoherencia hace mucho más que añadir otra variable a la combinación de latitud, elevación, humedad, temperatura, composición del suelo, ángulo de la superficie, etc. que me permite leer el planeta. El mapa completo de todo está cambiando. Solo en los últimos años hemos empezado a diseccionar las localizaciones del cambio climático. En este capítulo concreto, «solo» trataremos los aspectos técnicos y la aplicabilidad de las tecnologías verdes desde el punto de vista de la producción y la sustitución de energía, en contraposición a los resultados económicos y estratégicos específicos del cambio climático.[93] Por eso me ocupo del cambio climático en último lugar, y no al principio.

En segundo lugar, pase lo que pase desde el punto de vista político o tecnológico, no hemos, ni mucho menos, «terminado» con el petróleo. La principal preocupación medioambiental en relación con el petróleo son las emisiones de dióxido de carbono, pero la tecnología —como el motor de combustión interna— que quema productos petrolíferos y produce esas emisiones no son

---

[93] Me esforzaré al máximo al hablar sobre el impacto región por región en los capítulos de «Agricultura».

las únicas que utilizan petróleo. El petróleo es también la materia prima para la mayor parte de las necesidades petroquímicas del mundo. Ese sector no es un error de redondeo.

Los productos petroquímicos modernos son responsables de la mayor parte de lo que hoy consideramos «normal», ya que constituyen la mayoría de los insumos de los envases de alimentos, equipos médicos, detergentes, refrigerantes, calzado, neumáticos, adhesivos, equipos deportivos, equipaje, pañales, pinturas, tintas, chicles, lubricantes, aislantes, fertilizantes, pesticidas y herbicidas, y el segundo componente más importante de los insumos materiales del papel, de los productos farmacéuticos, de la ropa, de los muebles, de la construcción, del vidrio, de la electrónica de consumo, de la automoción, de los electrodomésticos y de los muebles. Los combustibles para el transporte derivados del petróleo constituyen la mayor parte del uso del petróleo —casi tres quintas partes, para ser exactos—, pero los productos petroquímicos representan una quinta parte. Eso es casi tanto como las exportaciones de todo el golfo Pérsico en un año normal.

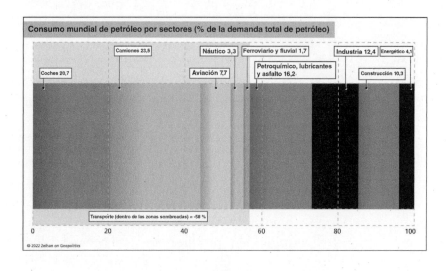

Consumo mundial de petróleo por sectores (% de la demanda total de petróleo)

Coches 20,7 — Camiones 23,5 — Náutico 3,3 — Aviación 7,7 — Ferroviario y fluvial 1,7 — Petroquímico, lubricantes y asfalto 16,2 — Industria 12,4 — Construcción 10,3 — Energético 4,1

Transporte (dentro de las zonas sombreadas) = ~58 %

0    20    40    60    80    100

© 2022 Zeihan on Geopolitics

Muchos de estos productos tienen posibles sustitutos, pero en casi todos los casos este es... el gas natural. Si superamos las posibilidades de los combustibles fósiles, el coste del sustituto es más de diez veces superior al del insumo original, la huella de carbono es más de diez veces la del insumo original o, más probablemente, ambas cosas. Eso suponiendo que exista un sustituto.

En tercer lugar, la tecnología verde no hace que un país sea inmune a la geopolítica. Solo cambia la perspectiva. El clima, la temperatura, la cobertura terrestre, la ubicación de los recursos, la distancia y los cuellos de botella marítimos no son los únicos factores geopolíticos. También lo son la latitud, la elevación, la humedad, la temperatura, el ángulo de la superficie, la velocidad del viento, la fiabilidad del viento, la radiación solar y la variación meteorológica estacional. Del mismo modo que las diferentes características geográficas afectan de forma diferente a la navegación en aguas profundas y a la industrialización, o a la fabricación y las finanzas, lo mismo pasa con la tecnología limpia y la generación de energía convencional. Y, si la tecnología tiene una utilidad variable en función de la ubicación, entonces hay ganadores y perdedores relativos. Al igual que ocurre con el transporte en aguas profundas, la industrialización o el petróleo.

¿Yo personalmente? Vivía en Austin y ahora resido en las afueras de Denver. He instalado placas solares en ambas residencias. En el caluroso y soleado Texas recuperé mi inversión en menos de ocho años. Es probable que tarde menos tiempo viviendo en Colorado. Denver es el área metropolitana más soleada de Estados Unidos, y a gran altura no hay humedad (y muy poco aire) que bloquee la luz solar. Creo firmemente en la tecnología cuando se adapta a la geografía correcta.

Pero no hay mucha geografía «correcta».

En la mayor parte del mundo ni hace mucho viento ni mucho sol. El este de Canadá y el norte y centro de Europa están llenos de nubes durante más de nueve meses al año de media, además de tener días de invierno extremadamente cortos. Nadie va a Florida o al norte de Brasil a practicar *kitesurf*. Los dos tercios orientales de

China, la inmensa mayoría de India y casi todo el sudeste asiático —donde vive la mitad de la población mundial— tienen tan poco potencial solar y eólico que la instalación de tecnología limpia a gran escala emitiría más carbono del que conseguiría ahorrar. Lo mismo ocurre con África Occidental. Y el norte de los Andes. Y las zonas más pobladas de la antigua Unión Soviética. Y Ontario.

Las zonas en las que la tecnología limpia actual tiene sentido tanto desde el punto de vista medioambiental como económico comprenden menos de una quinta parte de la superficie de los continentes poblados, la mayoría de los cuales están muy lejos de nuestros principales centros de población. Pensemos en la Patagonia para la energía eólica o en las vastas áreas de Australia deshabitadas y áridas para la solar. La triste realidad es que la tecnología verde, en su forma actual, no es útil para la mayoría de la gente en la mayor parte de los sitios, ya sea para reducir las emisiones de carbono o para proporcionar un sustituto de los insumos de energía en un mundo más caótico posterior al Orden.

En cuarto lugar, está la cuestión de la densidad. Vivo en una zona rural y mi casa se extiende en consecuencia. Tengo instalado un sistema solar de diez kilovatios, que cubre la mayor parte de mi tejado orientado al sur y al oeste, y que genera suficiente energía para cubrir casi todas mis necesidades. Pero ¿y si viviera en una ciudad? Un tejado más pequeño significa menos espacio para colocar paneles. ¿Y si viviera en un bloque de apartamentos? Mi «tejado» sería un espacio compartido cuyos paneles tendrían que alimentar varias unidades. ¿Y si lo hiciera en un rascacielos? Mínimo espacio en la azotea, mucha gente haciendo uso de muy pocos paneles.

Los combustibles fósiles están tan concentrados que son literalmente «energía» en forma física. En cambio, todas las tecnologías limpias requieren espacio. La energía solar es la peor de todas: es aproximadamente mil veces menos densa que los sistemas alimentados por medios más convencionales. Pensemos en las megalópolis de Estados Unidos, la línea de ciudades densamente pobladas que va de Boston en el norte al área metropolitana de Washington en el sur. En conjunto, las ciudades costeras de esta línea comprenden más o menos un tercio de la población estadounidense en una superficie diminuta. Además, están situadas en zonas con un potencial solar y eólico muy bajo. La idea de que podrían generar un volumen suficiente de electricidad a nivel local es absurda. Necesitan importarla. La zona más cercana con un potencial solar razonablemente bueno (no «bueno», «razonablemente bueno») es el centro-sur de Virginia. Eso queda a unos inoportunos novecientos sesenta kilómetros de distancia de Boston, y Boston sería la última de la fila en recibir sorbitos de electricidad después de D. C., Baltimore, Filadelfia, Nueva York, Hartford y Providence.

No es solo un problema para las ciudades situadas en lugares nublados y calmos. Lo es para las ciudades de todo el mundo. Hay que reevaluar todos los avances tecnológicos que nos han llevado a nuestro presente industrializado y urbanizado para que la tecnología verde de hoy funcione. Pero el mayor reto es, con mucho, la propia existencia de las ciudades. Todas están, por definición, densamente pobladas, mientras que la tecnología limpia, por definición, no es densa. Para cuadrar el círculo, incluso en lugares soleados y ventosos, se necesitarán enormes infraestructuras que salven la distancia entre los densos patrones de población y los sistemas de generación de electricidad de la tecnología limpia, mucho más dispersos. Esta infraestructura tendría que ser a una escala y tener un alcance que la humanidad aún no ha probado llevar a cabo. La alternativa es vaciar las ciudades y deshacer 6000 años de historia. Llamadme escéptico.

En quinto lugar, incluso si la energía solar y la eólica fueran tecnologías equivalentes al petróleo, al gas natural y al carbón en términos de fiabilidad, la descarbonización de la red seguiría siendo una tarea titánica. En la actualidad, el 38 % de la generación mundial de energía no emite carbono, lo que sugiere que «solo» tendríamos que triplicar la parte buena para sustituir la mala. No es así. La energía hidráulica ya ha utilizado todas las zonas geográficas apropiadas disponibles a nivel mundial. La nuclear necesitaría primero una magnífica campaña de relaciones públicas para mejorar su imagen. Si solo se hiciera con la energía solar y la eólica, habría que aumentar nueve veces su capacidad para reemplazar por completo a los combustibles fósiles.

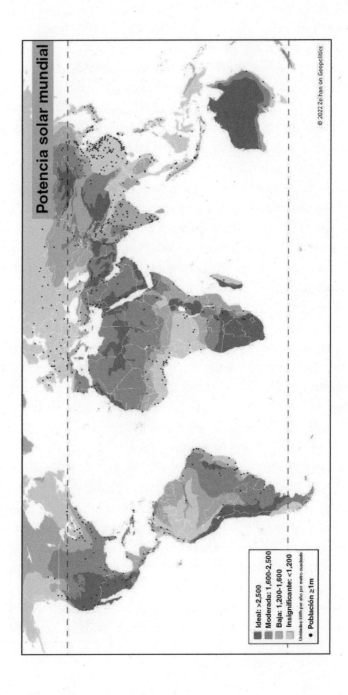

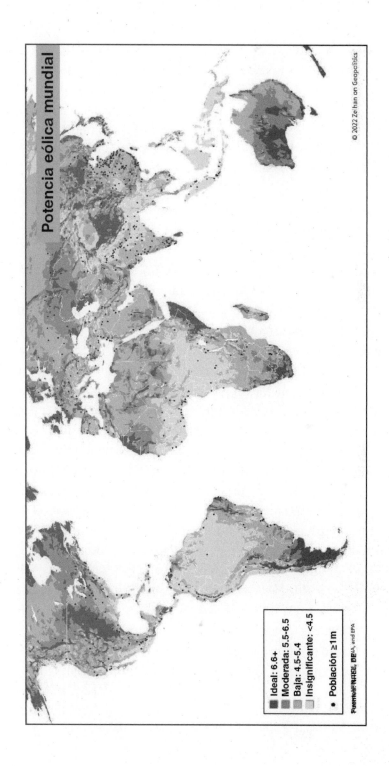

Potencia eólica mundial

Ideal: 6.6+
Moderada: 5.5-6.5
Baja: 4.5-5.4
Insignificante: <4.5

• Población ≥1m

© 2022 Ze-han on Geopolitics

331

En sexto lugar, incluso en las zonas geográficas en las que la tecnología verde funciona bien, en el mejor de los casos solo es un parche parcial. Este tipo de tecnología solo genera electricidad. La eólica y la solar podrían sustituir teóricamente al carbón en algunos lugares concretos, pero la electricidad de cualquier tipo no es compatible con las infraestructuras y los vehículos existentes que utilizan combustibles líquidos derivados del petróleo.

Tal restricción conduce de forma natural al debate sobre los vehículos eléctricos como un reemplazo al por mayor de los propulsados por motores de combustión interna. Esto es mucho más difícil de lo que parece.

La totalidad del sector eléctrico mundial genera aproximadamente tanta energía como los combustibles líquidos para el transporte. Echad la cuenta: cambiar todo el transporte de combustión interna a eléctrico requeriría duplicar la capacidad de la humanidad para generar electricidad. Una vez más, la hidráulica y la nuclear no podrían colaborar, así que esa multiplicación por nueve de la solar y la eólica se convierte en una por veinte. Y no hemos acabado ni remotamente. Ahora se necesita una enorme capacidad de transmisión para conectar los lugares donde los sistemas eólicos y solares pueden generar energía con aquellos donde esa energía se consumirá en última instancia. En el caso de Europa y China, esas líneas eléctricas tienen que saltar continentes. Además, asumimos pequeños detalles que se nos están escapando, como que el viento siempre sopla, o que el sol nunca se pone, o que nunca hay contratiempos en la transmisión de energía desde el desierto de Libia a Berlín o desde el interior de Australia a Pekín. Lo más probable es que los vehículos eléctricos, con la tecnología actual, solo funcionen si duplicamos las mismas fuentes de energía que los ecologistas dicen que estamos intentando eliminar del sistema.

En mi nada humilde opinión, debemos empezar por lo primero: hay que ecologizar la red antes de ampliarla. Y, por desgracia, el ritmo de ese esfuerzo es muy lento: desde 2014, cuando comenzó el *boom* de la energía solar, hasta 2020, solo ha aumentado hasta llegar a ser el 1,5 % del uso total de energía.

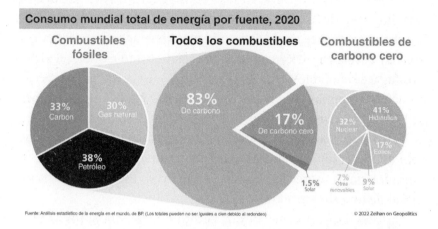

**Consumo mundial total de energía por fuente, 2020**

Combustibles fósiles — Todos los combustibles — Combustibles de carbono cero

33% Carbón
30% Gas natural
38% Petróleo

83% De carbono
17% De carbono cero

32% Nuclear
41% Hidráulica
17% Eólica
1,5% Solar
7% Otras renovables
9% Solar

Fuente: Análisis estadístico de la energía en el mundo, de BP. (Los totales pueden no ser iguales a cien debido al redondeo)    © 2022 Zeihan on Geopolitics

En séptimo lugar, los aspectos prácticos de un posible cambio son más que hercúleos, tanto en términos de desafíos técnicos como de costes; y no me refiero a la tarea relativamente sencilla de instalar suficientes paneles solares y turbinas eólicas para generar 43.000 teravatios-hora de electricidad, alrededor de setenta veces el total de las instalaciones de tecnología limpia instaladas entre 2010 y 2021.

- Parte de lo que hace que el mundo moderno funcione es la energía eléctrica bajo demanda. Esto requiere algo denominado «despachabilidad»: la idea de que una central eléctrica puede aumentar y disminuir su producción de energía para satisfacer la demanda. La energía eólica y la solar no solo no pueden hacerlo, sino que son intermitentes. Los niveles de energía varían en función de la más voluble de las fuerzas: el clima. Las mejoras en el *hardware* pueden evitar que esas subidas de tensión provoquen un cortocircuito o una caída de tensión en los clientes industriales y residenciales, pero eso no es gratis.

- Parte de lo que hace que la despachabilidad sea tan atractiva es que hay picos y valles en la demanda normal de electricidad. En concreto, en la mayoría de los sitios la demanda máxima de electricidad se sitúa entre las 18:00 y las 22:00 horas, con índices de demanda más elevados en invierno. Sin embargo, el pico de suministro solar se sitúa entre las 11:00 horas de la mañana y las 15:00 horas de la tarde, con perfiles de oferta más elevados en verano. Y eso antes de tener en cuenta que el mismo panel generará diferentes cantidades de energía según la ubicación. Mis paneles en las montañas de Colorado producirían menos de una quinta parte de la energía en Toronto. Ninguna cantidad de dinero nos permite ignorar este pequeño problema geográfico.

- A diferencia del carbón o el gas natural, que pueden reposicionarse, el viento sopla donde sopla el viento y el sol brilla donde brilla el sol. Hay que transportar por cable toda la electricidad generada por la tecnología verde hasta el lugar donde pueda ser utilizada; lo cual, tampoco es gratis, y a menudo hace que el coste de la energía suministrada se duplique (o más, los detalles varían mucho en función de la procedencia de la energía, el lugar donde será consumida, la naturaleza de la infraestructura de conexión, el tipo de fronteras políticas que haya que cruzar, etc.). No es de extrañar que el 95 % de la humanidad obtenga su electricidad de centrales eléctricas situadas a menos de ochenta kilómetros de distancia.

- Para abordar estos problemas es necesario un sistema energético paralelo. Con el estado de la tecnología limpia en 2022, en la mayoría de los casos este es aburrido y convencional y funciona con gas natural o carbón. Permitidme subrayar esto: la tecnología verde actual es tan poco fiable en la mayoría de los lugares que las localidades que intentan utilizarla no tienen más remedio que mantener un sistema convencional completo para su demanda máxima total; a precio completo.

La tecnología verde, en su forma actual, no es capaz de reducir más de una docena de puntos porcentuales de la demanda de combustibles fósiles, e incluso este «logro» solo es posible en zonas geográficas adecuadas para ello. Algunos lugares con un buen potencial de tecnología limpia han intentado sustituir la mitad de su generación de energía convencional preexistente por tecnología verde, pero al sortear los problemas de capacidad, intermitencia y transmisión de la red el precio de la energía se cuadruplica.[94]

Dicho esto, existe una tecnología complementaria que podría —hay que hacer hincapié en el verbo «podría»— ser capaz de cuadrar el círculo: las baterías. La idea es que la energía generada por las tecnologías verdes se pueda almacenar en baterías hasta que haga falta. ¿Intermitencia? ¿Despachabilidad? ¿Desajustes entre la oferta y la demanda? ¡Todo solucionado! Incluso las distancias de transmisión pueden acortarse en algunos casos.

Por desgracia, lo que funciona de maravilla en teoría se enfrenta a un par de problemas en la práctica. El primero son las cadenas de suministro. Del mismo modo que la producción de petróleo está concentrada, también lo está el principal insumo para la mejor química de baterías del momento: el litio. Y, al igual que hay que refinar el petróleo en productos utilizables, hay que procesar el litio en concentrado, refinarlo en metales y luego incrustarlo en conjuntos de baterías. Las cadenas de suministro de litio actuales requieren un acceso sin trabas a Australia, Chile, China y Japón. Esto es un poco más sencillo que el petróleo, pero no tanto. Si algo ocurriera en Asia oriental en general —y a toda Asia oriental le va a ocurrir mucho—, habrá que reconstruir en otro lugar la mayor parte del sistema de valor añadido de las baterías. Eso llevará tiempo. Y dinero. Mucho. Sobre todo, si el objetivo es aplicar la tecnología de las baterías de litio de forma masiva.

La escala es el segundo problema. Las baterías de litio son caras. Es el segundo o tercer componente más caro del *smar-*

---

94   En California, el aumento de precios está más cerca del triple, pero eso es porque hace trampas. California no mantiene un sistema completo de apoyo de combustibles fósiles, sino que importa energía derivada de combustibles fósiles de los estados vecinos. En un acto de argucia contable, California llama a estas importaciones «de carbono cero» porque el carbono se genera al otro lado de la frontera estatal.

*tphone* medio, y eso en una batería que solo almacena unos pocos vatios-hora. Supone más de tres cuartas partes del coste y el peso de la mayoría de los vehículos eléctricos, y eso es una batería que solo almacena unos pocos kilovatios-hora.

Las baterías de la red urbana requieren megavatios-día. Para lograr el almacenamiento significativo de energía producida por tecnología limpia se necesitarían sistemas de baterías a nivel de red que pudieran almacenar un mínimo de cuatro horas de energía para cubrir la mayor parte de ese periodo diario de alta demanda. Suponiendo que las mejoras tecnológicas en el mundo de las baterías que se han desarrollado desde 1990 continúen hasta 2026, el coste de un sistema de almacenamiento en red de litio de cuatro horas será de unos doscientos cuarenta dólares por megavatio-hora de capacidad o seis veces el de la central de gas natural de ciclo combinado estándar, que en la actualidad es el activo generador de electricidad más común en Estados Unidos. Nota importante: esa cifra de seis veces no incluye el coste del activo de generación de electricidad que realmente carga la batería ni el activo de transmisión para llevar la electricidad a la batería.

En 2021, Estados Unidos tenía 1100 gigavatios de capacidad de generación eléctrica instalados, pero solo 23,2 gigavatios de almacenamiento de electricidad. Alrededor del 70 % de esos 23,2 gigavatios es algo denominado «acumulación por bombeo», es decir, se utiliza el exceso de energía generada para bombear agua cuesta arriba, y luego se deja que el agua fluya hacia abajo por un curso de agua para alimentar un generador cuando sea necesario. La mayor parte del otro 30 % es algún tipo de capacidad de almacenamiento situada en los hogares. Solo 0,73 gigavatios de almacenamiento está realmente en forma de baterías. El estado estadounidense más comprometido con la ideología de un futuro verde es California. El estado en su conjunto solo tiene suficiente almacenamiento total —no de baterías, sino total— para un minuto de energía. Los Ángeles, el área metropolitana estadounidense con el plan más agresivo de instalación de almacenamiento en red, no prevé alcanzar una hora de capacidad total de almacenamiento hasta 2045.

Recordemos que se trata de una hora de almacenamiento para el sistema eléctrico actual de Los Ángeles, y no del doble que haría falta para hacer realidad el sueño de la adopción universal del vehículo eléctrico para coches y camiones ligeros.

Esas mágicas cuatro horas tampoco serían más que el primer paso de un largo y tortuoso camino. Un verdadero cambio hacia un sistema energético neutro en carbono requeriría la capacidad de almacenar no horas, sino meses de electricidad para las estaciones que no son tan ventosas o soleadas. No lo dominamos todo sobre el mundo de la energía, pero sabemos con certeza que no hay suficiente mineral de litio en todo el planeta para que un país rico como Estados Unidos pueda alcanzar ese objetivo, y mucho menos el mundo en su conjunto.[95]

En octavo lugar, hay una cuestión financiera poco discutida que pronto podría hacer que todo este debate fuera irrelevante.

En lugares con buenos recursos solares o eólicos, la mayoría de las evaluaciones de precios actuales sugieren que el coste combinado de por vida del combustible, del mantenimiento y de la instalación para la energía de tecnología verde frente a la convencional es más o menos igual. Desde un punto de vista financiero, la principal diferencia es el momento en que hay que comprometer el capital. Alrededor de una quinta parte de los costes totales de toda la vida útil de una central convencional se gasta por adelantado en la adquisición de terrenos y en la construcción de instalaciones, y el resto se reparte a lo largo de décadas en la compra de combus-

---

95    ¿Significa esto que el almacenamiento en red como concepto es una idiotez? No. No es eso lo que estoy diciendo. Ahora mismo, la mayoría de las empresas eléctricas mantienen una flota secundaria de activos de generación de energía que solo se encienden para los picos de las necesidades de calefacción y/o refrigeración unos pocos días al año. Son pisapapeles muy caros. La instalación de una sola hora de almacenamiento en red no solo permite la retirada de muchas de esas centrales de punta, sino que esa capacidad de almacenamiento puede utilizarse todos los días para reducir la demanda máxima diaria normal. Según la ubicación y el clima, esto reduce el uso de combustible entre un 4 y un 8 %. Si lo aplicamos a todo el país, aunque no estemos a punto de alcanzar el cero neto, estaremos hablando de una cantidad considerable de combustible.

tible y en el mantenimiento de dichas instalaciones. En cambio, en el caso de las tecnologías limpias, casi todo el coste se gasta por adelantado, dos tercios por adelantado en el caso de las turbinas eólicas terrestres. Al fin y al cabo, el costo de combustible es cero.

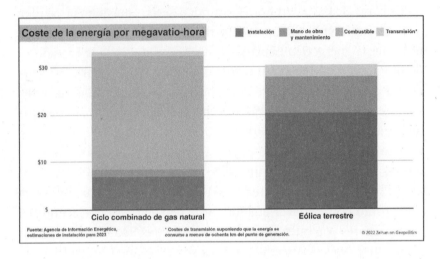

En el mundo rico en capital de la última época del Orden, esto es una nota a pie de página, y no especialmente importante. No hay nada malo en financiar veinticinco años de facturas de electricidad por adelantado cuando el capital es barato. Pero en el mundo pobre en capital del Desorden, podría ser algo significativo. Si el capital de inversión se vuelve más difícil de conseguir o los costes de los préstamos suben, todas esas inversiones por adelantado pasan de ser fáciles de asumir a ser arriesgadas y caras de manera poco satisfactoria. En ese mundo, los costes de instalación mucho más bajos de los sistemas convencionales tienen mucho más sentido.

La tecnología limpia, en su forma actual, no está lo bastante madura ni es lo suficientemente barata para que la mayoría de la gente se mueva en la mayoría de los lugares. Se limita en gran medida a los países desarrollados con ricas fuentes de capital que por casualidad tienen grandes centros de población bastante cerca de lugares soleados o ventosos. El suroeste de Estados Unidos pinta muy bien, al igual que las grandes llanuras estadounidenses, Australia y las costas del mar del Norte.

Casi todos los demás lugares seguirán dependiendo de combustibles más tradicionales para la gran mayoría de sus necesidades energéticas. Esto es mucho peor de lo que parece desde el punto de vista de las emisiones de gases de efecto invernadero, porque la gran mayoría de estos lugares tampoco podrán mantener el acceso al petróleo y al gas natural comercializados a nivel internacional. Si no pueden abastecerse de petróleo o gas natural y sus geografías no permiten un uso suficiente de energía solar y eólica, tendrán que tomar una decisión sencilla. La opción A es prescindir de los productos que han permitido el avance de la humanidad durante los dos últimos siglos y sufrir reducciones catastróficas en el acceso a los productos y en la producción de alimentos, provocando revisiones masivas a la baja del nivel de vida y de la población. Quedarse sin electricidad. Desindustrializarse. Descivilizarse.

O —alternativa B— utilizar la única fuente de combustible que casi todos los países tienen localmente: carbón. Muchas personas, especialmente desafortunadas, se verán abocadas a utilizar algo llamado «lignito», un tipo de carbón mineral que suele tener una quinta parte de agua en peso y es, sin lugar a duda, el combustible menos eficiente y más sucio utilizado en la actualidad. Alemania ya utiliza el lignito como su principal combustible de entrada de energía porque la tecnología verde es del todo inaplicable a la geografía alemana, y sin embargo los alemanes —por razones ambientales— han cerrado la mayoría de sus otras opciones de generación de energía.[96]

Como planeta, somos perfectamente capaces de sufrir un colapso económico a gran escala y de aumentar al mismo tiempo y de manera considerable nuestras emisiones de carbono.

---

96 Alemanes: no tan inteligentes como se piensa.

# ABASTECIENDO EL FUTURO

Nos estamos adentrando en un mundo en el que el suministro de energía tanto del golfo Pérsico como de las zonas fronterizas de la antigua Unión Soviética estará sujeto a entornos estratégicos muy disputados. Incluso si ninguno de los problemas de las regiones estalla en una guerra formal, su inestabilidad e inseguridad prácticamente garantiza que la producción y los flujos de petróleo y gas natural quedarán interrumpidos durante años. O lo que es más probable, décadas. Hasta eso supone que no hay competencia estratégica en Asia oriental ni piratería —estatal o de otro tipo— en las costas del sudeste asiático o de África. Los días en que los envíos de petróleo eran fiables y baratos están llegando a un fin ignominioso.

Será peor de lo que parece, y no solo al más alto nivel, en el sentido de que esto sucederá a tal país, sino de forma muy personal.

Entre la entrada de China en el sistema mundial y el final de la Guerra Fría, la demanda total de petróleo se ha duplicado desde 1980, debido sobre todo a que los nuevos actores han iniciado su camino hacia la industrialización y la urbanización. El estilo de vida moderno, industrial y urbano de la mayor parte de la población requiere petróleo, y, como los estadounidenses han perdido el interés, ese petróleo no existirá. Las conexiones de transporte se reducirán, lo que afectará a todo, desde la coherencia de las cadenas de suministro hasta la distribución de alimentos. Muchos sistemas eléctricos fallarán por la falta de combustible. Las concentraciones físicas de la urbanización —que nos permiten llevar una vida de bajo impacto en el carbono y de gran valor añadido— no son posibles sin una gran cantidad de energía. El fin de la globalización puede anunciar el fin del mundo que conocemos, pero el fin de la energía global anuncia el fin de la vida que conocemos.

Los lugares que se enfrentan a una mayor escasez son aquellos principales consumidores que se encuentran en el extremo de esas vulnerables líneas de suministro: el noreste de Asia y el centro de Europa, siendo Alemania, Corea y China los países más amenazados, ya que ninguno de ellos dispone de una fuente de petróleo o gas natural cercana ni de la capacidad militar para aventurarse a asegurar el suministro de otros. También habrá problemas de electricidad. Los tres utilizan una mezcla de energía nuclear, gas natural y carbón para la mayor parte de sus necesidades de electricidad, todo ello basado en combustible importado. De ellos, China es, con diferencia, el país más vulnerable. Tres décadas de crecimiento han puesto a prueba el sistema eléctrico del país, que no dispone de capacidad de reserva: funciona a pleno rendimiento con independencia del combustible, por lo que cualquier escasez de suministro provocaría, como mínimo, apagones rotativos a gran escala. Es algo que ya ha sucedido. A finales de 2021, China tuvo que lidiar con el doble impacto de la COVID-19 y las normas medioambientales más estrictas, y las regiones responsables de un tercio del PIB del país se enfrentaron a apagones rotatorios y racionamiento de electricidad.

Para los países con más medios, el panorama es más esperanzador, aunque sigue habiendo un montón de problemas. Países como el Reino Unido, Francia, Japón e India tienen los medios militares y la posición geográfica que les permitirán salir a buscar recursos por sí mismos, si bien todos se enfrentarán a un entorno de precios de proporciones aterradoras. Su solución es obvia: establecer un grado de control neoimperial sobre un sistema de abastecimiento para mantener todos los suministros en casa y desligarse de los horribles altibajos de los precios mundiales, que son al mismo tiempo insultantemente caros y erráticamente insensatos. Eso está muy bien para estos nuevos protoimperios, pero estas acciones eliminarían aún más el petróleo del resto del sistema.

La ironía es que Estados Unidos es uno de los pocos países que no solo no se enfrentará a una crisis energética prolongada, sino que puede intentar sustituir el petróleo y el gas natural a gran escala. Es el país desarrollado más cercano al ecuador, lo que le otorga las segundas mejores oportunidades del mundo para las instalaciones solares masivas (Australia está en el primer puesto). Cuenta con enormes extensiones de tierras barridas por el viento en las Grandes Llanuras, lo que le otorga los mejores recursos eólicos del mundo. Los estadounidenses tienen incluso un as en la manga en cuanto a su demanda de petróleo: uno de los subproductos de la mayoría de los pozos de petróleo de esquisto es un flujo constante de gas natural. Los estadounidenses, y prácticamente solo ellos, pueden utilizar ese gas natural en lugar del petróleo en sus sistemas petroquímicos. Si añadimos una estructura de capital relativamente estable y sólida y un acceso seguro a los yacimientos de litio en Australia y Chile, los estadounidenses pueden incluso intentar crear sistemas de baterías y lanzar vehículos eléctricos con las tecnologías actuales, si así lo desean.

En todos los temas que hemos tratado hasta ahora —transporte, finanzas y energía— Estados Unidos es el país de la suerte. Esa suerte es intensa y está arraigada a la geografía, lo que significa que también puede aplicarse a otras situaciones. Si crees que los estadounidenses lo han conseguido en estos tres primeros temas, espera a ver el impacto de su suerte en los tres siguientes.

# APARTADO V:
# MATERIALES INDUSTRIALES

# DESMONTANDO LA HISTORIA

No tengo una introducción elegante para este capítulo porque los materiales en que nos basamos para que nuestra tecnología y nuestro mundo funcionen están incluidos en el nombre de nuestras épocas: la Edad de Piedra, la Edad de Bronce, la Edad de Hierro. Muchos, con razón, dicen que los primeros años del siglo XXI pertenecen a la Edad del Silicio.

No es por ser puntilloso, pero, si te falta hierro en la Edad de Hierro, la historia tiende a olvidarse de ti. Creo que ves a dónde quiero llegar con esto. Ya sea petróleo o cobre, o lo tienes, lo puedes conseguir, o no lo tienes. Y, si no lo tienes, no puedes jugar.

Lo que quizá no sea tan evidente es lo polifacético que se ha vuelto nuestro comercio y nuestra dependencia de los diversos materiales industriales en las últimas décadas.

Una vez más, lo mejor es volver al principio.

Los primeros conflictos por los materiales no eran tanto imperiales o nacionales, ya que no había imperios ni naciones de los que hablar. Esas luchas eran de clan, tribu y familia. Tampoco había mucho por lo que luchar. En la Edad de Piedra no había que ir tan lejos para encontrar piedra. Claro que había ciertas rocas que eran mejores para cortar o hacer puntas de flecha —me viene a la mente la obsidiana—, pero la tiranía del transporte limitaba el alcance de todos. Utilizaban lo que tenían a su alcance y eso daba forma a la cultura. Era mucho más probable que nos peleáramos por la comida, y por las tierras que podían cultivarla de forma fiable, que por las piedras.

Cuando la Edad de Piedra dio paso a la del Bronce, las matemáticas cambiaron sutilmente. Egipto —infamemente— no tenía más que trigo, cebada, piedras, arena, cañas, algo de cobre y un suministro casi nulo de mano de obra. Todas las delegaciones comerciales enviadas, todas las guerras libradas tenían que ver con el acceso a recursos que no figuraban en esa lista. Los artículos principales que necesitaban los egipcios eran el arsénico y/o el estaño necesario para forjar el bronce. Las ciudades-Estado de Mesopotamia eran también ricas en trigo y cebada y pobres en materiales, por lo que habitualmente luchaban y comerciaban entre sí y con sus vecinos en la parte alta de la montaña para acceder al equivalente antiguo de los iPhones.[97]

Si avanzamos hasta la siguiente era, la del Hierro, las matemáticas se vuelven a complicar. El cobre era un material casi único, ya que es una de las pocas materias primas que, en ocasiones, puede encontrarse en su forma metálica natural. Eso nunca sucede con el hierro. Además, el hierro tampoco era tan común como el cobre. Pero, aun así, no era algo exactamente excepcional, sobre todo porque estamos hablando de la época del 800 a. e. c. en adelante. La Era de los Imperios estaba en pleno apogeo, por lo que los sistemas de gobierno de la época tenían la capacidad de llegar a una gran variedad de minas de origen. En lugar de enfrentarse a la escasez de materiales, la principal preocupación era la escasez de habilidades. El mineral de hierro por sí solo no sirve para nada, y el arte de convertir el mineral en hierro real requería cientos de personas que supieran lo que estaban haciendo. La mayoría de los Gobiernos eran más propensos a fustigar para secuestrar herreros que para asegurar el mineral de hierro o las minas de cobre.

---

97  Las ciudades-Estado del antiguo río Indo sin duda hacían lo mismo, pero todos murieron sin molestarse en tomar notas durante el colapso de su civilización, así que eso es realmente solo una suposición semieducada.

Desde un punto de vista tecnológico, las cosas siguieron su curso durante otro milenio antes de que el avance lento y progresivo de las edades tecnológicas de la Edad de Piedra, de Bronce y Hierro se viera bruscamente interrumpido por la caída del Imperio romano en el año 476 de la era cristiana, la yihad islámica de los años 622-750 y, sobre todo, los apagones culturales y tecnológicos de la Edad Oscura europea durante los siglos VI a XI. El gran solapamiento entre las tres épocas no favoreció la conservación de la tecnología, y mucho menos su avance.

La salvación, en cierto modo, llegó de la forma más extraña: matanza masiva. En 1345-46, la Horda de Oro de los mongoles asediaba varias ciudades-fortaleza de Crimea en una de sus estereotipadas campañas militares de «haced las cosas a nuestra manera o los mataremos a todos. Y sí, también queremos comerciar; ¿qué tal el té?» Una vez que los mongoles empezaron a lanzar cadáveres con catapulta a la ciudad de Kaffa, un grupo de comerciantes genoveses decidió no quedarse a ver cómo terminaba la lucha. Huyeron —casualmente— por mar (aunque no sin antes recoger un último cargamento de esclavos en una ciudad donde de repente se había evaporado cualquier pretensión de moralidad).

Como ha sido habitual en todos los barcos durante toda la historia de la humanidad, los buques genoveses tenían ratas. Y lo que ellos no sabían es que esas ratas eran portadoras de la peste bubónica. La primera parada de los genoveses fue Constantinopla, el Singapur de la época. En cinco años, casi todo el mundo europeo, ruso y norteafricano se enfrentó a la peor epidemia de la historia regional. Finalmente, un tercio de la población de la región fue aniquilada, y las densidades de población no se restablecieron durante ciento cincuenta años.[98]

En cualquier caso, sin la peste, podríamos haber quedado atrapados en la Edad Media.

---

98  No seas demasiado duro con los italianos. La ruta mongol-Crimea-Constantinopla-Génova, aunque probablemente fue el primer vector que trajo la peste negra a Europa, ciertamente no fue el único.

Es curioso lo que ocurre con los eventos de muertes masivas: para los que no mueren, la vida continúa. Todavía hay que cultivar alimentos, martillar herraduras, levantar graneros y picar piedra. Aunque la plaga no discrimine a quién elimina, tras ella habrá disparidades regionales para tal o cual conjunto de habilidades. Una vez que la peste negra desapareció, muchos lugares carecían de un número suficiente de tejedores, carpinteros o albañiles. En todos los casos de escasez, ocurrieron dos cosas:

En primer lugar, la oferta y la demanda: los que ejercían la profesión correspondiente experimentaron un aumento de su salario, lo que sentó las bases de nuestro concepto moderno de mano de obra cualificada. En segundo lugar, la necesidad de ampliar la producción de estos conjuntos de habilidades llevó a los trabajadores locales, a los gremios y a los gobernantes a aumentar la productividad. Algunos lo hicieron formando a nuevos trabajadores. Otros, desarrollando nuevas técnicas. Y otros, importando los conocimientos largamente olvidados que conservaron los árabes tras la caída de Roma.[99]

En el siglo XV, estos avances en los procesos y el aprendizaje habían alcanzado la masa crítica que ahora reconocemos como Renacimiento. El refuerzo de los avances en el pensamiento social, la cultura, las matemáticas y la ciencia culminó no solo con la reanudación del desarrollo tecnológico tras un milenio de oscuridad, sino que también nos inició en el camino hacia otra era tecnológica: la industrial. Entre los muchos resultados de la amplia expansión del conocimiento y la comprensión del mundo natural se encontraban los métodos constantemente mejorados para detectar, aislar y purificar este o aquel material de este o aquel mineral.

---

99 Gracias a Alá, los imperios musulmanes conservaron los conocimientos técnicos que conocieron. Si no lo hubieran hecho, las reiteradas desintegraciones de Europa después de Roma habrían dado lugar a un presente muy diferente. Por otro lado, si los imperios musulmanes hubieran aplicado en masa los conocimientos que administraron, probablemente ahora todos estaríamos de vacaciones en otros sistemas estelares y hablaríamos árabe o turco.

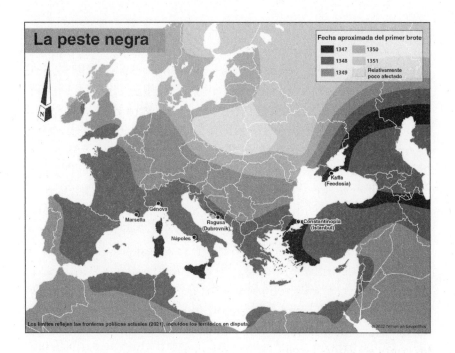

La peste negra

Fecha aproximada del primer brote
1347 1350
1348 1351
1349 Relativamente poco afectado

Kaffa (Feodosia)

Génova

Marsella

Ragusa (Dubrovnik)

Nápoles

Constantinopla (Estanbul)

Los límites reflejan las fronteras políticas actuales (2021), incluidos los territorios en disputa.

Hace decenas de siglos, nos limitábamos al cobre, el plomo, el oro, la plata, el estaño, el arsénico, el hierro y el zinc. Con la codificación de las reglas de la física y la química, ampliamos esa lista para incluir el cobalto, el platino, el níquel, el manganeso, el tungsteno, el uranio, el titanio, el cromo, el tántalo, el paladio, el sodio, el yodo, el litio, el silicio, el aluminio, el torio, el helio y el neón. Una vez que conocimos estos materiales, y supimos cómo separarlos de la roca y cómo purificarlos lo suficiente para su uso, desarrollamos la capacidad de juntarlos y mezclarlos bajo circunstancias controladas. Por consiguiente, ahora tenemos de todo, desde lanzallamas hasta acero que no se funde si se expone a dichos lanzallamas, pasando por mallas de cobre y oro y silicio que pueden poner más cerebro en una mano que toda la intelectualidad del mundo medieval, hasta globos de fiesta.

## LECCIONES DEL PASADO, LECCIONES PARA EL FUTURO

Cada material tiene su utilidad, cada material combinado con otros tiene más usos. Algunos son discretos, otros permiten la sustitución; pero todos comparten una característica simple. Tanto si se utilizan en la construcción como en la guerra, la urbanización o la fabricación, todos son hijos de la era industrial. Requieren tecnologías de la era industrial para ser producidos, transportados, refinados, purificados, aleados y organizados en productos de valor añadido. Si la sostenibilidad o el alcance del conjunto de tecnologías industriales se ve afectado, todas ellas desaparecerán y se llevarán todos sus beneficios.

Ya hemos visto esto antes y muchas veces.

Muchos de los imperios pasados lanzaron campañas militares específicas para asegurar este o aquel material, mientras que otros aprovecharon su control del material para lograr un avance y convertirse en algo más de lo que sus geografías normalmente permitirían.

Polonia se convirtió en la primera potencia de Europa gracias a los ingresos de una única mina de sal (la sal era el único método fiable en el siglo XIII para conservar grandes cantidades de carne o pescado). La experiencia de España con la mina de plata de Potosí prolongó fácilmente su permanencia como superpotencia mundial durante un siglo. A finales del siglo XIX, Chile estaba en guerra con Perú y Bolivia por el desierto de Atacama y sus ricos yacimientos de cobre, plata y nitratos (un componente clave de la pólvora de los primeros tiempos de la industria). Gran Bretaña tenía la mala costumbre de navegar en cualquier momento y en cualquier lugar para atacar a cualquiera que tuviera algo que pudiera interesar a los británicos. A los británicos les gustaba especialmente apoderarse de puntos de acceso como Manhattan, Singapur, Suez, Gambia o el río Irawadi, todos ellos lugares que les permitían sacar tajada del interesante comercio regional de productos no perecederos.

Algunas de estas competiciones son un poco más recientes.

La Segunda Guerra Mundial fue en muchos sentidos una lucha por los recursos. La mayoría de nosotros tiene al menos una idea de las competiciones estratégicas que tuvieron lugar por la tierra agrícola y el petróleo, pero las batallas por los materiales industriales fueron igual de importantes.

Francia tenía el mineral de hierro y Alemania de carbón. Ambos materiales eran necesarios para forjar el acero. Ya se ve el problema. La invasión alemana de Francia en mayo de 1940 resolvió el problema. Al menos para Berlín. En la posguerra, los franceses encabezaron la formación de la Comunidad Europea del Carbón y del Acero, en un intento de resolver el mismo problema de mineral de hierro aquí y el carbón allá con diplomacia en lugar de con balas. Hoy conocemos la CECA como la Unión Europea.

La invasión alemana de Rusia en 1941 marcó obviamente el fin de la alianza germano-rusa, pero la primera gran grieta en la relación se había producido diecinueve meses antes, cuando los rusos invadieron Finlandia, lo que amenazó el acceso alemán a lo que había sido la principal fuente de níquel de la maquinaria de guerra nazi, un recurso fundamental para el acero de alta calidad.

Una de las muchas razones por las que los japoneses conquistaron Corea en 1904-05 fue la madera para la construcción. La posterior expansión japonesa en el sudeste asiático se califica a menudo —y con razón— de acaparamiento de petróleo. Pero el archipiélago japonés no solo era pobre en energía; también carecía de otros materiales industriales importantes que solo podían obtenerse mediante la expansión física, desde el mineral de hierro hasta el estaño, el caucho, el cobre y la bauxita.

En todos los casos, las tecnologías dominantes de la época exigían que todos los países tuvieran suficiente acceso a todos estos recursos y más, o que fueran dominados por otros.

La lista de estos materiales supuestamente necesarios se ha ampliado exponencialmente desde 1945, del mismo modo que los estadounidenses han hecho que el mundo sea lo suficientemente seguro para que todo el mundo tenga acceso a todo. Esto sugiere que la competencia de materiales del futuro será mucho más amplia y polifacética, mientras que las consecuencias de no tener acceso a dichos materiales serán mucho más graves.

Ninguno de estos materiales industriales está distribuido uniformemente en el mundo. Al igual que el petróleo, cada uno tiene su propia geografía de acceso.

Es fácil trazar algunas líneas de puntos basadas en las zonas comerciales probables e imaginar un África que tiene acceso a los recursos para la electrónica, pero no al acero, una Europa con energía nuclear, pero sin tecnología verde, o una China con baterías anticuadas, pero que carece de la capacidad de transmitir electricidad. Este tipo de desconexiones no se podrán mantener.

Esto supondrá una lucha por todo lo que se necesita para mantener un sistema moderno. Por ello, todas las herramientas estarán sobre la mesa. Algunos intentarán intercambiar esto por aquello. Otros serán más... energéticos en sus esfuerzos.

¿Tiene ahora más sentido mi obsesión por la piratería estatal? ¿Tiene más sentido la piratería en general? Pensar que todos vamos a quedarnos sentados en nuestras pequeñas burbujas y arreglárnoslas sin aventurarnos a intentar al menos conseguir lo que no tenemos es hacer una lectura muy creativa de la historia de la humanidad. Entramos en un mundo que a Jack Sparrow le resultaría muy familiar. Este no es un juego para los débiles.

El mayor de estos retos de acceso se superpondrá al ya insuperable desafío de hacer frente al cambio climático. Mirando hacia atrás, la geopolítica del petróleo ha resultado ser sorprendentemente... sencilla.

El petróleo solo existe en volúmenes comercialmente accesibles y viables en unos pocos lugares. Obviamente, nos viene a la mente el golfo Pérsico. Puede que no nos gusten los desafíos de esos lugares, y puede que esos desafíos hayan absorbido una parte exagerada de la atención de todo el mundo en las últimas eras industriales y de globalización, pero al menos estamos familiarizados con ellos. Y lo que es más importante: el petróleo es más o menos algo que se hace una vez y ya está.

Esto no es en absoluto lo que ocurrirá con la tecnología verde en un mundo desglobalizado. Al «abandonar el petróleo» estaríamos abandonando un sistema de suministro y transporte complejo, a menudo violento y siempre crucial, para sustituirlo por al menos diez más.

Por cada megavatio de capacidad de generación de electricidad, la tecnología verde requiere de dos a cinco veces más cobre y cromo que los métodos más tradicionales de generación de energía, así como una serie de otros materiales que no figuran de ninguna manera en los insumos de nuestras centrales eléctricas actuales: sobre todo manganeso, zinc, grafito y silicio.

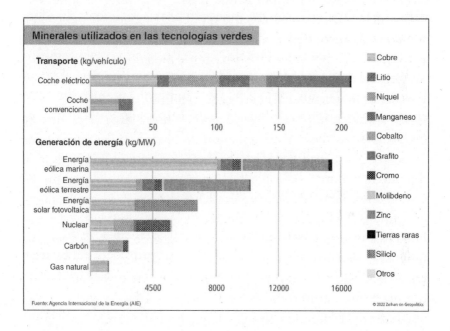

¿Y los vehículos eléctricos? ¿Creías que ir a la guerra por el petróleo era malo? Los materiales necesarios para la transmisión de un vehículo son seis veces superiores a los de un motor de combustión interna. Si realmente nos tomamos en serio la transición ecológica que lo electrificará todo, nuestro consumo de todos estos materiales y otros más debe aumentar en más de un orden de magnitud.

Y lo que es peor: las cadenas de suministro mixtas de estos recursos no son ni mucho menos tan «simples» como las que se necesitaban para el petróleo. No nos limitaremos a tratar con

Rusia, Arabia Saudí e Irán, sino que tendremos que relacionarnos regularmente con Chile, China, Bolivia, Brasil, Japón, Italia, Perú, México, Alemania, Filipinas, Mozambique, Sudáfrica, Guinea, Gabón, Indonesia, Australia, Congo y, por supuesto, Rusia.

La tecnología limpia no solo no genera suficiente electricidad en la mayoría de los lugares para contribuir de forma significativa a resolver nuestros problemas climáticos, sino que también es irrisorio pensar siquiera que en la mayoría de los lugares se puedan fabricar los componentes necesarios en primer lugar, simplemente debido a la falta de insumos. En un contraste realmente desafortunado, un producto que sí existe en la mayoría de los lugares es el carbón de baja calidad. El fin de la globalización no solo significa que estamos dejando atrás el entorno económico más positivo de la historia de la humanidad; puede que pronto veamos nuestras emisiones de carbono de la década de 2010 como los buenos viejos tiempos.

## LAS ADVERTENCIAS ANTES DE LA CAÍDA

El resto de este capítulo se centra en la importancia de estos materiales para nuestro modo de vida. De dónde proceden, para qué se utilizan, qué está en juego en un mundo cada vez más deteriorado.

Para ello, hay que tener en cuenta cuatro cosas:

En primer lugar, es imposible que yo describa todos y cada uno de los materiales industriales. Hay literalmente cientos de ellos en sus formas básicas, que se combinan en miles de aleaciones y mezclas intermedias para crear millones de productos finales. Vamos a centrarnos en los quince principales en términos de intercambio internacional. Esperemos que esto sea suficiente para trazar un mapa de nuestro presente que nos permita vislumbrar nuestro futuro. En segundo lugar, hay un hilo conductor más o menos común. La historia de los materiales industriales actuales es la historia de la industrialización masiva, que se entrelaza con las historias del Orden y China.

El Orden eliminó en gran medida las limitaciones geográficas del acceso a los materiales. Cualquiera podía acceder a cualquier cosa en cualquier momento; como en tantos otros sectores, el Orden transformó el concepto de Geografías del Éxito en un bien del procomún mundial. Ese simple hecho ha vinculado inextricablemente muchos de estos materiales con el insostenible presente de la República Popular. China se ha convertido en el principal importador, consumidor y procesador del mundo de muchos de ellos.

El mundo sobrevivirá a la caída de China —el mundo de los materiales industriales sobrevivirá a la caída de China—, pero muchos de los rebotes dolerán, y mucho. Y no todos los rebotes son iguales. A medida que la era industrial ha ido madurando y los materiales industriales se han vuelto más numerosos, discretos y especializados, la geografía de su producción y procesamiento importa mucho más ahora que cuando uno podía simplemente rascar algo de cobre durante un paseo por el bosque.

En tercer lugar, la industrialización y el Orden no son el final de la historia. Aproximadamente a partir de 1980, la condición humana se lanzó a su siguiente era tecnológica: la era digital. Al igual que el bronce no podría haberse producido sin la piedra, el hierro sin el bronce y la industria sin el hierro, la digitalización masiva no podría haberse producido sin la industrialización masiva. La industrialización nos ha permitido identificar, localizar, extraer, refinar y purificar los materiales que impulsan la sociedad moderna. Muchas partes del mundo están a punto de desindustrializarse, lo que significa, entre otras cosas, que su acceso a los materiales industriales no durará mucho. Quizá, más que cualquier otra cosa, sea esta inminente insuficiencia e imperfección del acceso lo que desgarrará el mundo.

En cuarto lugar, no todo son (terriblemente) malas noticias. La historia nos dice que quizá estemos a punto de lograr grandes avances en la ciencia de los materiales. La crisis demográfica en curso amenaza con reducir la población humana en general en las próximas décadas en una proporción tan importante como el efecto de la peste negra. El impacto sobre la población en edad de trabajar será aún mayor. Sea cual sea el futuro, todos tendremos que arreglárnoslas con menos trabajadores.

Aunque iremos descubriendo las aristas de nuestros nuevos modelos económicos a medida que avancemos, nuestra historia sugiere claramente que menos trabajadores significa, por definición, mano de obra más cara. Esto, a su vez, debería incitar a todos a buscar la manera de hacer más productiva esa mano de obra escasa. El aumento de la productividad laboral provocado por la peste negra nos encaminó hacia los avances de la ciencia de los materiales que permitieron y mejoraron tanto el Renacimiento como la Revolución Industrial. Nuestro declive demográfico, por holístico que sea, sugiere que un posible resquicio de plata (o platino, o vanadio) podría esconderse entre las oscuras nubes que ciernen el horizonte.

Este pasaje depende de las partes del planeta que no se desindustrialicen tras la globalización, y es poco probable que percibamos ese cambio hasta que sea demasiado tarde para que podamos desempeñar algún papel personal en un segundo Renacimiento, pero nunca se sabe. Este mundo no deja de sorprenderme. A todas horas.

Así que, hechas estas declaraciones y directrices, vamos a sumergirnos en el tema.

# LOS MATERIALES ESENCIALES

El primer material es sin duda el más importante, ya que es el material base que hace posible todo, desde edificios a carreteras o torres de telecomunicaciones: el mineral de hierro. Independientemente de su variedad o calidad, el mineral de hierro constituye al menos la mayor parte —y a menudo más del 90 %— del material de cada pieza de acero que utiliza el ser humano. Por ello, entender el mundo del mineral de hierro es muy sencillo, basta con entender China.

China se encuentra en la intersección de dos tendencias esenciales de la era moderna: la rápida industrialización, por un lado, y la hiperfinanciación característica de China, por otro. Para que la industrialización y la urbanización tengan éxito se necesitan nuevas carreteras, nuevos edificios y nuevas plantas industriales, todo lo cual requiere enormes volúmenes de acero. La hiperfinanciación puede ayudar a que todo eso ocurra, pero al hacerlo lo sobre-construye todo, no solo las carreteras y los edificios, que suponen una mayor demanda de acero, sino también la planta industrial que se utiliza para fabricar el acero en primer lugar. El impulso industrial chino ha sido tan grande, tan rápido y tan sobrefinanciado que China no solo es el mayor productor mundial de acero, sino que se sitúa regularmente entre los cuatro mayores importadores del mundo, sobre todo de los productos de mejor calidad. Pero esa sobrefinanciación también significa que China produce acero sin tener en cuenta la realidad de las necesidades nacionales, y por eso también es el principal exportador de acero del mundo, sobre todo de productos siderúrgicos de baja calidad.

Para ello se necesita una gran cantidad de mineral de hierro. China no solo es el mayor importador mundial de mineral de hierro, sino que también consume más que el resto del mundo. China importa más que el resto del mundo junto, multiplicado por tres. China es el mercado mundial del mineral de hierro. En cuanto a la producción, Australia exporta la mitad del volumen mundial de mineral de hierro, y Brasil la mitad restante. Como era de esperar, China absorbe casi todas las exportaciones de estas potencias del hemisferio sur, así como grandes cantidades de Rusia, India y Sudáfrica.

China tampoco es el único país que utiliza acero, sino el único en el que la economía del acero está tan desfasada. Casi todos los demás utilizan mineral de hierro producido un poco más cerca de casa (o, en muchos casos, en casa). Sus balances se completan con el gran negocio del reciclaje del acero. Aproximadamente el 1 % de los edificios del mundo avanzado se derriban cada año, y cada trozo del acero utilizado para reforzarlos se funde, se refunde y se le da una segunda vida. O tercera, o decimoctava.

Esta dualidad entre la voracidad de China y el ritmo más bien sosegado de la siderurgia en el resto del mundo hace que las previsiones sean bastante sencillas.

Gran parte de la producción mundial de mineral de hierro procede de países cuya seguridad está poco o nada amenazada por la globalización: Australia, Brasil, India, Sudáfrica, Canadá y Estados Unidos, por orden decreciente. Sin embargo, los países que exportan la inmensidad del acero mundial —en orden ascendente, Ucrania, Alemania, Rusia, Corea, Japón y, sobre todo, China— se encuentran en algún punto de la escala entre «afrontar grandes complicaciones» y «totalmente jodidos». El mundo va a tener una escasez masiva de acero, al mismo tiempo que se desbordarán los suministros de la materia prima para fabricar ese acero.

La solución es sencilla: el mundo necesitará más capacidad de fundición, pero es fundamental comprender que no todo el acero es igual. A diferencia de la mayoría de los materiales, todo el acero es cien por ciento reciclable, pero el acero reciclado no es lo mismo que el acero virgen.

Piensa en el acero como si fuera una hoja de papel de aluminio. Luego arrúgalo y alísalo. Prueba a plancharlo. A continuación, aclácalo y repite la operación. El acero reciclado es tan resistente como el acero virgen, pero no puede ser tan bonito. Así que el acero reciclado se utiliza en barras de refuerzo y perfiles doble T y piezas de automóviles, pero el acero virgen se utiliza en aplicaciones expuestas que se pueden ver, como revestimientos de electrodomésticos y tejados.

El acero de primera fusión se fabrica en altos hornos de carbón para aumentar el contenido de carbono, lo que lo hace más resistente. El proceso es muy intensivo en carbono porque utiliza carbón. Básicamente, el carbón tiene que quemarse dos veces.

Los altos hornos también pueden encargarse del reciclado, pero un proceso mucho más eficaz consiste en utilizar un horno de arco que hace pasar una corriente a través de la chatarra de acero y la electrifica hasta que se funde.[100] Esto significa que las mejores condiciones económicas para el acero reciclado no solo implican seguridad física y proximidad a las materias primas, sino también electricidad supermegabarata.

La costa del golfo de México parece la más prometedora, por la triple razón de tener buenos precios de la electricidad, mucho espacio industrial nuevo —especialmente en posibles ubicaciones portuarias— y proximidad a grandes mercados locales y regionales (Texas, la Costa Este y México). Si se añaden unos amplios suministros de carbón, los estadounidenses también podrían dedicarse a la producción de acero virgen.

Otros lugares que parecen muy favorables para el reciclaje del acero son Suecia (energía hidroeléctrica) y Francia (energía nuclear). Australia tiene una gran oportunidad de sorprender al

---

100  #ScienceIsCool.

alza y pasar del negocio de escaso valor de la extracción de mineral al negocio de alto valor de la forja de acero virgen. Lo «único» que tienen que hacer los australianos es reunir el mineral de hierro y carbón donde se producen... en lados opuestos del continente. Colocar un ejército de paneles solares y turbinas eólicas en todo el soleado y ventoso Outback y los australianos también podrían reciclar acero de forma barata.

Puede que los grandes éxitos de estos cuatro países no parezcan suficientes para mantener el suministro mundial de acero al nivel actual. Y tienen razón. Ni siquiera se acercarían. Pero no estamos considerando esa opción como factible, ni siquiera como necesaria. Un mundo sin China necesitaría menos de la mitad, y eso sin tener en cuenta los ritmos de construcción e industrialización probablemente mucho más lentos que definirán el mundo futuro.

Otro material integrante de todas las cosas del mundo moderno es la bauxita, la materia prima que nos da el aluminio.

El proceso de refinado del aluminio es bastante sencillo. La minería a cielo abierto produce mineral de bauxita, que luego se hierve en hidróxido de sodio para crear un producto intermedio llamado «alúmina». Este polvo blanco tiene diversos usos en cerámica, filtros, armaduras, aislamiento térmico y pinturas. Alrededor del 90 % de la alúmina se electrifica al estilo de *Tiburón 2* hasta que se convierte en aluminio, que se moldea, se dobla y se extrude para fabricar todo tipo de piezas, desde aviones y automóviles hasta latas de refrescos, marcos, tubos, carcasas, maquinaria, cables... prácticamente cualquier cosa en la que un peso ligero y/o la conductividad de bajo coste sean una preocupación primordial. El proceso también es bastante predecible, suponiendo que se parte de mineral de calidad decente: de cuatro a cinco toneladas de bauxita se convierten en dos toneladas de alúmina y una tonelada de metal acabado. Por regla general, las minas de bauxita y los procesadores de alúmina son propiedad de las mismas empresas, mientras que las fundiciones de aluminio son entidades completamente distintas en países diferentes.

Hace tiempo que China agotó sus yacimientos de bauxita de alta calidad y ahora le queda una oferta cada vez menor de minas de baja calidad cuya producción requiere mucho más filtrado y mucha más energía para producir mucho menos producto final por tonelada de mineral. Esto ha convertido a China en un voraz importador de bauxita de todas partes. A partir de 2021, China absorberá dos tercios de toda la bauxita comercializada internacionalmente, al tiempo que fundirá cerca de tres quintas partes de todo el aluminio. Al más puro estilo chino, la mayor parte de la producción china de aluminio se vierte casi inmediatamente en los mercados internacionales.

Esto es estupendo y terrible a la vez. Es genial porque simplifica la comprensión de las cadenas de suministro: la inclinación de China por la hiperfinanciación y la sobreconstrucción hace que todo sea China, todo el tiempo. Es terrible porque la cadena de suministro mundial de uno de los metales más utilizados del mundo está envuelta en un sistema que falla. Cuando China se resquebraje, el mundo se enfrentará a una escasez mundial de aluminio, ya que simplemente no hay suficientes instalaciones de fundición en otros lugares para cubrir más que unos pocos puntos porcentuales del déficit pendiente.

El problema no es tanto el acceso a la bauxita. El material se obtiene en países que, en general, estarán bien en el sistema posglobalizado: Australia produce más de una cuarta parte de las exportaciones mundiales, y Brasil, Guinea e India aportan otra décima parte cada uno. No, el problema es la energía. Desde la pala hasta el metal final, la electricidad representa aproximadamente el 40 % del coste total, y esta estadística tiene en cuenta el hecho de que, en la mayoría de los lugares donde se funde, la energía es ridículamente barata y/o está subvencionada. Los países con abundante energía hidroeléctrica —Noruega, Canadá, Rusia— son grandes protagonistas.

Esta restricción limita las posibilidades de instalar nuevas fundiciones. El principal protagonista será un antiguo protagonista. Gracias a la revolución del esquisto, Estados Unidos ya tiene la electricidad más barata del mundo. Si a esto añadimos algunas de las mejores tecnologías verdes, es probable que los precios de la electricidad bajen en los próximos años en gran parte del país. Las mayores ventajas competitivas se percibirán probablemente en Texas, donde se solapan las tendencias de generación de energía relacionada con el esquisto y la tecnología verde, y donde hay suficiente capacidad portuaria para ubicar una o cinco fundiciones.

La gran capacidad hidroeléctrica de Noruega, combinada con su ubicación justo encima de una Europa continental que solo puede producir un tercio de sus necesidades, aboga por las enormes expansiones noruegas. Por suerte para todos, el aluminio se recicla muy fácilmente. En Europa, los programas de captura bastan para abastecer un tercio de la demanda.

Para la humanidad, el cobre fue el origen de todo. Fácil de fundir en una vasija de barro, fácil de moldear con manos y piedras, el cobre fue nuestro primer metal. A veces incluso tuvimos la suerte de encontrarlo en la naturaleza.

La historia de amor nunca terminó. Si al cobre se le añade un poco de arsénico o estaño, se obtiene bronce, un metal más firme que es mejor para las herramientas. Las características antisépticas y antimicrobianas naturales del cobre permiten almacenar alimentos y bebidas durante más tiempo, reducen las enfermedades y prolongan la vida útil. Si avanzamos rápidamente en nuestro repaso de la historia hasta la era industrial, descubrimos que el cobre también era un excelente conductor de la electricidad, lo que elevó el material del mundo antiguo al material del mundo industrial.

En la actualidad, alrededor de tres cuartas partes del cobre extraído de las minas termina en algún tipo de aplicación eléctrica, desde los cables de las luces hasta los generadores de las centrales eléctricas, pasando por los semiconductores de los teléfonos o los imanes de los microondas. Otra cuarta parte se destina a la construcción, siendo los materiales de fontanería y techado lo más importante. La mayor parte del cobre restante se destina a motores eléctricos; con el auge mundial de los vehículos eléctricos, necesitaremos mucho más cobre en las próximas décadas.

Pero eso es el futuro. Por ahora, toda la historia es China. Gran país, gran población, rápida industrialización. Todo en China demanda cobre en grandes cantidades, por lo que China acapara metal y mineral de todo el mundo y alberga diez de las veinte mayores fundiciones de cobre del mundo.

Esto significa que los productores de cobre se enfrentan a un futuro oscuro a medio plazo. La demanda de cobre y, por tanto, los precios del cobre están directamente vinculados a una demanda muy conocida en los sectores de la electrificación, la construcción y el transporte. En China, el mayor mercado del mundo y el de más rápida expansión en los tres sectores, la mayoría de los productos llevan años en números rojos.

La palabra clave, por supuesto, es «la mayoría». Chile y Perú explotan las minas de mayor calidad del mundo en las numerosas fallas del desierto de Atacama, que también tienen los costes de explotación más bajos por unidad de producción. En conjunto, estos dos países cubren dos quintas partes de las necesidades mundiales. Chile también funde la mayor parte de su propio mineral en cobre metálico, lo que le convierte en el único proveedor mundial en un mundo post-China. Es una suerte que Chile se encuentre en una buena zona desde el punto de vista de la seguridad y que sea el país políticamente más estable de América Latina. Pero hay que tener cuidado con los terremotos.

# LOS MATERIALES DEL FUTURO

El cobalto va a ser complicado.

Como todos los materiales, el cobalto tiene un sinfín de usos industriales menores, sobre todo en aleaciones metálicas, pero todos ellos combinados pierden importancia cuando se comparan con su gran fuente de demanda: las baterías. Concretamente, el tipo de baterías recargables que están en el centro de la transición energética. Los iPhones más grandes tienen casi media onza cada uno, mientras que el Tesla promedio tiene veintidós kilos.

¿Crees que electrificarlo todo y volverse ecológico es la única forma de avanzar? A partir de 2022, el cobalto es el único material lo suficientemente denso en energía como para que podamos utilizar baterías recargables para solucionar nuestros problemas climáticos. Sencillamente, no puede hacerse —ni siquiera intentarse— sin cobalto, y se necesita mucho más cobalto del que tenemos acceso actualmente. Suponiendo que todo lo demás se mantenga igual (lo cual es, por supuesto, una afirmación hilarante teniendo en cuenta el tema de este libro), la demanda anual, de cobalto metálico, solo entre 2022 y 2025, deberá duplicarse hasta alcanzar las 220.000 toneladas simplemente para seguir el ritmo de las aspiraciones ecológicas.

Eso no pasará. No puede ocurrir.

Al igual que ocurre con el nexo entre el mineral de hierro y el acero, el refinado del mineral de cobalto para convertirlo en metal acabado está totalmente envuelto en el modelo hiperfinanciero de China. Ocho de las catorce mayores fuentes de cobalto del mundo pertenecen a China, y casi todo el refinado de cobalto se produce en la República Popular China (con Canadá en un muy lejano segundo lugar).

Por si fuera poco, no existen las minas de cobalto. El cobalto es una de esas cosas difíciles que se forman en épocas y condiciones similares a las de otros materiales. Alrededor del 98 % de la producción mundial de cobalto se genera como derivado de la producción de níquel y cobre. La realidad es aún más complicada, porque no todas las minas de níquel y cobre generan cobalto. Más de la mitad del cobalto utilizable comercialmente procede de un solo país: la República Democrática del Congo (un lugar casi dictatorial que no es ni democrático ni una república ni está tan lejos de ser un fracaso absoluto). Gran parte de esa producción se genera ilegalmente, con mineros artesanales (un término elegante para describir individuos que cogen una pala, trepan por alambradas de espino y eluden a los guardias que disparan a simple vista para arrancar unos pocos trozos de mineral) que venden su producción a intermediarios chinos por unos céntimos.

En un mundo cada vez más descentralizado, el Congo no figura en la lista de países que «lo lograrán», y su futuro será probablemente una anarquía hobbesiana por el hambre. Como va el Congo, va el acceso mundial al cobalto.

Solo hay cuatro opciones para el futuro, y ninguna de ellas es bonita.

Opción 1: extraer el alquitrán del tercer y cuarto productor mundial, Australia y Filipinas. Incluso con expansiones masivas de la producción en regiones remotas y geográficamente difíciles, los australianos y los filipinos pueden producir como mucho una quinta parte de lo que el mundo necesita. Los países con los que australianos y filipinos mantienen excelentes relaciones —principalmente Estados Unidos y Japón— tendrían prioridad, pero entonces no sobraría casi nada. Esto eliminaría los países más capaces de estabilizar los suministros mundiales de cobalto de la lista de países que se preocupan por dicha estabilización del suministro.

Opción 2: alguien invade la República Democrática del Congo con un montón de tropas y se hace con el control de una ruta hacia las minas. Por desgracia, el cobalto del Congo no está cerca de la costa, sino en lo más profundo de las selvas del sur del país. La solución más conveniente sería asociarse con Sudáfrica y establecer un corredor muy largo por toda la cordillera del sur de África. Esta es precisamente la ruta que siguieron los británicos bajo el liderazgo local de Cecil Rhodes a principios del siglo pasado. Tras la independencia de Sudáfrica en 1915, Johannesburgo se hizo cargo del proyecto y de la línea de ferrocarril que lo acompañaba, manteniendo un control colonial absoluto sobre toda la zona, incluidas las partes que atravesaban los países supuestamente independientes de Zimbabue y Zambia. La intervención imperial constante mantuvo la ruta abierta hasta el fin del *apartheid* a principios de los años noventa. Desde entonces, la línea ferroviaria se ha ido deteriorando cada vez más.

Opción 3: averiguar la química de los materiales de una batería mejor que no necesite cobalto (o al menos no tanto). Suena bien, y mucho dinero inteligente persigue esta opción, pero mucho dinero inteligente ha perseguido esta opción durante años con pocos avances significativos.[101] También hay que tener en cuenta el retraso en la puesta en marcha. Si en el momento de leer este párrafo, lográramos descifrar el código de una batería mejor, tardaríamos más de una década en construir una cadena de suministro para su producción masiva. En el mejor de los casos, nos quedaremos con el cobalto al menos hasta la década de 2030.

Opción 4: renunciar a la electrificación masiva que la transición verde considera esencial.

---

101 En el momento de escribir estas líneas, a principios de 2022, Tesla ha lanzado una batería sin cobalto en China, pero solo en los vehículos muy pequeños y de almacenamiento interno casi nulo que predominan allí, que nunca han encontrado un nicho de mercado en Estados Unidos.

Así que elige: hazte imperialista a la vieja usanza en varios países para extraer un material específico mientras explotas o disparas a los desesperados lugareños que intentan hacerse con una parte de la acción, o vete sin nada y limítate al carbón y al gas natural. El futuro está lleno de opciones divertidas.

Ya que hablamos de baterías de mala calidad, hablemos del litio.

El litio ocupa el tercer lugar en la tabla periódica, lo que significa, entre otras cosas, que solo tiene tres electrones. Dos de esos electrones están encerrados en una zona orbital llamada «corteza atómica interna», una forma elegante de decir que son felices en su hogar y no van a ninguna parte. Esto deja a un electrón con la capacidad de desplazarse por el metal de litio, saltando de átomo en átomo según le apetezca. Desplazar electrones es una forma poco técnica de decir «electricidad».

Un electrón por átomo de litio puede escabullirse. Eso es bastante pobre. El litio es uno de los materiales menos densos en energía a los que tenemos acceso en la Tierra, lo que explica por qué un solo Tesla necesita sesenta y tres kilogramos de litio para funcionar, y por qué fabricar una batería de litio sin cobalto es el equivalente ecológico de buscar una aguja en un pajar.

Por suerte, el sistema de suministro de litio es bastante menos deprimente que el del cobalto. La mayor parte del mineral de litio mundial procede de minas de Australia o de estanques de evaporación de Chile y Argentina; ninguno debería tener problemas de producción tras el Orden. Pero, al igual que ocurre con el cobalto y el mineral de hierro, la verdadera transformación, alrededor del 80 % del total, tiene lugar en la hiperfinanciada China. El futuro de la producción de litio se parecerá probablemente al del mineral de hierro: las líneas de suministro de materias primas están bien, pero el refinado y el valor añadido tendrán que hacerse en un lugar nuevo donde la energía sea barata. Como en el caso del mineral de hierro, Estados Unidos, Suecia, Francia y posiblemente Australia tienen muy buena pinta.

Mientras tanto, merece la pena asimilar el inquietante hecho de que la producción de litio, su refinado en metal y la incorporación de ese metal a los chasis de las pilas recargables es uno de los procesos industriales más intensivos en energía que la humanidad ha ideado jamás.

Deja que te dé una lección de matemáticas verdes.

Una batería de iones de litio de cien kilovatios-hora típica de Tesla se fabrica en China en una red que funciona principalmente con carbón. Este proceso de fabricación tan intensivo en energía y carbono libera 13.500 kilogramos de emisiones de dióxido de carbono, lo que equivale aproximadamente a la contaminación por carbono liberada por un coche de gasolina convencional que recorre 53.000 kilómetros. Esa cifra de 53.000 kilómetros supone que el Tesla solo se recarga con electricidad generada al cien por ciento por tecnologías ecológicas. Para ser más realistas... la red estadounidense funciona con un 40 % de gas natural y un 19 % de carbón. Este perfil de generación eléctrica más tradicional amplía el punto de equilibrio de carbono del Tesla hasta los 88.000 kilómetros. En todo caso, esto exagera lo ecológico que puede ser un vehículo eléctrico. La mayoría de los coches, incluidos los eléctricos, circulan de día. Eso significa que se cargan por la noche, cuando la electricidad generada por energía solar no puede formar parte de la combinación de combustibles.[102]

Sin embargo, por ahora, el litio y el cobalto son todo lo que tenemos. Hasta la fecha son los únicos materiales que hemos descifrado lo suficiente como para fabricar baterías recargables a gran escala. Sabemos que el camino verde en el que estamos es insostenible. Simplemente, no disponemos de otro mejor hasta que nuestra ciencia de materiales mejore.

---

102 Esto tampoco incluye pequeños detalles como el hecho de que utilizamos aluminio en los vehículos eléctricos por razones de peso, pero acero en los coches convencionales por cuestiones de fuerza, y, por medio kilo, el aluminio necesita seis veces más energía para fabricarse en comparación con el acero. Incluso teniendo en cuenta que se necesita menos aluminio en peso para hacer el bastidor de un vehículo, se sigue hablando —de forma conservadora— del doble de carbono en el bastidor de un vehículo eléctrico que en el de un vehículo tradicional.

La plata es el gran héroe desconocido de la era moderna. Obviamente, la utilizamos en joyería, vajillas y reservas monetarias, pero la plata también se emplea en cantidades a menudo desapercibidas en todo tipo de productos; desde electrónica hasta fotografía, catalizadores, productos farmacéuticos, torres de telecomunicación, motores a reacción, galvanoplastia, paneles solares, espejos, plantas desalinizadoras, teclados, revestimientos reflectantes del vidrio, etc. Si nuestra ciencia de los materiales electrotecnológicos avanza lo suficiente como para hacer realidad mejores baterías o líneas de transmisión de energía de largo alcance, la plata será sin duda parte integrante de los superconductores que harán funcionar esas tecnologías.

En cuando a la oferta, hay buenas y malas noticias. Primero, las malas: la hiperindustrialización y la hiperfinanciación de China han tenido un impacto en el mundo de la plata similar al que han tenido en el mundo de los materiales industriales. Gran producción local, gran importación de minerales, gran transformación en metales y grandes exportaciones.

Ahora lo bueno. Aproximadamente una cuarta parte de la producción de plata procede de minas especializadas, mientras que el resto se coproduce con plomo, cobre o zinc. Además, la plata metálica —sobre todo la procedente de joyería— es eminentemente reciclable. En términos de extracción, procesamiento, refinado y reciclado, el ciclo de producción de la plata está bien distribuido geográficamente. Por tanto, aunque China es un actor importante —de hecho, el más importante— en todas las fases del suministro de plata, no es ni mucho menos el actor mayoritario, ni está en posición de amenazar excesivamente el suministro de plata a otros, ya sea por su fuerza o por su debilidad.

# LOS MATERIALES DE SIEMPRE

Al ser humano siempre le ha gustado el oro. Su resistencia a la corrosión lo ha convertido en un material útil para los joyeros desde la época de los primeros faraones. Esta asociación con la riqueza, combinada con su brillo persistente, lo ha convertido en un eterno favorito como depósito de valor y respaldo de las monedas hasta la era moderna. Hasta las guerras mundiales y el auge del dólar estadounidense, el oro era lo que la mayoría de los países tenían para respaldar sus sistemas económicos. E incluso en la era de la supremacía del dólar estadounidense, el oro suele ocupar el tercer o cuarto lugar en las reservas de la mayoría de los países.

En la era moderna, y más concretamente en la era digital, también hemos encontrado usos más prosaicos. La combinación de la resistencia del oro a la corrosión y su elevada conductividad eléctrica le confieren nichos de aplicación en el ámbito de los semiconductores, tanto para la gestión de la energía como para la transmisión de información.

¿Usos industriales? Sí. ¿Usos personales? Sí. ¿Usos gubernamentales? Sí. ¿Gran valor? Sí. ¿Almacenamiento de valor? Sí. ¿Bonito? Rotundamente.

Y con todo y con eso, el oro es absolutamente estúpido. Es el único material de todos los materiales que utiliza la humanidad en el que no hay prácticamente ninguna oportunidad de metalurgia útil o de valor añadido. El oro no se mezcla con un material mejor para obtener una mejor conductividad, porque el oro ya es el mejor conductor. No se mezcla con un material inferior para degradar su conectividad, porque se puede obtener el mismo resultado con sustitutos más baratos. La única vez que se alea el oro es para que los anillos no se doblen al llevarlos. Aparte de eso, lo que es oro es oro. O es lo único que se puede utilizar para un producto, o su uso carecería de sentido. Estos usos perfectos son tan limitados que las medallas de los premios deportivos se cuelan en la lista de las diez más demandadas anualmente.

Esto hace que su cadena de suministro sea sencilla. El mineral se extrae, se purifica, se convierte en metal puro y... ya está. Bueno, casi.

La única forma no tanto de añadir valor como de establecer caché es que alguien de confianza, alguien a quien se respete, alguien guay convierta el oro metálico en esos lujosos lingotes que se comercializan y que todos hemos visto en las películas de James Bond y de los que imaginamos que Fort Knox está lleno.[103] Los refinadores y recicladores llevan el oro en avión hasta este último paso de enfriamiento; no hay viaje lento para el oro. Estos tipos lo funden todo, comprueban su pureza, fabrican los icónicos lingotes y ponen su sello personal de garantía en el producto final. Cualquiera de estos tipos interesantes es suizo o emiratí. Como he dicho: tíos guais.[104]

China lleva décadas intentando entrar en este último segmento. A primera vista, parece que China tiene posibilidades: es la fuente de mineral de oro más grande del mundo y alberga muchas refinerías intermedias. Pero a China se va por la producción en masa y la falsificación, no por la exclusividad y la autenticidad. Salvo que se produzcan una serie de desafortunados accidentes que aca-

---

103  Lo está, por cierto.
104  Además, como ya he dicho: «tíos». PAMP, el principal productor de lingotes de oro, elaboró un informe sobre un estudio de género en el que, básicamente, se disculpa por no tener muchas mujeres trabajando en sus refinerías de oro. Los fabricantes de oro de los Emiratos Árabes Unidos —que es básicamente un Estado misógino esclavista— no sintieron la necesidad de seguir su ejemplo.

ben con la vida de la mayoría de los tipos guais antes menciona-
dos, China no entrará en esta fase de la industria.

En un mundo sin China, el golpe más duro lo sufriría la entrada
de mineral, y eso no es ni mucho menos tan condenatorio para el
oro como lo sería para cualquier otra cosa. Quizá, la característica más valiosa del oro sea que el oro es oro, nunca se corroe.
Dependiendo de las circunstancias económicas generales, el oro
procedente del reciclado presenta entre una sexta parte y la mitad
de la «producción», cifra que se dispara en épocas de tensión económica. Sin duda, la cruda realidad de la desglobalización va a
animar a mucha gente a fundir todos esos anillos de graduación.
Con una cadena de suministro mundial, un proceso de refinado
sencillo y, con diferencia, el aspecto más técnico de la producción
de lingotes de oro que se realiza en otros lugares, China podría
quedar inofensivamente fuera de toda la cadena de suministro.

El plomo ha sido durante mucho tiempo una sustancia mágica.
Fácil de extraer, fácil de refinar, fácil de moldear, fácil de alear y
fácil de incorporar a cualquier mezcla química para manifestar
las propiedades que queramos. El plomo es especialmente resistente a la corrosión por el agua. A mediados de la era industrial ya
se utilizaba en coches, pinturas, tejados, vidrios, tuberías, esmal-
tes, revestimientos y gasolina.

El plomo solo tenía un inconveniente: te volvía ¡LOCO! La toxicidad del plomo genera un sinfín de complicaciones de salud en el
cerebro, hasta el punto de fomentar comportamientos disociati-
vos y violentos. En Estados Unidos empezamos a purgar el plomo
de nuestros sistemas en 1970, con la prohibición sistemática de su
uso en un producto tras otro. En el medio siglo siguiente, el nivel
de plomo en el aire descendió más de un 90 %. Al mismo tiempo,
los casos de delitos violentos pasaron de máximos históricos a
mínimos históricos. ¿Correlación? Evidentemente. ¿Causalidad?
Digamos que tal vez.[105]

---

105 También hay una corriente de pensamiento disidente en arqueología que
afirma que el uso extensivo de plomo en los acueductos de Roma contribuyó

Una vez eliminado el plomo de los lugares donde pudiera llegar a ingerirse, sus usos restantes son muy, muy escasos: algunas aleaciones metálicas (que no entran en contacto con las personas), munición (un producto para el que la toxicidad del plomo podría incluso percibirse como una ventaja), y un poco en cerámica y algunos productos de vidrio. Pero lo más importante son las baterías de plomo-ácido, un componente clave en casi todos los vehículos monitorizados, independientemente de su tamaño. Antes de 1970, las baterías absorbían menos de un tercio de todo el plomo. Ahora absorben más de cuatro quintas partes.

Esto hace que el plomo sea la oveja negra desde el punto de vista de la cadena de suministro.

En los países avanzados con una cultura automovilística desde hace décadas, el proceso de sustitución de las baterías incluye disposiciones para su reciclaje. En Estados Unidos y países similares, cerca del 90 % de las necesidades de plomo se cubren con productos de plomo reciclado.

En los países de industrialización más reciente, con China a la cabeza, el proceso está menos... formalizado. La mayoría de las baterías de coche chinas se recuperan, pero solo un tercio se recicla oficialmente. El resto parece ser presa de la omnipresente falsificación del país y simplemente reciben nuevas etiquetas antes de venderse como producto nuevo.[106] Teniendo en cuenta que las baterías de plomo viejas y sobreutilizadas tienden a tener fugas, y que el plomo sigue siendo jodidamente tóxico, esto no es nada bueno.

En cualquier caso, este reciclaje masivo de plomo significa que el mundo desarrollado puede avanzar sin perder el ritmo. Y, si China se ve incapaz de acceder al mineral de plomo importado, al menos puede consolarse pensando que un programa de reciclaje

---

a la mala gestión imperial y a la desvinculación en el periodo romano tardío. ¿Es cierto? Ni idea, pero no pudo haber ayudado.

106 Digo «parece» porque los falsificadores tienden a no compartir sus datos de producción.

mejorado resolvería una gran parte de los problemas de suministro y contribuiría a crear entornos más saludables.

A continuación, llegamos al mol-ib-da-no, mol-i-bu-de-no, mo-lib-de-no, joder, M-O-L-I-B-D-E-N-O, mejor lo llamaremos «moli».

Dejando a un lado su irritante nombre, el molibdeno es uno de esos materiales de los que la mayoría de nosotros no ha oído hablar, y con razón. No suele aparecer en los parachoques de los coches ni en los pomos de las puertas. El molibdeno se valora por su capacidad para resistir temperaturas extremas sin cambiar de forma. No temperaturas extremas como cuando te vas de vacaciones a Las Vegas en agosto, sino más bien temperaturas extremas como cuando te atacan con napalm. Si se hace bien, el acero aleado con *moli* se convierte incluso en una superaleación, un material que mantiene todas sus características normales incluso cuando se encuentra a poca distancia de su punto de fusión real.

A los militares les encanta utilizar *moli* en blindajes, aviones y cañones de carabinas. En el sector civil, el *moli* suele emplearse en motores y equipos industriales de gama muy alta, así como en aceros inoxidables que deben ser lo más resistentes posible, ya sea en la construcción, en jaulas de seguridad, en cuchillos de cocina asiáticos de gama alta o en bombillas de gama muy alta. En polvo, el *moli* se utiliza para... fertilizar coliflores (?).[107]

Es probable que el futuro del *moli* sea prometedor. El molibdeno se produce en una serie de etapas, a menudo diferentes para cada tipo de mineral, a menudo en instalaciones diferentes, a menudo en el hemisferio occidental, y a menudo vinculado a las fundiciones de acero específicas que lo alean. El resultado es un sistema de suministro mucho más segmentado y resistente a la integración vertical que algo como la bauxita. Aquí no hay dominio chino.

---

107 Efectivamente, no sé nada de eso.

# MATERIALES DE MODA

El platino pulido es muy bonito y, como tal, se utiliza a menudo en joyería de alta gama (como los anillos de compromiso: «Eres mío para toda la vida, así que no intentes nada estúpido»). Otros metales del grupo del platino —paladio, rodio e iridio, por ejemplo— no son tan brillantes, pero eso no significa que no sean útiles.

Todo el grupo es protagonista habitual en todo lo que requiera la facilitación o regulación de reacciones químicas. Estos usos incluyen, entre otros, los sistemas de escape de cualquier cosa que se queme con el fin de cambiar los perfiles de las emisiones en direcciones menos tóxicas, chapados para impedir la corrosión (especialmente a altas temperaturas), trabajos dentales (con el tiempo, los dientes y la saliva humana pueden destruir casi cualquier cosa), y cualquier producto que necesite ser capaz de fomentar o desalentar selectivamente el flujo de electricidad, sobre todo los semiconductores de todo tipo.

Alrededor de tres cuartas partes de los metales del grupo del platino del mundo proceden de un solo país: Sudáfrica, donde casi todo procede de una única formación rocosa, el complejo ígneo de Bushveld. Imagina que un niño de seis años hiciera una tarta de veinte capas y, de alguna manera, fuera capaz de inyectar glaseado hacia arriba desde el fondo, añadiendo alternativamente capas internas de glaseado y también explosiones de glaseado. Ahora imagínalo todo con magma.

Eso es el Bushveld. Se trata de un extraño accidente geográfico que, hasta donde sabemos, no se ha reproducido en ningún otro lugar de la Tierra, pero su extraña combinación de consistencia y variación lo ha convertido en el yacimiento mineral más valioso jamás descubierto por la humanidad. El Bushveld prácticamente gotea cromo, mineral de hierro, estaño y vanadio, pero los sudafricanos pasan por alto todos esos yacimientos de categoría mundial para ir a por lo bueno: los minerales del grupo del platino que aquí —y solo aquí— existen en estado puro, sin mezclarse con minerales menores. Minerales menores como el maldito titanio.

En todos los demás lugares, los metales del grupo del platino son un subproducto de otros minerales, sobre todo del cobre y el níquel. Después de Sudáfrica, Rusia es, con diferencia, el mayor productor del mundo, con casi una quinta parte de los metales del grupo del platino procedentes de Norilsk, una colonia penal del Ártico de construcción soviética cuyos trabajadores se adentran un kilómetro y medio bajo tierra. En los últimos años, en Norilsk han fallado tantas cosas que el lugar es una mezcla entre un vertedero de residuos peligrosos y un gélido infierno tibetano.

Del tercer al último puesto suman el 5 % restante de la producción.

Incluso si se consigue el mineral adecuado, no está fuera de peligro: se necesita un mínimo de siete toneladas de mineral y seis meses de trabajo para extraer una sola onza troy de platino o de sus metales afines.

En pocas palabras, si quieres platino o sus derivados, tienes que tratar con los sudafricanos o con los rusos, o prescindir de ellos. Y si lo hace, un día despejado y ventoso, los gases de escape de tu vehículo serán más desagradables que la niebla tóxica más repugnante jamás registrada. Rareza de las rarezas: China no es uno de los cinco mayores productores, importadores o exportadores de ninguno de los metales del grupo del platino en bruto o acabados. Las tecnologías que utilizan estos metales están sencillamente fuera del alcance de los chinos.

Los elementos de tierras raras son a la vez muy complicados y sencillos. Complicados porque no hay una sola «tierra rara».

Como sugiere la palabra «elementos», las tierras raras son una categoría de materiales que incluye el lantano, el neodimio, el prometio, el europio, el disprosio, el itrio y el escandio, entre otros.

Complicados en el sentido de que las tierras raras se utilizan en casi todo en la era moderna, desde las gafas de sol a las turbinas eólicas, pasando por ordenadores, aleaciones metálicas, luces, televisores, refinado de petróleo, coches, discos duros, baterías, teléfonos inteligentes, acero y láseres.[108] Complicados porque sin ellos no es posible la vida moderna. Complicado en el sentido de que las tierras raras se producen por desintegración del uranio o..., espera..., explosión de estrellas.

Aun así, las tierras raras también son sencillas. Sencillas en el sentido de que varios de los elementos de las tierras raras no son en absoluto raros; el cerio es más común en la corteza terrestre que el cobre. Sencillas porque los minerales de tierras raras suelen ser un subproducto de muchos otros tipos de minería. Sencillas en el sentido de que sabemos exactamente cómo extraer cada uno de los elementos de las tierras raras del mineral mezclado que se extrae, y sencillas en el sentido de que el problema es que nadie quiere hacer el trabajo.

Hay dos problemas.

En primer lugar, el proceso de refinado requiere cientos —y en algunos casos miles— de unidades de separación, un término elegante para referirse principalmente a las cubas de ácido, para alentar lentamente a cada elemento individual a alejarse de sus afines de densidad similar. Además de ser, ya sabes, increíblemente peligroso, aunque todo funcione bien, los refinadores se quedarán con un montón de residuos. Al fin y al cabo, la principal fuente de tierras raras en la Tierra es la desintegración radiactiva del uranio. Nada de esto es nuevo para los profesionales del sector. Las técnicas de extracción de tierras raras se remontan a antes de la Segunda Guerra Mundial. No hay secretos comerciales.

---

108  ¡Flosh, flosh!

En segundo lugar, China ha hecho todo el trabajo sucio por todos nosotros. En 2021, alrededor del 90 % de la producción y procesamiento mundial de tierras raras se hacía en la República Popular China. Las normativas medioambientales chinas harían sonrojar a los habitantes de Luisiana, mientras que la hiperfinanciación y las subvenciones chinas hacen que ninguna producción mundial pueda competir en cifras. Los chinos empezaron a producir tierras raras en masa a finales de la década de 1980, y en los años 2000 ya habían expulsado del negocio a casi todos los demás productores.

Desde algunos puntos de vista, los chinos nos han hecho un favor a todos. Al fin y al cabo, han absorbido toda la contaminación y todos los riesgos, al mismo tiempo que proporcionaban al mundo metales refinados de tierras raras a aproximadamente una cuarta parte del coste anterior a 1980. Sin esos suministros baratos y abundantes, la Revolución Digital habría tomado un rumbo muy diferente. Es posible que la informática y los *smartphones* para las grandes masas nunca se hubieran producido.

La cuestión es si el mundo ha llegado a depender irremediablemente de la producción china y si su repentina desaparición —debida al colapso chino o a la estupidez— nos condenaría a todos. China amenazó públicamente por primera vez a las empresas japonesas (e implícitamente a las estadounidenses) con recortar la producción de tierras raras en los 2000.

Voto «no» a esa preocupación en particular. En primer lugar, el valor real de las tierras raras no está en el mineral (que es bastante común) ni en el refinado (ese proceso se perfeccionó hace casi un siglo), sino en la transformación de los metales de tierras raras en componentes para productos finales. Los chinos, en el mejor de los casos, son más o menos buenos. Han asumido todos los riesgos y subvencionado toda la producción, mientras que las empresas no chinas se encargan de la mayor parte del trabajo de valor añadido y se llevan la mayor parte de los beneficios.

En segundo lugar, como el mineral no es raro y su tratamiento no es un secreto y las primeras amenazas chinas se produjeron hace más de una década, ya existen instalaciones de extracción y tratamiento de reserva en Sudáfrica, Estados Unidos, Australia, Malasia y Francia. Pero no hay mucha actividad, porque el material chino sigue estando disponible y es más barato. Si las tierras raras chinas desaparecieran mañana de la oferta mundial, las instalaciones de procesamiento en espera se pondrían en marcha de inmediato y probablemente podrían sustituir todas las exportaciones chinas en unos pocos meses. Un año en el exterior. Y cualquier empresa que utilice tierras raras dirigida por cualquier persona que no sea un completo imbécil ya tiene meses de tierras raras almacenadas. Habría contratiempos, pero no se produciría el armagedón.

Las tierras raras son un buen ejemplo de cómo el mundo espera la caída de China y, por una vez, está preparado para ello.

# MATERIALES DE CONFIANZA

El níquel es uno de esos materiales que tienen pocos usos por sí mismos, pero que forman parte de un único proceso, con un único material complementario que lo hace absolutamente esencial para todos los sectores económicos. El acero estándar se dobla, se oxida, se corroe, se deforma y pierde parte de su coherencia con temperaturas altas o bajas. Pero si añadimos un 3,5 % de níquel y una pizca de cromo a la mezcla de acero, obtenemos una aleación que es más resistente y elimina en gran medida esos problemas. Este producto se conoce coloquialmente como «inoxidable», la base de casi todos los aceros utilizados en cualquier aplicación. La forja de estos inoxidables representa más de dos tercios de la demanda mundial total de níquel. Otras aleaciones metálicas de níquel representan otra quinta parte. Una décima parte se destina a galvanoplastia y el resto a baterías.

Como era de esperar, China es el mayor importador, refinador y usuario mundial de mineral de níquel, pero la omnipresencia del acero en casi todo, en todas partes, significa que ni siquiera la industrialización y la urbanización vertiginosa y a gran escala de China pueden dominar todo el mercado. A diferencia del aluminio, del que se exporta gran parte del metal acabado resultante, la mayor parte del mineral de níquel que los chinos refinan y mezclan para obtener acero se utiliza en su propio país. Así, mientras que el impacto de China en el mercado del aluminio es un problema que afecta a todos los países y que ha destruido la capacidad de los competidores de todo el mundo, los hábitos de China en relación con el níquel y el acero son «simplemente» muy distorsionadores.

El níquel es uno de esos pocos materiales en los que la implosión del comercio mundial no se traducirá automáticamente en la implosión del mercado. Cuatro de los cinco principales productores —Indonesia, Filipinas, Canadá y Australia— tienen mercados alternativos para sus ventas de níquel en sus propios barrios. El último de los cinco primeros —el territorio francés de Nueva Caledonia— tiene muchas probabilidades de ver caer su producción, ya que los debates internos sobre si quiere ser una colonia fallida o un país fallido prevalecen sobre cualquier otra idea.

El puesto número seis es para Rusia, que produce casi todo su níquel en un único complejo cerca de la horrible ciudad de Norilsk. Si a esto añadimos las complicaciones geopolíticas, financieras, demográficas y de transporte de Rusia, yo no contaría con que Norilsk fuera una fuente importante de suministro mundial de metales dentro de un par de décadas.

Si lo sumamos todo, el mercado del níquel podría lograr algo con lo que gran parte del mundo pronto no está familiarizado: el equilibrio.

No voy a hablar de los usos más banales del silicio. El silicio que se utiliza en el vidrio suele obtenerse de la arena normal. Evidentemente, hay que purificarlo, pero ya habíamos descifrado el código de ese proceso casi dos milenios antes que Roma y, en la actualidad, no se necesita una base industrial especialmente sofisticada para producir vidrio en grandes cantidades. Tampoco voy a analizar el otro gran uso de la «arena»: parte del proceso de entrada para la producción de petróleo no convencional (también conocido como *fracking*). Al cabo de unos años, las empresas de servicios petrolíferos descubrieron que casi cualquier arena básica sirve. No, vamos a centrarnos en los productos de silicio que están mucho más arriba en la escala de valor añadido y más integrados en la vida cotidiana del mundo moderno.

Primero, las buenas noticias. Las realmente buenas. El silicio es muy común y representa aproximadamente una cuarta parte de la corteza terrestre. Pensamos en el silicio más comúnmente como arena porque inmediata y emocionalmente asociamos la arena a playas y lagos, pero en realidad la mayor parte del silicio del mundo está encerrado en cuarzo y rocas de sílice. Estas rocas son mucho mejores que la arena de playa porque no están contaminadas con algas, plásticos, agujas hipodérmicas u orina. Si se fabrica vidrio, el 98 % de pureza está bien, pero el grado más bajo de silicio como insumo industrial es del 99,95 %. Para llegar a ese nivel se necesita una planta de combustión, que suele requerir mucho carbón. En general, el proceso no es tan complicado —básicamente se hornea el cuarzo hasta que todo lo que no sea silicio se quema—, lo que significa que alrededor del 90 % de este primer paso de procesamiento tiende a realizarse en países como Rusia y China, países con un gran excedente de capacidad industrial a los que no les importan una mierda las cuestiones medioambientales.

Este nivel de calidad es más que suficiente para la mayoría de las aplicaciones del silicio. Aproximadamente un tercio de la producción se destina a lo que conocemos como «siliconas» —una amplia categoría que incluye desde selladores hasta utensilios de cocina, pasando por juntas, revestimientos y tetas postizas— y «silicatos», que se utilizan en cerámica, cemento y vidrio. Casi la mitad se alea con aluminio para fabricar las creativamente denominadas *silumins*, que han sustituido en gran medida el acero en cualquier producto en el que perder mucho peso sea más importante que ser capaz de soportar la coraza de un tanque, sobre todo en los bastidores de trenes y automóviles.[109]

---

109 No se puede mejorar el kilometraje de los vehículos sin mucho aluminio y silicio. Tampoco hay vehículos electrónicos. Los verdes toman nota: la fundición de aluminio consume mucha energía. Forjar silicio consume mucha energía. Su aleación requiere mucha energía. El chasis de un vehículo eléctrico requiere aproximadamente el quíntuple de energía que el de un coche tradicional. Este es uno de los muchos detalles poco ecológicos que Tesla omite en su publicidad.

Estos productos son importantes y omnipresentes, pero no son la parte atractiva de la historia. Eso viene de las dos últimas categorías de productos.

En primer lugar, los paneles solares. La pureza del 99,95 % del silicio «estándar» no es suficiente. Una segunda vuelta en el alto horno eleva la pureza del silicio al 99,99999 %.[110] El segundo asalto es mucho más sofisticado que el primero. El grupo chino GCL es la única entidad china capaz de gestionar tal precisión a gran escala, lo que la convierte en responsable de un tercio del suministro mundial. El resto procede de un puñado de empresas del mundo desarrollado. Este silicio puro se incorpora a las células solares que hacen funcionar los paneles solares, y el trabajo de montaje suele realizarse en China.

En segundo lugar, se encuentran los semiconductores, siendo el silicio, con diferencia, el mayor insumo por volumen. Y, como algunos de los semiconductores más recientes tienen una forma casi atómica, el silicio debe tener una pureza del 99,99999999 %.[111]

Es imposible que eso se haga en China. Una vez que alguna empresa del primer mundo fabrica este silicio ultrarrarificado de grado electrónico, se envía a algún lugar de la cuenca oriental asiática para fundirlo en una cuba de sala blanca y cultivarlo en los cristales que forman la base de toda la fabricación de semiconductores.

En un mundo posglobalizado, todas estas idas y venidas, con la mayoría de las cosas pasando por China al menos dos veces, serán un sólido no bueno. Es de esperar que los chinos y los rusos queden excluidos en gran medida del procesamiento mundial, simplemente por cuestiones de seguridad y simplicidad de la cadena de suministro. Todo lo que no sean aplicaciones solares y electrónicas debería estar más o menos bien. El trabajo de base no es técnicamente difícil.

Ahí acaban las buenas noticias. La mitad de la población del planeta puede despedirse de la idea de los paneles solares. El pro-

---

110  Son siete nueves.
111  Son diez nueves.

blema no es el cuarzo. Ya producimos cuarzos de calidad solar en Alemania, Australia, Bélgica, Canadá, Chile, China, Estados Unidos, Francia, Grecia, India, Mauricio, Noruega, Rusia, Tailandia y Turquía. El problema es la purificación: solo se hace en China, Japón, Estados Unidos, Alemania e Italia.

Pero el verdadero problema serán los semiconductores. Alrededor del 80 % del cuarzo de alta calidad que se utiliza para fabricar silicio electrónico procede de una única mina de Carolina del Norte. ¿Quieres seguir siendo moderno? Tienes que llevarte bien con los estadounidenses. Pronto tendrán algo que nunca han tenido: el control de los recursos sobre el material de base de la era digital. (También les va a ir bastante bien dominando el espacio general de semiconductores de gama alta, pero ese desglose en particular lo veremos en el próximo capítulo).

El uranio es un poco atípico porque hasta hace poco una de las principales fuentes de demanda de uranio se destinaba a los esfuerzos por hacer explotar el planeta con solo pulsar un botón. Sin duda, la humanidad sigue teniendo problemas, y con el fin del Orden tendrá muchos, muchos, muchos más, pero al menos nadie está almacenando decenas de armas nucleares estratégicas. La realidad es aún mejor de lo que parece. A partir de 1993, los estadounidenses y los rusos empezaron no solo a separar sus armas nucleares de sus sistemas vectores, sino también a extraer los núcleos de uranio de esas armas y a convertirlos en el tipo de material que puede transformarse en combustible para las centrales nucleares. Cuando este programa de megatones a megavatios se completó en 2013, los dos países habían transformado unas 20.000 cabezas explosivas, por lo que cada parte contaba con «solo» unas 6000.

¿Genial para la paz mundial? Desde luego. Pero el esfuerzo desvirtuó el mercado del uranio. Los estadounidenses y los rusos utilizaron este programa de ojivas convertidas en combustible para alimentar sus reactores nucleares civiles. En Estados Unidos, este tipo de material de armamento desintegrado alimentó el 10 % de la red eléctrica durante casi dos décadas y, dado que gran parte del combustible nuclear es reciclable, el mercado del uranio seguirá distorsionado durante décadas.

Si no eres estadounidense o ruso, tu única fuente de combustible para energía nuclear es obtener mineral de uranio, molerlo hasta convertirlo en un polvo llamado «óxido de uranio», calentarlo hasta un estado gaseoso para separar el uranio del mineral residual y hacer girar ese uranio a través de una serie de centrifugadoras para que los diferentes isótopos de uranio se separen al menos parcialmente. Si se dividen parcialmente, se obtiene una mezcla de uranio de calidad civil con un 3-5 % de material fisible, que puede transformarse en barras de combustible para reactores de potencia. Si se alcanzan los niveles de fisibilidad del 90 % para una ojiva, es probable que el Gobierno estadounidense te organice una fiesta sorpresa con tropas de las Fuerzas Especiales altamente cafeinadas y unas cuantas municiones de precisión cuidadosamente diseñadas.

En un mundo posterior al Orden, es probable que el uranio se popularice como combustible energético. Mientras que el funcionamiento de una central de carbón de un gigavatio durante un año requiere 3,2 millones de toneladas métricas de carbón, una central nuclear de un gigavatio solo necesita veinticinco toneladas métricas de uranio metálico enriquecido con combustible energético, lo que convierte al uranio en el único insumo eléctrico que teóricamente podría transportarse por avión hasta su usuario final.

Tampoco es probable que se produzcan grandes cambios en el parque nuclear civil mundial, o al menos no debido a restricciones de acceso. Los cuatro principales países productores de energía nuclear son Estados Unidos, Japón, Francia y China. Ya hemos hablado de Estados Unidos. Japón y Francia pueden satisfacer sus necesidades sin ayuda. El uranio de China procede de sus vecinos Kazajistán y Rusia. Mientras exista China, podrá conseguir uranio.

Los lugares que corren más riesgo a la hora de abastecerse serán las potencias intermedias que carecen de la capacidad militar para abastecerse de sus propios insumos y viven en lugares geográficos que impiden totalmente los envíos seguros: Suiza, Suecia, Taiwán, Finlandia, Alemania, República Checa, Eslovaquia, Bulgaria,

Rumanía, Hungría, Ucrania y Corea. La probabilidad de que los suministros sean insuficientes aumenta a medida que se avanza en la lista.

El zinc lleva mucho tiempo entre nosotros. El mineral de zinc se encuentra a menudo mezclado con el cobre, y fundiéndolos juntos se obtiene latón. Llevamos fabricando esas cosas (a propósito) desde hace al menos 4000 años, aunque no fue hasta el milenio más reciente cuando comprendimos realmente la química física de todo ello (los iones de cobre y zinc pueden recolocarse unos a otros en la red cristalina de las aleaciones metálicas).

La particularidad del zinc no es que no se corroa —se corroe muy fácilmente—, sino cómo se corroe. La capa exterior de un objeto de zinc se oxida rápidamente y forma una pátina que impide que el oxígeno penetre más profundamente. *Voilà!* La corrosión genera protección. En algunas ocasiones, el zinc solo tiene que estar presente, pero no adherido a la totalidad del objeto metálico. Si atornillas o fijas con alambre un disco de zinc al timón de un barco o a un depósito de propano enterrado, por ejemplo, el zinc se corroerá hasta desaparecer mientras protege el depósito o el timón. ¡Ya lo sé! Es raro.

Si avanzamos hasta los conocimientos eléctricos y químicos de la era industrial, habremos mejorado el uso del zinc en una amplia gama de productos.

Las mismas características eléctricas que protegen la mencionada bombona de propano hacen del zinc un componente preferente en las pilas alcalinas. Seguimos utilizando mucho latón con alto contenido de zinc, ya que es más fácil de trabajar y más resistente que el cobre, al tiempo que mantiene las mágicas características de gestión de la corrosión del zinc. Es útil en todo, desde torres de telefonía móvil a fontanería o trombones. El zinc no solo se fusiona sin problemas con el cobre, sino que es un eterno favorito en productos que se laminan en frío en planchas o se funden a presión. También nos gusta recubrir acero y otros metales industriales. Cuando decidimos que queríamos tener el menor contacto posible con el plomo, el zinc se convirtió en un sustituto seguro y fiable.

# Materiales industriales

| Material | Valor de la producción (millones de USD) | Usos principales | Proveedores principales | Consumidores principales* |
|---|---|---|---|---|
| Mineral de hierro | $280,375 | Acero | Australia (38 %), Brasil (17 %) | China (73 %), Japón (6 %), Corea (5 %) |
| Bauxita | $4,160 | Aluminio | Australia (30 %), Guinea (22 %), China (16 %), Brasil (9 %) | China (74 %), Irlanda (3 %), Ucrania (3 %), España (3 %) |
| Cobre | $120,000 | Cableado, electrónica, fontanería | Chile (29 %), Perú (11 %), R. D. Congo (7 %), Estados Unidos (6 %) | China (56 %), Japón (15 %), Corea (7 %) |
| Cobalto | $4,200 | Baterías, aleaciones, usos industriales | R. D. Congo (68 %), Rusia (5 %), Australia (4 %) | China (56 %), Estados Unidos (8 %), Japón (7 %), Reino Unido (4 %), Alemania (3 %) |
| Litio | $5,390 | Baterías | Australia (49 %), Chile (22 %), China (17 %) | Corea (46 %), Japón (41 %) |
| Plata | $14,985 | Joyería, aleaciones, electrónica, usos industriales | México (22 %), Perú (14 %), China (13 %), Rusia (7 %), Chile (5 %) | China (62 %), Corea (11,2 %) |
| Oro | $148,500 | Joyería, aleaciones, revestimientos no corrosivos y altamente conductores | China (12 %), Australia (10 %), Rusia (9 %), Estados Unidos (6 %), Canadá (5 %), Chile (4 %) | Suiza (34 %), Estados Unidos (12 %), China (12 %), Turquía (10 %), India (9 %) |
| Plomo | $10,440 | Baterías, aleaciones, usos industriales | China (43 %), Australia (11 %), Estados Unidos (7 %), México (5 %), Perú (5 %) | Corea (36 %), China (30 %), Países Bajos (6 %), Alemania (6 %) |
| Molibdeno | $7,540 | Aleaciones de acero endurecido, lubricantes industriales | China (40 %), Chile (19 %), Estados Unidos (16 %) | China (22 %), Corea (11 %), Japón (10 %) |
| Metales del grupo del platino | $20,718 | Electrónica, metalizado, catalizadores | Sudáfrica (50 %), Rusia (30 %) | stados Unidos (18 %), Reino Unido (15 %), China (13 %), Japón (11 %), Alemania (11 %) |
| Tierras raras | $210 | Bienes de consumo y electrónica, incluidas pantallas planas, teléfonos inteligentes y pilas recargables | China (58 %), Estados Unidos (16 %), Myanmar (13 %) | Japón (49 %), Malasia (17 %), Tailandia (5 %) |
| Níquel | $29,700 | Aleaciones (acero inoxidable), chapado metálico | Indonesia (30 %), Filipinas (13 %), Rusia (11 %) | China (74 %), Canadá (6 %), Finlandia (6 %) |
| Silicio | $18,502 | Vidrio, materiales de silicona, cerámica, revestimientos, semiconductores, células fotovoltaicas | China (68 %), Rusia (7 %), Brasil (4 %) | China (34 %), Japón (21 %), Taiwán (10 %), Corea (8 %) |
| Uranio | $2,565 | Combustible, armas, investigación | Kazajistán (41 %), Australia (31 %), Namibia (11 %), Canadá (8 %) | ** |
| Zinc | $35,100 | Aleaciones anticorrosivas, pigmentos, protección solar | China (35 %), Perú (11 %), Australia (10 %) | China (27 %), Corea (15 %), Bélgica (10 %), Canadá (7 %) |

*Las cifras representan a los usuarios finales del producto refinado. En el caso del litio y las tierras raras, por ejemplo, China es un consumidor primario de minerales, pero exporta materias primas procesadas y refinadas a otros países que fabrican productos acabados.
**Debido al carácter sensible y estratégico del uso del uranio, los datos publicados no reflejan con exactitud el consumo mundial.

Fuentes: Servicio Geológico de Estados Unidos (USGS), OEC, UNCTAD, Asociación Nuclear Mundial © 2022 Zeihan on Geopolitics

Donde más lo utilizamos —donde ponemos aproximadamente la mitad de nuestro zinc— es en los procesos de galvanización, a los que añadimos esa pátina de zinc. Es un paso especialmente eficaz para proteger los metales de los efectos corrosivos de la intemperie y el agua de mar. Estos usos se encuentran en casi todo el metal que se puede ver a diario: carrocerías de coches, puentes, barandillas, vallas metálicas, tejados metálicos, etc.

En general, el zinc es nuestro cuarto metal preferido por uso, solo por detrás del acero, el cobre y el aluminio. Y seguirá siéndolo en las próximas décadas.

El zinc es eminentemente reciclable. Aproximadamente el 30 % de la producción de zinc procede de material reciclado, y aproximadamente el 80 % de todo el zinc puede volver a utilizarse. Se encuentra solo y con plomo en muchos lugares del mundo. China es el mayor productor porque, por supuesto, lo es, pero casi todo el zinc chino se destina a su propio consumo final. Perú, Australia, India, Estados Unidos y México completan los seis primeros. El resultado es un sistema de abastecimiento de amplio origen y ampliamente diversificado, que ofrece zinc a un precio inferior al de metales más conocidos, como el cobre. En un mundo de sistemas de suministro rotos, al menos seguiremos teniendo zinc.


## ASÍ SE ACABA EL MUNDO

Durante la vigencia del Orden —ese momento sin precedentes, breve, pero sobre todo vital en la historia de la humanidad— todos estos materiales y muchísimos más han estado disponibles en un mercado mundial mayoritariamente libre y justo. Su disponibilidad no es simplemente sobre lo que se construye nuestra vida moderna; ha sido un círculo virtuoso. El Orden estableció la estabilidad, que fomentó el crecimiento económico, permitió el avance tecnológico, condujo a la disponibilidad de estos materiales, permitió su inclusión en los productos, la modernidad y el estilo de vida de la era moderna.

En el Orden, solo se competía por el acceso a los materiales. Invadir países en busca de materias primas estaba expresamente prohibido. Simplemente, había que pagar por ellas. Los sistemas ricos en capital, por tanto, disfrutaban del mejor acceso. Los asiáticos, con su modelo de hiperfinanciación, hicieron algo de trampa, ya que el sistema *supermegaultrahiperfinanciado* chino tendía a devorar todo lo que podía.

Sin las normas y limitaciones del Orden, el dinero por sí solo no es suficiente.

Sin el Orden, todo se desmorona.Esto es mucho peor de lo que parece.

En los últimos setenta y cinco años del Orden, la lista de materiales críticos para lo que definimos como «vida moderna» se ha ampliado en mucho más que un orden de magnitud. A excepción de Estados Unidos, que conservará pleno acceso al hemisferio occidental y a Australia, así como la capacidad militar para llegar a cualquier parte del mundo, nadie podrá acceder a todos los materiales necesarios. Simplemente, están demasiado esparcidos o, por el contrario, demasiado concentrados. Algunos países con depósitos locales o ejércitos con alcance pueden intentarlo, pero es una lista corta: Reino Unido, Francia, Turquía, Japón y Rusia. Por lo demás, existe un riesgo muy real de volver no solo a los niveles económicos y tecnológicos anteriores a 1939, sino a los anteriores a la propia Revolución Industrial. Si se carece de insumos industriales, no se pueden obtener resultados industriales. El contrabando de minerales, materiales procesados y/o productos acabados se convertirá, por necesidad, en un negocio en auge.

Una vez más, el desinterés de Estados Unidos es fundamental para esta neutralidad. Los estadounidenses pueden acceder a lo que necesitan sin grandes intervenciones militares. Esto no generará el tipo de fuerte implicación estadounidense que la mayoría de los países considerarían desagradable, sino una desvinculación estadounidense a gran escala que la mayoría de los países considerarán aterradora. Si la superpotencia mundial participara, al menos habría algunas reglas. En vez de eso, tendremos competiciones intrarregionales erráticas en las que los estadounidenses rechazarán participar. Una competencia errática significa un acceso errático a los materiales, lo que significa una aplicación tecnológica errática, lo que significa una capacidad económica errática. Somos perfectamente capaces de que aumente la competencia y la guerra y, al mismo tiempo, de experimentar un declive económico y tecnológico dramático.

Así es como todo se desmorona. Ahora veamos cómo podríamos recomponerlo todo.

# APARTADO VI:
# FABRICACIÓN

# CONSTRUIR EL MUNDO
# QUE CONOCEMOS

El año natural 2021 fue extraño en la era de la globalización. Hubo escasez. De todo: papel higiénico, teléfonos móviles, madera, automóviles, guacamole, envases de zumos. ¡El papel necesario para imprimir este libro!

Todo fue culpa del COVID-19.

Cada vez que teníamos un confinamiento o una apertura, cambiábamos lo que consumíamos. En los confinamientos, comprábamos más materiales para mejorar la casa y aparatos electrónicos para tener algo que hacer. En las aperturas, más vacaciones y restaurantes. Cada cambio exigía una reorganización global de la industria para satisfacer el nuevo perfil de la demanda. Cada vez que nos encontrábamos con una nueva variante o una nueva vacuna o una nueva reacción contra la vacuna, nuestro perfil de demanda volvía a cambiar. Cada cambio en nuestro perfil de demanda tardaba un año en resolverse.

No era agradable, y no es nada comparado con lo que se avecina. La agonía de la cadena de suministro de 2021 se debió sobre todo a los latigazos de la demanda. La desglobalización, en cambio, nos dará en los morros con la inestabilidad de la oferta.

Consideremos las vulnerabilidades en un ejemplo «sencillo»: los vaqueros azules.

A partir de 2022, los proveedores principales de tela vaquera de Estados Unidos serán China, México y Bangladesh. Si retrocedemos un paso, es probable que el tejido se tiña en España, Turquía o Túnez con productos químicos desarrollados y fabricados en Alemania. Por no hablar de que el hilo para la tela vaquera procederá de India, China, Estados Unidos, Uzbekistán o Brasil. Si nos remontamos un poco más atrás, es probable que el algodón proceda de China, Uzbekistán, Azerbaiyán o Benín.

Pero la historia no termina —ni empieza— aquí. Es probable que el diseño de su tejano favorito se haya hecho en Estados Unidos, Francia, Italia o Japón…, aunque hay muchos países emergentes que están mostrando su talento. Bangladesh, en particular, se ha puesto manos a la obra.

Por supuesto, los vaqueros son mucho más que tela vaquera, colores y estilos. También hay remaches y botones de cobre y zinc. Probablemente, procedan de Alemania, Turquía o México (aunque, sinceramente, ese tipo de cosas pueden venir de cualquier parte). El mineral necesario para forjar esas brillantes piezas procede probablemente de minas de Brasil, Perú, Namibia, Australia o, de nuevo, China. ¿Y las cremalleras? Japón es al país que hay que recurrir si se quiere una que no se enganche. Adivina de dónde proceden las que son más propensas a engancharse. Luego está el hilo, que, hummm…, probablemente procede de la India o Pakistán, pero es otro de esos productos que puede venir de cualquier parte. Por último, está el lugar donde los trabajadores cosen la etiqueta *made in*. Normalmente, no se fabrica nada allí. Es más bien cuestión de ensamblaje. Por lo general, un par de vaqueros pasa por las manos de al menos diez países. Y que Dios te libre de usar un aparato para ponerte brillantitos en el culo: el sistema de entrada de ese aparatito prácticamente implica un viaje espacial.

Si quieres ponerte realmente técnico, todo esto es solo la parte «de cara al cliente». Las máquinas de coser no surgen naturalmente de la nada. Utilizan cobre, acero, engranajes y plásticos de todo el mundo. Lo mismo ocurre con los barcos que transportan todo eso.

Todo esto para una tela que no tiene que hacer nada más que cubrir el cuerpo. El ordenador promedio tiene 10.000 piezas, algunas de las cuales están formadas por cientos de componentes. La fabricación moderna está al borde de la locura. Cuanto más aprendo sobre el sector, menos seguro estoy de a qué lado de la frontera está. La fabricación moderna es eminentemente vulnerable a todas las facetas de todas las perturbaciones que el Desorden es capaz de generar.

El término técnico para lo que ha hecho posible todo esto y mucho más es «comercio de bienes intermedios». Es, literalmente, la globalización materializada.

Desde el punto de vista histórico, el comercio de bienes intermedios era un gran obstáculo. Esto requiere algo de análisis.

Una vez más, empecemos por el principio.

## EMPEZAR DE CERO

El primer par de tecnologías de fabricación significativas son las que cualquiera que haya jugado al *Civilization* conoce de sobra: la cerámica y el cobre. La cerámica cocida nos permitía almacenar nuestra cosecha para épocas de escasez, mientras que el cobre es el primer metal que pudimos forjar en forma de herramientas, las primeras de las cuales fueron hoces para ayudarnos a cosechar el trigo. El equipamiento necesario para forjar este par de productos no es especialmente oneroso. La arcilla se puede moldear a mano (o con un torno de alfarero, si se es muy caprichoso), mientras que el cobre se puede fundir a partir del mineral si se calienta en una vasija de arcilla.

Una vez que se tiene el cobre metálico, solo hay que golpearlo con una piedra para darle la forma que se desee. La fabricación primitiva no habría desentonado tanto en una clase de cerámica para jubilados.

Poco a poco fuimos mejorando tanto el trabajo de los materiales como el uso pionero de otros nuevos. Las hoces de cobre dieron paso a las guadañas de bronce. Las vasijas de barro dieron paso a la cerámica. Las lanzas de bronce dieron paso a las espadas de hierro. Las tazas de madera dieron paso a las botellas de vidrio. El hilo de lana dio paso a la tela de algodón. Pero, en cierto modo, todo, desde los inicios de la civilización hasta el siglo xviii, comparte una característica: la sencillez organizativa.

No había que ir a Brico Depôt (una y otra vez) para comprar piezas. La mayoría de las cosas las hacías tú mismo. Si tenías suerte, tenías un vecino herrero, pero ni siquiera su sistema de suministro podía confundirse con la complejidad. Era un tipo, una fragua, un martillo, unas tenazas y un barril de agua. Si tenía visión de futuro, tenía un ayudante y un aprendiz…, y eso era todo. Estas industrias artesanales se enfrentaban a las limitaciones extremas. Los herreros y gente cualificada como ellos no podían simplemente salir a la plaza del pueblo y reclutar mano de obra; tenían que formarla. Durante años. No había avances tecnológicos rápidos. No había un rápido aumento de la capacidad.

La Revolución Industrial cambió el panorama de tres formas fundamentales.

En primer lugar, la Revolución Industrial no solo nos dotó de acero —menos quebradizo, más maleable y duradero que el hierro—, sino que nos dotó de enormes volúmenes de acero para que los trabajadores pudieran acceder al metal en bruto sin tener que forjarlo ellos mismos. Una vez eliminado ese paso engorroso, caro y peligroso, los trabajadores cualificados podían centrarse en añadir valor y especializarse aún más. Por primera vez en la historia de la humanidad, especialistas en múltiples campos podían colaborar de forma significativa. La interacción trajo el progreso.

En segundo lugar, la Revolución Industrial nos trajo la fabricación de precisión, tanto en herramientas como en moldes. Uno de los principales inconvenientes de la industria artesanal es que no hay dos piezas exactamente iguales, por lo que no hay dos productos acabados exactamente iguales. Si algo se rompía, no había forma de sustituirlo. O bien había que desechar todo el objeto, o bien había que llevarlo a un herrero experto para que fabricara una pieza totalmente nueva y a medida. En la guerra esto resultaba especialmente molesto. Los mosquetes estaban muy bien, pero, si fallaba una sola pieza, te quedabas con un garrote caro y de baja calidad. Los avances en la precisión evitaron esta restricción. Ahora se podrían fabricar piezas idénticas por docenas. O miles. Por primera vez en la historia de la humanidad, la fabricación tenía escala.

En tercer lugar, la Revolución Industrial nos trajo los combustibles fósiles. Ya hemos hablado de su papel en la generación de energía y en permitirnos ir más allá del músculo y el agua, pero el petróleo y el carbón son mucho más que eso. Los derivados del par de «combustibles energéticos» a menudo no tienen nada que ver con la energía: pinturas, pigmentos, antibióticos, disolventes, analgésicos, nailon, detergentes, vidrio, tintas, fertilizantes y plásticos. Por primera vez en la historia de la humanidad, no dimos un paso «menor» como el que dimos del bronce al hierro, sino que experimentamos una explosión en las aplicaciones de la ciencia de los materiales.

Las tres mejoras encajan a la perfección. Si los trabajadores cualificados no necesitan dominar todos y cada uno de los pasos, pueden llegar a ser realmente buenos en uno o dos. ¡Pum! Conjuntos de habilidades cada vez más diversos y productos cada vez más complejos. Aplique esa capacidad de hipercualificación a gran escala y podrá fabricar casi cualquier producto en masa. ¡Pum! Líneas de montaje, maquinaria, automóviles y teléfonos. Si aplicamos estos conceptos a docenas de nuevos materiales, la condición humana se rehace por completo. ¡Pum! La medicina moderna, los rascacielos, la agricultura avanzada. En conjunto, estas tres mejoras —en especialización, escala y alcance del producto— cambiaron las posibilidades y nos permitieron vislumbrar por primera vez lo que hoy reconocemos como «fabricación».

Todavía había muchas limitaciones. No todos los lugares tenían buen carbón o mineral de hierro o todos los demás insumos industriales. Y el comercio seguía siendo un negocio dudoso. Si dependías de un soberano extranjero para algo que necesitabas, no se trataba simplemente de que confiaras en él para obtener los insumos necesarios; ni siquiera se trataba de confiar en él todo el tiempo. Se trataba de confiar en todos los soberanos extranjeros todo el tiempo. Cualquier poder que metiera la mano en cualquier parte de la cadena de suministro podía destrozarlo todo, a menudo sin querer. Por necesidad y practicidad, todos los tipos de fabricación se mantuvieron.

Eso benefició naturalmente a ciertas geografías. Las economías de escala son imposibles con una mano de obra cualificada de una sola persona. La industrialización permitió el desarrollo de plantas industriales que (a) permitieran a la mano de obra cualificada multiplicar sus esfuerzos, lo que hizo que cada trabajador se especializara en una tarea o pieza específica, y (b) permitieran a la mano de obra no cualificada incorporarse y trabajar en las cadenas de montaje.

Una vez descifrado el código industrial, las preguntas pasaron a ser: ¿qué tamaño podría alcanzar esa planta industrial? ¿Cómo de especializados podían llegar a ser los trabajadores cualificados? ¿A cuánto territorio y población se podría acceder dentro del propio sistema? A la hora de entenderlo, entraron en juego las viejas matemáticas del transporte. Cualquier geografía capaz de transportar mercancías y personas en la era preindustrial podía ahora transportar productos intermedios. Además de todas sus otras ventajas, los sistemas imperiales con buenas geografías internas podían ahora generar producción y permitir economías de escala con las que otros solo podían soñar.

La primera gran ganadora fue la Gran Bretaña de los canales, seguida de la cuenca alemana del Ruhr y, por último, el cinturón siderúrgico estadounidense. Como era de esperar, la competencia económica entre estos centros industriales fue fundamental en los conflictos geopolíticos entre 1850 y 1945.

Pero, por muy grandes e importantes que fueran los sistemas británico, alemán y estadounidense, la geopolítica limitaba sus economías de escala al interior de sus propias fronteras. Fue necesario el final de la Segunda Guerra Mundial para fusionar todo el planeta en un único sistema y transformar el océano global en una gigantesca vía navegable y segura. Con Estados Unidos garantizando la seguridad de todo el comercio internacional e impidiendo que los miembros de la alianza entraran en guerra entre sí o tuvieran imperios coloniales y abriendo el mercado de consumo estadounidense a todas las partes interesadas, países que ni siquiera habían soñado con industrializarse de repente pudieron. De golpe, las localidades «seguras» favorecidas por la geografía tuvieron que competir con localidades hasta entonces atrasadas y poco industrializadas.

Las reglas cambiaron. La industria cambió con ellas. Un nuevo conjunto de criterios definía el éxito.


## CÓMO Y POR QUÉ FUNCIONA

Una de las peculiaridades del desarrollo económico es que el proceso no es el mismo para todos. Gran Bretaña fue la primera, Francia y los Países Bajos ocuparon el segundo lugar, Alemania el tercero, Estados Unidos el cuarto seguido de Japón. Pero, como las tecnologías implicadas evolucionan constantemente, incluso entre este primer amplio grupo los caminos difirieron. El proceso británico fue lento porque los británicos iban inventando cosas sobre la marcha.

El desarrollo de Alemania fue mucho más rápido, y no solo porque los británicos tuvieran la amabilidad de abrir el camino a los demás. Alemania se encuentra en una olla a presión geopolítica, rodeada de competidores estratégicos y económicos. Peor aún, las partes habitables de las tierras alemanas a orillas de los ríos Rin, Danubio, Weser, Elba y Oder están, en el mejor de los casos, escasamente conectadas. Para los vecinos más consolidados de Alemania es fácil dividirla. Si Alemania no lleva al límite todos los procesos de desarrollo económico, se ve desbordada. Así que la experiencia de industrialización alemana de finales del siglo XIX y principios del XX fue absolutamente frenética.

Alemania también tenía algunas ventajas geográficas significativas sobre los británicos en lo que respecta a la generación de capital y el establecimiento de la cadena de suministro. El sistema fluvial alemán —en particular el sistema Rin-Ruhr de Alemania occidental— es la red más densa de vías navegables naturales del mundo. Es perfecta para la industrialización. En concreto, la región del Ruhr contaba con algunos de los mejores yacimientos de carbón de Europa (y no tenían esos molestos problemas con las capas freáticas que tanto entorpecían a los británicos). Si sumamos todo esto, la industrialización alemana fue menos un meandro que un trote nervioso de «creo que alguien me sigue».

Por otro lado, el proceso de los estadounidenses fue mucho más lento, casi tanto como el de los británicos, pero por razones muy distintas. Aunque el proceso de industrialización alemán no se puso realmente en marcha hasta la década de 1830, la parte realmente intensa se produjo entre 1880 y 1915, bastante menos de lo que dura una vida humana. En Estados Unidos, el inicio del proceso —el comienzo de la era del ferrocarril— tuvo lugar en 1830, pero las ciudades no se industrializaron por completo hasta 1930, y el campo hasta la década de 1960. En muchos sentidos, la experiencia estadounidense fue una imagen inversa de la alemana: no había presión geopolítica, por lo que no era necesario acelerar las cosas, y mientras que los alemanes tenían una huella industrial, fluvial y demográfica muy densa, los estadounidenses estaban todos dispersos. Las tierras útiles de Estados Unidos son unas veinticinco veces la superficie de las tierras útiles de la Alemania anterior a la Primera Guerra Mundial, y los estadounidenses no tuvieron nada parecido a una política industrial estatal hasta que estuvieron en la Segunda Guerra Mundial.

Para los estadounidenses, todo es —todo ha sido siempre— más bien presuntuoso.

Japón llegó tarde a la primera ronda, ya que no se impuso hasta que la Restauración Meiji de 1868 destruyó el antiguo orden feudal, pero, al igual que los alemanes, los japoneses se adelantaron rápidamente por necesidad. El archipiélago japonés es pobre en casi todas las materias primas imaginables, ya sea petróleo o bauxita, por lo que Japón no tuvo más remedio que forjar un imperio para asegurarse los materiales necesarios para la industrialización. Como eso significaba tomar las cosas de otros, a los japoneses no les quedó más remedio que moverse muy deprisa.

Los coreanos fueron las primeras víctimas de la expansión japonesa y permanecieron colonizados hasta que los bombardeos de Hiroshima y Nagasaki los liberaron. A partir de entonces, se convirtieron en uno de los participantes más entusiastas del Orden y en la vanguardia de la segunda gran oleada de industrialización. Su camino hacia la industrialización puede definirse mejor como un esprint de pánico. Los coreanos —incluso ahora— están desesperados por proteger su soberanía de todo lo japonés. Los coreanos son los que carecían de un dique seco suficientemente grande para construir un superpetrolero, así que construyeron el barco en mitades y luego construyeron el dique seco alrededor de las mitades para terminar el proyecto.

Los Estados del Sudeste Asiático cubren todo el espectro. Singapur siguió un camino casi coreano por razones similares, y Malasia desempeñó el papel de villano japonés. Vietnam dio prioridad a la unidad política sobre el desarrollo económico, por lo que permaneció preindustrializado y pobre hasta 1990…, a menos que uno se encuentre en Ciudad Ho Chi Minh (también conocida como Saigón), en cuyo caso se industrializó hace un siglo por cortesía del capital francés. Incluso en 2022, Vietnam se parece menos a dos países diferentes y que a dos planetas distintos. Tailandia, mucho más segura históricamente de su capacidad para repeler invasores (el núcleo del país está rodeado de montañas selváticas), se sitúa en algún punto intermedio entre ambos en cuanto a ritmo y desenlace.

El objetivo de este pequeño desvío hacia los resultados prácticos de la teoría económica es que no todo el mundo se encuentra en el mismo nivel de desarrollo ni avanza al mismo ritmo. Esto puede ser terrible, en el sentido de que los países más avanzados tienden a tener más empuje en sus sistemas económicos en términos de productividad, riqueza y diversificación, y pueden utilizar ese empuje para enseñorearse de los sistemas menos avanzados. Bienvenidos al colonialismo, neo o no.

No obstante, esta diferenciación también puede ser positiva, en el sentido de que si el entorno macroestratégico no permite el colonialismo tradicional —como, por ejemplo, el Orden mundial liderado por Estados Unidos—, existen argumentos de peso a favor de la integración manufacturera.

Entre el cambio del entorno geoestratégico del Orden y el auge del transporte marítimo en contenedores, las preocupaciones por la seguridad y los costes que habían impedido una integración transfronteriza significativa desde el principio de los tiempos se habían desatascado definitivamente.

En cualquier producto manufacturado que tenga más de una pieza, hay oportunidades para la eficiencia. Tomemos algo muy sencillo: una encimera de madera. Hay una parte cónica y otra en forma de vástago, normalmente pegadas. Si bien es razonable esperar que el cono y la varilla hayan sido fabricados por el mismo carpintero, es probable que dicho carpintero no haya hecho el pegamento. Dos habilidades diferentes. Dos precios diferentes. Pinta la tapa y ya tenemos tres.

Apliquemos ese concepto básico de especialización a un teléfono móvil: pantalla, batería, transformador, cableado, sensores, cámara, módem, procesador de datos, sistema en un chip. (Este último es un aparatito que incluye un procesador de vídeo, un procesador de pantalla, un procesador gráfico y la unidad central de procesamiento del teléfono). Nadie esperaría que un solo trabajador pudiera fabricarlo todo. El cuádruple para un sistema en chip. Nadie esperaría que el trabajador que enchufa el cableado de relativamente baja tecnología recibiera la misma remuneración que el que pone a punto los sensores. Imaginemos que todas las piezas se fabricaran en Japón, un país con una renta per cápita de unos 41.000 dólares. Ese sistema en un chip sería un éxito —y debería serlo, ya que los japoneses destacan en una microelectrónica compleja—, pero resulta difícil imaginar que haya algún japonés al que le guste manejar un sistema de moldeo por inyección para fabricar carcasas de teléfono por un dólar la hora. Sería como si Lady Gaga diera clases de piano a niños de cuatro años. ¿Podría hacerlo? Claro que sí. Seguro que lo haría muy bien. Pero nadie va a pagarle cincuenta de los grandes por una hora de su trabajo.[112] La combinación de un transporte barato y sacrosanto y una variedad casi infinita de mano de obra permitió a los fabricantes dividir sus cadenas de suministro en pasos cada vez más complejos y discretos.

Si se quisiera rastrear toda la cadena de suministro de un coche, se necesitaría un presupuesto mayor del que dispongo, pero he aquí la versión resumida:

Metales como el platino, el cromo y el aluminio, cables envueltos y soldados, un completo sistema informático de diagnóstico y mejora de las prestaciones, caucho para los neumáticos, tejidos sintéticos fabricados a partir del petróleo, plásticos para el interior, cristales y espejos, engranajes y pistones, rodamientos de bolas y botones moldeados por inyección para poner la radio a todo volumen.

Cada una de ellas, y cada una de las otras 30.000 piezas que componen un turismo estándar que no he enumerado, tiene su propia mano de obra altamente personalizada y su propia cadena de suministro. Cada pieza tiene que ser ensamblada en un producto intermedio (aire acondicionado, motor, iluminación, etc.) mediante su propia mano de obra, y luego ensamblado en otro producto intermedio (salpicadero, bastidor del coche) mediante su propia mano de obra, y así sucesivamente hasta que todo el lío llega al montaje final. La cadena de suministro del fabricante estadounidense de automóviles Ford es una de las más complejas que existen, ya que abarca más de sesenta países y 1300 proveedores directos con más de 4400 centros de producción.[113]

---

112 O al menos el solapamiento del diagrama de Venn entre jeques petroleros, padres exigentes y padres homosexuales hiperexuberantes es bastante pequeño.
113 En realidad, aún no hemos terminado. Si el montaje final se realiza en Chongqing (China), el vehículo se embarcará en el Yangtsé durante ocho a once

A cada paso aumenta la necesidad de insumos. A cada paso aumenta la diferenciación del flujo de insumos. A cada paso aumenta la demanda de infraestructuras de apoyo. A cada paso aumenta la necesidad de petróleo para alimentarlo todo. A lo largo de los años cincuenta, sesenta, setenta y ochenta, los estadounidenses y sus principales aliados de la Guerra Fría se enfrentaron a todo esto por partes, pero con el final de la Guerra Fría el alcance de la diferenciación se hizo verdaderamente global y el ritmo se aceleró hasta alcanzar velocidades de vértigo.

Este aumento de la complejidad y el valor afecta ahora a todos los productos manufacturados. En consecuencia, en los veinte años siguientes a 1996 —un periodo que incluye la Gran Recesión— el comercio marítimo mundial se duplicó en volumen y se triplicó en valor. Un comercio que hasta entonces había necesitado cinco milenios para construirse.

En el mundo globalizado de la posguerra fría no todo se ha hecho más grande, sino también más rápido.


## JUSTO A TIEMPO

En la década de 1970, la única forma de abastecerse de bienes intermedios era mediante compras a granel. En los viejos tiempos, antes de los contenedores, el transporte no solo era más caro, sino también torpe desde el punto de vista organizativo. El tiempo se alargaba entre compra y compra, por lo que era más rentable

---

días, luego se enviará a Los Ángeles con un tiempo de navegación de veinte días, antes de cargarse en un tren camino de un centro de distribución regional y, por último, en uno de esos camiones especializados que se ven en la interestatal y que transportan el producto final desde el patio ferroviario hasta el concesionario. Incluso cuando el coche está acabado, tarda unas seis semanas en llegar al punto de venta. Tampoco es «todo» montaje y transporte. Lo más probable es que el seguro del barco proceda de Londres y que la normativa que garantiza que el tapón del depósito no te mate mientras duermes proceda de la UE. (La UE es más conocida que California por sus normativas extrañas).

comprar mucho de una vez y mantener un almacén. El almacenamiento no sería barato, pero sí resultaría más económico que pagar por montones de pequeños pedidos con plazos de entrega erráticos. Y lo que es más importante: todo ese inventario era necesario para evitar lo impensable, tener que detener la producción porque se agotara un aparato concreto.

La contenedorización cambió las matemáticas al hacer más fiable el transporte marítimo, permitir a las empresas trasladar sus inventarios a los buques y fabricar pedidos más pequeños a costes más razonables. Toyota, en concreto, se dio cuenta de que, con el cambio de las normas de envío, la fabricación podría evolucionar de un modelo de grandes lotes a un flujo de productos más constante. Este sistema de inventario «justo a tiempo» permite a las empresas hacer pedidos de aparatos para unos pocos días con tan solo un mes de antelación y recibirlos justo cuando se agotan los últimos pedidos.

Estos sistemas existen por varias razones.

La más importante es ayudar a las empresas con el flujo de caja. En pocas palabras, cuantas menos existencias tenga una empresa, menos efectivo tendrá inmovilizado en un momento dado, lo que permitirá a las empresas hacer otras cosas con el ahorro: inversiones útiles, ampliación de la capacidad, formación de mano de obra, I+D, etc. Para poner esto en perspectiva, pensemos en el iPhone. En 2020, Apple vendió noventa millones de iPhones. Un ahorro de tan solo un céntimo por unidad mediante el sistema «justo a tiempo» supondría la friolera de un millón de dólares de ahorro. Solo en el año 2004, este ahorro de inventario ascendió a 80.000-90.000 millones de dólares anuales.

En un sistema globalizado, las cadenas de suministro no consisten simplemente en lograr economías de escala, sino en adaptar cada pieza y proceso a una economía y una mano de obra que se ocupen del trabajo de la forma más eficiente, y todo ello en el menor tiempo posible. Una de las muchas cosas que hacen posible la informática, la telefonía y la electrónica modernas es que el mundo está repleto de trabajadores y economías en diferentes

fases de desarrollo y, al mismo tiempo, el entorno macroestratégico permite que todos esos sistemas interactúen de forma pací-
fica y fluida.

El sistema «justo a tiempo» es la conclusión lógica de que la
humanidad produzca suficientes excedentes alimentarios para
mantener a las personas que podrían especializarse, como aquel
herrero antaño tan importante. Y al igual que el comercio de
manufacturas intermedias en general, solo es posible porque el
sistema de transporte mundial se ha vuelto tan fiable.

Hasta aquí el cómo y el por qué. Hablemos del dónde.

# EL MAPA DEL PRESENTE

## LA GLOBALIZACIÓN PERSONIFICADA: LA INDUSTRIA MANUFACTURERA EN ASIA ORIENTAL

En primer lugar, Asia oriental es el centro neurálgico del trabajo manufacturero, en gran parte debido al Orden.

Una vez que los estadounidenses liberaron los mares y los hicieron seguros para todos, los costes de transporte se redujeron tan rápidamente que las empresas manufactureras no solo se trasladaron fuera de las grandes ciudades o de los antiguos sistemas circulatorios basados en los ríos; sino que, al menos en parte, se trasladaron fuera de las grandes economías. Cualquier país que pudiera construir un puerto y algunas infraestructuras circundantes podría participar en el mundo de la manufactura de baja cualificación y escaso valor añadido, procesando alimentos y produciendo textiles, cemento, electrónica barata y juguetes mientras desarrolla su planta industrial y su conjunto de cualificaciones. Si añadimos el transporte en contenedores, el proceso se aceleró. En 1969, el primer año completo de servicio de contenedores de Japón a California, las exportaciones japonesas a Estados Unidos aumentaron casi un cuarto.

Los asiáticos percibieron el consumo occidental como su camino hacia la estabilidad y la riqueza, y todos reforzaron sus normas económicas y sociales en torno a la fabricación basada en la exportación. Japón encabezó el proceso, pero Taiwán, Corea del Sur, el Sudeste Asiático y China no tardaron en seguirle. Décadas de exportaciones, crecimiento y estabilidad permitieron a la mayoría de estos actores ascender constantemente en la cadena de valor. Japón, por ejemplo, pasó de producir estéreos baratos[114] a producir una de las tecnologías industriales más avanzadas del mundo. Taiwán era el país original de los juguetes de plástico, pero ahora fabrica los chips informáticos más avanzados del mundo. China no entró en escena hasta principios de siglo, pero causó sensación. China se beneficiaba de un transporte interno más barato que el de los demás países asiáticos, más recursos para inyectar en la economía y una base laboral mayor que la del resto de Asia junta.

Así es como se presenta la constelación manufacturera asiática a partir de 2022:

Japón, Corea y Taiwán se encargan del alto valor añadido de prácticamente todos los productos manufacturados de valor añadido, desde electrodomésticos hasta automóviles y maquinaria. Este trío destaca realmente en pantallas y semiconductores, sobre todo en el diseño y fabricación de chips de alta capacidad. Los coreanos son especialmente buenos en telefonía móvil.

Tanto los japoneses como los coreanos operan a través de una serie de conglomerados en expansión y muy integrados, los *keiretsu* y los *chaebol*, respectivamente. Pensemos en Toyota y Mitsubishi, Samsung y LG. Esos conglomerados hacen de todo. Escojamos uno: el SK Group de Corea. Es una de las principales empresas de refino de petróleo, petroquímica, películas, poliéster, paneles solares, luces LCD y LED, etiquetas, componentes de baterías, chips de memoria DRAM y *flash*, y además SK tiene un negocio floreciente en construcción, ingeniería civil y servicios de TI y telefonía móvil (no confundir con la fabricación de teléfonos). ¡Ballenas a la vista!

---

114  ¿Alguien más tiene un *walkman* Sanyo?

Taiwán, en cambio, es un banco de pececillos. O, teniendo en cuenta lo hipercompetitivo que puede llegar a ser el entorno empresarial taiwanés, quizá sería más apropiado llamarlo «banco de pirañas». Las pocas grandes empresas que han promovido los taiwaneses, como el líder en semiconductores TSMC, están un paso por encima de la clase mundial, en parte porque aprovechan las habilidades de miles de pequeñas empresas que se centran en una parte muy específica de la industria de semiconductores más amplia. Básicamente, las empresas extranjeras o las grandes empresas taiwanesas, como MediaTek, subcontratan miles de micromejoras a esas pequeñas empresas para cada nuevo diseño de chip, y esas pirañas se dedican a realizar los avances más sólidos posibles en una pequeña parte del proceso global. Las grandes empresas combinan los mejores resultados de toda la constelación de I+D taiwanesa para fabricar los mejores chips del mundo. No hay mayor valor añadido que ese.

En la parte inferior de la escala de calidad y valor se encuentra China, que, a pesar de años de esfuerzo e incontables miles de millones de dólares invertidos, no solo ha demostrado ser incapaz de abrirse paso en el mercado de gama alta, sino que ni siquiera puede construir las máquinas que fabrican la mayoría de los productos del mercado medio. Aunque la mano de obra barata de China ha permitido a los chinos dominar el montaje de productos, casi todos los componentes de gama alta (y una buena cantidad de componentes de calidad media) se importan de otros lugares. Los productos que fabrica China —no los que ensambla— suelen ser de gama baja: acero y plásticos y cualquier cosa que pueda fundirse a presión o moldearse por inyección.

China está retrocediendo en muchos aspectos. La producción manufacturera del país como porcentaje del PIB ha ido cayendo desde 2006, que, a juzgar por las cifras de rentabilidad empresarial, fue probablemente el mejor año de China en términos de eficiencia productiva.

China debería haberse convertido en un país no competitivo en el sector manufacturero a finales de los años 2000 porque había agotado su reserva de mano de obra costera. En lugar de ello, la costa importó al menos trescientos millones —y probablemente hasta cuatrocientos millones— de trabajadores del interior.[115] Esto permitió a la economía china ganar otros quince años, pero a expensas de una enorme desigualdad de ingresos y niveles de desarrollo industrial, tanto en la costa como entre la costa y el interior.

También hace que el objetivo chino de una economía orientada al interior, impulsada por el consumo y aislada internacionalmente, sea totalmente imposible de alcanzar. Una pequeña parte de los ingresos de todas esas exportaciones chinas fue a parar a los trabajadores (especialmente a los trabajadores del interior), por lo que es poco lo que se puede gastar en consumo. China tiene ahora una población costera que envejece rápidamente, tiene necesidades de consumo limitadas y, lo que es más importante, no se ha repoblado. Esa población costera se enfrenta a una clase inmigrante del interior que vive en condiciones prácticamente ilegales, hacinada, en condiciones casi de tugurio, con jornadas laborales extenuantes, y que no puede repoblarse. Todo ello junto a un interior vaciado cuya principal fuente de actividad económica son las inversiones estatales en una planta industrial de dudosa utilidad económica, poblada por una demografía demasiado envejecida para repoblar. Todo ello en un país en el que décadas de política de un hijo por pareja han fomentado los abortos selectivos en masa, por lo que sencillamente no hay suficientes mujeres menores de cuarenta años para repoblar el país.

Las sucesivas oleadas de hipercrecimiento —concentradas en las zonas costeras donde el mundo puede verlas— hacen que el ascenso de China parezca inevitable. La realidad es que China ha tomado prestado de sus regiones interiores y de su demografía para lograr lo que, históricamente hablando, es un impulso a muy corto plazo. No dejes que nadie te diga que a los chinos se les da bien el

---

115  La razón de que los datos sean tan imprecisos es que la mayor parte de la migración interna en China es estrictamente ilegal, mucho más que la migración centroamericana a Estados Unidos.

juego a largo plazo. En 3500 años de historia china, el periodo más largo que uno de sus imperios ha pasado sin pérdidas territoriales masivas es de setenta años. Eso es ahora. En una era geopolítica creada por una fuerza externa que los chinos no pueden moldear.

Volvamos a la fabricación china: sí, la mano de obra china se ha vuelto más cualificada, tal vez duplicando o, si se interpretan los datos con benevolencia, triplicando su eficiencia desde el año 2000. Pero, debido al colapso acelerado demográfico del país, los costes laborales se han multiplicado por quince. La mayor parte del crecimiento económico del país desde el cambio de siglo ha procedido de la inversión hiperfinanciada y no de las exportaciones o el consumo.

Esto no convierte a China en un país irrelevante o atrasado; simplemente determina lo que China puede y no puede hacer. Disponer de mil millones de trabajadores y subvencionarlo todo convierte a China en el rey de la gama baja y el emperador del montaje. Si quieres un termómetro de carne del internet de las cosas que le diga a tu teléfono inteligente lo caliente que está el asado, un chip barato de China te servirá. Si lo que quieres es un *smartphone* rápido para colgar tus vídeos editados en TikTok, lo mejor es que optes por algo del otro lado del estrecho de Taiwán.

Tailandia y Malasia forman un nivel intermedio en todos los sectores, desde la electrónica a la automoción y, por supuesto, los semiconductores. Se dedican muy poco al ensamblaje y, en cambio, se centran en el trabajo pesado, tanto en sentido literal como figurado. Si los japoneses, coreanos y taiwaneses cablean los cerebros, y los chinos construyen el cuerpo, los tailandeses y malayos se encargan de las tripas, como el cableado, los procesadores de nivel medio y los semiconductores para cosas como coches, grúas y sistemas de climatización. Filipinas proporciona el trabajo que es demasiado barato incluso para China. En el extremo opuesto, Singapur ha evolucionado hasta convertirse en una presencia etérea, de otro mundo, que destaca en finanzas, logística, petroquímica avanzada, *software* y una fabricación tan orientada a la precisión que se utiliza en el funcionamiento interno de cosas como los laboratorios limpios.

En la periferia hay nuevos actores que buscan su propio nicho. Indonesia, con sus doscientos cincuenta millones de habitantes, se está adentrando poco a poco en el espacio de China. Vietnam espera aprovechar sus densos núcleos de población, sus excelentes puertos, su sistema educativo en rápida evolución y su sistema político verticalista y no permisivo para saltar por encima de China y convertirse en la próxima Tailandia. India, con todas sus interminables variaciones internas, espera darle un poco de caña a todo.

En todo caso, lo anterior subestima enormemente la complejidad del sistema asiático. Pensemos en la enorme variedad de economías que existen en el estado norteamericano de California. San Francisco es un centro turístico y financiero y la zona urbana económicamente más desigual del país. Silicon Valley diseña e innova muchos de los productos que se fabrican en toda Asia —incluso en el Japón de la alta tecnología—, pero tiene que importarlo todo: hormigón, acero, energía, alimentos, agua, mano de obra. La expansión urbana de Los Ángeles oculta una gran cantidad de pequeños centros de producción industrial. El Valle Central es a la vez una potencia agrícola y el hogar de algunas de las comunidades más pobres del país. Y eso solo en un estado.

En toda Asia se dan pautas y diversidades similares, sobre todo en la amplia franja de China continental. Hong Kong y Shanghái son, con diferencia, los centros financieros y tecnológicos del país. En la Llanura de China, donde vive más de la mitad de la población china, el volumen prima sobre la inteligencia. Como referencia, la diferencia de renta per cápita en Estados Unidos entre los estados más ricos y los más pobres —Maryland y Virginia Occidental— es de casi dos a uno. En China, la diferencia entre los más ricos y los más pobres —entre la ultraurbana Hong Kong costera y la ultrarrural Gansu interior— es de casi diez a uno. Incluso esto subestima las posibilidades de sinergias. Desde 1995, las principales ciudades chinas han sumado unos quinientos millones de personas, en su mayoría emigrantes del interior ultrapobre del país, que saturan absolutamente todos los centros urbanos de mano de obra ultrabarata. Las estructuras de costes y la calidad de la mano de obra son múltiples y variadas, no solo dentro del país, sino dentro de cada ciudad. No es de extrañar que China se haya convertido en el taller del mundo.

Si unimos la multiplicidad de opciones existentes en China a la de Asia, no es de extrañar que este rincón del mundo albergue la mitad de los pasos de la cadena de suministro de la industria manufacturera mundial, así como el origen de las tres cuartas partes de los productos electrónicos, celulares e informáticos del mundo.

Todo lo que hace falta para que funcione es un entorno estratégico que permita a los barcos navegar sin riesgo y a las múltiples estructuras de costes laborales de la región producir productos en perfecta sinergia.


## MÁS INTELIGENTE, MEJOR, MÁS RÁPIDO... Y PARA LA EXPORTACIÓN: FABRICACIÓN EN LA EUROPA GERMANOCÉNTRICA

En muchos sentidos, Europa es una reinterpretación del sistema de Asia oriental a menor escala y con un poco menos de diversidad. Los países europeos siempre han favorecido un cierto grado de igualitarismo económico dentro de sus propias fronteras, reduciendo los beneficios potenciales de tener estructuras de salarios altos y bajos dentro del mismo país.

Con una población total de «solo» quinientos millones de habitantes, Europa ni siquiera tiene la capacidad teórica de generar un sistema económico tan salvajemente grande y divergente como China, con sus 1400 millones de almas. Pero Europa tiene un Japón, una Corea y un Taiwán (Alemania, Países Bajos, Austria y Bélgica). También tiene sus propias Tailandia y Malasia (Polonia, Hungría, Eslovaquia y la República Checa).

Incluso cuenta con colaboradores que contribuyen de forma exclusivamente europea. Rumanía, Bulgaria y, sobre todo, Turquía se parecen un poco a Vietnam en que, sí, tienen salarios bajos, pero todos (y por partida triple en el caso de Turquía) suelen sorprender al alza en términos de calidad del producto. España se encarga de gran parte del trabajo pesado en lo que respecta a la estructura metálica.

Italia es, bueno…, Italia. A diferencia de los europeos septentrionales, que integraron a sus pueblos desde el principio extendiendo el gobierno por los valles fluviales hasta convertirse en entidades políticas cada vez más grandes y, de este modo, adaptarse a cosas como las cadenas de suministro de forma natural, los italianos fueron una serie de ciudades-Estado desconectadas desde la caída de Roma hasta la unificación formal a finales del siglo XIX. La fabricación italiana es local y no se considera tanto una industria como un orgullo artístico. Los italianos no hacen líneas de ensamble, ni siquiera integración regional. No fabrican, son artesanos. Por eso, los productos que salen de la península apenina son o bien absolutamente ridículos por su calidad y belleza (piense en Lamborghini) o bien absolutamente ridículos por su falta de calidad y belleza (véase Fiat).

Como se trata de Europa y hay que complicarse, la región alberga otros tres circuitos de fabricación:

1 Los franceses tiran un poco de los Países Bajos y, sobre todo, de Bélgica, y contribuyen a la red germánica, pero sobre todo se obsesionan con mantener la mayor parte de su producción separada del resto de sus socios europeos. De los grandes países de la Unión Europea, Francia es, con diferencia, el menos integrado.

2 Suecia, con una población de tan solo diez millones de habitantes, es un país que triunfa a su manera. Se asocia con niveles salariales casi equiparables a los de Dinamarca y Finlandia, mientras que se apoya en estructuras salariales más bajas en Estonia, Lituania, Polonia y, sobre todo, Letonia.

3 Al Reino Unido le está costando decidirse. Ya votó en 2015 a favor de abandonar la UE, pero no completó el proceso hasta

2020... y lo hizo sin establecer una red comercial alternativa. Los británicos están viendo cómo se rompen los vínculos de la cadena de suministro con Europa continental, establecidos desde hace mucho tiempo, sin que necesariamente se establezcan sistemas de sustitución. ¿Cuál es el resultado? Escasez. De todo.

También hay una gran variedad de estructuras empresariales. Los franceses decidieron hace tiempo utilizar una combinación de inversión estatal, prácticas comerciales excluyentes y espionaje descarado para fomentar la consolidación industrial de la economía francesa en grandes empresas estatales. Los holandeses hicieron algo parecido, menos lo de las prácticas comerciales excluyentes y el espionaje. Los hipereficientes alemanes, en cambio, favorecen a las empresas medianas que se especializan en productos específicos —por ejemplo, unidades de calefacción o carretillas elevadoras— y recurren a montones de empresas más pequeñas en toda Europa central para alimentar sus cadenas de suministro. La industria manufacturera británica está tan hiperespecializada como la turca hipergeneralizada.

El punto más débil de Europa en el juego de las manufacturas es que sus desconexiones de costes laborales entre altos y bajos no son tan amplias como en Asia, por lo que los europeos no son tan competitivos económicamente en productos que se benefician de estructuras laborales más variadas. La diferencia entre la avanzada Alemania y la menos industrializada Turquía es de 46.000 dólares frente a 9000 dólares, mientras que la diferencia entre Japón y Vietnam es de 40.000 dólares frente a 2700 dólares. Europa no tiene realmente una «gama baja» en el sentido asiático, por lo que un gran número de productos que dependen de salarios bajos para al menos una parte de su estructura de costes —y eso incluye desde textiles básicos hasta ordenadores avanzados— no se fabrican en Europa en absoluto. En conjunto, Europa produce aproximadamente la mitad del valor total de los productos manufacturados que Asia oriental.

En cambio, los europeos destacan en sistemas de fabricación menos complicados. Esto no significa que los productos sean menos avanzados —al contrario, los que salen de Alemania son de primera clase—, sino que requieren un menor diferencial de costes de producción entre la mano de obra más cualificada y la menos cualificada (no se trata tanto de reducir los sofisticados chips de ordenador a una aburrida carcasa de plástico, sino de reducir la transmisión de alta gama a un parachoques integrado y amortiguador). La automoción y la industria aeroespacial ocupan un lugar destacado, pero en lo que los alemanes son excepcionalmente buenos es en la construcción de las máquinas que fabrican otras cosas. La mayor parte de la expansión de la base industrial china desde 2005 solo ha sido posible porque los alemanes construyeron la maquinaria básica que la hizo posible.

## UN MUNDO LLENO DE OPCIONES: FABRICAR EN AMÉRICA DEL NORTE

El Tratado de Libre Comercio de América del Norte (TLCAN), una alianza económica entre Canadá, México y Estados Unidos, es el tercer gran bloque manufacturero del mundo. El sistema del TLCAN no tiene nada que ver con el de sus competidores. Hay, de lejos, un actor dominante —Estados Unidos, por supuesto—, pero ese actor es también el más avanzado tecnológicamente. Canadá tiene un nivel tecnológico y salarial similar, por lo que la integración se concentra en Detroit (Michigan) y Windsor (Ontario), el núcleo del sector automovilístico norteamericano. El único puente que une las dos ciudades soporta más tráfico de mercancías en valor que el comercio total de Estados Unidos con sus tres principales socios comerciales.

Hay dos aspectos mágicos en la fabricación de Norteamérica. La primera está dentro de los propios Estados Unidos. Estados Unidos es un lugar grande. En términos de terreno llano y utilizable, es fácilmente el doble de grande que Europa o China, ambas con vastas franjas de territorios inútiles, montañosos, desérticos o de tundra. Ambos países han alcanzado el máximo de población posible, mientras que los estadounidenses podrían duplicar fácilmente su población y seguir disponiendo de grandes extensiones de tierra (que es precisamente lo que probablemente ocurrirá a finales del siglo XXI). Puede que Estados Unidos no tenga la variación salarial que existe en toda Asia y, en menor medida, en Europa, pero lo compensa con creces con la variación geográfica. Los costes de los alimentos, la electricidad, los productos petrolíferos y la tierra varían mucho de una parte a otra de Estados Unidos.

Cada región tiene sus propias características:

- Cascadia es conocida por su política de izquierdas, la fuerte regulación, el entorno sindicalizado y, sobre todo, los elevadísimos costes del suelo urbano. Seattle se asienta en un istmo, mientras que Portland está encajonada entre tierras altas. Ambas presumen de un tráfico tan épico como sus precios inmobiliarios. La única salvación desde el punto de vista de los costes es la electricidad barata de la región.[116] La única baza que tiene el noroeste del Pacífico en el mundo de la fabricación es subir de categoría y ofrecer el mayor valor añadido posible. Esta es la tierra de Boeing y Microsoft.

- El noreste estadounidense está muy apretado. Altos costes de la tierra, costes laborales elevados, infraestructuras sobrecargadas, barreras normativas altas, muy sindicalizado, ciudades densamente pobladas. Espacios verdes casi inexistentes. La mayor parte de la industria manufacturera hace tiempo que abandonó la región y ha dejado tras de sí una extraña bifurcación. En primer lugar, están las empresas heredadas que se remontan casi a la industrialización del país, como GE, Raytheon y Thermo Fisher Scientific. Ninguna de ellas

---

116  ¡Toma, energía hidroeléctrica!

produce tanto a escala local, pero tanto las sedes corporativas como los trabajos intensivos de diseño tienen su sede en Massachusetts. En segundo lugar, las cosas que se siguen construyendo aquí se han visto condicionadas por el aumento constante de los costes de ubicación, mano de obra y cumplimiento de la normativa. Es una fusión de trabajo industrial y cerebral: biomedicina, control de sistemas, instrumentos científicos, dispositivos aeronáuticos y de navegación, sistemas eléctricos y diseño, montaje final y reacondicionamiento de diversos equipos aeroespaciales, marítimos y navales. Sobre todo, el noreste es donde tiene lugar la formación de los cerebros que impulsan la fabricación estadounidense en todas partes. Al fin y al cabo, en el noreste, se encuentran Yale, Harvard y el Instituto Tecnológico de Massachusetts.

– La cordillera Frontal —donde cuelgo mi sombrero estos días— y el Corredor del Sol de Arizona son un mundo aparte. La tierra es baratísima. Las normativas son para la hoguera. Pero no hay tanta gente, y las ciudades no están muy cerca unas de otras. La población combinada de los corredores urbanos de las dos zonas no supera los diez millones de habitantes, y el trayecto en coche desde Colorado Springs, el extremo sur de la (muy extendida) área metropolitana de Denver, hasta Albuquerque es de cuatro horas.[117] Entre unas economías de escala muy limitadas y unos elevados costes de transporte dentro de la región, las cadenas de suministro de fabricación estándar están prácticamente descartadas. ¿La solución? Centros de servicios tecnológicos y fabricación «todo en uno» que no se integran demasiado con el resto del país, a menos que tenga sentido que el producto se transporte por avión. Esta es la esquina de Estados Unidos que se adentra en la fabricación de semiconductores de gama alta al estilo japonés y taiwanés.

---

117 Solo si no hay mucho tráfico, hace buen tiempo, y los polis están dormidos.

418

- La costa del Golfo es el callejón de la energía. Allí se producen y procesan el petróleo y el gas natural. La revolución del esquisto ha inundado la región de grandes volúmenes de hidrocarburos de bajo coste y alta calidad, hasta el punto de que la región está ampliando su planta industrial para fabricar no solo productos intermedios como el propileno o el metanol, sino también productos cada vez más baratos como cristales de seguridad, pañales, neumáticos, nailon, plásticos y fertilizantes. ¿El mayor problema? La ubicación puede ser un poco complicada. Las grandes refinerías necesitan acceso marítimo y mucho espacio. Sin embargo, esta región tiene dos ventajas. En primer lugar, la costa de Texas cuenta con una extensa cadena de islas barrera que le proporcionan más potencial portuario protegido que toda Asia (y el bajo Misisipi, en el sur de Luisiana, tampoco está nada mal). En segundo lugar, la mayoría de las instalaciones petroquímicas estadounidenses se construyeron con mucha distancia de separación. (Trabajar con grandes volúmenes de petróleo y gas natural a altas temperaturas puede ser un trabajo peligroso). Al menos parte de ese espacio vacío puede convertirse (y se está convirtiendo) en más capacidad industrial.

- Una región que siempre sorprende para bien es el Piamonte estadounidense. Sistema educativo por debajo de la media. Terreno semirrústico que aumenta los costes de transporte y tierra y limita las oportunidades de integración y economías de escala. Opciones limitadas para el transporte fluvial. No parece que el Sur vaya a tener mucho éxito. Pero los lugareños compensan con creces sus carencias con un encanto criminal. En lugar de esperar a que los inversores vengan a ellos, los sureños se aventuran a visitar a inversores potenciales de todo el mundo, normalmente llevando consigo el peso corporal combinado de su delegación en *bourbon* para suavizar cualquier barrera cultural.[118] Una vez que los sureños embriagan, er, consiguen un inversor, se ponen a trabajar en casa para crear el entorno empresarial personalizado perfecto. Se amplían las infraestructuras, se adapta exquisitamente la mano de obra no solo para el negocio del inversor, sino para trabajos específicos, se cambian las leyes fiscales y los sureños hacen lo que mejor saben hacer: que los forasteros se sientan parte de la familia. La inversión estadounidense en el Sur es vergonzosamente escasa, pero ¿la extranjera? En todas partes. El Sur de Estados Unidos se ha convertido en un patio de recreo para las alemanas VW y Mercedes-Benz, las japonesas Honda, Mazda, Nissan y Toyota, las coreanas Hyundai y Kia y la sueca Volvo. Incluso la quisquillosa Airbus tiene instalaciones en Charleston (Carolina del Sur) y Mobile (Alabama).

- Florida. Vas a Florida a las playas, a Disney World y a jubilarte, no a fabricar cosas.
- La región de los Grandes Lagos fue conocida en su día como el Cinturón de Acero de Estados Unidos. Unas obras en los canales a mediados del siglo xix conectaron el Noreste con los Grandes Lagos y el Gran Misisipi y convirtieron esta región en la mayor zona manufacturera integrada del planeta. Durante un tiempo. Durante la Gran Depresión, los estadounidenses adoptaron una ley conocida como la Ley Jones, que obligaba a que cualquier carga transportada entre dos puertos estadounidenses utilizara únicamente buques de construcción, propiedad, capitanía y tripulación estadounidenses. En términos conservadores, esto quintuplicó el coste del transporte fluvial en Estados Unidos. Lo que hacía especial y exitosa a esta región se marchitó. Si a ello se añade la competencia internacional de la era de la globalización, la

---

118 Dato curioso: cuando los sureños estadounidenses que beben mucho se encuentran con los coreanos que beben igual de fuerte, el resultado es uno de esos concursos de fuerza irresistible/objeto inamovible.

región se ha convertido en el cinturón del óxido, a pesar de contar posiblemente con el mejor sistema educativo del país. La fabricación sigue existiendo, por supuesto. En Illinois se encuentra nada menos que John Deere, y la mayor parte de la maquinaria agrícola del continente se fabrica aún hoy en el Medio Oeste. Detroit no se queda atrás, pero tampoco es la norma de la región. En lugar de sistemas de gran volumen y muy integrados, la mayoría de las empresas son pequeñas, muy especializadas en trabajos técnicos a medida y a menudo suministran piezas especiales a...

- ¡TEXAS! El Triángulo de Texas comprende las ciudades de Houston, Dallas-Fort Worth, Austin y San Antonio. Desde el punto de vista de la fabricación, el Triángulo lo tiene todo: alimentos baratos, energía barata, tierras baratas, ningún impuesto sobre la renta, un impuesto de sociedades mínimo, normativas hilarantemente ligeras. Y eso no va a cambiar. Joder, la asamblea legislativa de Texas solo se reúne una vez cada dos años, durante solo treinta y cinco días, y los legisladores tienen constitucionalmente prohibido siquiera estudiar legislación durante la primera mitad de ese plazo. Fabricantes estadounidenses de todo tipo han acudido en masa a la región. El subsector más importante es el del automóvil, pero eso simplifica demasiado una variedad y un dinamismo vertiginosos. Austin pone en práctica las ideas de Silicon Valley. Dallas-Fort Worth aprovecha su centro bancario para convertir el trabajo intelectual de Austin en fabricación en masa. San Antonio mezcla unos costes inferiores incluso a la media de Texas con la tecnología de Austin para hacer saltar por los aires cualquier cosa que pueda ponerse en una cadena de montaje. Pero la verdadera estrella de Texas es Houston. Compite con Austin en tecnología, con Dallas-Fort Worth en automatización y con San Antonio en fabricación en masa, es una capital financiera, es el centro energético de Estados Unidos, está en la región de la costa del Golfo, es el mayor puerto de Estados Unidos por valor y es realmente bueno moviendo grandes trozos de metal.

¿Ese trabajo mecánico que se les da tan bien a los alemanes? Houston ocupa un buen segundo lugar a nivel mundial. No es de extrañar que Houston sea la segunda ciudad del país con mayor concentración de sedes de Fortune 500.

La mayoría de las regiones de Estados Unidos se las arreglarían muy bien volando solas, pero no tienen por qué hacerlo. Si añadimos el amplio sistema de carreteras y ferrocarriles del país para el transporte de productos intermedios, en muchos aspectos el sistema de fabricación estadounidense tiene más variedad que incluso Asia, incluso sin sus vecinos del norte y del sur.

Esto nos lleva a la segunda parte de la magia de la industria manufacturera del TLCAN. Estados Unidos tiene un vecino que complementa su sistema: México. La diferencia salarial entre la media estadounidense y la mexicana es de aproximadamente seis a uno, menos que la de Asia, pero mayor que la de Europa. Sin embargo, esto no lo dice todo. México es una realidad distinta a la de muchos de los países que hemos analizado. El antiamericanismo no dejó de dictar la política industrial mexicana hasta la década de los noventa, y México no empezó realmente a participar en el juego de la industrialización hasta el año 2000, que, por cierto, es un suspiro antes de que China fuera admitida en la Organización Mundial del Comercio.

Ser un país que empezó tarde sin duda generó algunos problemas, pero nada ha frenado más a México que su topografía. La baja latitud de México lo sitúa firmemente en el trópico. La combinación de calor tropical, humedad y bichos tropicales convierte a los trópicos en el clima más problemático posible para la industrialización; los materiales de construcción son deficientes, el hormigón suele fraguar mal debido a la humedad, el asfalto resbala con el calor y la población debe luchar contra las enfermedades tropicales. Los mexicanos abordan estos problemas trasladándose a la amplia meseta entre las cadenas montañosas de la Sierra Madre, pero esto ha generado nuevos problemas: vivir en altura significa no tener acceso a la costa ni ríos navegables, lo que exige infraestructuras artificiales que deben luchar con el terreno a cada paso. Los trenes solo pueden transportar la mitad de su capacidad nominal cuando los raíles tienen una pendiente de tan solo el 0,25 %, y en la mayoría de las montañas la pendiente es muy superior al 0,25 %. Todo se encarece muy rápidamente.

Otro «problema» de ir montaña arriba es que cuanto más se sube, menor es la humedad y la presión de vapor del agua. Para los que viven a nivel del mar, eso significa que el agua no solo se evapora rápidamente, sino que hierve a una temperatura más baja, concretamente unos quince grados menos en Ciudad de México que en Miami.

Estas características nos llevan a dos lugares. En primer lugar, México tiene una variación extrema del coste de la mano de obra del tipo que hace que Asia oriental funcione tan bien —la naturaleza fracturada del país lo garantiza—, pero esa variación no es fácilmente accesible, lo que hace que el punto sea más o menos discutible hasta el momento en que la infraestructura de México pueda ponerse al día.

En segundo lugar, a medida que uno se desplaza hacia el norte desde Ciudad de México, la combinación de latitudes más altas con diferentes vientos y corrientes marinas y una cambiante complexión montañosa convierte la tierra en desierto. Normalmente esto sería malo. Las precipitaciones son tan escasas que en el norte de México apenas se practica la agricultura de secano. Esto significa que las ciudades están solas. No hay zonas del interior de las que extraer la población del mañana.

Pero esto, a su vez, crea una interesante dinámica política y económica. Cuando las ciudades son, en esencia, oasis, la evolución normal es que una sola persona o un pequeño grupo de personas ejerzan el control sobre casi todo. Si hay que construir infraestructuras o plantas industriales, alguien tiene que pagarlas, y a quien las paga le gusta mantener el control sobre ellas. Si la ciudad no está rodeada por un cinturón de bosques o granjas, los rebeldes no tienen dónde esconderse. Esto hace que el sistema mexicano, especialmente en las ciudades del norte del país, sea bastante oligárquico.

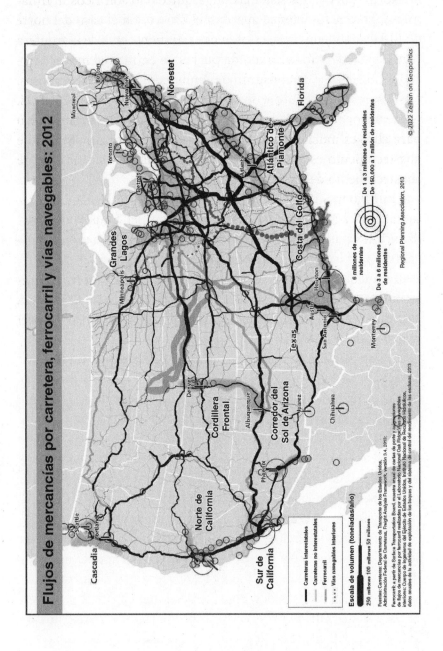

Flujos de mercancías por carretera, ferrocarril y vías navegables: 2012

Cascadia
Seattle
Portland
Norte de California
Sur de California
Phoenix
Corredor del Sol de Arizona
Cordillera Frontal
Denver
Albuquerque
Juárez
Chihuahua
Texas
San Antonio
Austin
Houston
Monterrey
Costa del Golfo
Florida
Atlántico de Piamonte
Atlanta
Detroit
Grandes Lagos
Minneapolis
Toronto
Montreal
Boston
Nueva York
Norestet

Carreteras interestatales
Carreteras no interestatales
Ferrocarril
Vías navegables interiores

Escala de volumen (toneladas/año)

250 millones    100 millones   50 millones

6 millones de residentes
De 3 a 6 millones de residentes
De 1 a 3 millones de residentes
De 150.000 a 1 millón de residentes

Regional Planning Association, 2013

Fuentes: Carreteras: Departamento de Transporte de los Estados Unidos, Administración Federal de Carreteras, Freight Analysis Framework, versión 3.4, 2013; muestra anual de cartas de porte y segmentaciones de flujos de mercancías por ferrocarril realizadas por el Laboratorio Nacional Oak Ridge; Vías navegables interiores: Cuerpo de Ingenieros del Ejército de Estados Unidos, Instituto Nacional de Recursos Hidráulicos, datos anuales de la actividad de explotación de los buques y del sistema de control del rendimiento de las esclusas, 2013

© 2022 Zeihan on Geopolitics

424

Normalmente, los sistemas oligárquicos no son ricos ni dinámicos, porque los jefes se guardan el dinero. En el caso del norte de México, sin embargo, estos jefes están muy cerca de la frontera con Estados Unidos y sirven de puerta de entrada al mayor mercado industrial y de consumo del mundo. Esto cambia las cosas. Los empresarios del norte de México siguen integrándose entre sí, al menos dentro de su propia región metropolitana común, pero para ellos es mucho más importante conectarse a un sistema de abastecimiento estadounidense, en particular al rico sistema de abastecimiento del Triángulo de Texas.

Quizá lo mejor de todo sea que, mientras Estados Unidos presenta la estructura demográfica más sana del mundo desarrollado, México presenta la mejor del mundo en desarrollo avanzado. Hay mucho consumo a ambos lados de la frontera.

Resultado final: el eje Texas-México cuenta con la sofisticación tecnológica de Japón, la variación salarial de China y la integración de Alemania con sus vecinos, todo ello dentro de la huella del mayor mercado de consumo del mundo.

Ahí es donde estamos ahora. Pero el ahora no es el futuro.

# EL MAPA DEL FUTURO

De los tres principales entornos manufactureros, el asiático es, con diferencia, el menos sostenible.

Es… algo difícil saber por dónde empezar.

## EL FIN DE ASIA INC.

Está la cuestión de la vecindad:

Las cuatro economías del Noreste Asiático no se llevan bien. Solo los dos mayores despliegues militares estadounidenses en el extranjero —en Corea del Sur y Japón— evitan que se peleen entre sí. Solo la amenaza del poder naval estadounidense impide que los chinos intenten algo bonito. Ya sea por la ira y la angustia históricas locales o por la marcha de Estados Unidos, en el mundo actual no hay forma de que los asiáticos orientales sean capaces de establecer el tipo de cooperación productiva necesaria para permitir cadenas de suministro manufacturero de amplio espectro, multimodales, integradas y pacíficas. Los países del Noreste Asiático son política, estratégica y culturalmente incapaces de alcanzar el grado de confianza necesario para formar su propia versión del TLCAN, y mucho menos el tipo de toma de decisiones conjunta que define a la Unión Europea. Está el aspecto demográfico:

En el año natural 2019, China sufrió el mayor descenso de su tasa de natalidad jamás registrado. Es triste decirlo, pero no se esperaba. La política del hijo único ha desincentivado la natalidad china durante tanto tiempo que China se está quedando sin veinteañeros, y los veinteañeros son los que tienen hijos. Genera menos adultos jóvenes y la nueva generación no podrá tener muchos hijos. Si los hacinamos a todos en condominios urbanos, incluso los que pueden tener hijos no querrán.

Pronto llegaría lo peor. Los datos de 2020 indicaban un descenso aún mayor. El instinto atribuye el descenso al coronavirus, pero se necesitan nueve meses para engendrar un bebé. La mayor parte de la caída de 2020, por tanto, se debió a circunstancias y decisiones tomadas en 2019. Formalmente, la tasa de natalidad de China no es simplemente la más baja desde 1978, las tasas de natalidad de Shanghái y Pekín —las ciudades más grandes de China— son ahora las más bajas del mundo. En el momento de redactar este texto aún estamos esperando los datos definitivos de 2021, pero las anécdotas de toda China son más que horribles para la población han dominante.

Son aún peores para los no han. Se puede decir lo que se quiera de Mao, pero su versión del comunismo tenía un poco de debilidad por las numerosas minorías[119] de China y les permitía exenciones en la política de un hijo por pareja. Pero el comunismo maoísta hace tiempo que murió y se sustituyó por un férreo ultranacionalismo neofascista. Mientras China se enfrenta al terror de la desintegración en un mundo desglobalizado, el Partido Comunista Chino ha iniciado una persecución sistemática de sus minorías, hasta el punto de colocar a funcionarios del PCC dentro de las casas de la gente para impedirles, entre otras cosas, procrear. La tasa de natalidad de los uigires de Xinjiang se redujo a la mitad entre 2018 y 2020. En lugar de excepciones de un hijo por pareja, algunas de las minorías de

---

119 En este contexto, «debilidad» significa «no los aniquiló sistemáticamente a todos».

China están ahora bajo una política de cero hijos. Si sumamos todo esto, China es ahora la sociedad que envejece más rápido del mundo.

Las situaciones demográficas en otros lugares de Asia oriental no son tan gráficas, pero eso no quiere decir que sean mucho mejores. Japón es ya la demografía más envejecida del mundo (y era la que envejecía más rápido hasta que China asumió ese papel en 2020). El *baby bust* de Corea empezó veinte años después que el de Japón, pero ha progresado más rápido. Taiwán y Tailandia van aproximadamente un decenio por detrás de Corea. Incluso los muy poblados Indonesia y Vietnam, con unos cuatrocientos millones de habitantes entre los dos, se han visto afectados por el virus de la urbanización. Ninguno de los dos está cerca de ese punto de no retorno, pero su estructura demográfica en 2021 se parece notablemente a la de China en la década de 1980.

El rápido envejecimiento de la población supone un triple problema para los asiáticos: en primer lugar, las plantillas que envejecen suelen ser más productivas, pero también más costosas. La oferta de mano de obra poco cualificada alcanzó su punto máximo a principios de los 2000. En el momento de escribir estas líneas, la oferta de mano de obra cualificada está alcanzando su punto máximo. El resultado final es tan claro como inevitable: mayores costes laborales. China ya no es el productor de bajo coste y no ha ascendido en la cadena de valor lo suficientemente rápido como para ser el productor de alta calidad.

En segundo lugar, ese rápido envejecimiento impide a los asiáticos en general —y a los chinos en particular— romper nunca con su modelo exportador. El consumo local es insuficiente para absorber todo lo que producen los asiáticos. Y, si los estadounidenses dejan de dar poder a los asiáticos para exportar a todo el mundo, todo el modelo asiático fracasará de la noche a la mañana. En tercer y último lugar, el rápido envejecimiento de la población activa es perfectamente capaz de colapsar por su propio peso mediante la jubilación masiva.

Está la cuestión del acceso a los insumos:

China importa más del 70 % de los catorce millones de barriles de petróleo que necesita cada día; Taiwán, Corea y Japón importan más del 95 % de sus necesidades de un, dos y cuatro millones de barriles, respectivamente. Más de dos tercios de todas sus entradas proceden del golfo Pérsico, una región que no rebosaba precisamente estabilidad bajo el Orden, y mucho menos se esperaba que fuese a ser más estable tras la retirada estadounidense. China es el importador principal de todos los productos industriales, con los japoneses y coreanos siempre entre los cinco primeros.

Aparte de la energía, casi todas las materias primas industriales en cuestión proceden del hemisferio sur, con Australia, Brasil y África subsahariana como principales protagonistas. Lo que no viene de ellos viene de Rusia y, aunque no pondría el conflicto chino-ruso en lo más alto de mi lista de cosas que pueden salir mal, tampoco está ni mucho menos en lo más bajo. Al fin y al cabo, los rusos tienen una larga tradición de utilizar los flujos de recursos para obtener concesiones geopolíticas.

Quizá el mayor problema para los chinos sean... los japoneses. La Armada china es costera y casi costera, con solo un 10 % de sus combatientes de superficie capaces de navegar a más de 1600 kilómetros de la costa. Muy pocos pueden navegar más de 3200 kilómetros. China no tiene aliados reales (salvo quizá Corea del Norte), por lo que proyectar poder en cualquier parte es una imposibilidad hilarante. Japón, en cambio, tiene una Armada totalmente capaz de navegar —y luchar— a uno o dos continentes de distancia. En caso de apuro, los japoneses pueden enviar una pequeña fuerza de intervención más allá de Singapur, en el océano Índico, y cerrar el paso a los recursos chinos —y con ellos, cerrar el paso a China— de forma remota.

Hay una economía de escala:

La fórmula secreta del modelo manufacturero asiático son los mercados laborales de la región, combinados con el entorno de seguridad y la red de comercio mundial, proporcionados y subvencionados por Estados Unidos. El colapso demográfico está poniendo patas arriba lo primero, mientras que la retirada estadounidense está acabando con lo segundo. Todo lo que eleve los costes o aumente la preocupación por la seguridad reduce la capacidad de los asiáticos orientales para realizar un esfuerzo conjunto en el mundo de la fabricación. Si se pierde lo que hace especial a Asia, no hay razón alguna para que siga siendo el centro mundial de ese mercado manufacturero tan diferenciado que es la electrónica y la informática.

También hay que tener en cuenta la cadena de suministro:

Cualquier cosa que aumente el coste marginal de fabricación o transporte, o que incremente la inestabilidad y el riesgo en la fabricación o el transporte, elimina la posibilidad de que el sistema de inventario justo a tiempo funcione siquiera teóricamente. Eso obliga a acercar la fabricación a los puntos de consumo final. Dado que Asia Inc. es el mayor fabricante y exportador del mundo, esta parte del mundo será la más perjudicada por la futura ubicación de la fabricación con el consumo. Y como el propio concepto de «justo a tiempo» significa que nadie almacena mucho inventario, cuando se estropee, se estropeará todo, todo a la vez.

Si la demografía y la geopolítica asiáticas complican (o, más probablemente, rompen) los procesos de producción regionales, no habrá ninguna razón económica para que los subsectores de la electrónica, la telefonía móvil y la informática se monopolicen aquí. Si se rompe el control de Asia sobre ese mercado, aunque solo sea un poco, desaparecerán las economías de escala que han hecho de Asia oriental el indiscutible taller del mundo.

China, en concreto, se enfrenta a un reto de seguimiento:

China, como taller del mundo, depende totalmente de la tecnología y los componentes importados. En sectores de alto valor añadido, como los semiconductores, la telefonía y la industria aeroespacial, China ha publicado planes nacionales para convertirse en líder mundial en todos ellos, pero ha demostrado ser ampliamente incapaz de fabricar por sí sola componentes de alto valor añadido, como chips de bajo nanómetro o motores a reacción.[120] En realidad, más del 90 % del valor añadido de los artículos que la mayoría de nosotros supone que los chinos dominan — electrónica, equipos de oficina y ordenadores— se genera fuera de China. En el caso de los barcos, la cifra es del 87 %. En el caso de los equipos de telecomunicaciones y las entrañas de la mayoría de los aparatos electrónicos, es del 83 %. Incluso en el caso del papel, el plástico y el caucho, más de la mitad del valor añadido se produce en otros lugares.[121]

La incapacidad de China para avanzar ha simplificado en cierta medida el modelo industrial del país: China utiliza su modelo hiperfinanciado para abaratar los costes de los componentes que puede producir; importa las piezas que no puede fabricar, las conecta y envía el producto final al exterior. Pero este modelo solo funciona si los proveedores externos participan activamente. Cualquier cosa, desde una crisis de seguridad hasta sanciones, acaba con eso muy rápidamente. China ya ha experimentado un bloqueo en la tecnología celular (Huawei) y aeroespacial (el avión de pasajeros C919). En función de cómo se desarrolle la política, alguna versión de este tipo de disrupción puede producirse (y se producirá) en casi todas las categorías de productos.

Por último, hay un problema de proximidad al mercado:

Los dos destinos más importantes de los productos finales asiáticos son la lejana América y Europa. Los estadounidenses están a 11.000 kilómetros a través del Pacífico, mientras que los europeos están —dependiendo del origen, la ruta y el destino— a entre 14.500 kilómetros y 22.500 kilómetros de distancia. En un mundo posglobalizado es razonable esperar que algunas relaciones comerciales perduren —Francia y el norte de África, Turquía

---

120  O, si queremos ser totalmente sinceros, para aplicar con éxito la ingeniería inversa a los productos de otros.

121  No me malinterpreten: no me siento muy bien cuando veo una nueva historia sobre algún espía chino que canaliza con éxito tecnología militar estadounidense hacia Pekín. Pero, por favor, mantengámoslo en perspectiva. China no descubrió cómo fabricar un bolígrafo sin componentes importados hasta 2017.

y Mesopotamia, Alemania y Escandinavia, por ejemplo—, pero la clave será la localidad.

Cuanto más larga sea la ruta marítima y más actores haya a lo largo de ella, más acuerdos habrá que cerrar y más posibilidades habrá de que se interrumpa. Una de las razones por las que las mercancías transportadas a través de las Rutas de la Seda eran tan caras era que ninguna potencia controlaba toda la ruta. Normalmente, cientos de intermediarios añadían sus propios honorarios, lo que multiplicaba el coste de la mercancía por mil o más.

A excepción de Japón, no hay ninguna potencia asiática que tenga capacidad naval para llegar a ninguno de los dos grandes mercados finales en cuestión, y en un sistema posglobalizado no es muy probable que el producto asiático sea muy bien recibido en un principio. Si a esto se añade el odio mutuo que la mayoría de los asiáticos sienten por los demás, todo el modelo que ha sacado a la región de la pobreza y la guerra está a punto de implosionar. La única cuestión es si alguien intentará salir a flote. Y, para que quede claro, el «vaivén» es muy perjudicial para la seguridad de la cadena de suministro.

## LA DESARTICULACIÓN DE EUROPA

Del mismo modo, el sistema europeo flaqueará por varias razones. La primera razón es a la vez la más obvia y la menos manejable: la explosión demográfica de Europa comenzó antes que la de Asia, y los europeos superaron el punto de no retorno demográfico incluso antes del nuevo milenio. Bélgica, Alemania, Italia y Austria se jubilarán en masa en la primera mitad de la década de 2020, mientras que casi todos los países de la línea centroeuropea que va de Estonia a Bulgaria envejecen aún más rápido y lo harán en la segunda mitad.

Peor aún, la demografía por sí sola garantiza que Europa, tal y como la conocemos, se derrumbará en un plazo similar. Cuando los Estados centroeuropeos se adhirieron a la UE en los 2000, lograron convencer a los europeos occidentales de que abrieran sus mercados laborales. Entre un cuarto y un tercio de la población trabajadora joven de la región centroeuropea se marchó a Occidente en busca de mejores perspectivas económicas. Conclusión: las cifras demográficas de Europa occidental son mucho peores de lo que parecen. Ya sea porque los centroeuropeos vuelven a casa cuando las cosas se ponen difíciles —lo que priva a Europa occidental de su mano de obra— o porque más centroeuropeos se dirigen a Europa occidental cuando las cosas se ponen difíciles porque son los únicos empleos que quedan, el equilibrio laboral que ha permitido la funcionalidad económica europea desde 2008 está a punto de evaporarse.

El problema demográfico acecha de una segunda manera. Europa ha envejecido hasta el punto de no poder absorber sus propios productos. Europa debe mantener un alto nivel de exportaciones para mantener su sistema. El primer destino es Estados Unidos, un país que se repliega cada vez más sobre sí mismo y que, en el momento de escribir estas líneas, ya está entrando en una guerra comercial de amplio espectro con la Unión Europea. Estados Unidos también está explorando (de nuevo, en el momento de escribir estas líneas) un acuerdo comercial de amplio espectro similar con el Reino Unido. Como cualquier futura paz comercial con la UE requerirá pronto el visto bueno de Londres, nadie en la Europa continental debería contar con una rectificación fácil.

Los productos europeos que no van a Estados Unidos viajan al otro extremo del planeta: el Noreste Asiático. Incluso si, contra todo pronóstico, el sistema del Noreste Asiático (así como la demanda del Noreste Asiático de productos europeos) sobrevive, los estadounidenses ya no garantizarán la libertad de los mares para la navegación marítima civil. La ruta de Shanghái a Hamburgo es de 12.000 millas náuticas. A las diecisiete millas por hora a las que suelen navegar los portacontenedores modernos, el viaje dura treinta y cinco días. La velocidad máxima a la que puede navegar un carguero comercial es de veinticinco nudos. Son tres semanas completas, mucho tiempo para navegar por aguas infestadas de piratas, corsarios, armadas hostiles o una combinación de las tres cosas.

Peor aún, la parte de Europa que mantiene la relación comercial más sólida con los chinos es Alemania. Las ventas de productos alemanes a China se inclinan en gran medida hacia la maquinaria utilizada para fabricar otros productos... productos para la exportación. Incluso si, contra todo pronóstico, Alemania y China consiguen mantener una relación comercial en un mundo en el que carecen del alcance estratégico necesario para interactuar directamente, las exportaciones chinas no serán ni mucho menos tan necesarias, lo que socavará la base lógica de cualquier tipo de interacción germano-china.

Las mismas cuestiones estratégicas generales a las que se enfrentan los asiáticos también afectan a los europeos, aunque esos problemas concretos son más o menos preocupantes según la ubicación y la perspectiva.

Primero, el más preocupante. La mayoría de los países europeos empezaron a industrializarse en el siglo XIX, e incluso los más rezagados —principalmente los antiguos satélites soviéticos— lo hicieron a más tardar en la década de 1950. Eso significa que la mayoría de las minas de Europa están agotadas desde hace al menos unas décadas. Los europeos, industrializados desde hace al menos un par de generaciones, quizá no consuman tantos materiales como los asiáticos, pero producen aún menos. Puede que los chinos importen la gran mayoría de los materiales que necesitan, pero lo normal es que los europeos tengan que importarlos todos.

Ahora, el menos preocupante. La mayoría de los productos industriales necesarios para la vida moderna proceden de lugares mucho más cercanos a Europa que Asia oriental, como el hemisferio occidental y África. Varios países europeos, como Francia y el Reino Unido, pero también España, los Países Bajos, Italia y Dinamarca, disponen de capacidad naval suficiente para proteger el transporte marítimo ocasional hacia y desde los lugares en cuestión. Por otra parte, es poco probable que la mayoría de los viajes desde estas regiones a Europa atraviesen aguas especialmente conflictivas.

En cuanto a las fuentes de abastecimiento del hemisferio occidental, es seguro que los estadounidenses pondrán fin a cualquier tipo de piratería o corsarismo en su hemisferio, y es improbable que se prohíba el comercio europeo mientras no esté militarizado.

El truco vendrá de los países europeos más alejados del lejano oeste del continente, que carecen tanto de acceso como de fuerzas navales. Deben abastecerse de materiales en otro lugar «cercano»: Rusia. Alemania no puede mantener su posición de nación rica y libre sin los estadounidenses, pero tampoco puede mantener su posición de nación moderna e industrializada sin Rusia. La historia de todo lo relacionado con Alemania y Rusia alterna capítulos de cooperación a regañadientes y de conflicto incisivo. Si para los alemanes y los rusos esta situación es desgarradora, mucho peor lo es para quienes se encuentran entre ellos, países esenciales para las cadenas de suministro manufacturero de Alemania. La guerra de Ucrania ya está obligando a todos los implicados a plantearse algunas cuestiones difíciles.

Y, por supuesto, incluso todo esto supone que nada vaya mal en Europa. Europa padece una de esas extrañas geografías en las que una parte de su territorio es llana, está bien asfaltada y es fácil de atravesar a pie, de modo que algunas partes del continente están convencidas de que pueden y deben liderar una gran potencia consolidada, mientras que otras partes, peninsulares, montañosas o insulares, acogen a potencias disidentes que siempre echarán por tierra esos sueños. Solo durante el Orden, la paz y la riqueza mundiales sofocaron la pugna ancestral entre ambas visiones. Sofocaron, no destruyeron. A pesar de setenta y cinco años de curación, crecimiento, seguridad, modernización, libertad y democracia, sigue habiendo mucha angustia y agravio internos. El Brexit, que se produce en pleno apogeo de la globalización, es un buen ejemplo. Con la retirada estadounidense, esa asfixia termina.

Sencillamente, el sistema germanocéntrico no puede mantener su posición actual, y mucho menos crecer, y nadie en el mundo tiene un interés estratégico en echarle un cable. El reto para Europa central será evitar que los alemanes actúen como un país «normal». Las últimas siete veces que Alemania lo hizo, las cosas se pusieron... históricas.

Un pequeño punto positivo: las redes comerciales subsidiarias de Europa parecen más favorables que el sistema germanocéntrico.

El sistema centrado en Suecia podría mantenerse. Las cadenas de suministro del norte de Europa están menos expuestas a posibles amenazas, sus suministros energéticos son más locales y su demografía está menos envejecida y envejece más lentamente, lo que sugiere una mejor adecuación entre la oferta y la demanda que limitaría, en primer lugar, la necesidad de importaciones y exportaciones extrarregionales. En el mar del Norte, los escandinavos disponen incluso de petróleo y gas natural suficientes para satisfacer casi toda su demanda. «Lo único» que tienen que hacer es abastecerse de algún modo de los diversos insumos industriales que necesitan a un continente de distancia.

Tienen dos opciones:

La primera es asociarse con el sistema francés, al menos en parte. Además de que Francia dispone de un consumo interno suficiente para absorber su propia producción, también tiene un aislamiento geográfico y un posicionamiento suficientes para alcanzar los insumos necesarios. Añádase un ejército expedicionario competente y un volumen de autoestima casi galáctico, y Francia podrá seguir razonablemente su propio camino. Suecia y sus aliados harían bien en encontrar la manera de trabajar junto a los franceses.

La segunda opción puede resultar más cómoda para los escandinavos: trabajar con los ingleses. La cooperación escandinavo-británica contra todo lo continental tiene siglos de historia. Ahora que los británicos se unen a los estadounidenses (desde el punto de vista organizativo), surgen algunas posibilidades interesantes. Es evidente que los estadounidenses tienen un ejército y una economía más poderosos que los franceses. Del mismo modo, los estadounidenses tienen un alcance mucho mayor a cualquier lugar que pueda disponer de los recursos necesarios. El mercado estadounidense-mexicano es insuperable, mientras que el británico sigue siendo el más sano (demográficamente hablando) de Europa quitando Francia.

En lo que respecta al destino del sistema del Tratado de Libre Comercio de América del Norte, la mayoría de los indicadores parecen muy positivos.

Empecemos por la estructura de base: parte de la razón por la que los fabricantes estadounidenses se sienten engañados por la globalización es porque así estaba previsto. El precepto central del Orden es que Estados Unidos sacrificaría el dinamismo económico para lograr el control de la seguridad. El mercado estadounidense debía ser sacrificado. El trabajador estadounidense debía ser sacrificado. Las empresas estadounidenses debían ser sacrificadas. Por lo tanto, todo lo que Estados Unidos sigue fabricando es un conjunto de productos para los que el mercado, el trabajador y la estructura empresarial estadounidenses son hipercompetitivos. Además, el sacrificio deliberado hace que la mayoría de los productos manufacturados estadounidenses no se destinen a la exportación, sino al consumo dentro de Norteamérica.

China no funciona así. Los chinos fabrican todo lo que son tecnológicamente capaces de fabricar, utilizando subvenciones, robo de tecnología y presión diplomática para ampliar la lista de productos siempre que sea posible. Y, a diferencia de Estados Unidos, muchos de esos productos se destinan a la exportación. Dicho de otro modo, los productos que fabrican los chinos son los que, por la razón que sea, los estadounidenses han decidido no fabricar.

La empresa china de telecomunicaciones Huawei es un buen ejemplo. Huawei directamente, y a través de una rama del Gobierno chino, que destaca en el pirateo de empresas extranjeras, ha perseguido una doble estrategia durante dos décadas: robar toda la tecnología posible y comprar la que no se pueda replicar. Las sanciones promulgadas por la administración Trump (y redobladas por la administración Biden) impidieron la transferencia legal de tecnología a Huawei al mismo tiempo que las empresas estadounidenses tomaban conciencia de la amenaza de la piratería informática. ¿Cuál fue el resultado? En menos de dos años, la posición corporativa de Huawei se vino abajo y pasó de ser el mayor fabricante de teléfonos móviles del mundo a ni siquiera figurar entre los cinco primeros de China. La mayoría de las empresas chinas simplemente no pueden funcionar sin la participación de Estados Unidos.

Lo contrario no es cierto. Claro que los estadounidenses tendrían que desarrollar su planta industrial para compensar la pérdida de proveedores de bajo coste, y eso es más fácil y rápido de decir que de hacer, pero no es que los estadounidenses no sepan hacer cosas como fundir aluminio, forjar vidrio, doblar acero, fabricar carburadores o montar placas base.

Luego está el acceso al comercio: si se suman todas las importaciones y exportaciones, alrededor de tres cuartas partes de la economía de EE. UU. siguen siendo nacionales, lo que limita su exposición a todo lo global. Canadá y México están mucho más integrados y obtienen aproximadamente dos tercios y tres cuartas partes de su peso económico del comercio, pero aproximadamente tres cuartas partes de ese comercio es con Estados Unidos. Dentro de Norteamérica como unidad, más de ocho de cada diez dólares (o pesos) de ingresos se generan dentro del continente. Es, con mucho, el sistema más aislado del mundo.

Además, los estadounidenses ya han ratificado, han puesto en marcha y han aplicado acuerdos comerciales con Japón y Corea del Sur, otros dos de los seis principales socios comerciales del país. Si añadimos un acuerdo pendiente con el Reino Unido (otro de los seis), la mitad de la cartera comercial de Estados Unidos ya se ha incorporado a un sistema posglobalizado.

Después está el suministro de materias primas: ninguno de los socios del TLCAN se queda atrás en lo que respecta a la producción de materias primas industriales o energía. Todos generan volúmenes significativos a escala mundial de múltiples materias primas industriales, gas natural y petróleo. Se avecinan más. Al fracasar el transporte marítimo civil mundial, gran parte de la producción bruta y el procesamiento intermedio que se realiza en la costa del Golfo de EE. UU. verá limitado su potencial de ventas mundiales, ya sea debido al colapso de los mercados finales, a la falta de seguridad o a ambas cosas. Eso atrapará más producción dentro de Norteamérica. Eso no es bueno si eres productor o transformador de energía, pero es una noticia fantástica si eres usuario de productos energéticos. Como lo son la mayoría de los fabricantes.

Si se necesitan más suministros, Sudamérica es un buen punto de partida. El abastecimiento extrahemisférico es obviamente más problemático, pero, a diferencia de todas las demás regiones manufactureras, los norteamericanos tienen el mercado basado en el consumo y el capital, el combustible y el alcance militar para salir y conseguir lo que necesitan.

Hablemos de cadenas de suministro.

La mayoría de los estudios realizados en la última media década indican que, para 2021, la mayoría de los procesos de fabricación serán más baratos en Norteamérica que en Asia o Europa. Puede resultar chocante, pero no hace falta profundizar mucho para entender las conclusiones. El sistema norteamericano se caracteriza por una elevada variabilidad de la mano de obra, bajos costes energéticos, bajos costes de transporte a los consumidores finales, opciones casi ilimitadas de implantación en zonas verdes, suministros estables de insumos industriales y suministros elevados y estables de capital.

Mejor aún, el continente norteamericano se enfrenta a pocas amenazas de seguridad entre sus costas y las de sus proveedores potenciales. De media, los productos norteamericanos sufren menos de un tercio de las interrupciones de la cadena de suministro que pueden sufrir los alemanes y una décima parte que los asiáticos. Ahora bien, las plantas industriales no se construyen gratis ni de la noche a la mañana, pero el tipo de perturbaciones que probablemente experimenten los fabricantes norteamericanos son de las que se pueden superar.

Esa brecha entre la viabilidad manufacturera de Norteamérica y la de Asia y Europa no hará más que aumentar en las próximas décadas, en gran parte debido a las continuas evoluciones en la generación de electricidad. Estados Unidos y México cuentan con una de las mejores opciones ecotecnológicas del mundo. Eólica en las Grandes Llanuras y solar en el Suroeste. México también es bastante bueno en ambas, sobre todo en el norte, donde se produce la mayor integración con el sistema estadounidense.

Pero quizá lo más importante es que no todos los norteamericanos se han lanzado al ruedo de la fabricación.

En primer lugar, están los *millennials*. A pesar de sus muchos[122] defectos, la generación de los *millennials* estadounidenses es la mayor parte de la población de cualquier país desarrollado en edad de trabajar. Su consumo impulsa ahora el sistema norteamericano, al igual que dentro de veinte años lo hará su inversión. Gracias a ellos, Norteamérica no tiene nada que envidiar a las crisis de consumo y capital que pronto afectarán a Asia y Europa.

En segundo lugar, las megarregiones manufactureras de Estados Unidos no están muy integradas (las únicas excepciones son la costa del Golfo y el Triángulo de Texas). En un futuro en el que el comercio mundial se vea perturbado, los Gobiernos federales, estatales y locales de EE. UU. tendrán un gran interés en mejorar esas interconexiones. Con esas interconexiones llegará una integración más fluida y eficaz de los sistemas de fabricación nacionales.

En tercer lugar, no todo México participa. Todavía. Las ciudades del norte de México han apostado fuerte por la integración estadounidense, pero el centro de México es una región manufacturera en sí misma. Hay integración con los estadounidenses, pero no es tan completa como en el norte de México. El sur de México tampoco está integrado. El sur es la región técnicamente más pobre y menos avanzada de México, y la que cuenta con las peores infraestructuras en cuanto a carreteras locales y ferrocarril, así como las que podrían unir el sur con el resto del país.

A medida que canadienses, estadounidenses y mexicanos del norte construyan un sistema más integrado, este extenderá naturalmente su alcance integrador hacia el sur. Después de todo, el núcleo de Ciudad de México alberga a más de setenta millones de

---

122 Muchos, muchísimos.

personas y está mucho más interconectado entre sí que las ciudades del norte de México. En el mundo en el que estamos evolucionando, añadir setenta millones de personas de renta media a cualquier sistema es la mayor ganancia que se puede obtener.

En cuarto lugar, puede haber una victoria pendiente que sea un poco mayor. El Reino Unido votó a favor de abandonar la Unión Europea en 2016, pero no lo hizo hasta 2020, y no fue hasta 2021 cuando Londres se dio cuenta de que no había planificado las consecuencias. En absoluto. Los europeos continentales no han mostrado ninguna propensión a hacer concesiones a los británicos, y Gran Bretaña por sí sola no es lo suficientemente grande, estable o diversificada como para importar. Pero, si añadimos el Reino Unido y su sofisticada capacidad manufacturera del primer mundo a la agrupación del TLCAN, las cosas cambian. Extender los lazos comerciales a México sería estupendo, pero ¿incorporar a sesenta y seis millones de británicos? Eso sería aún mejor. Ambas cosas están sobre la mesa.

Hay un problema: esa importantísima variedad de mano de obra. Los británicos tienen una cualificación y un coste de mano de obra similares a los de estadounidenses y canadienses, mientras que los mexicanos del centro del país están a la misma altura que los del norte. Dos décadas de crecimiento moderado en México combinadas con un envejecimiento demográfico suave significan que México necesita ahora un socio manufacturero de bajo coste. Dicho de otro modo, México necesita… un México.

Hay dos opciones. La primera es… dudosa. Los Estados centroamericanos de Honduras, Guatemala, El Salvador, Costa Rica, Nicaragua y Panamá ya están incorporados a un acuerdo comercial con Estados Unidos denominado Tratado de Libre Comercio de Centroamérica. El problema es la infraestructura. Construir una red de carreteras y ferrocarriles a lo largo de todo el terreno montañoso de México para conectar la mano de obra barata y poco cualificada de América Central con el mercado estadounidense parece una exageración. Desde luego, no sería tan lucrativo como el trayecto relativamente corto entre el Triángulo de Texas y el norte de México.

Quedan las conexiones marítimas. Los países centroamericanos son en realidad ciudades individuales —una o dos por país— rodeadas de mucho monte. El truco consiste en encontrar una industria en la que esa mano de obra pueda lograr una rentabilidad suficiente para justificar la exportación. No está claro que exista una. Fuera de los trabajos de acabado, ni siquiera el sector textil es un buen partido. Eso limita la región a la producción y transformación agrícola tropical. Eso no es poco, pero tampoco es genial. Y, desde luego, esos sectores no pueden emplear a un número suficiente de autóctonos para sacar a esos países de la categoría de «casi fracasados».

Una opción más viable es Colombia. Al igual que los centroamericanos, los colombianos ya tienen un acuerdo comercial con Estados Unidos. A diferencia de los centroamericanos, los colombianos tienen una mano de obra mucho más cualificada, con un nivel salarial que es aproximadamente dos tercios del de México actual. El mayor reto, bastante común en toda América Latina, son las infraestructuras. A diferencia de México, con su única meseta central elevada, Colombia tiene una «V» de montañas con las ciudades de Medellín y Cali en la pata occidental, por lo que es más probable que se integre a través de los puertos del Pacífico del país, mientras que la capital, Bogotá, se asienta en la pata oriental y es más probable que mire hacia el norte, hacia la costa caribeña.

Hasta este punto, la globalización ha aplastado los sueños de Colombia. La dificultad y el coste de subir y bajar mercancías por las montañas colombianas han impedido que se creen cadenas de suministro significativas, tanto dentro del país como entre Colombia y el resto del mundo. Como tal, el país es conocido sobre todo por exportar petróleo, carbón superduro y café. Pero en un mundo en el que los costes de producción se disparan debido a la inestabilidad, y la demanda de insumos industriales de todo tipo aumenta en Norteamérica —incluida la mano de obra—, Colombia puede estar a punto de hacer su agosto.

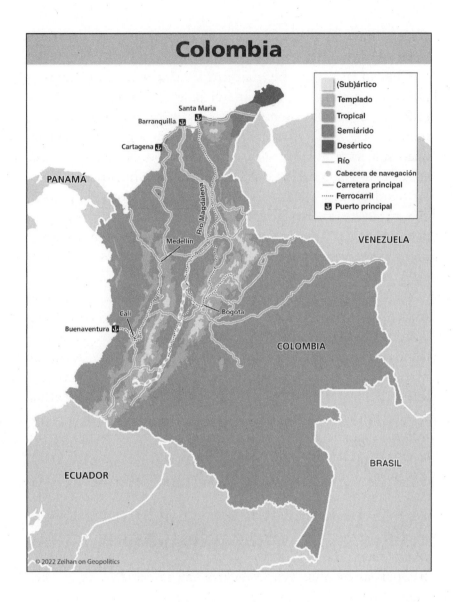

## Colombia

**Leyenda:**
- (Sub)ártico
- Templado
- Tropical
- Semiárido
- Desértico
- Río
- Cabecera de navegación
- Carretera principal
- Ferrocarril
- Puerto principal

Santa Maria
Barranquilla
Cartagena
PANAMÁ
Río Magdalena
Medellín
VENEZUELA
Cali
Buenaventura
Bogota
COLOMBIA
ECUADOR
BRASIL

© 2022 Zeihan on Geopolitics

Si Colombia estuviera situada en cualquier otro lugar del mundo, hablar de una integración significativa con Norteamérica sería una tontería. Pero entre el precio único de Colombia, su geografía única y su relativa proximidad, podría participar en el sistema norteamericano de una forma muy asiática: justo a tiempo.

Toda la base del inventario justo a tiempo es que la estabilidad de los distintos socios fabricantes es tan fiable que se puede apostar el futuro de la empresa a que el próximo envío llegará, bueno, justo a tiempo. En la mayor parte de Asia, este concepto está a punto de fracasar. No ocurre lo mismo en la región del TLCAN. A pesar de todos sus defectos, Canadá, Estados Unidos y México no se enfrentan a problemas estructurales, por lo que pueden seguir utilizando el sistema «justo a tiempo» si así lo desean. Colombia también.

Además, como es poco probable que la fabricación asiática (y europea) que sobreviva pueda aprovechar las economías de escala necesarias para un enfoque de cadena de montaje masiva, la combinación de infraestructura integradora y mayor consumo de Norteamérica significa que probablemente pueda continuar tanto con cadenas de montaje como con aplicaciones limitadas de automatización. El trío del TLCAN necesitará simplemente un poco de ayuda con algunos de los componentes de menor valor. Una vez más, Colombia.

La mayoría de la gente piensa en el sistema de Bretton Woods como una especie de Pax Americana. El siglo estadounidense, por así decirlo. Pero no es así. Todo el concepto del Orden es que Estados Unidos se perjudica económicamente para comprar la lealtad de una alianza global. Eso es la globalización. Las últimas décadas no han sido un siglo estadounidense. Han sido un sacrificio estadounidense.

Que se acabó. Con la retirada estadounidense se acaban los diversos factores estructurales, estratégicos y económicos que han apuntalado artificialmente todo el sistema asiático y europeo. El consumo que queda se concentra en Norteamérica. Solo Norteamérica cuenta con un perfil demográfico que no tiene que adaptarse inmediatamente a una realidad financiera fundamentalmente nueva y desconocida. Por ello, ya se está produciendo una deslocalización masiva de la fabricación hacia el sistema estadounidense.

El verdadero siglo estadounidense no ha hecho más que empezar.

Eso no significa que no haya fabricación en ningún otro sitio.

## UNA NUEVA COSECHA DE CENTROS DE OPERACIONES

Alrededor del 95 % de la fabricación de valor añadido se produce en Asia oriental, Europa o Norteamérica. La mayor parte se debe a la mezcla de factores que ya hemos analizado: geografía, demografía, transporte y globalización.

Pero en parte también se debe a la política.

Durante la Guerra Fría, dos regiones se abstuvieron en gran medida de la globalización en sentido amplio. La primera abstención, la de la Unión Soviética, fue deliberada. La globalización se creó para aislar a los soviéticos. El segundo en abstenerse, el país latinoamericano de Brasil, mantuvo sus sistemas al margen por una mezcla de razones políticas e ideológicas.

Cuando terminó la Guerra Fría, ambos se abrieron, sobre todo a los productos electrónicos e informáticos baratos de la cuenca oriental asiática. Blindados como habían estado durante décadas, ni los rusos ni los brasileños podían competir. Para colmo de males, los chinos entraron en ambos países para formar empresas conjuntas y procedieron a arrancar toda la propiedad intelectual de todas las empresas que pudieron de una forma que haría sonrojar incluso a Facebook.[123]

En 2005 apenas quedaba nada que los chinos pudieran robar. En 2010, ya habían incorporado toda la tecnología robada a su enorme sistema de fabricación, y estaban haciendo tragar productos más baratos a sus dos antiguos «socios», y destrozaron despreocupadamente a empresas que antes habían sido líderes mundiales. Alguna versión de esto ocurrió en menor grado en parte del mundo en desarrollo. Por eso, más que por cualquier otra cosa, la industria manufacturera de Asia oriental representa aproximadamente la mitad de la industria manufacturera global, y las potencias de Europa y Norteamérica prácticamente el resto.

---

123  Brevemente.

En el mundo que está por venir, Rusia y Brasil podrían experimentar una especie de renacimiento de la industria manufacturera. Todo lo que fomente que las cadenas de suministro sean más cortas, sencillas y cercanas a los consumidores beneficiará a cualquier sistema de fabricación que no esté en Asia oriental o Europa. Pero incluso esta posibilidad conlleva un par de advertencias importantes. Pero incluso este «podría» conlleva un par de advertencias importantes. En primer lugar, la recuperación exigiría que rusos y brasileños abordaran una serie de cuestiones no relacionadas, desde los sistemas educativos hasta las infraestructuras. En segundo lugar, cualquier renovación de la fabricación se limitaría en gran medida a dar servicio a clientes de Rusia y Brasil o, como mucho, a países al alcance de la mano. No es poco, pero ninguno de los dos países está siquiera en vías teóricas de convertirse en la próxima China, México o incluso Vietnam.

Del mismo modo, el fin de China podría ayudar a las economías del África subsahariana, en su mayoría no manufactureras. Ninguna de ellas podría competir en costes con la fabricación centrada en China, pero si China despareciera... puede que haya margen para el éxito local. Sigue habiendo (muchos) problemas. El continente africano se compone de una serie de mesetas apiladas, lo que impide a los distintos Estados conectarse entre sí mediante infraestructuras y lograr economías de escala regionales. Tampoco son muchas las que se llevan bien. Ninguno de ellos disfruta de una rica estructura de capital que les permitiría construir muchas infraestructuras por sí solos. Pero, con China fuera de la ecuación, hay al menos un atisbo de esperanza. Los países con mayor potencial de crecimiento son aquellos cuya geografía local permite una integración más fácil dentro de sus propios sistemas, así como el mundo exterior: Senegal, Nigeria, Angola, Sudáfrica, Kenia y Uganda. De ellos, Nigeria parece el mejor posicionado, debido al tamaño de su población, su joven demografía y su amplia producción energética local.

Desde un punto de vista más optimista, hay tres regiones que podrán aprovechar el cambio de circunstancias estratégicas para entrar o volver a entrar a lo grande en el mundo de la fabricación. La misma combinación de factores —demográficos, variación de la mano de obra, seguridad, acceso a los recursos y seguridad del transporte— determinará quién puede lograrlo.

La primera de estas regiones es el Sudeste Asiático sin China. Tiene varios factores a su favor.

- El Sudeste Asiático tiene una gran variedad de mano de obra: Singapur es un país tecnológico y con un fuerte componente bancario, Vietnam e Indonesia son sociedades jóvenes y dinámicas en el extremo inferior de la escala, y Tailandia y Malasia ocupan el término medio..., pero este es el término medio asiático.

- Los países del Sudeste Asiático (Indonesia, Malasia, Filipinas, Tailandia y Vietnam) se están urbanizando muy rápido. Las ciudades superpobladas de la región reducen el coste de la mano de obra en relación con las normas mundiales, lo que da a los países del sudeste asiático una ventaja en la competencia.

- La región dispone de suministros razonables de muchos insumos industriales; es más, es casi autosuficiente para sus necesidades de petróleo y gas natural. Myanmar, en concreto, tiene montones de minerales que aún no se han producido industrialmente, mientras que Papúa Nueva Guinea prácticamente emana materiales útiles. Para lo que la región no puede producir por sí misma, cuenta con Australia, líder mundial en carbón, litio, mineral de hierro, níquel y uranio.

- Aunque sería exagerado decir que todos los habitantes de la región se llevan bien, la propia naturaleza de la geografía regional —con abundancia de selvas, montañas, penínsulas e islas— hace muy difícil que los lugareños tengan algo más que una escaramuza fronteriza. La última lucha significativa fue la invasión de Camboya por Vietnam en los años ochenta y, para ser francos, ese conflicto no movió la balanza económica en absoluto. Camboya antes no era nada y sigue sin serlo.

La región tiene un par de puntos débiles importantes que, para mí, son perfectamente controlables.

En primer lugar, como todo el mundo vive en ciudades (y sigue trasladándose a ellas), y los suelos tropicales tienen una fertilidad limitada, esta región no tiene esperanzas de alimentarse. Por suerte, los grandes exportadores agrícolas de Australia y Nueva Zelanda están justo al lado, mientras que la abundancia agrícola de todo el hemisferio occidental está al otro lado del Pacífico.

En segundo lugar, no existe un líder obvio en el Sudeste Asiático. Singapur es el más rico, pero también el más pequeño. Indonesia es el más grande, pero uno de los más pobres. Los tailandeses son los que lo tienen mejor, a no ser que estén dando uno de sus habituales golpes militares.[124] Los vietnamitas son los más organizados, pero eso se debe a que su Gobierno roza lo dictatorial. No se trata solo de saber quién habla en nombre de la región, sino también de quién puede mantener la seguridad en las rutas marítimas. Esa tarea está en gran medida fuera del alcance de los locales.

Por suerte, también hay ayuda para esto. La Armada japonesa tiene una gran capacidad de largo alcance —«flota de alta mar» en la jerga de los expertos en defensa— y podría patrullar la región con bastante facilidad. Es fundamental tener en cuenta que esta no es la época del Japón imperial. No habrá invasiones imperiales. Puede que la mayor parte del Sudeste Asiático esté una o dos generaciones por detrás de los japoneses en términos de desarrollo económico, pero todos los países importantes están totalmente industrializados. Se trataría de una asociación defensiva, no de una ocupación.

El siguiente país es India. En los aspectos que funcionan, India se parece un poco a China. Es un país enorme y extenso, con grandes diferencias entre sus regiones densamente pobladas. El corredor de Bangalore fue uno de los primeros en entrar en el mundo de los servicios tecnológicos, mientras que el país tam-

___
124 Que parece que es todo el puñetero rato.

bién destaca en refino de petróleo, química pesada, producción de medicamentos genéricos y bienes de consumo de rápida rotación. El problema de la India es que quizá sea demasiado variada y esté demasiado poblada. India no es un Estado-nación étnicamente definido como China, Vietnam, Francia o Polonia, en el que un grupo domina la población y el gobierno, sino que cuenta con más diversidad étnica y lingüística que ningún otro continente, salvo África. Muchas de estas etnias no solo tienen sus propias culturas, sino también sus propios gobiernos. Estos gobiernos a menudo ejercen vetos —a veces formales, a veces informales— sobre las políticas nacionales. Y a menudo ocurre lo contrario. No es una situación que favorezca las buenas conexiones y las relaciones comerciales fluidas.

Este es el aspecto que ha tenido India durante un milenio y medio. Nada tan insignificante como el colapso del mundo que conocemos va a cambiarlo. Pero, si las conexiones mundiales fallan, la burocracia de la India no será un problema tan grave como la falta de transporte marítimo de larga distancia. Como mínimo, el cambio de circunstancias permitirá a India desarrollar su capacidad de fabricación para atender a sus 1400 millones de habitantes. El tamaño de la India por sí solo significa que no tiene que ser un actor global para ser importante en todo el mundo.

Un problema común para el Sudeste Asiático y la India será el suministro de capital. Dado que ambos países tienen una demografía relativamente joven, la generación de capital local es escasa. Dado que ambos padecen una orografía compleja y accidentada —todas esas selvas, montañas, penínsulas e islas—, la necesidad de capital para construir infraestructuras compensatorias es elevada, y las oportunidades de infraestructuras terrestres para conectar las distintas fuerzas de trabajo de la región son, en el mejor de los casos, escasas. Ambos recogerán muchas piezas de muchas redes de fabricación a medida que China se descomponga y se recupere, pero todavía habrá que construir la planta industrial, y eso no es gratis. A excepción de Singapur, ninguna de estas economías tiene divisas fuertes o mercados de valores estables.

Aunque puedan mantener la estabilidad política y macroeconómica, no serán destinos para la fuga de capitales.

Lo que todos ellos necesitan es inversión extranjera directa (IED). El concepto de «IED» es sencillo: dinero para comprar o construir instalaciones específicas —normalmente plantas industriales— para fabricar un producto concreto. La solución a los problemas de capital del Sudeste Asiático y de la India es probablemente la misma: Japón. La mano de obra japonesa está envejeciendo rápidamente hasta la obsolescencia y el consumo japonés tocó techo hace tres décadas. Pero los japoneses siguen forrados. Aunque su mano de obra no va a construir mucho por sí misma o para sí misma, sigue siendo eminentemente capaz de diseñar productos que se fabricarán en otro lugar y pagar la planta industrial para que todo se haga realidad. Si combinamos la riqueza y el poderío tecnológico y militar de Japón con el potencial manufacturero y las aportaciones demográficas e industriales de India y el Sudeste Asiático, tendremos una de las grandes alianzas del siglo XXI.

La cuestión es si se invitará a alguien más a unirse a la fiesta. Los coreanos serían una opción lógica, pero son tan expertos en guardar rencor a los japoneses por la ocupación de Corea entre 1905 y 1945 como en la fabricación de alta tecnología. No está claro que los coreanos, que carecen por completo de capacidad naval para satisfacer sus propias necesidades, estén dispuestos a tender la mano a los japoneses en un mundo posamericano. Taiwán, en cambio, es un socio perfecto. Los taiwaneses y los japoneses comparten instintivamente una visión hostil de Pekín y llevan colaborando en todo lo relacionado con la industria desde el final de la guerra de Corea.

Hay otra región en la que merece la pena fijarse: Buenos Aires.

Para quienes conozcan Argentina, estoy seguro de que pensarán que he sufrido un derrame cerebral. Argentina tiene uno de los regímenes normativos y arancelarios menos favorables del mundo para los inversores, y su afición a confiscar la propiedad privada ha destrozado su base manufacturera local. Todo cierto. Todo relevante... para el mundo que está muriendo. Pero en el mundo que está naciendo, un mundo que se fractura en sistemas comerciales, regionales e incluso nacionales, la política industrial socialista-fascista de Argentina funcionará mucho mejor. Al fin y al cabo, si ya no es fácil obtener productos manufacturados baratos de Asia oriental, los argentinos tendrán que prescindir de ellos o fabricarlos localmente. Y los argentinos odian prescindir de ellos.

Es probable que eso provoque un importante auge industrial regional. Los argentinos figuran entre las personas más cultas del mundo, por lo que la cuestión nunca ha sido la capacidad intelectual. La región de Buenos Aires también está al alcance de mercados laborales más baratos en Paraguay, Uruguay y el sur de Brasil. Merece la pena ir a por el mercado local de cuarenta y cinco millones de argentinos, y el resto del Cono Sur —la región a la que ya está conectada la infraestructura argentina preexistente— añade casi doscientos cincuenta millones más. El Cono Sur combinado es también un importante productor de casi todos los productos agrícolas e industriales bajo el sol, y no hay nadie en el hemisferio oriental con capacidad para romper el cordón de seguridad estadounidense alrededor del hemisferio occidental. En un mundo que pronto sufrirá escasez de todo tipo de productos, desde alimentos a procesos industriales, pasando por sistemas de fabricación coherentes y sostenibles, Argentina & Friends cumple todos los requisitos.

Hasta aquí el dónde. Veamos ahora el cómo. Al fin y al cabo, el mundo al que nos dirigimos fabricará cosas no solo en diferentes lugares y a diferentes escalas, sino también de diferentes maneras.

## FABRICAR UN NUEVO MUNDO

Cuanto más larga y compleja sea la cadena de suministro, más probabilidades tendrá de sufrir una avería catastrófica e irrecuperable.

Esa simple afirmación contiene mucha angustia y perturbación.

Evolucionar de las normas de fabricación del mundo globalizado a las nuevas normas de un mundo desglobalizado no será como desmontar un coche y volver a montarlo en una nueva ubicación. Será como desmontar un coche y volverlo a montar como una panificadora, una recolectora de manzanas y un *jet* de ensueño de Barbie. Los procesos que utilizamos para fabricar cosas cambiarán porque cambiará el entorno. Las economías de escala globales desaparecerán. Muchas de las tecnologías que utilizamos para fabricar bienes en la globalización no serán aplicables al mundo fracturado que está surgiendo.

Esto significa que hoy, en 2022, tenemos muchas plantas industriales que ya no serán relevantes durante mucho más tiempo.

Pensemos en China: el valor añadido total de la fabricación en China en 2021 rondaba los cuatro billones de dólares, de los cuales tres cuartas partes eran para exportación. El valor bruto de la planta industrial subyacente es fácilmente diez veces mayor, sin contar la infraestructura de transporte y energía, ni los miles de barcos de largo recorrido que transportan los insumos y los productos finales fuera del país, ni el valor de los sistemas de suministro codependientes que implican a otros países de Asia oriental.

Todo va a quedar varado. La desglobalización —ya sea provocada por la retirada estadounidense o por el colapso demográfico— romperá los vínculos de suministro que hacen posible la mayor parte de la fabricación centrada en China, incluso antes de que las naciones consumidoras protejan más celosamente sus mercados nacionales. Prácticamente, toda la planta industrial impulsada por la exportación (y una parte no pequeña de la planta industrial impulsada a nivel nacional) se dará por perdida. Completamente.

No todo tendrá que reemplazarse. El declive demográfico significa que el consumo mundial alcanzó su punto máximo en los maravillosos días pre-COVID de 2019, mientras que la fractura del sistema mundial reducirá aún más los niveles globales de renta y riqueza. Pero en muchos de esos pequeños fragmentos será necesario construir plantas industriales de sustitución. Después de todo, aprovechar el mercado mundial de productos acabados ya no será una opción viable.

Las características de esta nueva planta industrial reflejarán un entorno macroeconómico, estratégico, financiero y tecnológico fundamentalmente diferente. Será un poco diferente en función de dónde se ubique esa planta, pero existirán algunas características comunes a todas ellas.

- Las cadenas de montaje de producción en masa están en gran medida descartadas. La producción masiva de cualquier tipo requiere enormes economías de escala. Incluso en el mercado norteamericano, dicha producción «solo» necesita servir a unos quinientos millones de personas, con una economía combinada de unos veinticinco billones de dólares. Sí, es mucho, pero no es más que un tercio del total mundial anterior a la COVID-19 y los países del TLCAN producirán principalmente para sí mismos, no para el mundo en general.
- La reducción de las economías de escala disminuye las posibilidades de automatización. Aplicar nuevas tecnologías a cualquier sistema de fabricación añade costes, y la automatización no es una excepción. Seguirá ocurriendo, pero solo en aplicaciones específicas como el sector textil y los semiconductores avanzados. Estas aplicaciones automatizadas ya son más baratas que la mano de obra humana.
- El ritmo de la mejora tecnológica en el sector manufacturero se ralentizará. Permítanme ampliarlo: el ritmo de todas las mejoras tecnológicas se ralentizará. El rápido avance tecnológico requiere un gran número de trabajadores altamente cualificados, oportunidades de colaboración a gran escala entre esos trabajadores y una tonelada métrica de capital para pagar el desarrollo, la explotación y la aplicación de nuevas ideas. El colapso demográfico está destripando el primero, la desglobalización está fracturando el segundo y la combinación de ambos está acabando con el tercero.
- Las cadenas de suministro serán mucho más cortas. En un mundo desconectado, cualquier punto de exposición es un punto de fallo y cualquier sistema de fabricación que no pueda eliminar su propia complejidad no sobrevivirá. El modelo de docenas de proveedores aislados geográficamente

que alimentan una única cadena de suministro en expansión desaparecerá. En su lugar, la fabricación de éxito adoptará dos nuevas formas que se apoyarán mutuamente. La primera llevará a cabo más pasos dentro de las ubicaciones individuales con el fin de eliminar el mayor riesgo posible de la cadena de suministro. Esto sugiere que estas instalaciones centrales serán mucho más grandes. El segundo tipo de fabricación serán instalaciones diminutas que suministren piezas personalizadas. Los talleres mecánicos, en particular, deberían prosperar. Pueden absorber rápidamente el capital, la tecnología, los nuevos diseños y trabajadores y producir piezas personalizadas o que cambian rápidamente para su uso en instalaciones centrales más grandes.

- La producción se colocará junto con el consumo. Con la fractura del mapa global, servir a un mercado de consumidores significa producir bienes dentro de ese mercado. Para los mercados más pequeños y aislados, esto implica unos costes de producción muy elevados debido a la ausencia total de economías de escala, así como dificultades para abastecerse de los insumos necesarios. A los sistemas más grandes (me viene a la mente el TLCAN) les irá mucho mejor. Al fin y al cabo, los insumos obtenidos en Utah pueden utilizarse para fabricar en Toronto un producto que se venda en Yucatán. La «coubicación» es relativa.

- Los nuevos sistemas primarán la sencillez y la seguridad, igual que el antiguo sistema primaba el coste y la eficacia. La muerte del «justo a tiempo» obligará a los fabricantes a hacer una de las dos cosas. La opción A consiste en almacenar grandes cantidades de producto —incluido el producto acabado— lo más adelante posible en el proceso de fabricación, preferiblemente en las afueras de los principales núcleos de población. La opción B consiste en abandonar en la medida de lo posible el proceso de fabricación tradicional y realizar la fabricación íntegra lo más cerca físicamente posible del consumidor final. Una tecnología adecuada para esto último es la fabricación aditiva o 3D, cuya idea es que un material en polvo o licuado se pulverice en finas capas una y otra vez hasta «imprimir» un producto. Sí, la fabricación aditiva es cara en términos absolutos por producto, pero los objetivos han cambiado. El coste ya no es el objetivo principal, y cualquier producto impreso en 3D tendrá, por definición, unos costes de almacenamiento prácticamente nulos.

- La mano de obra será muy diferente. Entre el énfasis alternado en la personalización y la realización de múltiples pasos de fabricación en un mismo lugar, no hay mucho espacio para personas que no sepan lo que hacen. Uno de los grandes logros de la era industrial fue que la mano de obra poco cualificada podía ganarse la vida razonablemente trabajando en una cadena de montaje. Pero ¿ahora? La demanda de los empleos menos cualificados dentro del sector manufacturero se evaporará, mientras que las recompensas por los empleos más cualificados se dispararán. Para los países pobres, esto será un desastre. Ascender en la escala de valor añadido significa empezar desde abajo. Entre las devoluciones geopolíticas, las inversiones demográficas y los cambios tecnológicos, la mayoría de esos empleos dejarán de existir. Además, unas cadenas de suministro más cortas y sencillas reducirán el empleo global en la industria manufacturera en general, medido en términos de puestos de trabajo por unidad de producto fabricado. ¿Cuál es el resultado final? Una mayor desigualdad tanto dentro de los países como entre ellos.

- No todo el mundo puede participar. Cada trozo fracturado del mundo tendrá que recurrir a su propio sistema interno de fabricación, y muchos carecerán de la capacidad. Las necesidades de capital para construir instalaciones industriales son elevadas. El envejecimiento demográfico limitará las opciones en Europa. Las posibles restricciones a las transferencias de capital limitarán las opciones en todo el mundo en vías de desarrollo que no sea Asia oriental. Las regiones que mejor puedan aprovechar el capital exterior serán las que tengan mejores perspectivas de explotar los recursos, producir productos de forma fiable y quizá incluso vender algunos fuera de la región: Sudeste Asiático, India y Gran Buenos Aires. La única región que probablemente sea capaz de autofinanciar totalmente su propio desarrollo es el TLCAN.

– Por último, y lo que es más deprimente, hay diferentes tipos de perdedores en este mundo en el que nos estamos adentrando. Una cosa es que tu país pierda un sistema de fabricación porque otro tenga una Geografía del Éxito mejor para fabricar tal o cual aparato en la era que se está desarrollando. Si se cambia el mapa del transporte, las finanzas, la energía o los materiales industriales, la lista de ganadores y perdedores cambiará con él. No es un resultado feliz para el perdedor, pero no es el fin del mundo. A menos que lo sea. Hay una diferencia —una gran diferencia— entre un aumento del precio del acceso y una falta absoluta de acceso. La primera conduce a un vaciamiento industrial. La segunda conduce a la desindustrialización pura y simple. Al igual que ocurre con la energía, los países que pierden el acceso a los componentes básicos de la sociedad industrial moderna no solo entran en recesión, sino que pierden la capacidad de participar en el juego.

Ahora hablemos de productos.

Hay literalmente cientos de subsectores en el sector manufacturero, cada uno con miles de productos intermedios y finales. Una lista de todos ellos mataría más árboles que todo este libro. Para ser breves y preservar el medio ambiente, vamos a centrarnos en los once principales en términos de valor comercializado internacionalmente.

La pieza más importante del comercio internacional de manufacturas es la automoción. Todas esas 30.000 piezas por vehículo tienen sus propias cadenas de suministro. Como cada pieza tiene sus propios requisitos de mano de obra y estructura de cortes, muchos países producen muchas etapas y a menudo sirven de proveedores a las marcas y mercados de los demás. Es bastante habitual encontrar una transmisión alemana en un Ford o un bloque motor mexicano en un Geely o cableado malayo en un BMW.

Por supuesto, ese nivel de interacción industrial va a desaparecer por completo. Esto no es tan desastroso como parece. Como todo el mundo construye un poco de todo, cualquier lugar en el que se concentren los sistemas existentes de la cadena de suministro genera importantes efectos de red, suponiendo que haya suficiente demanda de los consumidores para el producto final. En China, donde las ventas de vehículos alcanzaron su punto máximo en 2018, esto es malo. En Europa, donde alcanzó su punto máximo hace décadas, peor. Pero el eje Texas-México es más o menos perfecto. Cuando ya se fabrican (o ensamblan) 25.000 de las piezas dentro de una geografía bastante limitada que se encuentra dentro del mayor mercado automovilístico del mundo, la economía de añadir cada una de las piezas restantes no es especialmente desalentadora.

La fabricación de vehículos pesados —principalmente maquinaria agrícola, minera y de construcción— sigue en muchos aspectos el mismo patrón que la automoción. Muchos países producen muchas piezas diferentes y cambian sus insumos intermediarios de un lado a otro. Piezas, piezas, piezas...

... pero solo hasta cierto punto. Cuando miles de millones de personas quieren un coche, no todos sienten la necesidad de salir corriendo a comprar la última y mejor retroexcavadora. También hay que tener en cuenta que no se puede meter algo del tamaño de una cosechadora en un contenedor estándar. Las dificultades de transporte hacen que la mayoría de los lugares que necesitan equipos agrícolas, mineros o de construcción tengan que fabricarlos ellos mismos.

En conjunto, la maquinaria pesada es un poco como la automoción en microcosmos. Al igual que la automoción, la fabricación de maquinaria pesada se concentra en los tres grandes centros de producción —Asia Oriental, Europa y Norteamérica—, cada uno de los cuales abastece en gran medida a sus propios mercados regionales, pero también suministra más de una quinta parte de los componentes de los sistemas de los demás. Las potencias secundarias —pensemos en Argentina, Brasil y Rusia— han conseguido preservar sus propios sistemas de fabricación de maquinaria pesada gracias a una mezcla de barreras arancelarias y necesidad.

En el futuro, el sistema alemán estará absolutamente arruinado. La demografía de Alemania es demasiado terminal para mantener la producción, está demasiado integrada con otros países demográficos terminales para mantener sus cadenas de suministro, está demasiado enganchada a las importaciones de materias primas industriales para siquiera intentar la fabricación a gran escala y depende demasiado de las exportaciones extracontinentales para mantener los flujos de ingresos.

Hay una diferencia radical con Brasil. Acceso más fácil a la energía y los materiales. Una industria en gran medida autóctona que se construye desde cero con una exposición mínima a los problemas de otros países. Si a esto se añade la fuerte necesidad interna de equipos para la construcción, la agricultura y la minería, Brasil podría experimentar una expansión de las ventas en el extranjero a medida que otros países abandonan el sector.

Los italianos, franceses y japoneses se sitúan entre los alemanes y los brasileños, por lo que respecta a la santidad de la cadena de suministro, la demanda interna, la seguridad del acceso a los materiales y las estructuras demográficas. La producción italiana tiende hacia modelos más pequeños por razones nacionales (los campos agrícolas más pequeños y las ciudades congestionadas requieren equipos más pequeños), que casualmente son más fáciles de exportar. El sistema francés ha captado casi todas las ventas nacionales, pero sigue estando muy orientado a la exportación. A los modelos francés y japonés se les cortarán las alas si no pueden mantener una relación excelente con los estadounidenses, el destino final más popular para ambos. El reto es menos de necesidad y más de acceso. China se enfrenta a una versión similar, aunque menos intensa, del mismo problema (la demanda interna en China es muy superior a la de Francia o Japón).

Aun así, hay una gran diferencia entre tener el 80 % de un camión minero y tenerlo todo. Por suerte, todo aquel que sea bastante bueno en automoción debería poder demostrar que es bastante bueno en maquinaria pesada. Se aplican muchos de los mismos conjuntos de habilidades y requisitos de infraestructura. En Norteamérica, el eje Texas-México es el más adecuado para la minería y la construcción, sobre todo en Houston. ¿Buscas maquinaria agrícola? Seguirás recurriendo al Medio Oeste.

La industria de la madera se encuentra a caballo entre la agricultura y la industria manufacturera, en un proceso complejo y cambiante. El proceso de valor añadido del árbol a la madera y de esta a la pasta de papel —o tableros, aromáticos o tablas— supone un cuarto de billón de dólares en bienes, y eso antes de que comience el verdadero trabajo que transforma la madera en muebles, chapa, colonia, vísceras o carbón vegetal. Como es de suponer, trazar el futuro de la industria maderera —o, mejor dicho, trazar el presente de la industria maderera— es un proceso complicado.

Así que centrémonos en lo más obvio:

Todo el mundo utiliza de todo. En diferentes cantidades, por supuesto, pero todo el mundo utiliza la madera para la construcción, los muebles, el combustible, el papel, etcétera. La madera es un material básico para la existencia humana, y lo ha sido desde el principio de la humanidad.

Pero no todo el mundo puede producir madera en volumen. Estados Unidos, como gran país de zonas templadas con extensos bosques a media y gran altitud, es con diferencia el mayor productor mundial de madera, pero, debido a su afición por las grandes viviendas unifamiliares repletas de muebles, también es un importador neto. Canadá y México cubren casi todas las necesidades estadounidenses de excedentes. Olvídese de preocuparse por los cambios que un mundo posglobalizado traerá a Norteamérica; el continente ya cuida de los suyos en este subsector.

En un mundo desglobalizado, los problemas de la industria son tres:

En primer lugar, Estados Unidos es la fuente de los productos madereros manufacturados más importantes del comercio mundial, como aglomerados como *pellets*, serrín y tableros de partículas; tableros como el contrachapado; y pasta para papel. En un mundo fracturado, estos productos de gran volumen y escaso valor no llegarán tan lejos. Será un problema para los gestores forestales y los transformadores del Piamonte estadounidense, pero pasará desapercibido en el resto de Norteamérica. Para los consumidores de toda Europa y Asia, la vertiginosa inflación de los precios de los productos es prácticamente un hecho, sobre todo porque casi todos los sustitutos razonables de los productos se basan en el petróleo.

En segundo lugar, lo que no procede de Estados Unidos tiende a cruzar esos puntos de tensión geopolítica de los que tanto me quejo: la madera del Sudeste Asiático, muy forestada, va a parar al Noreste Asiático, la madera de Rusia va a parar a Europa central y occidental. La variedad de perturbaciones en el comercio de la madera que se avecina será tan variada como las mezclas de productos. El único flujo que quizá —probablemente (?)— funcione bien será el de la madera escandinava destinada a otros lugares de Europa.

En tercer lugar, hay un gran problema medioambiental inminente. En 2019, la madera y diversos subproductos de la madera representaron el 2,3 % de la generación de electricidad en Europa, sobre todo porque la UE tiene algunas regulaciones épicamente estúpidas que consideran que la quema de madera y subproductos de la madera es neutra en carbono a pesar del hecho bastante indiscutible de que la quema de madera emite más dióxido de carbono que incluso el carbón.

Es más, alrededor de la mitad de los árboles talados se utilizan como combustible directo, y la gran mayoría se quema a un día de camino de la linde del bosque, sobre todo en la India y el África subsahariana. En un mundo posglobalizado, muy poco se va a inhibir del uso de la madera como combustible. En todo caso, ocurrirá lo contrario. Si la gente no puede abastecerse de productos energéticos comercializados globalmente, como el gas natural o el gasóleo, tendrá que elegir entre no tener calefacción para cocinar o mantenerse caliente... o quemar madera. Resulta difícil imaginar la magnitud de la devastación —en términos de emisiones de carbono, ocupación del suelo, biodiversidad, contaminación, calidad del agua y seguridad— causada por el hecho de que la mitad de la población mundial vuelva a quemar madera.

Próximamente: con la caída de Asia Inc., el mundo de los semiconductores se verá muy diferente.

La fabricación de semiconductores es un proceso extremadamente difícil, caro, exigente y, sobre todo, concentrado. Desde la fusión del polvo de dióxido de silicio, pasando por la transformación del silicio líquido en cristales, el corte de esos cristales en obleas, el grabado, el tratamiento y el horneado de esas obleas, hasta la división de esas obleas en fragmentos semiconductores individuales, el ensamblaje y el empaquetado de esos fragmentos increíblemente delicados en marcos protectores que pueden introducirse en Game Boy, bombillas inteligentes y ordenadores portátiles, todo suele hacerse en la misma instalación. Cada paso requiere condiciones de sala blanca, por lo que, en lugar de enviar el producto varias veces mediante transporte en cadena blanca, es más seguro y fiable hacerlo todo en el mismo lugar.

Taiwán, Japón y Corea fabrican los semiconductores realmente buenos. Malasia y Tailandia se ocupan del mercado medio. China tiene el mercado de las gangas. Estas instalaciones no se mueven.

O, al menos, no lo han hecho. Pero el mundo está cambiando y ahora se están moviendo. La mayoría de las fábricas no tendrán más remedio que venir a Estados Unidos, porque necesitan trabajadores muy cualificados, una electricidad fiable y una serie de sistemas de apoyo a la fabricación a gran escala.

Esto pone de manifiesto un problema. La industria manufacturera estadounidense —especialmente en el ámbito de la tecnología de la información— tiene un gran valor añadido. Puede participar, y de hecho participa, en la fabricación masiva de chips de gama alta que se utilizan en servidores, ordenadores portátiles y teléfonos inteligentes. Tanto es así que, incluso en el punto álgido de la globalización, Estados Unidos sigue siendo responsable de aproximadamente la mitad de todos los chips en valor, a pesar de producir solo una novena parte de los chips en número.

Desgraciadamente, el futuro de la industria manufacturera seguirá necesitando muchos chips que no sean del nivel de los genios. Los trabajadores estadounidenses solo pueden llegar a ese nivel con importantes subvenciones. México tampoco puede ayudar: carece de la cultura de educación de precisión a gran escala necesaria para generar la mano de obra necesaria. Si el objetivo es fabricar algo que solo se ha digitalizado en las últimas décadas, se trata de un problema gigantesco. Ya puedes decir «adiós» al internet de las cosas.[125] Y probablemente deberíamos prepararnos para una generación de vehículos más analógicos que digitales.

Por supuesto, los semiconductores no son solo eso.

Por sí solos, los chips son inútiles. Hay que incorporarlos a mazos de cables, paneles de control y demás antes de instalarlos en otros productos. Esa fase intermedia requiere mano de obra. Esto no solo me hace pensar en futuras asociaciones con México y Colombia para etapas intermedias de fabricación, sino que también sugiere que hay grandes asociaciones en marcha en todas las industrias construidas en torno a los semiconductores en general, específicamente la informática, los teléfonos inteligentes y la electrónica de consumo.

El montaje de un ordenador es sorprendentemente sencillo (de hecho, la mayoría de los componentes importantes son semiconductores) y en realidad se reduce a una cuestión de precio. Si se trata de un producto de menor calidad y se puede hacer a mano, como, por ejemplo, el montaje de las placas base, México será el lugar. Si se requiere más precisión, por ejemplo, la instalación de pantallas y, por tanto, se requiere automatización, hay que ir a Estados Unidos.

La primera década posglobalización va a ser dura para los usuarios de teléfonos inteligentes. Ahora mismo, casi todo el sistema de la cadena de suministro está en Europa o en Asia. El sistema europeo probablemente esté bien. La mayoría de los fabricantes euro-

---

125 Aunque, sinceramente, ¿realmente necesitamos un termómetro digital que envíe sus resultados a tu teléfono o una secadora de ropa que cante?

peos de móviles están en Escandinavia y es poco probable que sus sistemas regionales de suministro se enfrenten a demasiados problemas. ¿Pero el sistema asiático? Puff. Corea es el principal actor, y la existencia de Corea no solo como potencia manufacturera o tecnológica, sino como país funcional, depende de que los coreanos hagan las paces con los japoneses. Un paso en falso y todo el sistema operativo Android perderá la mayor parte de su *hardware*.

En cuanto al ecosistema Apple, sus productos se diseñan en California, pero luego subcontratan por completo su producción a una red centrada en China que seguramente implosionará en un futuro no muy lejano. Todo este sistema de fabricación tendrá que rehacerse desde cero en Estados Unidos. Los Estados del Sudeste Asiático carecen de la escala necesaria, mientras que México carece de las capacidades de precisión. Incluso en el mejor de los casos, una vez que el mundo se resquebraje, pasarán años entre un modelo de iPhone y otro.

La electrónica, una categoría muy amplia que incluye desde electrodomésticos a faxes, pasando por rúters, batidoras o secadores de pelo —es un poco como la automoción, en la que todo el mundo está metido en todo. Sin embargo, a diferencia de la automoción, no hay una receta secreta. Nadie lleva a cabo espionaje empresarial ni amenaza con una guerra por la propiedad intelectual necesaria para fabricar un ventilador de techo o un mando de garaje.

Lo que define el espacio de la electrónica es esa característica tan importante de la fabricación de la era del Orden: la diferenciación de la mano de obra. La habilidad —y, sobre todo, el precio— con que se fabrica la carcasa de un teléfono de oficina es diferente de la habilidad con que se conecta el cable o se construye la interfaz digital. Los fabricantes de productos electrónicos del futuro serán los que dispongan de múltiples conjuntos de competencias laborales y precios muy próximos entre sí. Fijémonos tanto en el Sudeste Asiático como en la región fronteriza entre Estados Unidos y México. Incluso más que los demás sectores, la electrónica es un gran negocio. Mucho más que la automoción o la informática, la electrónica constituye una enorme categoría de productos y es uno de los sectores manufactureros más intensivos en mano de obra. Puede parecer interesante fabricar semiconductores en el país, pero, si quieres dar empleo a un par de millones de personas, lo que buscas es electrónica.

Otro subsector de gran envergadura es el aeroespacial. Como en el caso de la automoción, las tres grandes regiones de fabricación del Orden tienen cada una su propio sistema: Boeing para Norteamérica, Airbus para Europa y Comac para China. Esto no durará. Comac, a pesar de décadas de transferencias tecnológicas forzadas y espionaje, ha demostrado ser incapaz de construir todos los componentes necesarios para un *jet* funcional. Después del Orden simplemente no tendrá la capacidad de importar lo que necesita y simplemente morirá.

Airbus no es mucho mejor. Airbus es un conglomerado multiestatal de empresas aeroespaciales de España, Francia, Alemania y... el Reino Unido, y el Reino Unido es responsable de pequeñas cosas como alas y motores. En un mundo post-Brexit, el futuro de Airbus ya era incierto. Tras el acuerdo comercial entre Estados Unidos y Gran Bretaña, la industria aeroespacial británica pasará a formar parte de la familia Boeing. Peor aún, algunos de los mayores compradores de aviones Airbus han sido las aerolíneas de larga distancia del golfo Pérsico de Etihad, Emirates y Qatar Air. Todos sus vuelos tienen origen o destino en el golfo Pérsico. Si los estadounidenses abandonan la región del golfo Pérsico a su suerte, es imposible que la aviación civil siga operando en la zona. Si Airbus tiene futuro, será reinventándose como proveedor militar de una Europa que ya no puede confiar en la vigilancia estratégica estadounidense.

Después, Boeing se hará con el control de la aviación mundial. El mercado mundial de la aviación será mucho más pequeño, pero algo hay que decir de ser el último superviviente.

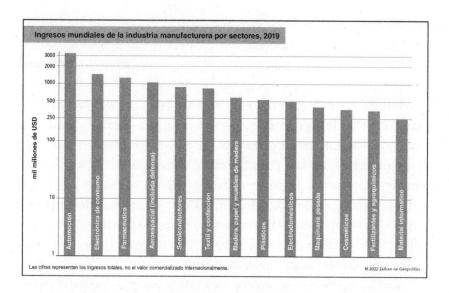

En cuanto a la maquinaria, las cosas se complican, y no solo porque nadie la clasifique en una categoría específica para la recopilación de datos. Alemania es, sin lugar a duda, el mejor país del mundo, porque la predilección cultural alemana por la precisión analítica es precisamente lo que hace buena a la maquinaria. Por desgracia para el mundo, la cultura no puede transferirse. Por mucho dinero que se invierta en ella. Si no, que se lo pregunten a los chinos, cuyos esfuerzos por piratear los diseños alemanes e imitar la producción alemana han fracasado una y otra vez.

Esto nos lleva a tres resultados. Primero, Estados Unidos estará bien. Por lo general. Aunque los estadounidenses no son tan buenos en este tipo de cosas como los alemanes, los de Houston se acercan razonablemente. En segundo lugar, la posición industrial china está totalmente jodida. Aunque todo siguiese igual, los chinos dependen totalmente de la maquinaria alemana para mantener todo su gigante industrial. En tercer lugar, el mundo en general experimentará una ralentización tecnológica. Si los alemanes no se empeñan en mejorar el aspecto de la maquinaria, los avances técnicos en este campo —necesarios para fabricar todo lo demás— se estancarán.

Esa es la gama alta. También es inminente una reorganización completa de la gama baja. Los dos subsectores que experimentarán los mayores cambios son el textil y el del cableado. El textil es una industria poco cualificada y que requiere mucha mano de obra, mientras que el cableado requiere poca cualificación y mucha electricidad. Desde los inicios de la era industrial, estos sectores han sido los preferidos de los países en vías de industrialización.

Pero ya no.

Los avances en automatización significan ahora que la mayoría de los hilos, telas y prendas de vestir pueden fabricarse a máquina en un país desarrollado de forma más barata que con manos humanas poco cualificadas en Bangladesh. Es de esperar que las telas y prendas de fibras naturales se trasladen a los lugares donde se cosechan la lana y el algodón: en concreto, al sur de Estados Unidos, Australia y Nueva Zelanda. Para las fibras sintéticas, será difícil superar a la costa estadounidense del Golfo. Hay que tener en cuenta que estos «empleos» serán muy distintos a su regreso que a su partida en los años ochenta y noventa. Un solo ingeniero de sistemas puede mantener en solitario una instalación textil de una hectárea.

En cuanto al cableado, la revolución estadounidense del esquisto ha permitido a Estados Unidos disponer de la electricidad más barata del mundo. No solo la fundición de metales vuelve a Estados Unidos, también lo hace el siguiente paso del proceso: el cableado. Todavía se necesitarán manos humanas para los trabajos de acabado en el sector textil y la fabricación de mazos de cables para la fabricación posterior, pero lo que solía ser una industria que se abría paso ha cambiado irrevocablemente.

Hay algo más en juego que unos calcetines extraviados. Los textiles, el calzado y el cableado suelen estar entre los primeros pasos del proceso de desarrollo. Los países más pobres utilizan estos subsectores no solo para obtener ingresos e iniciar la urbanización, sino también para adquirir el tipo de experiencia organizativa y formativa que les permita ascender en la cadena de valor añadido hacia una fabricación y unos sistemas más sofisticados. La deslocalización de estos subsectores hacia las economías más avanzadas en general, y la creciente automatización de estos en particular, niega a los países que aún no han iniciado el proceso de desarrollo la oportunidad de acceder a lo que normalmente ha resultado ser el peldaño más bajo del proceso. Ya se trate de Bolivia, Laos o el Congo, el riesgo no es volver a un mundo anterior a 1939, sino a uno anterior a 1800.

## DESGLOSANDO LOS DESGLOSES

En todo caso, este capítulo resta importancia a las repercusiones que resonarán en el mundo de la fabricación y lo desintegrarán. Todo lo que eleva el coste marginal del transporte aumenta la fricción en todo el sistema. Un simple aumento del 1 % en el coste de una pieza anula en gran medida la economía de una cadena de suministro existente. La mayoría de los emplazamientos se considerarán afortunados si sus costes de transporte aumentan solo un 100 %.

Este es el mundo al que nos dirigimos. Los cambios en el transporte, las finanzas, la energía y el acceso a los insumos industriales harán que sea más pobre y fracturado y harán retroceder gran parte del progreso que hemos llegado a asociar con la era moderna. Y eso suponiendo que todo el mundo pueda seguir satisfaciendo sus necesidades y sobrevivir como naciones modernas.

Por desgracia, ahí no acaba la historia. Ahora tenemos que hablar de quién estará presente para ver este futuro y de quién se dedicará a la única actividad que sustituye a todas las demás: comer.

Ahora tenemos que hablar de agricultura.

# APARTADO VII:
# AGRICULTURA

# QUÉ HAY EN JUEGO

Este apartado es el más importante con diferencia. Si no puedes conseguir un aparato, desde luego, es posible que no puedas fabricar un coche. Si la gasolinera se queda sin combustible, seguro que tu vida va a ir en picado. Pero, si no hay suficiente para comer, mueres. Tus vecinos mueren. Todos en tu ciudad mueren. Han caído muchos más Gobiernos por falta de alimentos que por guerras, enfermedades o luchas políticas internas juntas. Y, aunque parezca una broma de mal gusto, los alimentos son perecederos. Lo único que debemos tener es lo único que puede pudrirse en cuestión de meses, aunque seamos cuidadosos. Incluso días si no lo somos. La comida es efímera, pero el hambre es eterna.

En todo caso, el largo plazo es aún más demoledor. Si el sistema de suministro de alimentos se rompe por cualquier motivo, no se puede simplemente fabricar más. Incluso la avena de cultivo rápido necesita tres meses desde la siembra hasta la cosecha. El maíz tarda seis. Seis meses es también lo más pronto que un cerdo llega al matadero. Nueve para el ganado, aunque doce es mejor, y eso suponiendo que se trate de cebaderos y no de criaderos al aire libre. ¿Quieres ser ecológico y criar en libertad? Hablamos de veinticuatro meses. Mínimo. Los huertos no suelen producir durante los tres primeros años. Algunos tardan ocho.

Tampoco puede participar todo el mundo. Uno de los productos a granel más difíciles de mover es el agua. Las caras opuestas de las moléculas de agua tienen fuertes cargas eléctricas negativas y positivas, lo que hace que las moléculas se adhieran a todo, incluso entre sí.[126] El agua bombeada debe superar esta fricción, y eso solo se consigue gastando energía constantemente. Es la razón principal por la que cerca de la mitad de la superficie terrestre no helada no es apta para la agricultura y por la que el cultivo significativo de casi la mitad de las tierras que sí cultivamos requirió primero las tecnologías de bombeo de la era industrial. La desindustrialización no significa simplemente el fin de la industria; significa el fin de la producción de alimentos a gran escala y el retorno de la hambruna a gran escala.

En todo caso, estoy endulzando los problemas a los que se enfrenta la producción de alimentos en un mundo posglobalizado. Para comprender lo terrible que es realmente el futuro, necesitamos un último capítulo verdaderamente brutal. Necesitamos comprender quién tendrá la suerte de poder comer en nuestro desordenado futuro.

Tenemos que volver al principio, una última vez.

## CONSTRUIR LA RECOMPENSA

Hace mucho tiempo, en una tierra muy, muy lejana,[127] los humanos domesticaron su primera planta: el trigo. Con ese logro, se hizo posible todo lo demás. La cerámica, los metales, la escritura, las casas, las carreteras, los ordenadores, las espadas de luz... Todo.

En cuanto a los cultivos alimentarios, el trigo es perfecto. Crece con bastante rapidez, lo que lo convierte en un alimento básico, independientemente de la duración de la temporada de cultivo. Se hibrida fácilmente para adaptarse a diferentes altitudes, temperaturas y niveles de humedad. Algunas variedades se pueden plan-

---

126 Se llama «enlace de hidrógeno», para los frikis de la química.
127 Desde luego, anterior al décimo milenio a. C. en lo que hoy es el Kurdistán iraquí, para quienes estén al tanto.

tar en otoño y cosecharse en primavera, con lo que se evita la temporada de hambre. Pero, sobre todo, el trigo no es especialmente exigente. Como bromean a medias muchos agricultores, «el trigo es una mala hierba». Heladas tardías o tempranas, inundaciones o sequías: cuando el tiempo no coopera, a veces el trigo es lo único que crece. Como tal, el trigo ha sido durante mucho tiempo el cereal elegido por la mayor parte de la humanidad. A lo largo de los milenios, casi todas las culturas, en todas partes, cultivaban trigo en cantidades significativas, y la mayoría lo situaba en el centro de la experiencia alimentaria.

El trigo hizo algo más que alimentarnos. Nos cambió. Las características biológicas del trigo determinaron los resultados tecnológicos, geopolíticos y económicos de nuestra especie. La actitud poco exigente del trigo no solo tiene que ver con el clima, sino que tampoco necesita cuidados. Una vez que las semillas de trigo se esparcen por el suelo, ya está todo hecho hasta el momento de la cosecha. Y, si el trigo se cuida solo, los agricultores pueden dedicarse a otras cosas el 90 % del año.

Había otros cereales antiguos —farro, mijo, amaranto, teff—, pero todos requerían más tierra, agua o trabajo (o las tres cosas) que el trigo para generar menos calorías. Eso es estupendo para las dietas contemporáneas, con las que todos nos estamos poniendo un poco gorditos, pero no tanto para el mundo preindustrial, donde el hambre era el lobo que llamaba constantemente a la puerta. Para las culturas no basadas en el trigo, el contacto con un grupo que comía trigo era a menudo el beso de la muerte. Los que tenían trigo tenían más cuerpos que podían utilizar en un conflicto, no solo porque una mayor cantidad de calorías significaba una mayor población, sino también porque podían clavar lanzas en las manos de los agricultores durante una gran parte del año. Los que tenían trigo tenían acceso a más y más calorías fiables porque los agricultores podían utilizar su «tiempo libre» para cultivar más cosas, con lo que obtenían aún más calorías que podían mantener a poblaciones aún más numerosas. Las ovejas eran especialmente populares en Oriente Medio, mientras que las vacas eran las preferidas de los europeos.[128] Todo ese tiempo libre significaba una mayor diferenciación laboral y, a partir de ahí, un progreso tecnológico más rápido. Los que no comían trigo no podían seguir el ritmo.

Si la producción de trigo no gestionada —poco más que arrojar semillas al suelo— generó poder geopolítico, la producción de trigo gestionada elevó las culturas basadas en el trigo a alturas vertiginosas. El secreto está en el concepto de «riego», que a menudo se pasa por alto. Todos sabemos que las plantas necesitan agua y sol, pero la mayoría no somos conscientes de los milagros que puede hacer no solo la gestión del agua, sino su control.

Soy de Iowa, un lugar donde llueve con regularidad, la humedad del suelo es exuberante y el riego es casi inaudito. La agricultura de Iowa es productiva, fuerte y regular. No es una locura.

Uno de mis sitios favoritos para visitar es el interior del estado de Washington, por su topografía, su gente y su cultura; sí, vale, me habéis pillado…, voy por el vino. La mayor parte del interior de Washington es de árido a desértico. Las precipitaciones anuales son comparables a las del desierto de Chihuahua. Las temperaturas invernales rara vez descienden por debajo del punto de congelación, mientras que las estivales suelen superar los cien grados. La humedad del suelo es extremadamente baja.

En circunstancias preindustriales, apenas podía crecer nada allí. Pero la escorrentía de las Cascadas y las Rocosas forma los ríos Yakima, Snake y Columbia, que atraviesan la región y confluyen en ella. El resultado es una extensa serie de sinuosos cinturones verdes en el corazón de una de las regiones más secas del hemisferio occidental. Mucho sol. Casi todos los días. El riego procede del sistema de mayor caudal de agua de Norteamérica. Compruébalo en Google Earth: el triángulo que conecta Yakima con Walla Walla y Moses Lake es o bien verde por la irrigación en las llanuras de los valles fluviales, o bien desierto marrón.[129]

---

128  Sí. Así es. ¡El trigo nos trajo el queso!
129  El Valle Central de California sigue un patrón muy similar por razones muy parecidas.

Iowa está optimizado para el maíz y la soja: cultivos de alta humedad, de una sola estación y templados. El periodo vegetativo estándar es de seis a ocho meses antes de que llegue el invierno. Pero en Washington se puede cultivar casi cualquier cosa: maíz, soja, frutos secos, manzanas, peras, frutas con hueso, trigo, patatas, uvas, remolacha azucarera, lúpulo, menta y prácticamente cualquier hortaliza bajo el sol. La productividad por hectárea es increíble porque todos los cultivos reciben un sol abrasador casi todos los días, además de toda el agua que puedan necesitar. Las opciones de productos son casi ilimitadas y los productores pueden cultivar prácticamente todo el año. Lo desértico es la muerte. El clima templado es estacional. Pero desierto más irrigación es la bomba.

La antigua Mesopotamia, Egipto y la cuenca del Indo tenían suficientes extensiones de llanura en sus valles fluviales, por lo que no se necesitaban tecnologías de nivel industrial; los canales de desvío preindustriales funcionaban perfectamente. Para la época era absolutamente la geografía del éxito perfecta. Las tres primeras civilizaciones unieron el potencial del trigo al riego para generar los primeros excedentes alimentarios a gran escala del mundo, lo que hizo necesaria la alfarería para almacenar los excedentes, las carreteras para recogerlos, la escritura y la aritmética para llevar la cuenta, y ciudades llenas de no agricultores para comerse esos excedentes. Y, así, los mesopotámicos se expandieron por Anatolia y los Zagros, los egipcios por Sudán y el Levante, y los pueblos del Indo desde el Mahi hasta el Oxus y la desembocadura del golfo Pérsico.

A medida que las tecnologías de la civilización salían de las tres primeras civilizaciones y se extendían por todo el mundo antiguo, la combinación de la producción de trigo gestionada y no gestionada convirtió a muchas colonias en culturas hijas con sus propios excedentes alimentarios, que a su vez engendraron culturas nietas. En todos los casos, sin embargo, la disponibilidad de alimentos seguía siendo una restricción común, que ponía un tope absoluto a la población, la urbanización, el progreso tecnológico y la expansión cultural. Y, aunque el trigo era un buen aliado, el grano seguía exigiendo mano de obra para sembrar y cosechar (y mucha mano de obra para gestionar los sistemas de riego).

La solución a esta limitación resultó engañosamente sencilla: conquistar a alguien con una producción de trigo gestionada a gran escala y poner a su gente a trabajar cultivando alimentos para su creciente imperio. En la mayoría de los casos, ese «alguien» eran las tierras del mundo con los sistemas de cultivo de trigo mejor gestionados, donde el grueso de la población vivía en la esclavitud del cultivo de trigo: las civilizaciones fundadoras de la humanidad.

En el siglo VI a. C., los persas del Imperio aqueménida, dirigidos por Ciro el Grande, conquistaron a sus predecesores mesopotámicos, lo que inició la rivalidad entre Mesopotamia y Persia, que continúa hasta nuestros días. Poco después, los descendientes de Ciro —Cambises y Darío— añadieron Egipto y el Indo al imperio. La expansión aqueménida se detuvo entonces por la sencilla razón de que toda la producción de alimentos que valía la pena ya había sido conquistada. El estancamiento de las campañas militares dio lugar a muchas luchas internas, que condujeron a la tierna misericordia de Jerjes,[130] que condujo a la rebelión y al auge de los macedonios en el siglo IV a. C. bajo el mando de Alejandro Magno, quien, al igual que los aqueménidas antes que él, conquistó la totalidad del mundo conocido (alimentado). Y, al igual que los aqueménidas antes que él, Alejandro también se detuvo una vez que los grandes graneros de las tres primeras civilizaciones estuvieron bajo su control.[131]

Y así se desarrolló la historia: el auge de los imperios durante los siguientes 2500 años giró en torno a la obtención de tierras que pudieran alimentar la expansión. España para los romanos, Ucrania para los rusos, Polonia para los alemanes, Sudáfrica para los británicos, y Egipto para casi todo el mundo en algún momento.

---

130  ¡Por Esparta!
131  Además, murió a los treinta y dos años, así que eso es todo.

Tres grandes acontecimientos rompieron la rueda de la inquietud inducida por el trigo.

En primer lugar, la era industrial introdujo en la humanidad los insumos agrícolas sintéticos, sobre todo los fertilizantes, pero también los pesticidas, herbicidas y fungicidas. Las tierras que ya se utilizaban para la agricultura duplicaron su producción en poco tiempo, pero las que se habían dejado de lado a lo largo de la historia pudieron cuadruplicar (o más) sus niveles de producción preindustriales. Los campos de cultivo se extendieron por la Tierra. En la nueva era tecnológica, la geografía del éxito cambió. Las tierras que antes estaban en barbecho se convirtieron en graneros. El norte de Alemania, frío, húmedo y poco soleado, se convirtió de repente en un productor de alimentos casi a la par que el norte de Francia, mientras que la capacidad de cultivar en Siberia hizo que la vida en Rusia fuera un poco menos miserable.

Los imperios seguían conquistando Egipto,[132] pero con el acceso a las tecnologías industriales, muchas culturas podían controlar una producción de alimentos fiable y a gran escala dentro de sus propios territorios. Lugares que en su día fueron marchas imperiales se convirtieron rápidamente en legítimos rivales de los países más consolidados. Las potencias más antiguas tardaron décadas en adaptarse a un equilibrio de poder tan alterado. Conocemos esta época de enfrentamientos como las guerras de unificación alemana del siglo XIX y los conflictos mucho mayores que siguieron poco después.

Los insumos industriales no son solo fertilizantes y fungicidas. La electricidad y el acero también son tecnologías de la agricultura industrializada. Si los juntamos, obtenemos la hidráulica, que nos permite bombear agua por las colinas o desde los acuíferos. Podemos crear agua dulce mediante la desalinización. La industrialización no solo aumenta nuestra producción por hectárea, sino que también nos permite producir alimentos en tierras antes estériles.

---

132  Porque fue muy fácil.

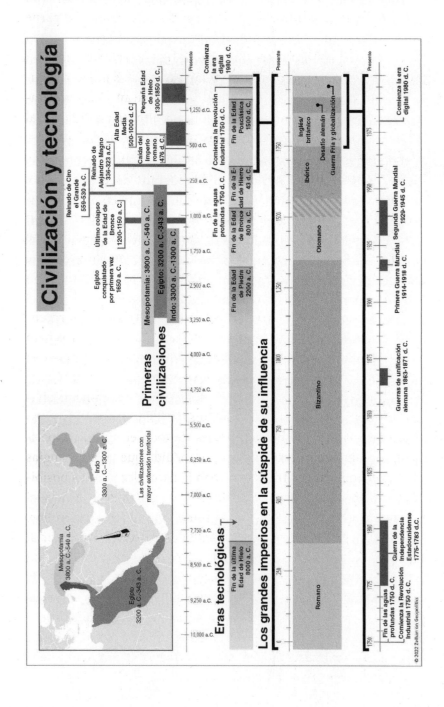

# Civilización y tecnología

## Primeras civilizaciones

Mesopotamia: 3800 a. C.–540 a. C.

Egipto: 3200 a. C.–343 a. C.

Indo: 3300 a. C.–1300 a. C.

Reinado de Ciro el Grande
559-530 a. C.

Reinado de Alejandro Magno
336-323 a. C.

Último colapso de la Edad de Bronce
1200-1150 a. C.

Egipto conquistado por primera vez
1650 a. C.

Caída del Imperio romano
476 d. C.

Alta Edad Media
500-1000 d. C.

Pequeña Edad de Hielo
1300-1850 d. C.

Comienza la era digital 1980 d. C.

Presente

1.250 d. C.

500 d. C.

250 a. C.

1.000 a.C.

1.750 a.C.

2.500 a.C.

3.250 a.C.

4.000 a.C.

4.750 a.C.

5.500 a.C.

6.250 a.C.

7.000 a.C.

7.750 a.C.

8.500 a.C.

9.250 a.C.

10.000 a.C.

### Mapa

Las civilizaciones con mayor extensión territorial

Indo
3300 a. C.–1300 a. C.

Mesopotamia
3800 a. C.–540 a. C.

Egipto
3200 a. C.–343 a. C.

## Eras tecnológicas

Fin de la última Edad de Hielo
8000 a. C.

Fin de la Edad de Piedra
2200 a. C.

Fin de la Edad de Bronce
800 a. C.

Fin de la Edad de Hierro
43 d. C.

Fin de la Edad Posclásica
1500 d. C.

Fin de las aguas profundas 1750 d. C. / Comienza la Revolución Industrial 1750 d. C.

Comienza la era digital 1980 d. C.

Presente

## Los grandes imperios en la cúspide de su influencia

Romano

Bizantino

Otomano

Ibérico

Inglés/británico

Desafío alemán

Guerra Fría y globalización

Presente

1750

0

250

500

750

1.000

1.250

1.500

1.750

Fin de las aguas profundas 1750 d. C.
Comienza la Revolución Industrial 1750 d. C.

Guerra de la Independencia Estadounidense
1775-1783 d. C.

Guerras de unificación alemana 1863-1871 d. C.

Primera Guerra Mundial
1914-1918 d. C.

Segunda Guerra Mundial
1929-1945 d. C.

Comienza la era digital 1980 d. C.

1750

1775

1800

1825

1850

1875

1900

1925

1950

1975

Presente

La refrigeración también es una tecnología agrícola de nivel industrial que constituye un milagro nada desdeñable. La carne dura ahora semanas en lugar de horas o días. El carácter perecedero no se ha eliminado, sino que se ha controlado. Algo tan perecedero como una manzana, una vez que se somete a algunos trucos muy de la era industrial que implican una temperatura cercana al punto de congelación, un almacén a oscuras al que se le ha extraído todo el oxígeno, puede durar más de un año. Si se almacena en un lugar fresco, oscuro, sellado y desecado, el trigo puede durar hasta ocho años. Para productos frescos, la genética moderna mejora la durabilidad tanto para soportar las variaciones de temperatura como para retrasar el deterioro. Todo ello mezclado con una mezcla geopolítica que incluye opciones de transporte industrial que se han vuelto tan baratas y fiables que podemos enviar cualquier cosa a cualquier parte del mundo con regularidad. Incluso enviamos heno.

El segundo factor que rompió el mundo del trigo fue, sorprendentemente, el Orden. Al hacer que los mares fueran seguros para todos y prohibir las expansiones imperiales, los estadounidenses dieron un vuelco a los milenios anteriores de conquistas impulsadas por la agricultura. Todos los países de las tres primeras civilizaciones lograron o consolidaron la independencia de sus amos imperiales. Países antaño marginales de todo el mundo experimentaron un crecimiento explosivo a medida que las tecnologías e insumos importados transformaban la naturaleza de sus posibilidades. Esta «revolución verde» acabó por cuadriplicar la riqueza agrícola de lo que hoy conocemos como «mundo en desarrollo». Los mayores beneficiarios de este cambio han sido, con diferencia, los países del sur, el sudeste y el este de Asia, donde vive la mitad de la población mundial. El Orden combinado con la difusión de tecnologías industriales ha hecho que 3000 millones de personas hayan pasado de vivir al filo de la navaja a tener seguridad alimentaria. Mejores insumos modernos, menos restricciones de la época imperial, más explotaciones en más superficie, mejores rendimientos de una mayor variedad de productos. Todo son ventajas.

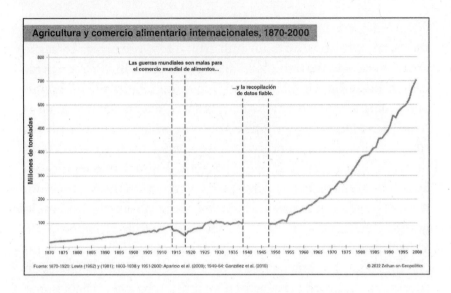

Agricultura y comercio alimentario internacionales, 1870-2000

Las guerras mundiales son malas para
el comercio mundial de alimentos...

...y la recopilación
de datos fiable.

Millones de toneladas

800
700
600
400
400
300
200
100

1870 1875 1880 1885 1890 1895 1900 1905 1910 1915 1920 1925 1930 1935 1940 1945 1950 1955 1960 1965 1970 1975 1980 1985 1990 1995 2000

Fuente: 1870-1920: Lewis (1962) y (1981); 1903-1938 y 1951-2000: Aparicio et al. (2009); 1949-64: González et al. (2016)        © 2022 Zeihan on Geopolitics

Esa gran diversidad es el tercer factor, y posiblemente el más importante, que puso fin a la era del trigo: la gente optó simplemente por dejar de cultivar trigo.

En la longeva Edad Imperial, el control de las zonas productoras de trigo de alto rendimiento era la definición misma del éxito. Un suministro fiable de alimentos conducía directamente a un crecimiento fiable de la población y a una expansión militar fiable. Pero en la era del Orden industrializado, el cálculo estratégico cambió radicalmente. El comercio mundial suavizó el imperativo de tener que obsesionarse con la autosuficiencia en trigo. La vigilancia estratégica estadounidense eliminó la paranoia de tener que prepararse para un asalto imperial. Los nuevos insumos combinados con la revolución verde significaban que se había alcanzado la seguridad mundial del trigo. Así que los agricultores de todo el mundo se pusieron manos a la obra para reorganizar la geografía de la producción mundial de alimentos, haciendo hincapié en la especialización. Los productos más calóricos y proteínicos, como el maíz, la soja, las lentejas o la avena, se expandieron como la mala hierba. Los mejores pastizales del mundo se dedicaron a la ganadería. Las tierras de regadío —ya sea en Irak o en el Valle Central de California— se dedicaron a la fruticultura a escala industrial.

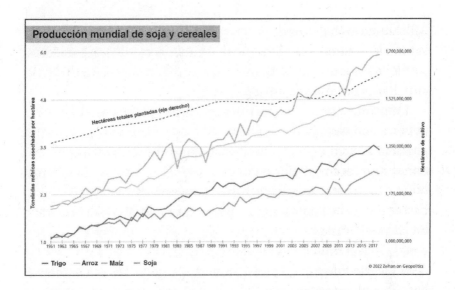

Producción mundial de soja y cereales

— Trigo  — Arroz  — Maíz  — Soja

© 2022 Zeihan on Geopolitics

En el mundo en desarrollo, donde las tecnologías industriales eran nuevas, el resultado fue una expansión masiva de la producción de alimentos de todo tipo, con el trigo como protagonista. Sencillamente, el trigo se plantó en tierras que en el periodo preindustrial habían sido inútiles.

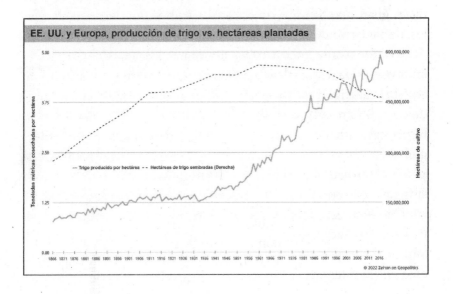

EE. UU. y Europa, producción de trigo vs. hectáreas plantadas

— Trigo producido por hectárea  – – Hectáreas de trigo sembradas (Derecha)

© 2022 Zeihan on Geopolitics

En el mundo avanzado, donde las tecnologías industriales estaban más asentadas, el trigo fue quedando relegado a un segundo plano, mientras que las tierras más productivas se destinaban a todo lo demás. A cualquier otra cosa.

El fomento de las economías de escala por parte del Orden implica que cada parcela de tierra y cada microclima tienden a producir lo que mejor saben hacer, según las necesidades de un mercado mundial totalmente unificado. El maíz y la soja exigen calor y humedad, lo que los sitúa en los interiores continentales. Una sola helada puede destruir una cosecha de cítricos y empujarlos a los subtrópicos. Al arroz no solo le gusta el calor y la humedad; la mayoría de las versiones necesitan ser ahogadas en varias fases de crecimiento, lo que es perfecto para tierras cálidas y húmedas. A la avena y la cebada les gusta más fresco y seco, lo que las desplaza a latitudes más altas. Todos los cereales necesitan un periodo seco para madurar antes de la cosecha. Por norma general, las latitudes altas son demasiado frías para todo, excepto para determinadas variedades de trigo o tal vez remolacha,[133] mientras que los trópicos no son lo bastante frescos ni secos para que la mayoría de los cultivos germinen y se sequen correctamente, lo que favorece a la adopción de conjuntos de cultivos completamente distintos: desde mangos hasta ñames.

Las dietas cambiaron. A medida que los pueblos del mundo en desarrollo accedían al comercio internacional, hacían lo que cabía esperar: mejoraban la producción agrícola nacional, obtenían una mayor tajada de la extracción de materias primas que como colonias, se urbanizaban, se diversificaban en el sector manufacturero, ganaban más dinero y comían más y mejores alimentos, que cada vez procedían de lugares más lejanos. En Asia oriental se ha traducido en cambios graduales del arroz al trigo y en un aumento masivo de la demanda de carne de cerdo. En Irán se ha traducido en más arroz como suplemento del trigo. En el noreste

---

133  ¡Puaj!

de China, el Caribe y el África subsahariana, esto ha significado cada vez menos sorgo, mijo y tubérculos, y cada vez más arroz, pollo y carne de vacuno.

Una vez garantizada la seguridad alimentaria básica, «agricultura» significa hoy mucho más que alimentos básicos, y en muchos casos ni siquiera significa alimentos. Ahora no solo producimos maíz, trigo, soja y arroz, sino también patatas, lentejas, manzanas, cerezas, avellanas, almendras, aguacates, fresas, arándanos, quinoa, lúpulo, madera, algodón, lino, flores y cannabis. Cada una tiene su propia zona preferida de temperatura y humedad y su propio tipo de suelo, y el Orden permitió a cada región aprovechar al máximo sus ventajas, producir a escala y vender a un mercado mundial hambriento, rico y en crecimiento. Los desplazamientos masivos de productos procedentes del trigo son ya la norma.

Pensemos en dos países que no tienen casi nada en común en cuanto a geografía, historia, clima, cultura o estructura económica: Nueva Zelanda y Egipto. Nueva Zelanda es un país muy húmedo, mientras que Egipto, densamente poblado, dispone de mucha mano de obra adicional para cuidar las plantas. En la época contemporánea, ambos podrían cultivar fácilmente volúmenes de trigo suficientes para sus necesidades. De hecho, si decidieran hacerlo, se encontrarían entre los productores de trigo más lucrativos del mundo.

Ninguno de los dos lo hace.

En su lugar, elaboran productos más adaptados a sus condiciones ambientales y laborales, productos que gozan de una gran demanda en todo el mundo. El clima extremadamente templado de Nueva Zelanda la convierte en el productor de lácteos, madera y fruta más eficiente del mundo, con prados de vacas, bosques industriales y huertos que desplazan a los campos de trigo, menos rentables. Del mismo modo, Egipto cultiva algodón y cítricos para la exportación en lugar de trigo para el consumo local. Ambos países exportan sus productos agrícolas a precios muy altos e importan alimentos más baratos, como el trigo, que podrían haber cultivado ellos mismos si la agronomía mundial les hubiera empujado en una dirección más autárquica.

Este traslado del trigo a la periferia significa que la mayor parte del trigo mundial se cultiva en unos pocos lugares: las Grandes Llanuras americanas, las provincias canadienses de las praderas, la cuenca Murray-Darling de Australia y la franja suroccidental del continente, las tierras áridas del centro de Argentina, el sureste de Inglaterra, los interminables campos pequeños de la muy proteccionista Francia, el país del *dumpling* en el norte de China, Pakistán y la India para alimentar a la multitud y limitar la necesidad de importaciones, y las grandes extensiones del cinturón de trigo ruso, una zona que incluye Bielorrusia, Ucrania y Kazajistán. (De ellos, solo Francia, Pakistán e India cultivan trigo en zonas que podrían cultivar muchas otras cosas de forma más eficiente, pero, para estos tres, la eficiencia no es el objetivo de los Gobiernos).

El Orden industrializado no solo nos ha permitido multiplicar por siete el total de calorías cultivadas desde 1945, sino que ha hecho posible que vastas franjas del planeta tengan grandes poblaciones cuando antes la geografía por sí sola no las soportaría. La población del norte de África se ha multiplicado por más de cinco desde 1950, la de Irán por más de seis y la de Arabia Saudí y Yemen por más de diez. Los envíos de alimentos a granel procedentes de un continente (o más) lejano son ahora algo habitual.

Para la agricultura, las tecnologías industriales cambiaron el dónde y el cuánto, el Orden cambió el acceso y el alcance, mientras que el desplazamiento masivo cambió el qué y la variedad. Se cultiva más tierra —unos 11.500 millones de acres— que en ningún otro momento de la historia de la humanidad. En 2020, la producción agrícola total ascendió a unos ocho billones de dólares, más que en ningún otro momento de la historia de la humanidad. Esto supone aproximadamente el 10 % del PIB mundial, el mayor valor de cualquier sector económico. Más de un tercio de esos alimentos, en valor, se comercializan internacionalmente que en ningún otro momento de la historia de la humanidad. Además, gran parte de lo que queda no se consume localmente (¿cuántas naranjas de Florida pueden comer los floridanos?).

Si el objetivo es la eficiencia y el aumento del nivel de vida, todo esto tiene sentido. Pero no hace falta cambiar mucho la mecánica del comercio mundial para hacer añicos este sistema interrelacionado. Si la geografía del acceso se reduce, lo que tiene «más sentido» cambia drásticamente.

La industria, la energía y las finanzas son geniales. En conjunto, han llevado a toda la humanidad a la era moderna. ¿Pero la agricultura? Es el primer paso en el camino desde los terrores nebulosos de antaño hasta el mundo que conocemos. Si la agricultura contemporánea se desabastece, se producirá una contracción masiva de los volúmenes, variedades, disponibilidad y fiabilidad de los alimentos. Significará que países enteros que han utilizado tecnologías agrícolas y mercados modernos para salir de la era preindustrial retrocederán al pasado preindustrial. Con niveles de población preindustriales.

## LA GEOPOLÍTICA DE LA VULNERABILIDAD

Volvamos a examinar todo lo que hemos hecho hasta ahora en este proyecto, pero desde un punto de vista agrícola.

Empecemos por la fabricación.

El énfasis del Orden en la eficiencia, las economías de escala y la ampliación del alcance de las tecnologías industriales determina no solo dónde se cultivan determinados productos, sino también cómo se cultivan. Los más importantes son los cultivos en hileras, productos que pueden cultivarse de forma industrial mediante el uso de maquinaria pesada para plantarlos, fertilizarlos, desherbarlos y cosecharlos.

Los mayores cultivos en hilera por volumen producido son el trigo, la soja, el maíz, la patata, la colza, las judías, los guisantes, el trigo sarraceno, la remolacha azucarera, el lino, el girasol y el cártamo. Dado que la utilización de maquinaria pesada en pendientes o cerca de humedales genera accidentes laborales impresionantemente caros, la unión de este tipo de maquinaria y los cultivos en hilera solo funcionan realmente en zonas agrícolas que sean a la vez llanas y grandes, lo que hace que este tipo de maquinaria sea absolutamente crítica en todo Canadá, Estados Unidos, Brasil, Argentina, Australia, Sudáfrica, Países Bajos, Polonia, Rumanía, Bulgaria, Bielorrusia, Ucrania y Rusia, y que tenga importancia regional en Reino Unido, Francia, Alemania, España, Bélgica, Argelia, Bolivia, México, China y Nueva Zelanda. En conjunto, estos cultivos en hilera representan en estos países alrededor de una cuarta parte de toda la producción mundial de alimentos en masa. Explotaciones más grandes significan equipos más grandes y especializados. Los equipos especializados implican cadenas de suministro de fabricación especializadas. Y las cadenas de suministro especializadas son muy vulnerables a las perturbaciones.

Para los grandes productores de cultivos en hilera, la lista de posibles proveedores de equipos es extremadamente corta.

En los últimos tiempos de la globalización, solo hay cuatro lugares que produzcan el equipo necesario para la agricultura masiva en hileras, tanto en cantidad como en calidad. La capacidad de fabricación europea es multinacional y está sujeta a la coherencia (o falta de ella) de la Unión Europea. El equipamiento de China es pequeño. El tamaño medio de un campo de trigo o maíz chino suele ser de aproximadamente 4000 metros cuadrados, menos de 1/350 del tamaño de sus equivalentes estadounidenses. La capacidad de fabricación de Norteamérica está intacta, pero depende mayoritariamente de Asia oriental para los componentes informáticos. Los brasileños tienen una capacidad de producción limitada, en gran parte para su propio mercado, pero con algunas exportaciones al sur de Asia y al África subsahariana.

En un mundo desglobalizado, las cadenas de suministro europeas se enfrentan a graves dificultades. La maquinaria agrícola de fabricación alemana requiere los mismos vínculos en la cadena de suministro en toda Europa central que la automoción alemana, así como mercados mundiales para las ventas. Ninguna de las dos cosas es posible en el futuro. Es probable que la capacidad francesa de fabricación de equipos supere la barrera, tanto por la conquista total de su mercado nacional como por un acceso menos complicado a Norteamérica. La producción y las exportaciones chinas de maquinaria agrícola son sencillamente papel mojado, tanto desde el punto de vista de la producción como de la exportación. Habrá que esperar a que Brasil recupere parte del terreno perdido.

Para todos los productores agrícolas, la cuestión será si pueden vincularse a uno de los proveedores de equipos restantes. Por suerte, la lista de grandes agricultores desconectados de los centros de producción es corta. Sería sorprendente que la geopolítica regional se rompiera contra Argelia, Bulgaria, Polonia, Rumanía, España y el Reino Unido, pero sería más sorprendente que no se rompiera contra ninguno de ellos. Australia, Nueva Zelanda y Sudáfrica no están en absoluto cerca de sus fuentes de equipamiento, pero tampoco se enfrentan a rutas de suministro tan desiguales.

Aparte de las grandes megamáquinas estilo Cadillac necesarias para el cultivo en hileras, el sur y el sureste de Asia utilizan equipos más pequeños para sus campos más pequeños. Sin China como proveedor, no hay un sustituto limpio. India fabrica muchos tractores y camiones pequeños, pero su cadena de suministro se extiende por todo el mundo (incluida China). Todos los que tienen cadenas de suministro internas y fabrican equipos de tamaño adecuado —me vienen a la mente Brasil e Italia— están muuuuy lejos. Probablemente, sería mejor que Tailandia y Malasia rediseñaran parte de su sector automovilístico para colmar las carencias que están a la vuelta de la esquina. Esto no ocurrirá de la noche a la mañana.

La peor parte se la llevarán los antiguos Estados soviéticos de Rusia, Ucrania, Kazajistán y Bielorrusia. Sin duda, como ocurre con la mayoría de los equipos pesados, la mayor parte se fabrica cerca de casa. Pero todos los chistes que ha oído alguna vez sobre los tractores rusos son más realidad que ficción. La caída en desgracia de Rusia ha sido tan dura que pocos agricultores han podido comprar equipos nuevos en la era postsoviética. Lo que utilizan es viejo. Y, aunque el antiguo espacio soviético es conocido por fabricar equipos de poca calidad, es más conocido por introducir con calzador piezas extranjeras en los equipos locales para que sigan funcionando. Peor aún, las explotaciones más prósperas y productivas de la FSU son las grandes que importan sus equipos de otros lugares. Ya sea porque lo viejo se estropea o porque lo nuevo no está disponible, la agricultura en este rincón del mundo se va a volver realmente desesperada. El dolor no se quedará reprimido. En el periodo final de la crisis, estos países son el origen de cerca del 40 % de las exportaciones mundiales de trigo.

El panorama empeora considerablemente cuando se entra en el mundo del transporte.

La naturaleza a granel de la mayoría de los productos agrícolas requiere buques gigantes de transporte a granel. El carácter especializado de la maquinaria agrícola requiere sistemas de transporte especializados (no se puede meter una cosechadora enorme en un contenedor diminuto). La predilección del Orden por maximizar la producción de productos especializados, combinada con la naturaleza intensiva en insumos de la producción agrícola contemporánea, requiere flotas mercantes interminables. Mientras que «solo» el 20-25 % de los cereales y la soja se transportan internacionalmente, alrededor del 80 % de los insumos sí lo hacen.

Estos flujos —todos estos flujos— se verán amenazados en mayor o menor medida, y cualquier interrupción en cualquiera de ellos tendrá efectos devastadores en todos los sistemas de suministro, incluso en la mesa de los comensales. Si un carburador tarda tres meses en llegar al lugar de montaje, el coche puede estar terminado, pero con un retraso de tres meses. Si el pesticida, el fertilizante, el gasóleo, la soja cruda o una unidad de refrigeración se retrasan tres meses, gran parte del producto alimentario se perderá en algún punto de la cadena de plantación-crecimiento-cosecha-tratamiento-envío.

Está la cuestión apenas menor de la geografía planetaria. Aproximadamente dos tercios de la población humana vive en las zonas templadas y casi templadas del hemisferio norte. Este hemisferio es un importador neto de alimentos. La única buena noticia es que las zonas templadas del hemisferio sur —regiones muy resistentes a la tormenta geopolítica que se avecina— están muy poco pobladas en comparación con el hemisferio norte. Esto convierte a los países del sur en grandes exportadores de alimentos. Pero teniendo en cuenta que el tamaño colectivo de sus regiones agrícolas es menos de una quinta parte del hemisferio norte... el sur global solo puede ayudar hasta cierto punto. Cualquier interrupción de la producción de alimentos en el hemisferio norte, ya sea directa o indirectamente, se convierte inmediatamente en una escasez de alimentos a una escala nunca experimentada por la humanidad.

Hay otro nivel en todo esto:

Bajo el Orden globalizado, la mayoría de los países se especializan en la producción de productos no alimentarios de diversa índole —por ejemplo, manufacturas ligeras en Irlanda, algodón en Uzbekistán, petróleo en Argelia, productos electrónicos en Japón— y luego utilizan las ventas de exportación para adquirir productos alimentarios comercializados internacionalmente. Para la mayoría de los países, este tipo de intercambios ya no estará tan disponible. Si se ataca cualquier parte de este sistema —petroleros para el petróleo o el combustible, buques cisterna para el GNL o tuberías para el gas natural, aviones para productos de alto valor como los semiconductores, transporte marítimo en contenedores para los automóviles, buques de carga a granel para la potasa, fertilizantes acabados o cereales en bruto—, rápidamente se producirá una onda expansiva no solo en el núcleo de la producción agrícola, sino también en la capacidad de los importadores de alimentos para pagar esas importaciones.

El peor sufrimiento se sentirá en las mismas regiones y en los mismos sectores a los que volvemos una y otra vez:

- Productos manufacturados procedentes de Asia oriental y Europa septentrional;

- productos industriales transformados procedentes del golfo Pérsico, Asia oriental y Europa septentrional;

- productos alimentarios con destino al norte de África, noreste de Asia, golfo Pérsico y sur de Asia;

- envíos de energía por el golfo Pérsico y los mares Rojo, Báltico, Negro, de China Meridional y de China Oriental.

De ellos, los más críticos son los de los insumos que se traducen no solo en combustibles, sino en el tipo de productos que hacen posible todo lo demás en la era industrial.

Esto nos lleva a las alteraciones energéticas.

Parte de esto es dolorosamente obvio. El petróleo y sus derivados son fundamentales para la agricultura. Si no hay suficientes, los tractores, cosechadoras, camiones, trenes, terminales y barcos que son fundamentales para producir y transportar alimentos y sus flujos de entrada simplemente no funcionan. Y olvídate de la moda de los vehículos eléctricos. Dejando a un lado los pequeños detalles de que, cuando llega la época de la cosecha, los agricultores están en el campo dieciocho horas al día (o más) y que no hay ningún sistema de baterías en el mundo que pueda manejar ese tipo de carga con solo seis (o menos) horas de carga, así como el detalle menos insignificante de que un barco eléctrico no podría recargarse en medio del maldito océano, todavía no existe una tecnología de electrificación que pueda gestionar los elevados requisitos de potencia/tamaño para los equipos pesados o el transporte oceánico de largo alcance. Sencillamente, no existe ninguna tecnología ni ninguna revolución tecnológica inminente que pueda sustituir al petróleo y al gas natural en el sector agrícola.

¿Qué te parece este *Throwback Thursday*? Uno de los grandes avances tecnológicos que nos trajo no solo la era moderna, sino la civilización básica, fue la capacidad de capturar la energía del agua y el aire en movimiento a través de molinos de agua y molinos de viento para moler los granos y convertirlos en harina. Ahora conseguimos esa molienda con molinos eléctricos. En un mundo con un acceso limitado a los insumos energéticos básicos que generan electricidad, la suerte está echada si se quiere mantener no solo un estilo de vida industrial, sino un estilo de vida posterior a las ruedas hidráulicas. Pensemos en el primer capítulo. ¿Cuántas de las diferentes geografías del mundo tienen buenas geografías para las ruedas hidráulicas? ¿Crees que hay suficientes para moler harina para 8000 millones de personas?

Además, por desgracia, la cuestión energética va mucho más allá de «solo» el combustible. Para explicarlo, tenemos que saltar a la siguiente restricción de la agricultura: las materias primas industriales.

¿Recuerdas que el petróleo y el gas natural no solo sirven para mover cosas? El petróleo suele ser el ingrediente principal de los pesticidas, herbicidas y fungicidas, mientras que la base de la mayoría de los fertilizantes también incluye gas natural. La adopción colectiva de tales insumos químicos a finales del siglo xix en el mundo avanzado multiplicó aproximadamente por cuatro la producción de cereales, y el mundo en desarrollo participó de tal bonanza en las décadas posteriores a la Segunda Guerra Mundial y, sobre todo, después de la Guerra Fría. Sin estas aportaciones, ocurrirá lo contrario.

Cada tipo de suelo, cada cultivo no solo requieren distintas cantidades de abono, sino también distintos tipos. Cada fertilizante tiene sus propias complicaciones geopolíticas, lo que da lugar a una mezcla vertiginosa de implicaciones.

El gas natural es fundamental en casi todos los aspectos de la fabricación de fertilizantes nitrogenados. El nitrógeno es el nutriente de referencia si el objetivo es un crecimiento frondoso, por lo que los fertilizantes nitrogenados son fundamentales tanto para gramíneas como el maíz y el trigo como para frutas y verduras (las flores son «hojas» especializadas). Quien no puede abastecerse de crudo para el refinado nacional no puede producir fertilizantes nitrogenados.

Esto será un problema en casi todo el hemisferio oriental, pero, como ocurre con la cuestión energética en general, las complicaciones serán especialmente intensas en Corea, Europa Central y la mayor parte del África subsahariana. El país que sin duda sufrirá el mayor descenso de la producción agrícola será China. Los chinos no solo cultivan prácticamente todo a gran escala, sino que la calidad del suelo y del agua es tan baja que los agricultores chinos suelen utilizar más fertilizantes por caloría producida que cualquier otro país. Cinco veces más que la media mundial en el caso de los fertilizantes nitrogenados.

¿Te interesan más los cultivos que las ubicaciones? Ten en cuenta que al menos dos de los cinco principales productores de toda esta lista de productos se enfrentarán a una escasez crónica de fertilizantes nitrogenados:

Aceitunas, almendras, anacardos, arándanos, arroz, avena, berenjena, boniato, brécol, calabazas, cebollas, centeno, cerezas, ciruelas, coco, col, coliflor, fonio, frambuesas, fresas, grosellas, guisantes, higos, judías, judías verdes, kiwis, lechuga, legumbres, maíz, mandioca, manzanas, melocotones, membrillo, mijo, nabos, ñames, patatas, pepinos, piñas, quingombó, quinoa, sésamo, trigo, uvas y zanahorias.

Desgraciadamente, todo esto no es más que el comienzo de este infierno.

Los fertilizantes son mucho más que petróleo o gas natural. Hay una segunda clasificación de fertilizantes basada en un material llamado «fosfato». El fosfato es, en esencia, caca de pájaro fosilizada, que sirve de sustituto adecuado a la caca humana. Estoy simplificando un poco, pero la caca de pájaro extraída se trata con ácido, se tritura y se echa sobre las plantas. Su mercantilización y producción en volúmenes industriales ha demostrado ser absolutamente crítica para el auge de la agricultura industrializada, especialmente porque (a) hay mucha más gente que necesita alimentos ahora que en 1945 y (b) la mayor parte de la humanidad está de acuerdo en que almacenar y esparcir nuestros excrementos es algo que preferiríamos no hacer. ¿Testimonio de estos hechos? Los fertilizantes fosfatados han multiplicado por ocho su producción y aplicación desde 1960.

Independientemente de las opiniones sobre los temas de población,[134] los mayores proveedores de fosfatos del mundo son Estados Unidos, Rusia, China y Marruecos. Espero que a estas alturas ya sepas lo que creo que va a ocurrir con los suministros procedentes de Estados Unidos (acaparados para uso regional) y Rusia (digamos «adiós» a todo lo que una vez surgió del imperio de los sueños rotos). La producción china procede de las provincias occidentales del interior, que en la mayoría de los casos son secesionistas, por lo que mantener la producción china internacionalizada requiere que China enhebre no una aguja, sino tres.

Esto deja a Marruecos como la gran esperanza del mundo, y por una vez hay una esperanza real. Además de sus activos de fosfato ya productivos, Marruecos ocupa un territorio llamado Sáhara Occidental, que cuenta con las mayores reservas de fosfato sin explotar del mundo, la mayoría de las cuales se encuentran a pocos kilómetros de la costa.[135] Incluso si los suministros rusos y chinos desaparecieran completamente del mercado, Estados Unidos y un Marruecos ampliado serían capaces de suministrar volúmenes suficientes para toda Norteamérica, Sudamérica, Europa y África. Eso es estupendo para ellos. Y... terrible para todos los demás.

En realidad, esto es peor de lo que parece. Una de las muchas complicaciones que el mundo de la agricultura globalizada hiperespecializada ha creado para sí mismo es que ahora cultivamos o criamos cada planta o animal donde tiene más sentido económico dentro de un sistema holístico. Por ejemplo, el ganado vacuno se ha desplazado a las Grandes Llanuras, mientras que el maíz y la soja dominan el Medio Oeste. En la época anterior al Orden,

---

134  O de la caca.
135  En África existe una tediosa e interminable historia sobre si el Sáhara Occidental es una provincia marroquí, un territorio en disputa o una nación independiente. Teniendo en cuenta que Marruecos ha controlado el Sáhara Occidental desde que yo tengo uso de razón y que este capítulo trata de cómo gran parte del mundo va a pasar hambre en la penumbra, puedes imaginar cuánto me importan estas minucias.

ambos sectores estaban más o menos unidos. En ese sistema anterior al Orden, los agricultores utilizaban estiércol de ganado para proporcionar fósforo a sus campos. Sin un suministro inmediato de caca animal, los agricultores no tienen más remedio que utilizar fertilizantes artificiales fosfatados. Esto ha requerido cadenas de suministro internacionales para obtener y procesar los fosfatos, y gasolina y gasóleo para llevar el fertilizante al campo. Todo este modelo se derrumba en un sistema posglobalizado.

Pero por muy importantes que sean los fertilizantes nitrogenados y fosfatados, no pueden hacer sombra a los potásicos. En cuanto al resultado, la mayoría de las plantas en el momento de la cosecha tienen entre un 0,5 y un 2,0 % de potasio en peso, siendo las partes más ricas en potasio las que alimentan la cadena de suministro humana. Todos los cultivos necesitan mucho potasio cada año. Desde el punto de vista del abastecimiento, casi todo el potasio del mundo procede de un mineral conocido como «potasa», y la potasa comercializada internacionalmente procede de solo seis lugares: Jordania, Israel, Alemania, Rusia, Bielorrusia y Canadá. Jordania es un Estado al borde del fracaso, incluso con un apoyo económico y de seguridad estadounidense ilimitado y una gestión israelí de facto. En un Oriente Medio posestadounidense, Israel será muchas cosas, pero un «centro de comercio» no será una de ellas. Los suministros alemanes son insuficientes para ayudar a cualquier país más allá de las fronteras alemanas. Rusia y Bielorrusia ya están al otro lado de un nuevo telón de acero. Solo nos queda Canadá. Gracias a Dios por Canadá. América del Sur y Australia —los continentes que producen y exportan los mayores volúmenes de alimentos en relación con su población— casi no tienen potasa. China importa la mitad de lo que necesita. El sur de Asia, Europa y el África subsahariana sufren una penosa escasez tanto de potasa como de fosfatos.

Hay un pequeño rayo de esperanza en la escasez mundial de fertilizantes y, por tanto, de alimentos: los estudios realizados por la mayoría de los científicos agrícolas sugieren que la gran parte de los agricultores han estado fertilizando en exceso durante décadas, especialmente en lo que se refiere a los fertilizantes potásicos. Esto sugiere que, hoy en día, gran parte de las explotaciones agrícolas de la mayoría de los lugares tienen un excedente de potasio en el suelo. Esto sugiere además que la mayoría de los agricultores pueden reducir sus aportaciones de fertilizantes sin sacrificar demasiado el rendimiento. La pregunta es: ¿durante cuánto tiempo? La mayoría de los datos sugieren hasta una década. Puede parecer insuficiente. Pero no lo es. Es totalmente insuficiente. Pero sí sugiere que quizá tengamos un poco de tiempo para buscar soluciones en lugar de lanzarnos directamente a hambrunas de tamaño continental la primera vez que alguien secuestre un buque de carga.

Terminemos este alegre debate con un repaso a la interacción entre la agricultura y las finanzas. Puede parecer obvio, pero los agricultores no suelen cobrar por su producto hasta que lo entregan. Esto puede parecer aún más obvio, pero los agricultores no pueden trabajar en turnos dobles u horas impares o en temporadas opuestas para generar más producto. Las cosas se plantan o nacen cuando el tiempo estacional lo permite. Las cosas se cosechan o se sacrifican cuando alcanzan la madurez, casi con toda seguridad en otra temporada. Y solo entonces se paga a los agricultores.

Pero hemos avanzado mucho desde la época preindustrial, cuando los únicos insumos para la agricultura eran unos cuantos sacos de trigo sin moler que se habían guardado de la última cosecha o cuando el único coste para criar animales era un pastorcillo que se distraía fácilmente y miraba las estrellas. La agricultura industrializada contemporánea dispone de un abanico vertiginoso de insumos. Se dividen en tres categorías generales.

Materia prima. Semillas para plantar suena sencillo, pero en muchos casos las semillas hibridadas, modificadas genéticamente o especializadas de otro modo son mucho más caras que simplemente guardar parte de la cosecha del año anterior. Estas semillas especializadas permiten obtener fácilmente cosechas que triplican las que podrían cultivarse a la antigua usanza. En 2021, las semillas para un solo acre de siembra de maíz costaban unos ciento once dólares. Para los huertos hay que comprar árboles. El interminable proceso de cría selectiva para generar productos cárnicos más grandes, más productivos y sabrosos requiere un esfuerzo interminable para conseguir el semental perfecto. En los días de baja inflación anteriores a la COVID-19, una oveja semental básica costaba seiscientos dólares al ganadero, mientras que un toro en celo común y corriente costaba 1500 dólares. En la economía de escasez de todo en el momento de escribir este texto, esas cifras se han duplicado. Si quiere algo especial, las crías *black angus* de primera categoría pueden costarle fácilmente siete mil dólares en una subasta.

Insumos de crecimiento. Incluyen fertilizantes, herbicidas, pesticidas, fungicidas y, posiblemente, riego para los cultivos vegetales y ensilaje, derechos de pastoreo e insumos médicos para la cría de animales. Estos gastos no se hacen de golpe. Tanto si te dedicas a la agricultura como a la ganadería, casi todo, excepto el trigo, requiere cierta atención y aportaciones, durante toda la temporada.

Equipamiento. Una cosechadora moderna cuesta al ganadero medio millón. Las vacas lecheras no solo deben estar protegidas de la intemperie, sino que necesitan instalaciones capaces de ordeñarlas varias veces al día. La mayoría de las instalaciones más nuevas, con poca mano de obra y mayoritariamente automatizadas, tienen unos costes de instalación superiores a diez millones de dólares. A medida que envejece la demografía mundial y aumentan los costes laborales, los horticultores han invertido incluso en máquinas que ahorran trabajo y rocían los árboles, automatizan las tareas de riego y recogen, separan, limpian e incluso envasan la fruta.

A todo esto, hay que añadir costes más básicos, como el combustible y la mano de obra.

Una plantación típica de maíz de unas ochenta hectáreas en Minnesota puede esperar unos desembolsos anuales de unos 85.000 dólares en insumos. Una plantación familiar de trigo de unas 2225 hectáreas en Montana puede llegar a gastar más de un millón de dólares al año. Nada de eso sería posible a menos que todo estuviera financiado. Si se interrumpe esa financiación, todo el sistema se viene abajo.

## Productividad media y coste de los insumos por cultivo

| | Maíz continuo | Rotación maíz | Rotación soja | Trigo | Doble cultivo de soja |
|---|---|---|---|---|---|
| Rendimiento medio por acre (bushels) | 169 | 180 | 55 | 77 | 38 |
| Precio de la cosecha | $3.80 | $3.80 | $10.10 | $5.70 | $10.10 |
| Ingresos anuales | $642 | $684 | $556 | $439 | $394 |
| Menos los costes variables | | | | | |
| Fertilizante | 120 | 111 | 47 | 71 | 35 |
| Semillas | 111 | 111 | 67 | 44 | 78 |
| Plaguicidas | 58 | 58 | 50 | 30 | 45 |
| Combustible para secadoras | 33 | 27 | 0 | 0 | 5 |
| Combustible de maquinaria | 12 | 12 | 8 | 8 | 5 |
| Reparación de maquinaria | 22 | 22 | 18 | 18 | 15 |
| Transporte | 17 | 18 | 6 | 8 | 4 |
| Intereses | 12 | 11 | 7 | 6 | 6 |
| Seguros y otros | 38 | 38 | 34 | 9 | 9 |
| Costes variables totales | $423 | $408 | $237 | $194 | $202 |
| Beneficio neto por acre | $219 | $276 | $319 | $245 | $192 |

Fuente: Guía Purdue de costes y rendimientos de los cultivos, 2020      Todos los precios en USD      © 2022 Zeihan on Geopolitics

En las economías avanzadas, la financiación del sistema agrario suele integrarse directamente en los sistemas de gobierno para suavizar el proceso y proteger a los agricultores y ganaderos de las vulgaridades de los ciclos financieros, económicos y climáticos. Por ejemplo, el Sistema de Crédito Agrícola de los Estados Unidos, que apoya a los productores agrícolas estadounidenses, goza de una carta estatuaria directa del Congreso y es una de las instituciones financieras más antiguas de Estados Unidos.

La mayoría de los países carecen de ese tipo de peso organizativo y financiero y están mucho más sujetos a los caprichos y tendencias de la disponibilidad financiera mundial. De 1990 a 2020, eso no fue un gran problema. La fuga de capitales del antiguo mundo soviético, la hiperfinanciación de China y las fuertes subvenciones agrícolas de Europa y Japón, combinadas con el crédito ridículamente disponible y barato posibilitado por la explosión de la generación de la posguerra, han abastecido a los agricultores de todo el mundo con toda la financiación que podían tolerar. Pero, entre la desglobalización y la inversión demográfica mundial, ese entorno se está invirtiendo. Los costes de endeudamiento aumentarán, aunque se endurezcan las condiciones y desaparezca la liquidez. Los productores agrícolas sufrirán junto con todos los demás, pero, cuando los productores agrícolas no pueden obtener financiación, hay escasez de alimentos.[136]

En pocas palabras, una alteración en casi cualquier sector se traduce inmediatamente en una interrupción de la producción agrícola con resultados catastróficos.

## EVITAR —O ACEPTAR— LO PEOR

Hagamos una clasificación.

La primera categoría de países exportadores de alimentos es aquellos cuyos sistemas de suministro de todo tipo de productos, desde finanzas hasta fertilizantes y combustibles, son lo suficientemente internos como para que puedan seguir produciendo su actual conjunto de productos con solo pequeños ajustes. Francia, Estados Unidos y Canadá son los únicos países del planeta que cumplen todos los requisitos. Rusia se queda a las puertas. Los vehículos agrícolas rusos son, bueno…, rusos. Con una población

---

136 ¿Te gustan los productos ecológicos y crees que pueden ayudar a resolver estos problemas? Se te dan fatal las matemáticas. Sus insumos son mucho más altos. Semillas especializadas. Mayor volumen de agua. Los pesticidas y herbicidas no químicos son más caros y voluminosos de transportar, almacenar y aplicar. La eficacia mucho menor de los productos orgánicos exige al menos el cuádruple de pasadas por los campos que los sintéticos, lo que requiere aún más mano de obra y combustible. Toda esa actividad adicional en un campo fomenta una mayor erosión del suelo y contaminación del agua que la agricultura tradicional, lo que a su vez exige más insumos. El principal «fertilizante» orgánico para los huertos son los trozos de pollo no aptos para el consumo humano. No hace falta mucha imaginación para imaginar la pegajosa y picante cadena logística de las tripas de pollo desmenuzadas, que, por supuesto, requieren una cadena de refrigeración para evitar niveles de asquerosidad totalmente decadentes, lo que aumenta drásticamente la huella de carbono de los productos ecológicos. Y, al final, el resultado es un rendimiento mucho menor por acre, lo que significa que se necesita aún más tierra con más insumos de baja eficacia para generar el mismo volumen de alimentos que con las prácticas más convencionales. Se pueden tener alimentos ecológicos o alimentos respetuosos con el medio ambiente. No se pueden tener ambos.

que envejece y se reduce, Rusia simplemente no tiene mano de obra para mantener la producción agrícola con nada que no sea el tipo de equipo de campo gigantesco que Rusia es incapaz de fabricar por sí misma.

Los siguientes son los países exportadores que tienen la mayoría de las piezas preparadas a nivel regional. Seguirán necesitando acceder a una especie de red de amigos y familiares para satisfacer todas sus necesidades de insumos, pero incluso en un mundo desordenado esto debería ser manejable.

Clasificados de menor a mayor grado de dificultad: Nueva Zelanda, Suecia, Argentina, Australia, Turquía, Nigeria, India, Uruguay, Paraguay, Tailandia, Vietnam, Myanmar, Italia y España. Todos tienen deficiencias —sobre todo en el acceso a equipos, fertilizantes y energía—, pero es probable que ninguno se enfrente al tipo de problemas extremos de suministro o seguridad que arruinarán la producción en lugares más vulnerables.

Bielorrusia, Kazajistán y Ucrania también están en esta categoría. Además de la escasez de insumos, queda abierta la cuestión de si cualquier excedente de producción de alimentos puede exportarse a algún lugar útil, ya que Rusia reafirma un mayor control sobre ellos. Hay que tener en cuenta que Rusia cultiva mucho trigo en sus territorios marginales. En los años de malas cosechas, en pleno apogeo del Orden, Rusia ya interfirió en las exportaciones de los otros tres Estados del cinturón del trigo para garantizar a su propia población un suministro suficiente de alimentos.

La tercera categoría son los exportadores que simplemente no pueden mantener los flujos de insumos necesarios para que las cosas sigan funcionando sin una constelación perfecta de factores geopolíticos improbables que escapan en gran medida a su capacidad de moldear. No se enfrentarán a descensos catastróficos de la producción, pero tendrán que acostumbrarse a que la agricultura se entremezcle con las amenazas geopolíticas, y en algunos años eso significa que las cosechas simplemente no rendirán lo suficiente. Este es el futuro de Brasil, Croacia, Dinamarca, Finlandia, Países Bajos, Pakistán y Sudáfrica.

En cuarto lugar, se encuentran los exportadores que se han hecho un hueco entre las potencias agrícolas del Orden, pero que no tienen ninguna posibilidad de desempeñar un papel significativo en el Desorden. La mayoría de sus cadenas de suministro están fuera de los territorios a los que pueden llegar, y la mayoría se enfrentan a problemas de seguridad que les harán imposible mantener lo que se ha convertido en su actividad habitual: Bulgaria, Estonia, República Checa, Etiopía, Finlandia, Alemania, Hungría, Letonia, Lituania, Mali, Rumanía, Eslovaquia, Zambia y Zimbabue.

La verdadera desesperación está en el lado de los importadores.

La primera categoría está formada por los países que están lo suficientemente cerca de los exportadores, tanto geográfica como diplomáticamente, como para no tener que preocuparse demasiado por quedar aislados: Chile, Colombia, Ecuador, Islandia, Indonesia, Malasia, México, Noruega, Perú, Filipinas, Portugal, Reino Unido y Singapur. Japón también entra en esta categoría, no porque esté cerca de los proveedores de alimentos, sino porque tiene alcance naval para salir a buscar lo que necesita.

El segundo grupo de importadores es donde las cosas se ponen feas. Los alimentos estarán disponibles, pero a un precio que no se expresará únicamente en términos financieros. Estos importadores tendrán que ceder ante la voluntad de sus proveedores. Si no lo hacen, los alimentos se irán a otra parte:

– Rusia utilizará esta «diplomacia» alimentaria para ayudar a consolidar el control sobre Mongolia, Tayikistán, Turkmenistán y Kirguistán. En función de la rapidez con la que se sequen los ríos de Asia central en las próximas décadas, los rusos podrían verse compitiendo con Uzbekistán por el dominio de Asia central o dominando a un Uzbekistán[137] desesperado y asolado por la sequía.

---

137 O ambos.

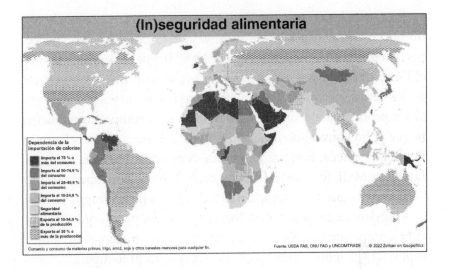

– La Francia hiperalimentaria se va a poner neocolonial. París establecerá una relación de Estado protector con Bélgica, lo intentará con Suiza y estrechará lazos con un Marruecos y un Túnez dispuestos y una Argelia reticente. Los franceses también establecerán tantas dependencias como sea posible en los Estados ricos en petróleo que forman parte de lo que en tiempos imperiales se conocía como África Occidental Francesa, sobre todo Gabón, Congo (Brazzaville) y Chad.

– India gastará algunos alimentos para poseer Bangladesh, que se encontrará en el peor de los mundos. Menos precipitaciones en el sur del Himalaya significa que la productividad global de los arrozales bangladeshíes disminuirá. Pero los flujos de agua que recibe el país son más probables en primavera, cuando podrían desbordar la producción de arroz, asestando un doble golpe a la producción local de alimentos.

– Nigeria, la única nación africana que puede mantener su producción agrícola sin una gran ayuda exterior, establecerá una esfera de influencia que incluye Guinea Ecuatorial, Camerún, Chad, Níger, Burkina Faso, Ghana, Togo y Benín. Nigeria, rica en petróleo y gas natural, se enfrentará, al estilo neocolonial, a los franceses en toda África occidental y saldrá razonablemente bien parada de la contienda.

– Turquía ya iba a erigirse como la dueña del Mediterráneo oriental. Utilizará la calidad superior de sus tierras, su clima templado y su dominio de los flujos petrolíferos y comerciales de la región no solo para mantener en funcionamiento su sistema agrícola, sino también para extraer concesiones geopolíticas de Azerbaiyán, Georgia, Grecia, Irak, Israel, Líbano y Siria.

– Estados Unidos intercambiará alimentos por cooperación en diversos asuntos con los Estados centroamericanos y las naciones e islas del Caribe, incluida Cuba. En términos menos amistosos, los estadounidenses utilizarán los alimentos como una de las palancas para forzar a Venezuela a adoptar una forma más de su agrado. En términos más amistosos, la diplomacia alimentaria estadounidense transformará a Colombia en uno de los amigos y aliados más rápidos de Estados Unidos.

– Aunque ambos tendrán que traer alimentos de más lejos, es probable que Japón y el Reino Unido lo incluyan en el arsenal de herramientas utilizadas para imponer su voluntad a Corea e Irlanda, respectivamente.

Diplomacia calórica y de fertilizantes en el Desorden

Proveedor de alimentos
Compradores de alimentos
Exportadores de alimentos
Inseguridad alimentaria

© 2022 Zeihan on Geopolitics

En cuanto al resto, no habrá alimentos suficientes para todos. La expansión de la producción nacional, incluso bajo el Orden, nunca permitió a estos lugares ser autosuficientes. Las importaciones de alimentos que puedan llegar formarán parte de una dura contrapartida o representarán una feliz alineación constelacional que no se puede planificar ni en la que se puede confiar. Todos los que no se han mencionado ya en Oriente Medio (la región más superpoblada en relación con su capacidad agrícola) y el África subsahariana están más o menos solos, y, como los insumos agrícolas mundiales ya no son fiables, los desplazamientos de población a la baja son inevitables.

En todo caso, esta lista de éxitos es excesivamente optimista. Desde 1945, y sobre todo desde 1992, el mundo vive en un superávit calórico extremo. Una buena regla general es que se necesitan aproximadamente nueve veces más insumos para generar una caloría a partir de animales que a partir de plantas, y la era posterior a la Segunda Guerra Mundial ha permitido a la inmensa mayoría de la humanidad aumentar drásticamente el consumo de animales. Sin embargo, todos somos conscientes de que, incluso en esta época de abundancia, algunas zonas no tienen suficiente para todos. Se trata de una cuestión económica, o de economía en el sentido del Orden.

Haití, un país crónicamente subdesarrollado, es un ejemplo por excelencia. Hasta mediados de la década de 1980, la dieta haitiana se componía principalmente de tubérculos, maíz y algo de trigo, cultivos que o bien no eran especialmente ricos en calorías o bien resultaban inapropiados para el clima tropical de Haití. La población haitiana rozaba a menudo la hambruna. Pero Haití se asienta frente a la costa de la superpotencia agrícola mundial y, en 2010, el arroz cultivado en Estados Unidos se convirtió en el principal componente de la dieta haitiana. El arroz estadounidense no solo era más fiable y calórico que las opciones locales, sino que, debido a la economía de la agricultura industrializada de Estados Unidos, también era más barato que cualquier cosa que los haitianos pudieran cultivar por sí mismos.

Esta desconexión en el precio contribuyó a la aparición de tres efectos secundarios.

En primer lugar, los alimentos más baratos que llegaban de forma más fiable destruyeron en gran medida la agricultura haitiana, tanto en términos de producción directa como en la preservación de los conjuntos de habilidades necesarias para reiniciar esa producción en una fecha futura. En segundo lugar, el repentino colapso de los medios de subsistencia en un sistema mayoritariamente agrario contribuyó a la deforestación de los bosques del país a medida que la población, cada vez más indigente, intentaba construir balsas y remar hacia Estados Unidos. Y, sin embargo, en tercer lugar, la población haitiana se duplicó, en gran parte porque la comida era muy barata.

Haití ni siquiera es el caso extremo. Muchos Estados están peor gestionados, sufren mayores colapsos agrícolas o ambas cosas. Me preocupan especialmente, sin ningún orden en particular, Afganistán, Cuba, Corea del Norte, Irán, Venezuela, Yemen, Siria, Libia, Zimbabue, Honduras, Guatemala, Laos, Turkmenistán, Irak, Sudán, Sudán del Sur, Níger y Malí. Todos han experimentado un auge demográfico superior a la capacidad de sus sistemas para alimentarlos y han perdido al mismo tiempo el dominio de los conjuntos de habilidades preindustriales que sustentaban a sus poblaciones anteriores al Orden. Para muchos de estos lugares, la lucha por la subsistencia anterior al Orden y a la industria pronto se considerará un punto álgido al que no se podrá volver.

Si ocurriera algo —cualquier cosa— con esos flujos de alimentos importados, el colapso de la civilización hacia la anarquía, acompañado de una «corrección» de la población, no es simplemente una posibilidad, sino el resultado más probable. Al fin y al cabo, un Gobierno que no puede alimentar a su población es un Gobierno que cae.

Esta es la historia de los mayores perdedores en términos relativos. En términos absolutos, el mayor perdedor con diferencia será China. China se encuentra al final de las rutas de suministro más largas del mundo para casi todo lo que importa, incluido aproximadamente el 80 % de sus necesidades de petróleo. La Armada china carece del alcance necesario para asegurarse, mediante el comercio o la conquista, productos agrícolas o incluso los insumos para cultivar y criar los suyos propios.

El colapso demográfico de China sugiere un inminente colapso de la mano de obra y de la oferta de capital. Y el actual sistema agrícola chino, de la era del Orden, es ya el sector más hiperfinanciado de la economía más hiperfinanciada de la historia. Nada de esto funcionará en el mundo venidero. No habrá escasez de hambrunas en el mundo post-Orden. Es probable que más de mil millones de personas mueran de hambre y otros 2000 millones sufran desnutrición crónica. Alrededor de dos tercios de la población china se enfrenta a uno de esos dos destinos. Y recordemos que China es también la sociedad que envejece más rápido de la historia. Las personas que tendrán que gestionar —o sufrir— la malnutrición y la hambruna masivas serán ancianas.

# MITIGAR EL HAMBRE

Realmente no hay muchas formas de evitar las masacres que se exponen en este capítulo. Por suerte, «no muchas» no es sinónimo de «ninguna».

## EL ARTE Y LA CIENCIA DE LOS INSUMOS

La primera forma de prevenir la hambruna es aportar alguna cosa o tecnología que no se estuviera incorporando antes para aumentar los rendimientos. Hay muy pocos lugares en los que esto sea posible en el momento de escribir este ensayo en 2022, y mucho menos en el futuro, cuando los diferentes insumos preexistentes sean más difíciles de obtener. De hecho, solo se me ocurre un lugar en el que esto sea un puro juego según las reglas de la agricultura de la era del Indo: Myanmar.

Cuando la era imperial llegaba a su fin, a principios del siglo XX, Myanmar, entonces conocida como Birmania, era una de las colonias asiáticas más atrasadas tecnológicamente. Cuando los japoneses la arrebataron a los británicos durante la Segunda Guerra Mundial, estaba prácticamente desindustrializada. Los británicos nunca regresaron. La independencia formal llegó en 1948. En 1962, un golpe de Estado derrocó al Gobierno elegido democráticamente. La nueva junta decidió que la gente sin electricidad ni coches tendría menos probabilidades de rebelarse, por lo que siguió una política de desindustrialización. Un breve resurgimiento de la democracia a finales de 2010 fue aplastado con otro golpe de Estado en 2021. En pocas palabras, si el mundo se desmorona, acabará pareciéndose mucho más al Myanmar de 2021, mientras que Myanmar parecerá… más o menos lo mismo.

Pero Myanmar posee uno de los mejores terrenos arroceros del mundo, la mano de obra más barata y un río navegable, el Irrawaddy, que atraviesa la zona agrícola más prometedora. En la actualidad, el mundo occidental ha convertido a todo el país en *persona non grata* por razones diplomáticas, pero no hace falta ser muy imaginativo para pensar que alguien, en algún lugar, observará esta perfecta configuración agrícola y pensará: «Oye, podríamos sacar un montón más de arroz de allí si alguien pudiera enviar unos cuantos sacos de fertilizante». «Lo único» que hace falta es que algunos países del exterior estén dispuestos a digerir las políticas internas autoritarias y casi genocidas de Myanmar. Eso seguramente no supondrá un problema en el caso de India o Tailandia. Ambos países (a) son vecinos de Myanmar, (b) poseen suficientes bases industriales y opciones de abastecimiento energético para satisfacer algunas necesidades agroculturales y (c) apenas tienen problemas con Myanmar actualmente. Si a esto le añadimos la escasez mundial de alimentos, es probable que ambos se comprometan con Myanmar de forma agresiva. Quizá incluso de forma cooperativa.

Hay otro tipo de insumo que podría sustituir, al menos parcialmente, los componentes que faltan de equipos y fertilizantes y demás: la mano de obra. El país que hay que vigilar más de cerca en este sentido es China.

Antes de que comenzara la modernización post-Mao en 1979, en el campo chino apenas había tractores ni nada por el estilo. Tampoco había casi nada de fertilizantes artificiales y similares.[138] Por el contrario, la población rural había sido destripada polí-

---

138 Mao decidió que muchos fertilizantes eran demasiado caros y prohibió utilizarlos.

tica, económica, espiritual y nutricionalmente por la Revolución Cultural, que fue, en esencia, una purga nacional total de cualquiera que hiciera algo que no coincidiera con cualquier pensamiento retorcido que estuviera pasando por el cerebro de Mao en ese momento. La cuestión es que la población era básicamente un campesinado aplastado, que trabajaba las pequeñas parcelas a mano, prestando atención individual a cada planta, sin ninguna de las tecnologías que se habían desarrollado en los dos siglos anteriores. Técnicamente, no era agricultura, era jardinería.

La jardinería preindustrial no es una estupidez. En realidad, es tremendamente productiva. Solo que en el mundo avanzado la consideramos un pasatiempo o un extra. Pero, si la jardinería es un trabajo a tiempo completo y si es el único método de producción de alimentos y si la mano de obra no tiene fondo y es gratuita, puede llegar a competir con algunas formas de agricultura industrializada en niveles de producción por acre.

En el mundo en el que China está a punto de sumergirse, los chinos tendrán que tomar decisiones muy difíciles. ¿Petróleo para automóviles o para tractores? ¿Gas natural para la electricidad o para los fertilizantes? ¿Trabajo para la fabricación en masa, para la que no hay clientes, o para la producción de alimentos? Ninguno de estos temas es agradable, pero tampoco lo es la desintegración nacional o el hambre. La mejor apuesta de China será probablemente una brutal campaña de desurbanización organizada por el Estado que recuerde en cierto modo a la Revolución Cultural, para volver a convertir a aproximadamente quinientos millones de personas en jardineros. Pronto sabremos si la campaña de hiperurbanización de la República Popular China de las últimas cuatro décadas ha exprimido todas las habilidades de la población relacionadas con la producción de alimentos. En cualquier caso, la desurbanización no será ni mucho menos suficiente para evitar la hambruna nacional —China simplemente no puede mantener su población actual sin pleno acceso al sistema mundial de suministro de alimentos e insumos agrícolas—, pero la desurbanización masiva podría generar alimentos suficientes para servir al concepto de China como entidad política.

Puede ser.

Es probable que se produzca alguna versión de la desurbanización para liberar más mano de obra para la agricultura en las otras partes del mundo que también se enfrentan a hambrunas masivas, quizás con Egipto a la cabeza de esa triste lista. Gran parte del África subsahariana no andará muy lejos. En este sentido, los subsaharianos se enfrentan probablemente a un futuro algo menos aterrador que el de los egipcios. Alrededor de la mitad de la población egipcia vive en el desierto recuperado por las tecnologías de la era industrial. Si algo les ocurriera a las bombas eléctricas que tiñen de verde partes del Sáhara egipcio, pues pzzzzz. Puede que las tierras agrícolas del África subsahariana no sean (ni de lejos) las mejores del mundo, pero al menos en la mayoría de ellas llueve.

Hay otro tipo de «aportación» que es muy probable que resulte útil en un tipo de geografía completamente diferente. Las mejores tierras de cultivo de las zonas templadas del mundo, las confinadas en su mayor parte a países avanzados con pocas probabilidades de sufrir graves perturbaciones, podrán aplicar las tecnologías digitales a la agricultura.

Normalmente, cuando pensamos en digitalización, pensamos en solicitudes de préstamos en línea o en trabajar desde casa durante la COVID-19 o en hablar, hablar y hablar a través de los *smartphones*, pero la digitalización también se aplica a algunas tecnologías extremadamente centradas en la agricultura.

En primer lugar, la aplicación obvia: la genómica. Todos hemos oído hablar de los organismos modificados genéticamente, la culminación de una serie de tecnologías digitales que nos permiten modificar las características de las plantas para hacerlas más resistentes a la sal, la sequía, el calor, el frío, las plagas o los hongos. También existe algo llamado «edición genética», que es bastante similar a la fabricación de organismos modificados genéticamente, pero los retoques del genoma son más selectivos y podrían —al menos en teoría— producirse de forma natural o mediante métodos más tradicionales, como los cruces. La edición genética simplemente acelera el proceso de decenas de generaciones a una.

En resumidas cuentas, ahora existen tecnologías para trucar las plantas y hacer que gasten más energía en propagarse (es decir, en cultivar lo que el ser humano acaba comiendo). Esto aumenta el rendimiento y reduce las necesidades de insumos. Tal vez el mejor ejemplo de lo que puede lograrse con todo lo que va desde el mestizaje a la cría selectiva, pasando por la modificación y la edición genéticas, sea el maíz contemporáneo.

La planta que conocemos como maíz desciende de un grupo de gramíneas conocidas como «teosintes». La parte comestible de las variedades silvestres es una espiga dura, resistente, de aproximadamente dos centímetros, de granos encerrados en vainas duras, parecidas a cáscaras. Como era de esperar, estas plantaciones eran, con diferencia, las menos productivas de las antiguas en términos de rendimiento por acre. Durante unos 11.000 años de manipulación humana, si añadimos los insumos de la era industrial, el maíz genera sistemáticamente el mayor rendimiento por acre. En un mundo en el que pronto se reducirán los rendimientos y la disponibilidad de insumos, las ventajas son evidentes.

En segundo lugar, la aplicación menos obvia: el reconocimiento facial. En las democracias, el uso más común es desbloquear el teléfono. En China, el uso más común es que el Gobierno sepa dónde estás, con quién estás y qué estás haciendo a cada segundo. En agricultura, se está empezando a utilizar un ordenador montado en un tractor que evalúa individualmente cada planta a medida que el tractor avanza por el campo, primero para identificarla, luego para determinar qué se debe hacer con ella o por ella y, por último, para enviar una señal a un aparato conectado para que actúe. ¿La planta es una mala hierba? Echa un chorro de herbicida. ¿La planta está infestada de bichos? Chorro de pesticida. ¿Está amarilla? Un chorro de fertilizante. Los agricultores ya no tendrán que utilizar pulverizaciones al voleo en todo el campo, una pasada por cada tipo de pulverización. Ahora solo tienen que recargar un montón de botes con los distintos productos y hacer una sola pasada, prestando atención personalizada y sobre la marcha a cada planta mediante un equipo que prácticamente se maneja solo. No se trata tanto de agricultura industrial como de jardinería digital, donde cada planta recibe la atención que necesita, pero no de un ser humano.

En conjunto, las semillas genéticamente modificadas y la jardinería digital prometen, como mínimo, duplicar el rendimiento de los cultivos por acre para 2030 y reducir al mismo tiempo los insumos químicos y las necesidades de combustible hasta en tres cuartas partes.

Sin embargo, esto supone que los agricultores podrán permitirse aplicar los nuevos insumos. Los equipos agrícolas ya se encuentran entre los más caros que pueden adquirir los civiles, y los nuevos equipos digitales de jardinería sin duda costarán el triple de comprar y mucho más que el triple de mantener en comparación con sus antepasados industriales no digitalizados. Estas inversiones solo tienen sentido en los cultivos en hilera, donde las explotaciones son enormes y las reservas de capital abundantes: Estados Unidos, Canadá y Australia lo son para la aplicación a gran escala. Hay algunas grandes explotaciones de cultivos en hilera en Francia, Alemania, los Países Bajos y Nueva Zelanda que podrían cumplir los requisitos. Un puñado de grandes explotaciones brasileñas bien conectadas políticamente podrían jugar un papel importante en la economía mundial. Argentina será un éxito rotundo si el Gobierno argentino admite que no tiene esperanzas de fabricar este tipo de equipos en el país y permite así importaciones con aranceles bajos.

Pero eso... eso es todo el mundo que podría experimentar mejoras relacionadas con la aportación.


## DESENROLLAR EL «PROGRESO»

El segundo medio para mitigar el hambre consiste en cultivar productos más acordes con la demanda local que con la mundial.

Muchos de los cultivos de desplazamiento que han contribuido a la salud y la riqueza mundiales en las últimas décadas desaparecerán.

Es de esperar que se manifiesten tres patrones, basados en el clima, la geografía y la cultura.

En primer lugar, el monocultivo a gran escala y orientado a la exportación dará paso al policultivo a pequeña escala y orientado al ámbito local. Esto ayudará (esperemos) a satisfacer las necesidades calóricas y nutricionales de las comunidades locales, pero a costa de las economías de escala. Tanto si se mira desde el punto de vista de los insumos, del alcance, de la tecnología, del capital o de las preferencias de siembra, el volumen de alimentos producidos en la Tierra en conjunto debe disminuir.

En segundo lugar, las plantaciones de trigo volverán a aumentar considerablemente después de haber desaparecido sobremanera.

La misma matemática de insumos que se aplicó a todos los cultivos agrícolas en la era industrial —mejor financiación, mejores equipos, fertilizantes sintéticos, pesticidas y herbicidas— se aplica también al trigo. Combine la absoluta falta de perspicacia del trigo con los insumos industriales de alto octanaje y tendrá la razón por la que la producción mundial de trigo se ha disparado durante décadas. Esta oferta tan elevada ha hecho bajar los precios del trigo. Pero, como casi todo el trigo se cultiva en tierras marginales, pocos agricultores tienen la posibilidad de cultivar otra cosa.

A esto hay que añadir todas las demás lecciones de este libro: en transporte, en finanzas, en energía, en materiales industriales, en fabricación. La mayor parte del trigo solo se cultiva en lugares donde solo puede crecer el trigo, pero solo puede crecer en esos lugares mientras no se interrumpan los flujos de insumos. La desglobalización nos dice que en la mayoría de esos lugares se producirá un trastorno infernal. A escala mundial, estamos a punto de sufrir escasez del alimento número uno de la humanidad.

Y no solo eso. La falta de insumos hace inviables la mayoría de los cultivos destinados a la exportación o al comercio, incluso antes de que las dificultades del transporte mundial impidan que esos cultivos lleguen a los compradores finales. Ya sea porque no se puede importar trigo o porque solo se puede comer un número limitado de aguacates, los agricultores de todo el mundo no tendrán más remedio que cambiar las plantaciones. El trigo a gran escala, reforzado por alimentos básicos dictados por el clima como la avena, la cebada y el centeno en climas más fríos, y la mandioca en los trópicos, es la ola del futuro.

Pensemos en esto: países como el Reino Unido, Rusia, los Emiratos Árabes Unidos, Polonia y Mongolia se encuentran actualmente en la cúspide de su diversidad culinaria histórica. En los próximos años, a menos que puedan unirse a la red comercial de otros, corren el riesgo, en el mejor de los casos, de volver a las dietas de mediados del siglo xix, pero sin las importaciones a las que solían poder acceder desde sus respectivas participaciones coloniales y relaciones comerciales para aumentar las escasas opciones de producción nacional. Gachas, gachas de avena y papillas, con un poco de col los domingos.

En tercer lugar, es una receta para la pobreza rural bruta. Eliminar el monocultivo reduce las economías de escala. La vuelta al trigo elimina los cultivos comerciales y los ingresos que de ellos se derivan. Desde 1945, el número de personas dedicadas a la agricultura se ha reducido en un 80 %, mientras que la renta rural bruta ha aumentado. No las rentas rurales por persona, sino las rentas rurales por acre. En términos per cápita, las tierras agrícolas han experimentado algunos de los mayores aumentos de renta de la historia de la humanidad. Sin flujos de entrada internacionalizados ni opciones de exportación internacional, gran parte de esto se deshará ahora.

Ampliemos los ejemplos anteriores de Nueva Zelanda y Egipto, que ponen claramente entre paréntesis los extremos de las futuras reducciones de rendimiento, el desplazamiento de cultivos y los impactos rurales:

- Si se rompen las normas comerciales del Pacífico, los neozelandeses tendrán más productos lácteos y fruta de los que pueden vender y no tendrán suficiente trigo para hacer pan. Si se rompen las normas comerciales en el Mediterráneo, los egipcios tendrán mucho algodón de más y se morirán de hambre.[139]

- La geografía regional también importa: Nueva Zelanda goza de fácil acceso a los suministros de alimentos de las regiones ricas en alimentos de Australia y el hemisferio occidental, lo que permite un grado razonable de especialización continua y el comercio de productos alimenticios. Australia y Nueva Zelanda, en particular, están bien adaptadas para seguir siendo el socio comercial más fiable de la otra. Compárese con Egipto, situado donde el Mediterráneo se encuentra con África Oriental. Ambas regiones ya son pobres en alimentos.

- La demografía también entra en juego: desde el punto de vista del suministro regional de alimentos, los cinco millones de habitantes de Nueva Zelanda no son más que un error de redondeo, mientras que mantener a más de cien millones de egipcios será como si un gato se tragara una bala de cañón. La población de Egipto es ahora tan numerosa que, aunque el país pudiera mantener los insumos industriales y pasara todas sus tierras productivas al cultivo del trigo, seguiría sin bastar para proporcionar suficientes calorías. Pero los egipcios tienen que intentarlo. La alternativa es simplemente morir.

- Esta avalancha de trigo que se aproxima significa, por definición, que otros productos se enfrentarán a drásticas reducciones de la producción. En el caso concreto de Egipto, esto significa menos algodón y cítricos para los mercados internacionales. Pero no son los grandes. En términos de cultivos comercializados internacionalmente, el algodón y los cítricos ocupan los puestos decimoséptimo y decimosexto. Mucho más importantes son los tres cultivos que, junto con el trigo, proporcionan la mayor parte de la ingesta alimentaria de la humanidad.

---

139 Me gustan las naranjas tanto como al que más, pero, aunque pueden formar parte de una dieta equilibrada, no pueden ser tu dieta.

# AMPLIAR LA DIETA, REDUCIR LA DIETA

Empecemos por el maíz y la soja, que ocupan el cuarto y el primer lugar, respectivamente, entre los productos alimentarios objeto de comercio internacional.

Al igual que el trigo, el maíz y la soja se cultivaron y domesticaron por primera vez en la prehistoria. Cientos de generaciones de cría selectiva permitieron al maíz impulsar los Imperios maya y azteca, mientras que la soja... dio muchas vueltas. Sin duda se introdujo en algún lugar del noreste de Asia,[140] pero luego vagó por el mundo siguiendo prácticamente todas las rutas comerciales conocidas hasta las expediciones de Colón. En ese momento se introdujo la soja en el hemisferio occidental por primera vez, y eso lo cambió todo.

Tanto el maíz como la soja tienen peculiaridades que los convierten en los cultivos contemporáneos por excelencia del hemisferio occidental.

– Al maíz le encanta el calor y la humedad. Prospera mucho mejor en el Medio Oeste americano, la Pampa argentina y el

---

140  Los chinos, japoneses y coreanos son expertos en debatir intensamente sobre los detalles.

Cerrado brasileño que en Europa o el Noreste Asiático, regiones que suelen ser más frías, más secas o ambas cosas.

- Tanto el maíz como la soja son cultivos en hilera por excelencia. Eso fomenta el uso de la mecanización, que a su vez empuja a cultivar campos cada vez más grandes para pagar el equipo. La casualidad ha querido que no haya tantos campos adecuados en el hemisferio oriental. (La mayoría de los grandes campos del hemisferio oriental están en Australia o Rusia, países cuyas tierras son demasiado secas o húmedas o frías para la soja).

- El maíz necesita ayuda para propagarse. Históricamente, el maíz domesticado requería polinización artificial, mientras que los híbridos contemporáneos requieren polinización controlada mediante un proceso llamado «deshoje». En resumen, a una parte de las plantas de maíz de un campo hay que quitarles las flores (es decir, las panojas) para que la mezcla genética correcta pueda contribuir al fruto (la mazorca). Se trata de un trabajo marcadamente estacional que encaja a grandes rasgos con las grandes explotaciones, la joven estructura demográfica, la cultura pueblerina y la economía laboral de la agricultura del Nuevo Mundo.[141] Aunque Rusia o Australia tuvieran ese clima, carecerían de la densidad de población rural necesaria para suministrar la mano de obra.

- La soja está biológicamente preparada para florecer cuando el número de horas de luz cae por debajo de 12,8, pero, como el maíz, también necesita calor y humedad. Los únicos lugares con esta mezcla perfecta de calor y humedad y variación estacional en el hemisferio oriental se encuentran en las orillas occidental y septentrional del mar Negro. Pero todas las tierras de cultivo de soja de esa región representan menos del

---

141 El despanojado también resulta ser un trabajo caluroso, tedioso, sudoroso y que pica, y la necesidad de escapar de él es probablemente la razón principal por la que fui a la universidad. Si no hay maíz, no hay libros.

7 % de las zonas climáticas con soja del hemisferio occidental, sobre todo en Córdoba (Argentina), Iowa (Estados Unidos) y Paraná (Brasil). Como era de esperar, cerca del 70 % de las exportaciones mundiales de maíz y el 85 % de las de soja proceden de tres países: Argentina, Brasil y Estados Unidos.

– El mayor exportador del hemisferio oriental, tanto de maíz como de soja, es Ucrania, un país del que el mundo no debería depender. Hay muchos problemas. El país es demasiado pobre para permitirse la mecanización que requieren el maíz y la soja, y su capacidad genética, de refinado y de fabricación es escasa. Pero la seguridad está por encima de todo. En el momento de redactar este párrafo, el 28 de febrero de 2022, los rusos están metidos de lleno en la invasión de Ucrania. La guerra puede desarrollarse de muchas maneras, pero, como mínimo, la temporada de siembra de 2022 se verá interrumpida, dando al mundo un anticipo de la escasez de alimentos del futuro. El anterior caso de interrupción de las exportaciones agrícolas del antiguo espacio soviético se produjo en 2010. El precio del trigo se duplicó. Una consecuencia, entre muchas otras, fue la oleada de protestas, colapsos gubernamentales y guerras de la Primavera Árabe. Lo peor está por llegar. Por lo general, este desplazamiento y diferenciación específicos resultarán positivos. Las cadenas de suministro del hemisferio occidental son en general autosuficientes dentro del hemisferio, lo que sugiere que cualquier interrupción debería ser limitada y manejable. A su vez, esto significa que la desglobalización no forzará un colapso del perfil de producción mundial de maíz y soja.

Esto no quiere decir que el perfil no vaya a cambiar. Cambiará. Cambiará drásticamente, pero no por el dolor y el choque de la desglobalización que interrumpe el acceso a los insumos. Al contrario, cambiará debido a un cambio en la demanda del mercado.

El maíz está, en una palabra, jodido. Las mazorcas de maíz que compras para asar o cocinar al vapor no son las que cubren los interminables campos de Nebraska, Iowa e Illinois. El que comes se llama «maíz dulce» y representa menos del 1 % del maíz cultivado en Estados Unidos. Lo que se ve en todo el Medio Oeste se llama «maíz de campo» o «maíz dentado». Mediante un proceso llamado «nixtamalización», que utiliza calor y algún tipo de solución alcalina, el maíz de campo puede convertirse en un alimento como la masa, pero, para la mayoría, el maíz tiene usos distintos del consumo directo. Los principales consumidores de maíz y los más creativos son los estadounidenses, ya que producen cantidades tan ingentes que consideran razonable transformarlo en miles de productos, desde jarabe de maíz con alto contenido en fructosa hasta botellas de plástico de imitación, pasando por cerámica para bujías o tizas escolares. El mayor volumen de estos productos es, con diferencia, el biocombustible coloquialmente conocido como «etanol». Una mezcla de subsidios y mandatos exige que la gasolina estadounidense contenga entre un 10 y un 15 % de este producto a base de maíz, lo que no parece demasiado hasta que uno se da cuenta de que, en el punto álgido del etanol, aproximadamente la mitad de la cosecha de maíz estadounidense se convertía en aditivo para la gasolina. El mandato absorbió tanto maíz que hizo subir no solo los precios de este cereal, sino los de casi todos los cultivos, al desplazar las superficies agrícolas hacia el maíz: el trigo, la soja, el algodón y el heno se volvieron muy sensibles a la competencia, al igual que la carne de cerdo y de vacuno, debido a los mayores costes de los piensos.

En el resto del mundo, el maíz se destina principalmente a la alimentación animal.

En la era de la globalización tardía y el aumento de los ingresos, esto está muy bien. A medida que la gente gana más dinero, quiere comer más carne. Pero, en una era post-globalización de colapso de los ingresos, la mayoría de la gente en la mayor parte del mundo no será lo suficientemente rica como para disfrutar de la proteína animal a diario. Es de esperar que la demanda de maíz se desplome junto con la ganadería a gran escala en cualquier país cuya producción no satisfaga la demanda regional o que dependa del maíz importado para engordar a sus animales. Esto afectará a productores de carne como Uruguay y Australia en la primera categoría, y a consumidores de carne como Corea y China en la segunda.

Lo que pierde el maíz lo gana la soja. La soja también es forraje. De hecho, debido a su mayor contenido en proteínas, en muchos casos la soja es el insumo superior. Sin embargo, a diferencia del maíz, la soja puede procesarse fácilmente para el consumo humano. Y, como la soja es una planta, la proteína de soja es barata en comparación con las hamburguesas y las chuletas de cerdo. En un mundo desglobalizado y desconectado, simplemente no va a haber el mismo grupo gigante de consumidores de carne con movilidad ascendente necesario para mantener la ganadería en su escala global actual. Este cambio de proteínas animales de alto coste a proteínas vegetales de bajo coste es una transformación necesaria que probablemente evitará que unos mil millones de personas mueran de hambre.[142] Si no vives en el hemisferio occidental, Europa o Australia, es hora de que te pongas las pilas con el tofu.

Sin embargo, existe una clara probabilidad de que, incluso si la producción de maíz a gran escala deja paso a la de soja a escala cada vez mayor, sigamos sin tener suficiente soja. El problema es Brasil, el mayor exportador de soja del último periodo globalizado. Brasil ostenta ese manto debido a cinco factores:

- Científicos brasileños han pirateado el genoma de la soja para modificar las horas de luz diurna necesarias para que la planta pueda florecer y madurar en las tierras agrícolas más ecuatoriales del país. Cerca del ecuador, el verano y el invierno tienen duraciones de día casi idénticas, por lo que la soja nunca sabía qué hacer y no maduraba). Esta proeza científica permitió a Brasil ampliar la producción de soja más allá de sus provincias meridionales y más templadas, como Río Grande do Sul, a sus provincias más ecuatoriales y tropicales,

---

142 Si no se produce el cambio, 2000 millones de personas morirán de hambre.

como Mato Grosso. Este ajuste es responsable de un tercio de las exportaciones mundiales de soja.

- Las exportaciones de soja de Brasil están lo más lejos posible físicamente de los mercados asiáticos. Tienen que rodear la punta de Sudamérica o cruzar el Atlántico Sur hasta el cabo de Buena Esperanza, antes de atravesar el Pacífico o el Índico por la travesía más larga posible. La mayoría de los alimentos tienen un valor muy bajo en comparación con su peso o volumen. Cincuenta libras de oro valen unos 25.000 dólares y puedes tenerlas en las manos. Cincuenta libras de aluminio valen unos cincuenta dólares y caben en un cubo. Cincuenta libras de soja costaban unos diez dólares y requerían una carretilla. A menos que se tratara de uno de esos afortunados centros imperiales con buenas opciones de transporte interno por agua, la mayor parte de la humanidad ni siquiera se planteó abastecerse de alimentos a más de unos pocos kilómetros de los lugares de producción hasta el siglo XVIII. En el Orden industrializado, esto no importa. El transporte marítimo de larga distancia y bajo coste se ha vuelto omnipresente.

- Los suelos casi tropicales de Brasil son extraordinariamente pobres en nutrientes y las principales regiones productoras de soja de Brasil no sufren de plagas invernales. En el lado positivo, la falta de invierno significa que la mayoría de los agricultores brasileños de soja (y maíz) pueden duplicar (¡e incluso triplicar!) la cosecha. En el lado negativo, no solo los insectos, las malas hierbas y el moho son un problema constante, sino que la tala de bosques para crear tierras de cultivo ha eliminado la mayor parte de las presiones naturales, por lo que los diversos bichos pueden centrar sus esfuerzos genéticos en resistir a los productos químicos agrícolas. Los pesticidas, herbicidas y fungicidas que deben reformularse cada década aproximadamente en el Medio Oeste estadounidense requieren revisiones cada dos o tres años en Brasil. En consecuencia, la agricultura brasileña de cultivos en hilera tiene los costes de insumos más altos del mundo en fertilizantes, pesticidas, herbicidas y fungicidas por unidad de producción. En el periodo globalizado de fácil suministro de insumos y venta de productos, esto no es más que una nota a pie de página.

- Al igual que la producción de soja en Argentina y Estados Unidos, la mayor parte de la producción de soja de Brasil se encuentra en el interior. A diferencia de Argentina o Estados Unidos, Brasil carece de la geografía llana hasta la costa, que permite un sistema barato de transporte ferroviario y fluvial para enviar su abundancia agrícola. La mayor parte de la soja brasileña se transporta en camión. Esto requiere grandes volúmenes de capital barato importado para financiar la infraestructura necesaria. En la omnipresente era del capital, del aumento de los *boomers* y de la hiperfinanciación china, esto no es un problema.

- Todos los cultivos atraviesan ciclos de exceso de oferta y escasez de demanda, pero si hay algo común en el mundo posterior a 1990 es que la población mundial ha crecido y se ha enriquecido constantemente, lo que significa que quiere más y mejores alimentos. El mayor componente de esta mayor riqueza es China, insensible a los precios. El alimento de lujo preferido de los chinos es el cerdo, la piara de cerdos china es mayor que la del resto del mundo junto, las tierras de cultivo de China son lamentablemente insuficientes para alimentarla y la forma más rápida de engordar a un cerdo es alimentarlo con soja. Desde el año 2000, la soja brasileña se ha disparado.

A excepción del trabajo genético del cerebro, todos estos factores se volverán en contra de los brasileños en un mundo desglobalizado. Esto no significa que la producción agrícola brasileña vaya a desplomarse, pero sí que la producción se reducirá, que la producción brasileña será mucho menos fiable, que la producción brasileña será mucho más cíclica y que los brasileños se enfrentarán a problemas de transporte interno que los argentinos y los estadounidenses simplemente no pueden comprender.

El siguiente es el arroz. En términos de comercio internacional, el arroz «solo» ocupa el noveno lugar en valor, pero eso desmiente su importancia como segundo cereal más popular del mundo después del trigo. La cuestión es que hay muchas variedades diferentes, desde el arborio utilizado en el *risotto* hasta el basmati de la cocina india, pasando por el pegajoso de Indonesia, el jazmín de Tailandia o el negro de China. Los asiáticos piensan del arroz lo mismo que los estadounidenses de la barbacoa. Hay una forma correcta y otra horrorosa. La actitud tiende a reducir el volumen comercializado.

Las variedades colectivas de arroz del mundo no tienen tanta historia como las de trigo, en gran parte porque en muchos aspectos el arroz es el polo opuesto del trigo. El arroz es un cultivo difícil y caro, que requiere más insumos, mano de obra, maquinaria y procesamiento que cualquiera de los otros alimentos que consume la humanidad.

El arroz exige mucha agua y mano de obra, hasta el punto de que su cultivo condiciona profundamente —y perjudica— a las culturas que lo utilizan. El trigo se cultiva una sola vez. Bueno, tal vez dos veces si se considera la trilla. ¿Y el arroz? Ni hablar. Todo depende de la gestión del agua.

Casi todos los arroces del mundo no se cultivan en hileras, sino en arrozales. Los arrozales deben excavarse y revestirse de arcilla para que no pierdan agua. Los arrozales son menos campos y más macetas gigantes al aire libre. En otro lugar, las semillas de arroz deben convertirse en plántulas. En la mayoría de los casos, estas plántulas se plantan a mano en arrozales inundados para que crezcan pronto, y al cabo de unos días se drenan los arrozales para que las jóvenes plantas de arroz puedan respirar, recibir suficiente sol, echar raíces y crecer.

Entonces comienza la danza del agua: los campos se inundan repetidamente para ahogar las malas hierbas y los bichos terrestres, y luego se drenan para matar las malas hierbas y los bichos acuáticos. Un exceso de agua en cualquier momento ahoga el cultivo y la falta de agua provoca la desecación. Dependiendo del cultivar, este ciclo de inundación y drenaje debe repetirse hasta cuatro veces antes de un secado final que precede a la cosecha. Tras la cosecha, los tallos de arroz deben secarse de nuevo. El arroz debe trillarse dos veces: una para separar los granos de los tallos y otra para quitarles la cáscara. Y eso solo para el arroz integral. Para obtener arroz blanco, hay que pulir los granos para eliminar el salvado.

No se trata de tirar unas semillas al suelo y volver dentro de unos meses. El cultivo del arroz es un trabajo casi a tiempo completo. Cuando una potencia triguera entra en guerra, mientras los agricultores estén de vuelta para la cosecha, todo va bien. Cuando una potencia arrocera va a la guerra, un año de inanición se cuece en la toma de decisiones.

Teniendo en cuenta la cantidad de variedades de arroz que existen, no es de extrañar que haya mucha variación de un tipo a otro y de una región a otra.

Los climas monzónicos del subcontinente indio tienen estaciones muy húmedas que son buenas para el arroz y estaciones muy secas que son buenas para el trigo (pero un arrozal es un arrozal y, por tanto, los agricultores deben elegir para qué preparar sus tierras). Japón tiende a utilizar maquinaria para plantar los semilleros. En Misisipi, el arroz es un cultivo en hilera sometido a un riego incesante, pesado y muy controlado. California planta su arroz por vía aérea.

El Orden no transformó el mundo del arroz tanto como lo hizo con el del trigo. El trigo crece en cualquier parte, así que el Orden lo desterró a lugares donde solo puede crecer el trigo. Pero el cultivo del arroz requiere unas condiciones muy específicas que hay que crear, una mano de obra muy barata que hace muy poco más y mucha agua, normalmente durante más de una temporada. Independientemente de lo que el Orden hizo a todo y en todas partes, no provocó una agitación masiva en los cómo y, sobre todo, en los cómo del cultivo del arroz: el mundo del arroz ha sido durante mucho tiempo una media luna bastante contenida de tierras desde el sur de Asia a través del Sudeste Asiático hasta el este de Asia. Este arco abarca aproximadamente el 90 % de la producción total de arroz, casi toda ella de tipo *paddy*.

De cara al futuro, el mundo del arroz se enfrenta a dos retos. Primero, los excrementos.

Exceptuando Japón, Hong Kong y Singapur, muy pocos lugares del sur, el sudeste o el este de Asia se habían industrializado antes de 1945. Así, la mayor parte de la producción arrocera utilizaba excrementos humanos y animales como fertilizantes primarios. Si se tiene en cuenta que los trabajadores del arroz se pasaban el día vadeando el agua con caca, se puede imaginar el impacto en la esperanza de vida.[143]

En China, los horrores de la Revolución Cultural echaron por tierra la mayoría de los primeros avances en la introducción de fertilizantes, obligando a los campesinos chinos a volver a la caca. No fue hasta la década de 1990 cuando la caca dejó de ser un ingrediente habitual. Si a ello se añaden algunas otras tecnologías industriales para la cosecha y el riego, muchos campesinos chinos disfrutan por fin de una seguridad alimentaria suficiente para abandonar en masa la vida en los arrozales y trasladarse a la ciudad. Los ingresos aumentaron. Los índices de enfermedad descendieron. La esperanza de vida aumentó.

Si se deshace ese proceso y se deniega el acceso a insumos importados, el mundo del arroz se enfrentará a graves problemas.

Sin esos fertilizantes fosfatados, el arroz no puede cultivarse en el volumen necesario en ningún lugar del mundo del arroz. Décadas de urbanización masiva han separado las fuentes de caca de los arrozales. Esto significa que, o bien 2000 millones de personas tienen que renunciar al arroz, o bien estas regiones tienen que desurbanizarse mucho más rápido de lo que se urbanizaron para que el fertilizante «natural» pueda volver a situarse junto a la producción de arroz.

En este punto, China tiene la posibilidad de salir bien parada. A diferencia de la inmensa mayoría del este y el sudeste asiáticos, los chinos pueden abastecerse internamente de fosfatos, aun-

---

143 Para los que les guste entrar en materia, buscad en Google «esquistosomiasis». Advertencia: no lo hagas justo después de una comida copiosa.

que solo mientras China permanezca totalmente intacta. Todas las minas de fosfato de China se encuentran en su extremo occidental, concretamente en Tíbet y Xinjiang, regiones en las que el PCCh lleva a cabo genocidios étnicos con diversos grados de intensidad y brutalidad desde los años cincuenta. Estas regiones también se encuentran a más de mil kilómetros de distancia de las densamente pobladas regiones de mayoría han, donde se cultiva el arroz. Si China se resquebraja por alguna razón, su única esperanza de obtener rendimientos razonables de arroz es volver a un círculo de vida impulsado por los excrementos.

Las consecuencias de estas deslocalizaciones masivas para la capacidad de producción deberían ser obvias. La mano de obra estará en el lugar equivocado, haciendo algo que no tiene nada que ver con la fabricación de aparatos. Las repercusiones en la producción de arroz son menos evidentes. La urbanización vertiginosa de China significa que su población ha envejecido tan rápidamente que no hay suficientes espaldas fuertes para trasladarse a las plantaciones en primer lugar. Y las repercusiones en el tamaño de la población son sencillamente aterradoras. Casi todo el aumento de población registrado en China entre 1980 y 2020 (unos quinientos millones de personas) se debe al aumento de la esperanza de vida gracias a la salud, y no a los nuevos nacimientos. Esto significa que, si China tuviera que cambiar los fertilizantes sintéticos por otros más naturales, el país perdería en un par de décadas el aumento de su esperanza de vida, es decir, los últimos cuarenta años de crecimiento demográfico, incluso si nada sale mal.

El segundo reto para el mundo del arroz es menos evidente, pero quizá aún más problemático: el acceso al agua.

La naturaleza quisquillosa del arroz, que requiere mucha agua, significa que, a diferencia del trigo, no se puede cultivar arroz en tierras marginales. Esta sutileza hace que el arroz sea increíblemente vulnerable a los cambios climáticos. Si cambia la hidrología de una región, aunque solo sea un poco, la producción de arroz se desploma.

La producción arrocera más prolífica de China se sitúa a lo largo del bajo Yangtsé, la zona donde el arroz se domesticó por primera vez hace diez milenios. A medida que China se urbanizaba, las ciudades ribereñas se expandían y absorbían lo que antes era territorio de arrozales. Lo que queda para la producción de arroz son tierras altas que dependen casi exclusivamente del riego. Esto hace que el arroz del Yangtsé dependa de las precipitaciones en una miríada de zonas climáticas de la cuenca superior del Yangtsé, muchas de las cuales se están desertificando. Normalmente, las pequeñas diferencias en los microclimas no justificarían mi atención. Pero en China viven 1400 millones de personas y el arroz es muy delicado.

Los problemas hídricos a los que se enfrenta China son en realidad un microcosmos de los problemas más generales del cambio climático, que es un tema mucho más amplio.

# AGRICULTURA Y CAMBIO CLIMÁTICO

Empecemos este apartado con algunos datos que dan vergüenza ajena.

En primer lugar, la paz es extremadamente mala para el planeta. Cuando los estadounidenses crearon su Orden, no se limitaron a crear una alianza para luchar contra los soviéticos. Esa decisión estratégica también permitió a la inmensa mayoría de la humanidad iniciar el camino hacia la industrialización, lo que generó una explosión de las emisiones de gases de efecto invernadero cuando la mayor parte de la humanidad empezó a utilizar carbón, petróleo y gas natural en masa.

En segundo lugar, la expansión del Orden tras la Guerra Fría a, bueno, todo el mundo aceleró el aumento de las emisiones. Ya era bastante malo cuando los principales sistemas industrializados del mundo incluían a Francia, Alemania, Japón, Corea y Taiwán. Otra cosa fue cuando Indonesia, India, Nigeria y China se unieron al club. Países que ni siquiera podían plantearse iniciar el proceso de industrialización antes de la Segunda Guerra Mundial son ahora responsables de más de la mitad de las emisiones actuales, con unas emisiones totales siete veces superiores a las de 1945.

En tercer lugar, ahora que la mayor parte de la humanidad ha experimentado cosas como la electricidad, cabe considerar que la gente no elegirá conscientemente volver a un estilo de vida preindustrial, aunque la globalización se derrumbe. Algo que el movimiento ecologista moderno suele pasar por alto es que el petróleo y el gas natural no solo son los combustibles fósiles con bajas emisiones de carbono del mundo, sino que también son los combustibles con los que se comercia internacionalmente. En un mundo posglobalizado, el principal combustible del que pueden abastecerse la mayoría de los países es el carbón. Y no cualquier carbón, sino carbón blando o lignito de bajo contenido calórico, baja temperatura de combustión y alto contenido de contaminantes, que genera muchas más emisiones de carbono que la combustión de… casi cualquier otra cosa. Como especie, somos completamente capaces de involucionar hacia un mundo fracturado, oscuro, pobre y hambriento, sin dejar de aumentar las emisiones de gases de efecto invernadero.

En cuarto lugar, nuestra capacidad de previsión de las repercusiones climáticas tiende a ser vergonzosamente errónea.

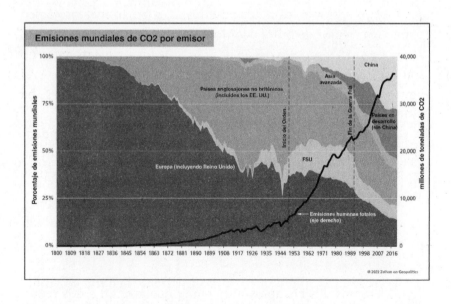

El mejor ejemplo reciente es el de Estados Unidos a mediados de 2021. Un sistema de altas presiones encerró algo de aire cálido sobre el noroeste del Pacífico. Parte de ese aire descendió entonces desde las Cascadas, desencadenando efectos de compresión. ¿El resultado? Lugares normalmente nublados, lluviosos y sucios se convirtieron en hornos abiertos durante semanas. En Portland, en Oregón, se registraron repetidamente temperaturas por encima de los ciento veinte grados. He visto muchos modelos climáticos que sugieren la inevitabilidad de desiertos más cálidos o de un Sur de Estados Unidos más caluroso, pero ninguno ha proyectado que Portland —la mismísima Portland— acabe siendo más calurosa de lo que nunca ha sido Las Vegas.

La razón de este error tan fundamental es sencilla: hoy por hoy no disponemos de datos suficientemente fiables para proyectar el cambio climático en cuanto a código postal. Cualquiera que lo intente hará, como mucho, una conjetura.

No me gusta adivinar. Siempre que puedo, lo evito. Por eso no me fijo en muchas previsiones climáticas, sino que recurro a los datos meteorológicos. No a los datos meteorológicos actuales o futuros, sino a los datos pasados. El registro meteorológico se basa en cientos de miles de informes tomados decenas de veces al día en todo el mundo desde hace más de un siglo. Los datos no son controvertidos. No son políticos. No es una proyección. Y, si hay una línea de tendencia de cambio, se sabe que la aguja ya se ha movido y solo hay que seguirla un poco.

A efectos de este proyecto, estoy utilizando líneas de tendencia de datos meteorológicos de ciento veinte años para proyectar hacia el futuro apenas treinta años más. ¿Crees que no es muy atractivo? Piénsalo otra vez.

## HISTORIA DE DOS TIERRAS

Consideremos dos ejemplos muy reales que afectan a dos regiones del primer mundo de las que disponemos de datos excelentes:

Australia, país del Pacífico sudoccidental (concretamente, el tercio sudoriental del país, donde vive la mayor parte de su población y se produce la mayor parte de su producción agrícola) y el estado de Illinois, en el Medio Oeste de Estados Unidos. De media, las temperaturas en ambos lugares han aumentado 1,1 grados centígrados desde 1900. También tenemos —de nuevo, a partir de datos reales— una idea clara de lo que este aumento de la temperatura ha provocado en ambos lugares. Los impactos no coinciden ni remotamente.

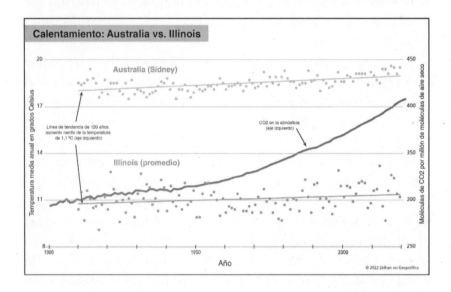

El aumento de las temperaturas en Australia se ha traducido en días de verano más calurosos y secos. En el verano de 2019-20, Australia experimentó una sequía, con incendios forestales casi apocalípticos que quemaron una quinta parte de los bosques del país, mataron a unos mil millones de animales y destruyeron aproximadamente una séptima parte de los pastizales del país. Por el contrario, en Illinois, las temperaturas más altas se han manifestado como un aumento de la humedad, y los veranos de 2019 y 2020 no han sido una excepción. En lugar de incendios, Illinois ha experimentado una producción de maíz y soja cada vez mayor.

¿A qué se deben estas diferencias tan marcadas? En una palabra: geografía.

Un remolino de una docena de grandes corrientes oceánicas rodea el continente australiano. Algunas cálidas. Algunas frías. Algunas estacionales. El extremo norte de Australia está en pleno trópico. El extremo sureste linda con el lado frío de la zona templada. El resultado es una tierra de contrastes. No solo las tres cuartas partes centrales del continente australiano son desérticas, sino que las salvajes variaciones climáticas de una estación a otra y de un año a otro confieren a Australia un patrón irregular de inundaciones y sequías. Es como si los grandes desiertos australianos palpitaran como un corazón, con precipitaciones que entran y salen del interior cada pocos años. Los australianos, con esa maravillosa facilidad de palabra que tienen, llaman a estas fases Big Wet («Gran Húmedo») y Big Dry («Gran Seco»). Estos patrones estaban bien documentados mucho antes de la aceleración de la acumulación de carbono en la atmósfera terrestre del mundo posterior a 1990, o incluso antes de que los australianos empezaran a industrializarse. Esto no es el cambio climático. Esto es Australia.

Ahora añádele ese aumento de temperatura de 1,1 grados centígrados. La disposición topográfica de Australia la hace árida. El aire seco se calienta rápidamente, pero también se enfría. Por tanto, la mayor parte del aumento de la temperatura en Australia se manifiesta en forma de temperaturas diurnas más altas. Esto eleva el punto de rocío, haciendo menos probable la lluvia. Esto seca el país y lo hace propenso a la sequía y los incendios, lo que disminuye el potencial agrícola. Es probable que muchas de las regiones agrícolas de Australia —sobre todo las laderas occidentales de las Montañas Azules, en el este del país, y partes importantes de la cuenca Murray-Darling, en el sureste— se degraden y se conviertan en cuencas de polvo. Los incendios de 2019-20 tienen un aire muy de presagio del apocalipsis.

Comparemos esto con la geografía de Illinois. Illinois se encuentra en el interior del continente, por lo que experimenta las cuatro estaciones del año con una regularidad casi mecánica. Illinois se encuentra justo en medio de la zona templada y recibe precipitaciones bastante constantes, mes a mes; el mes más seco (febrero) rara vez recibe menos de cinco centímetros de agua, mientras que el mes más lluvioso (mayo) rara vez recibe más de cinco centímetros.

Parte de esa lluvia comienza como sistemas meteorológicos tropicales en el golfo de México. Sabemos —de nuevo, por las mediciones de temperatura del mundo real— que el aire sobre el Golfo se ha ido calentando de forma constante durante décadas. El aire más cálido puede transportar más humedad, lo que hace que Illinois tenga más probabilidades de recibir precipitaciones de sistemas de tormentas tropicales, pero la naturaleza profundamente continental de Illinois significa que experimenta estas tormentas como simples precipitaciones, en lugar de huracanes que se desplazan de casa en casa. El aumento de la humedad en comparación con la primera mitad del siglo xx, entre cinco y diez centímetros al año según el lugar del estado en el que nos encontremos, hace que la agricultura de Illinois esté a rebosar con una producción cada vez mayor.

Pero ¿qué pasa con los aumentos de temperatura? Hasta ahora han sido positivos. La disposición topográfica de Illinois la hace húmeda. El aire húmedo se calienta más lentamente y mantiene el calor más tiempo. Por tanto, la mayor parte del aumento de la temperatura en Illinois se manifiesta en forma de temperaturas nocturnas más altas. Esto reduce el número de noches con heladas que dañan los cultivos, lo que aumenta el potencial agrícola. Si las tendencias de calentamiento se mantienen, en algún momento de la década de 2020 la mayor parte de Illinois experimentará tantas noches sin heladas que los agricultores podrán plantar dos cosechas al año.

La sabiduría convencional sobre el cambio climático afirma que la situación de Australia es obvia, predecible y, por tanto, evitable. Pero la realidad le ha dado un puñetazo a la sabiduría convencional en lo que respecta a Illinois. Diferentes geografías dan lugar a diferentes resultados climáticos, incluso cuando el aumento neto de energía es idéntico. Es difícil imaginar un aspecto positivo de la evolución en Australia, pero también es difícil imaginar un aspecto negativo de la evolución en Illinois.

Esa desconexión es precisamente la cuestión.

Si bien no podemos hacer predicciones específicas y localizadas independientemente de los datos meteorológicos, sí podemos utilizarlos para hacer algunas afirmaciones algo más que generales que, para mi gusto, son más que dramáticas.

Todos influyen en el mundo de la agricultura.

## DAR SENTIDO AL CAMBIO CLIMÁTICO;
## PARTE I: NO ES EL CALOR, ES LA HUMEDAD

El primer golpe más allá de lo general tiene que ver con la química básica: aunque el aire más cálido puede retener más agua, también significa que se necesita más humedad para generar precipitaciones. En las zonas de baja humedad, un aire más caliente suele significar menos precipitaciones (Australia), pero en las zonas de alta humedad suele significar más precipitaciones (Illinois). Esto supone la mayor diferencia en los extremos. La mayoría de los desiertos se volverán más cálidos y secos (y más grandes), la mayoría de las zonas ya áridas corren el riesgo de desertificarse, y el aumento de las precipitaciones en los trópicos convertirá las zonas más llanas en humedales. Los desiertos y los humedales son basura para cultivar alimentos.

Una diferencia de temperatura de tan solo unos grados cambiará los patrones de humedad en tan solo unos puntos porcentuales. No parece mucho. Y no lo es. Pero recordemos que también nos enfrentamos a un mundo en el que las cadenas de transporte y suministro se debilitarán o, en algunos lugares, se romperán por completo. Añadir un poco más de tensión a los sistemas agrícolas en ese entorno tendrá efectos desmesurados. La lista no es alentadora. Las regiones que probablemente se verán más afectadas por los cambios climáticos de este primer factor son:

- Mato Grosso, la central de soja de Brasil, la zona de producción de soja más densa del mundo.
- El Levante mediterráneo, el Sahel y América Central, que ya son las regiones del mundo con mayor inseguridad alimentaria.
- El sur de Ucrania, posiblemente la parte más productiva del cinturón de trigo ruso.
- El Valle Central de California, que en dólares es la zona agrícola más productiva del planeta.
- La cuenca del Ganges, el sistema fluvial más densamente poblado del mundo, hogar de unos quinientos millones de personas.
- La región vinícola argentina de Mendoza, de donde procede la verdadera alegría física.

## DAR SENTIDO AL CAMBIO CLIMÁTICO; PARTE II: CUIDADO CON EL VIENTO

En segundo lugar, el calentamiento del planeta es desigual: los polos se calientan aproximadamente el triple que los trópicos. La diferencia de temperatura genera viento, y una mayor diferencia de temperatura genera más viento. Que esto sea bueno, malo o lo que sea depende del estado de la Tierra entre tú y el ecuador. Si hay una gran masa de agua tropical, los vientos más fuertes traerán más lluvia. Mucha más lluvia.

Japón, Taiwán, las Coreas, México y China deberían prepararse para más precipitaciones. En los seis casos, es probable que la gestión del agua resulte un problema, ya que todos sufren topografías extremadamente accidentadas en las zonas susceptibles de experimentar humedad adicional. Japón, Taiwán y Corea del Sur son países muy desarrollados que ya cuentan con sistemas eficaces de gestión del agua y podrían disfrutar de algo parecido a una patada de salida al estilo de Illinois.

Es poco probable que México, China y Corea del Norte tengan tanta suerte. La costa suroeste de México no se verá tan salpicada como empapada, pero la mayor parte del país es irregular y de gran altitud. Cualquier beneficio para la agricultura se verá probablemente compensado por la destrucción causada por los deslaves de tierra. El sur de China, la parte del país que probablemente recibirá más calor y agua adicionales, ya es la zona más cálida y húmeda del país. Es más probable que se produzcan inundaciones torrenciales y humedales persistentes del tipo que sobrecargarán los esfuerzos arroceros de la región y reducirán las cosechas en lugar de aumentarlas. Corea del Norte ya sufre regularmente inundaciones catastróficas. La última en los años noventa contribuyó a la muerte por hambruna de casi dos millones de personas.

Los cambios en el régimen de lluvias afectan a los caudales de agua, sobre todo cuando estos ya se han visto afectados por la actividad humana. Entre los grandes ríos del mundo, el que ha experimentado mayores cambios en su volumen y caudal en los últimos años es el Mekong, en el sudeste asiático. Los chinos han aprovechado su curso superior para regar los campos de la meseta tibetana, los laosianos y los tailandeses construyen presas como locos para generar energía hidroeléctrica, los camboyanos han centrado su civilización en la intersección del Mekong y sus tierras bajas inundadas estacionalmente, mientras que los vietnamitas han convertido todo el delta del Mekong en un gigantesco arrozal. En los deltas, donde los ríos se encuentran con el océano, se puede ver el problema. Incluso caudales fluviales mínimamente bajos hacen que la tierra se hunda un poco y que el mar se adentre. Incluso un pequeño cambio en el nivel del mar o de la tierra significa que grandes extensiones del delta del Mekong quedarán expuestas al agua del mar y... no crecerá arroz. Más de cien millones de personas dependen del delta para su alimentación.

También me preocupa el subcontinente indio, una región con mucha gente y cuya situación casi ecuatorial generará un tipo de viento diferente. El aumento de las temperaturas en el océano Índico significa que la diferencia de temperatura entre el mar y la tierra se está reduciendo. Una menor variación térmica implica vientos menos intensos, lo que significa que continuará el debilitamiento de los vientos monzónicos, que dura ya un siglo y está muy bien documentado. Este debilitamiento ya ha reducido las precipitaciones en el subcontinente entre un 10 y un 20 % en el último siglo.

Normalmente, una cifra tan limitada en un periodo de tiempo tan largo no me preocuparía demasiado. Las tecnologías de la revolución verde combinadas con el acceso a los materiales del Orden lo han compensado con creces. Pero esas tecnologías y materiales no estarán disponibles de forma tan fiable en el futuro. Y lo que es aún más preocupante: un tercio de la población india vive ya en regiones semiáridas, mientras que la población de la India se ha cuadruplicado en el último siglo, lo que la convierte ya en el país más pobre en agua del mundo en términos per cápita. Unos monzones más débiles significan menos precipitaciones en el cinturón hindú y menos nieve en el sur del Himalaya. Esto último es especialmente negativo para Pakistán, que depende del deshielo del Himalaya para regar todo. Frente a Pakistán en el subcontinente está Bangladesh, un país que es el delta del Ganges. El debilitamiento de los caudales del Ganges sugiere que todo el país, de unos ciento sesenta millones de habitantes, podría sufrir un destino similar al del delta del Mekong. No hay mucho margen de error en esta parte del mundo, sobre todo porque menos lluvia significa menos arroz.

El Mediterráneo no es lo suficientemente grande ni tropical como para generar el efecto de humedad. En cambio, los fuertes vientos ecuatoriales-polares ya están empujando hacia el mar algunos de los frentes generadores de lluvia del norte de Europa. Desde el este de Francia hasta el oeste de Ucrania, el norte de Europa lleva seis décadas secándose poco a poco. Bajo el Orden esto no ha sido un problema. Europa simplemente ha pasado a producir productos especializados que luego vende a precios muy altos a un mundo rico e interconectado. No está claro que el continente pueda dar marcha atrás, e incluso si lo consigue, ello eliminaría muchos productos alimentarios del mercado, ya que los europeos prefieren las necesidades locales.[144]

Las tres cuartas partes orientales del cinturón de trigo ruso se encuentran al norte de los desiertos continentales interiores. Unas corrientes de viento ecuatorial-polar más fuertes deshidratarán la mitad oriental del cinturón de trigo ruso, sobre todo la parte del norte de Kazajistán. Peor aún, cualquier secado impulsado por el viento intensificará un desastre climático en curso completamente diferente:

La Unión Soviética desvió las aguas de los ríos Amu y Syr Darya para regar los campos de algodón de los desiertos de Asia central, lo que prácticamente destruyó el mar de Aral, principal fuente de humedad de la región. Incluso sin un aumento de la temperatura inducido por el cambio climático, la desecación que sufre la región ya iba a eliminar el manto de nieve de las montañas occidentales de Tian Shan y Pamir en un par de décadas. Sin manto de nieve, sin ríos regionales, toda la región se convierte en un duro desierto. Esto supone el fin de casi toda la agricultura en Turkmenistán, Uzbekistán, Tayikistán, Kirguistán, el sur de Kazajistán y el norte de Afganistán. Como en cualquier lugar desértico donde la agricultura depende totalmente del riego, cuando el agua desaparece, también lo hace la comida. Y la gente.

El ganador indiscutible de estos cambios en los patrones de viento es el Medio Oeste americano. Este fenómeno ecuatorial-polar es, al menos en parte, el responsable de que Illinois lo esté pasando tan bien con el cambio climático hasta la fecha.

---

144 A propósito, hay muchas pruebas paleontológicas que indican que no solo se ha producido este tipo de desecación europea en múltiples ocasiones, sino que a veces toda la cuenca mediterránea se ha marchitado hasta convertirse en una versión brobdingnagiana del valle de la Muerte.

## DAR SENTIDO AL CAMBIO CLIMÁTICO;
## PARTE III: DOS MEJOR QUE UNO

Dos fuentes de precipitaciones. Parte de la fiabilidad de la agricultura del Medio Oeste estadounidense se debe a que recibe lluvias no solo de los sistemas monzónicos procedentes del golfo de México, sino también de la corriente en chorro de oeste a este de Norteamérica. Es muy raro que los dos sistemas de humedad dejen de funcionar el mismo año. Sin embargo, lo que es cierto para el Medio Oeste estadounidense en general no lo es para toda América. Por regla general, la corriente en chorro de oeste a este, que domina la mayor parte de los patrones meteorológicos de Estados Unidos, domina los flujos de tormentas tropicales aproximadamente en el meridiano 100 y les impide avanzar más hacia el oeste.

En el mundo cada vez más cambiante climáticamente hacia el que nos dirigimos, todo lo que esté al este de esa línea experimentará probablemente más precipitaciones. Sin embargo, todo lo que esté al oeste ya estaba seco y ahora lo estará aún más. La mayoría de las comunidades agrícolas de las Grandes Llanuras dependen de la irrigación, agrupadas a lo largo de los valles fluviales, lo que es posible gracias a las nevadas estacionales de las Rocosas orientales…, nevadas que en el futuro probablemente llegarán con menos frecuencia, menos intensidad y se derretirán mucho más rápido.

No obstante, lo que probablemente sea triste en las Grandes Llanuras de los Estados Unidos será devastador en la India, Brasil, Australia o el sudeste asiático, que son todos principalmente monzónicos, o la antigua Unión Soviética o el África subsahariana, que están principalmente impulsados por la corriente en chorro.D e hecho, aparte del Medio Oeste estadounidense, solo tres lugares en el mundo se benefician tanto de la corriente en chorro como de los sistemas de humedad monzónica: Francia, Argentina y Nueva Zelanda, todas ellas potencias agrícolas. Probablemente, ninguno de ellos tenga dificultades para abastecerse de insumos, ya sea en forma de equipos o de petróleo. Mejor aún, es probable que ninguno experimente amenazas de seguridad significativas que puedan comprometer la vida en general o la producción agrícola en particular. Es probable que todos experimenten un aumento significativo de la producción debido a una combinación de cambios geopolíticos y climáticos.

Pero esos aumentos no serán ni de lejos suficientes para alimentar a 8000 millones de personas.

Y eso antes de tener en cuenta la cuarta y última pincelada.

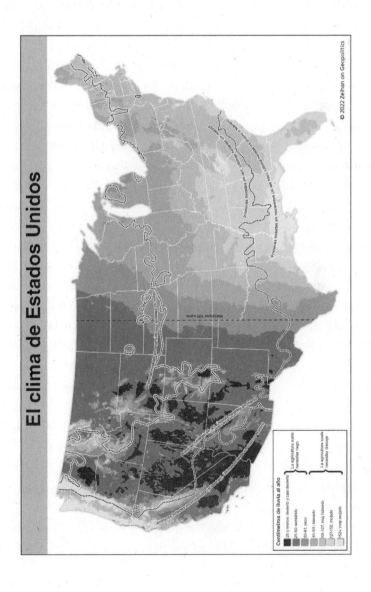

Las zonas que sufrirán el mayor impacto sobre la capacidad agrícola serán las que ya eran marginales: áridas, pero no desérticas, calurosas y húmedas, pero todavía útiles. El dolor se sentirá más en los lugares secos que en los húmedos por la sencilla razón de que es mucho más fácil, en términos de energía e infraestructuras, drenar las regiones excesivamente húmedas que suministrar agua a las excesivamente secas.

Estas tierras marginales se enfrentan a un doble golpe. Se necesitaron tecnologías industriales para reverdecer estas tierras marginales, y se necesitó el Orden para permitir que las tecnologías industriales llegaran a muchas de estas tierras marginales en primer lugar. Cualquiera de estas localidades que carezca del acceso fluvial o acuífero necesario para el regadío masivo —y son la mayoría— se enfrenta a reducciones drásticas de las hectáreas productivas, así como a reducciones catastróficas de la producción agrícola por hectárea de lo que queda.

Desgraciadamente, esto representa una enorme proporción de la superficie de la Tierra, incluyendo potencias agrícolas que van desde Bolivia a Brasil, pasando por Paraguay, Italia, España, Portugal, Argelia, Nigeria, Congo, Pakistán, India, Tailandia, China, Vietnam, Indonesia, Australia, México y Sudáfrica. En términos conservadores, eso añade desafíos climáticos a las zonas de producción agrícola que alimentan a unos 4000 millones de personas.

Volvamos al trigo. Hoy en día, el trigo se cultiva sobre todo en tierras marginales, demasiado secas para cualquier otro cultivo. La palabra clave es «seco». Una de las cosas que hemos descubierto en los últimos treinta años es que la mayoría de las plantas son como la mayoría de las personas: son bastante resistentes a la temperatura siempre que puedan acceder a más agua. Este equilibrio entre agua y calor lo es todo en la agricultura. El este de Wyoming y el este de Montana tienen el mismo perfil de precipitaciones, pero Wyoming es un poco más cálido y, por tanto, no puede cultivar nada, mientras que Montana se encuentra en el Cinturón del Trigo. El estrés térmico es bastante manejable con un riego suficiente. Pero, si las regiones trigueras actuales tuvieran agua extra, estarían cultivando algo más valioso que el trigo. Piense en el interior del estado de Washington. El mismo acceso fluvial que permite a la región ser una cornucopia agrícola es el mismo factor que ha eliminado en gran medida el trigo del mix de producción local.

En lugares ricos con gran capacidad de generación eléctrica, la desalinización puede ser una opción parcial. La tecnología de la desalinización ha mejorado constantemente en los últimos años, hasta el punto de que el coste de la energía es solo un tercio de lo que era en 2005. Pero no hay muchos océanos cerca de los territorios marginales en los que se cultiva trigo; la mayoría están bastante lejos tierra adentro. La falta de agua es precisamente a lo que pronto se enfrentarán la mayoría de estas tierras ya secas y marginales, independientemente de que esas tierras estén en Saskatchewan, Kansas, Luhansk, Australia Meridional, Krasnodar, Shewa, Gaziantep o Santa Cruz o cualquiera de los Punjab.

En todo caso, es mucho peor de lo que parece. Los dos cultivos más importantes para la humanidad son los que corren mayor peligro: el arroz, por la alteración de los ciclos del agua, y el trigo, porque se cultiva en zonas ya secas que están a punto de volverse más secas.

## UN POCO MÁS ALLÁ

Esto —todo esto— se basa en esa misma proyección a corto plazo de los datos meteorológicos. ¿Se producirá un cambio climático más profundo en los años y décadas posteriores? Es posible. Probablemente. Bueno, casi seguro. Me faltan datos para dar detalles, así que no lo haré. Pero puedo echar la vista atrás en el tiempo para ayudar a preparar la mente. Después de todo, el cambio climático no es nuevo en la historia de la humanidad.

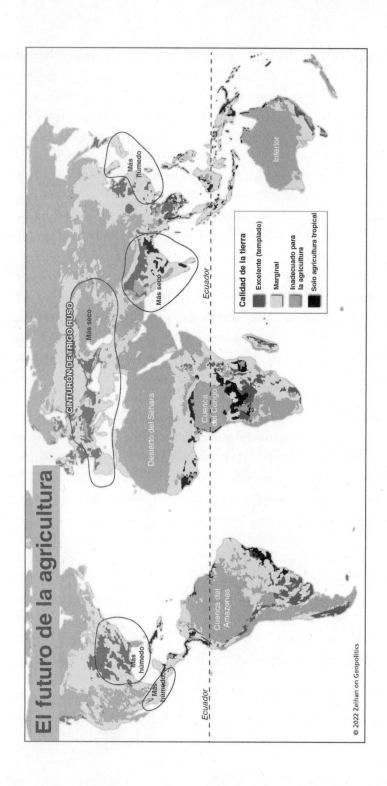

El futuro de la agricultura

Más húmedo

Más seco

CINTURÓN DE TRIGO RUSO

Más seco

Desierto del Sahara

Interior

Ecuador

Cuenca del Congo

Calidad de la tierra

Excelente (templado)

Marginal

Inadecuado para la agricultura

Solo agricultura tropical

Más húmedo

Más húmedo

Cuenca del Amazonas

Ecuador

© 2022 Zeihan on Geopolitics

- La mejor hipótesis de los arqueólogos contemporáneos es que un cambio climático regional afectó a la civilización del río Indo con inundaciones persistentes que desviaron el curso del Indo de las ciudades-Estado de la civilización, seguidas de una sequía de varias décadas que dejó a todos secos. En lugar de unirse para hacer frente al desafío, las ciudades-Estado de la civilización se sumieron en un bufé de canibalismo interno que destruyó su cultura colectiva hasta tal punto que ni siquiera descubrimos que la civilización del Indo existió hasta que los británicos se toparon con unas ruinas en el centro de Pakistán en el siglo XIX. No comprendimos la importancia del hallazgo hasta que se realizaron excavaciones cerca de la ciudad moderna de Harappa un siglo más tarde.

- En capítulos anteriores me he referido al colapso de la Edad de Bronce tardía, un periodo de sequía (probablemente provocada por un volcán) entre 1200 y 1150 a. C. aproximadamente. Los humanos estaban lo suficientemente avanzados en ese momento como para ser capaces de escribir cosas, así que tenemos alguna idea de los efectos de los cambios climáticos. Al parecer, fue muy duro; casi todas las civilizaciones del planeta se hundieron, incluidos todos los antepasados de lo que conocemos como «civilización occidental».

- Más recientemente, la Pequeña Edad de Hielo fue un periodo comprendido entre 1300 y 1850 d. C. en el que las temperaturas descendieron aproximadamente 0,3 grados Celsius con respecto a la era anterior (y unos 0,8 grados Celsius más frías que en 1900). El mayor dolor se sintió en zonas que ya eran frías. Hay muchos registros históricos (relativamente recientes) que relatan las dificultades de la vida en lugares como Escocia, Suecia, Rusia, China, Corea y Japón. Abundan los casos documentados de regiones enteras que sufrieron años «sin verano». Se puede adivinar lo bien que comía todo el mundo. Uno de esos años sin verano —1816— fue anormalmente frío, incluso para la época. En lugares tan al sur como Connecticut se alcanzaron los cuarenta grados bajo cero en agosto, mientras que en Londres nevó quince centímetros en julio. Mary Shelley pasaba los días encerrada en casa para protegerse de la interminable lluvia fría, la aguanieve y la nieve mientras escribía ese cuento irreal y boyante que hoy conocemos como *Frankenstein*.

# ALIMENTAR A UN NUEVO MUNDO

Más allá de los cuatro grandes cultivos (trigo, soja, maíz y arroz), hay todo un mundo de otros productos alimentarios, cada uno con su futuro. Vamos a desglosar los diecisiete principales.

Los mayores impactos en el mundo de la agricultura se dejarán sentir en la cría de animales, al menos en términos relativos. La domesticación de animales es la invención humana original, anterior incluso al cultivo del trigo y el arroz. Y el mismo árbol tecnológico que nos trajo al mejor amigo del hombre y a la vigilancia de los graneros es responsable de todo, desde las hamburguesas hasta las alitas de pollo, pasando por el beicon y el *foie gras*. Pero, al igual que con casi todo lo demás, fue necesaria la Revolución Industrial combinada con el Orden globalizado para llevar la carne a las masas.

En la era preindustrial, los consumidores de carne se enfrentaban a tres retos. En primer lugar, los animales se criaban para el hogar. Las balanzas eran pequeñas porque las limitaciones de insumos impedían el crecimiento rápido de los animales. Se daban sobras a las gallinas; las vacas pastaban y producían leche. La proteína animal era un suplemento de nuestra dieta y, con la posible excepción de la leche y los huevos, no era algo que comiéramos todos los días. Hicieron falta los logros agrícolas de la era industrial, impulsados por los fertilizantes, para generar un exceso de producción de soja y cereales suficiente para proporcionar forraje a los animales.

El segundo reto, como siempre, era el transporte. El transporte a granel de animales vivos a largas distancias no era posible porque había que alimentarlos. La única excepción eran las ovejas, el animal que mejor aprovecha la hierba desde el punto de vista metabólico y, por tanto, puede engordar a base de pastos. Pero, incluso aquí, las ovejas (y el pastor) tenían que caminar hasta la ciudad. El ferrocarril, los barcos de vapor y los camiones aceleraron el proceso, pero el verdadero cambio no se produjo hasta el siglo XX, con el auge del transporte refrigerado de bajo coste. Ahora se pueden descuartizar y refrigerar los animales antes de enviarlos, y no hay que alimentar a los cadáveres.

En tercer lugar, el coste. Obtener la misma mezcla de proteínas y calorías de los animales cuesta aproximadamente nueve veces más que obtenerlas de las plantas. Fuera de la granja, la proteína animal se convierte en el bien de lujo por excelencia. Pero, en la era del Orden, los ingresos se dispararon junto con la población general. La demanda de todo tipo de carne se disparó, sobre todo a partir de 1990.

Nada de esto, por supuesto, es sostenible en un mundo posglobalizado. La producción de los cultivos utilizados para forraje —sobre todo el maíz— disminuirá. El transporte que lleva el maíz y la soja a los cebaderos y la carne al mundo se tambaleará. La renta mundial se desplomará, y las proteínas animales volverán a ser un lujo para el grueso de la población humana. La palabra clave es «gran parte». El nuevo mundo en su conjunto seguirá disfrutando de enormes excedentes de cereales y soja, lo que le permitirá continuar siguiendo el modelo de agricultura industrial en lo que respecta a la cría de animales.

Ese es el panorama más amplio. Sin embargo, hay otros más pequeños que siguen siendo bastante grandes.

La carne más comercializada es la de cerdo (el tercer producto agrícola más comercializado internacionalmente en valor), y su historia es dolorosamente sencilla. La carne de cerdo es la proteína animal prefería en Asia oriental. La mitad de la cabaña porcina mundial se cría en China, que recientemente se ha convertido también en el mayor importador de carne de cerdo del mundo. Cualquiera que haya apostado la granja a la demanda a largo plazo de China perderá la granja. Los centros secundarios de producción porcina de Dinamarca y España seguirán existiendo —están lo suficientemente lejos del caos que será Europa central y oriental como para que los problemas de seguridad no los perturben—, pero el aumento de los costes de los insumos reducirá la producción futura. Esto deja a los estadounidenses la tarea de dominar el resto del mercado, sobre todo en el Sudeste Asiático, donde la población local adora la carne de cerdo tanto como los chinos (en términos per cápita, los vietnamitas ya comen más).

El siguiente es el pollo (el décimo producto agrícola más comercializado internacionalmente en valor). Es, con mucho, la proteína animal más barata y menos quisquillosa, pero solo gracias a los insumos de la era industrial. Históricamente, los pollos han sido pequeños y escuálidos porque su dieta consistía en restos de mesas, insectos y semillas de hierba, pero, si se los alimenta con grano a granel, se hacen enormes. Algunos critican a la industria avícola estadounidense por el uso masivo de cercados, pero, si el objetivo es mantener el pollo como la más barata de las proteínas animales, es la única forma de criarlo. (Los verdaderos pollos de corral cuestan más por libra que la mayoría de los filetes, y las pechugas de pollo deshuesadas/sin piel cuestan más por libra que todos los cortes de filete, excepto el *filet mignon*).[145] Esos encierros estadounidenses explican por qué Estados Unidos es el único exportador importante de carne de pollo, y por qué los precios del pollo fuera de Estados Unidos suelen triplicar o más el precio dentro.

Esto simplifica las cosas desde el punto de vista de la previsión. No hay nada en la producción de pollo estadounidense que vaya a verse afectado negativamente por la desglobalización. Para muchos, el pollo americano puede ser la única carne importada que permanezca a su alcance.

---

145 ¿Quieres agasajar a los extranjeros con una comida estadounidense de lujo que no podrían conseguir en su país? No los lleves a un asador. Llévalos a KFC.

La leche de origen animal (8.ª en valor) ha sido fundamental en la dieta humana durante milenios, sobre todo en el sur de Asia, las zonas de África que hoy son el norte de Nigeria y Kenia y en todo el mundo occidental. Debido a su carácter extremadamente perecedero, la leche rara vez sale del país en el que se produce, con la única (y gran) excepción del mercado único de la UE, que se ha convertido en... extraño. La UE tiene una Política Agrícola Común (PAC), un programa de subvenciones que es, con diferencia, la mayor partida presupuestaria de la UE. La PAC no solo ha contribuido a mantener en activo a productores agrícolas no competitivos, sino que también ha fomentado involuntariamente la aparición de grandes centrales lecheras en países que históricamente no habían sido grandes productores de leche, sobre todo los Países Bajos, Alemania y Polonia. El resultado es una sobreinversión masiva, un exceso de producción y una venta a pérdida a escala mundial de todo tipo de productos lácteos, sobre todo queso (5.º en valor). Pero, si se suprime la UE y la PAC, desaparece la mayor parte del exceso de producción de leche y queso de Europa.

Por regla general, Estados Unidos tiene leche de mayor calidad y más barata que los europeos, pero el problema del carácter perecedero limita las exportaciones lácteas estadounidenses a leche en polvo de poco valor. Los estadounidenses no han desarrollado una cultura del queso como, por ejemplo, Francia. Los franceses y los italianos —aunque son grandes beneficiarios de la PAC— se han centrado en la producción de quesos nicho de alta calidad y muy apetecibles. Su demanda persistirá pase lo que pase con la UE. Yo me encargaré personalmente de que así sea. No cabe duda de que sus ventas se reducirán, pero seguirán teniendo fácil acceso a Norteamérica y el norte de África.

El verdadero futuro del sector lácteo mundial está en Nueva Zelanda. Los kiwis disfrutan de un clima templado, con veranos frescos e inviernos cálidos, mucha lluvia y ausencia de depredadores, por lo que sus vacas no necesitan cobijo, ni siquiera forraje. Los productos lácteos neozelandeses tienen una estructura de costes aún más baja que los estadounidenses, producen leche de

mayor calidad que ellos y están desarrollando una cultura quesera al estilo francés, con un valor añadido increíble.[146] Una cosa
más: cuando una vaca lechera deja de ser productiva, se envía al
matadero. Ese pequeño detalle ha convertido a Nueva Zelanda en
el quinto exportador mundial de…

… carne de vacuno (11.ª en valor). Junto con los neozelandeses, los principales productores de vacuno son Estados Unidos,
Australia, Países Bajos, Canadá e Irlanda. De estos seis países,
Estados Unidos es el que se encuentra en mejor posición, principalmente porque cuenta con vastas extensiones de tierras federales que los productores de carne de vacuno pueden arrendar para
el pastoreo.[147] Por otro lado, la inestabilidad climática de Australia
hará de este país el menos fiable de los grandes exportadores a
largo plazo. La salida de carne de vacuno de los Países Bajos e
Irlanda solo es posible con ayudas a la renta vinculadas a la PAC.

Técnicamente, India y Brasil también son grandes productores
y exportadores, aunque —de nuevo, técnicamente— su «ternera»
no procede del ganado vacuno, sino de un bicho llamado «cebú»,
más aclimatado al bochorno de los trópicos. Esto empuja su producto a una categoría de calidad inferior, pero no hay razón para
esperar que desaparezca en un mundo desglobalizado. En todo
caso, las limitaciones de infraestructuras en Brasil atraparán la
soja en el interior del país y fomentarán la producción y exportación de más cebú, ya que tendrá un mayor valor añadido que la
soja cruda. El cebú puede ser de baja calidad para los estándares
de la carne de vacuno, pero, en un mundo de costes limitados, la
carne más barata tendrá un atractivo propio.

Para todos los demás que quieren carne de vacuno, las opciones son escasas. Literalmente, escasas. Las típicas carnes de res
estadounidenses (y canadienses, australianas y brasileñas) son

---

146  Si quieres flipar, hazte con una rueda de Kapiti Kikorangi, un queso kiwi
que combina las mejores características del gorgonzola y el camembert. ¡Una
delicia!
147  A todos nos gusta lo gratis.

enormes bestias que suelen pesar más de una tonelada en el momento del sacrificio. Además, alcanzan ese tamaño en cuestión de meses, en gran parte porque se las alimenta con una dieta constante de maíz y soja, y se les inyectan antibióticos y hormonas con regularidad para favorecer su crecimiento y supervivencia. El ganado vacuno más tradicional, alimentado al aire libre y menos manipulado, tarda entre tres y cinco veces más en madurar, tiene la paletilla centímetros más corta y suele tener un peso en matadero inferior a un tercio del de sus congéneres más manipulados, lo que, por cierto, lo convierte en la proteína animal más cara. Estas vacas «patrimoniales» pueden saber mejor a algunos paladares, pero, en un mundo de comercio y acceso restringidos, sus niveles de productividad mucho más bajos harán que la carne de vacuno pase de ser un alimento ocasional para el grueso de la humanidad a un alimento casi nunca consumido.

Mi mundo no puede funcionar sin café (7.º en valor) y estoy... preocupado. El café se parece mucho a la cocaína... en cuanto al lugar donde puede cultivarse. Exige una mezcla muy específica de condiciones de altitud, temperatura y humedad. Si el clima es demasiado seco, la cosecha se marchita. Si es demasiado húmedo, se pudre. Si hace demasiado calor, amarga. Y si hace demasiado frío no florece. La altitud ideal es de unos 2300 metros, lo que la sitúa muy por encima de la mayoría de las zonas habitadas y dificulta su mantenimiento y transporte. La cultura masiva del café solo es posible en un sistema globalizado en el que los insumos puedan acceder a zonas tan poco accesibles. El café arábica que se puede comprar en cualquier sitio, desde McDonald's hasta tu cafetería expreso favorita, se enfrenta a los mayores desafíos, mientras que el café robusta que se utiliza para el café instantáneo tolera mucho mejor el calor y la sequía. La combinación de desglobalización y cambio climático sugiere que la mayor parte del mundo está a punto de recibir una bajada de café.

El aceite de palma (6.º en valor) es ubicuo. En productos no alimentarios, aparece en jabones, champús, desodorantes y dentífricos. También está presente en casi todos los alimentos procesados imaginables. Mientras que la mantequilla y el aceite de oliva pueden utilizarse en la preparación de pequeños lotes de alimentos para su distribución local, salvo algunas tecnologías punteras de procesado, los lácteos y las aceitunas tienden a estropearse y/o volverse amargos cuando se someten a un calor o un movimiento excesivos. Y, en cualquier caso, el aceite de palma es más barato que ambos. Esto obliga a cambiar al aceite de palma para proteger la textura y prolongar la vida útil, sobre todo si el producto es untable. Sin aceite de palma no habría margarina, ni masa de *pizza*, ni fideos instantáneos, ni helados, ni… ¡Nutella!

La palma necesita un suelo fértil, nada de frío y mucha agua todo el tiempo, por lo que es ideal para los trópicos costeros. Los mayores productores, con diferencia, están en el Sudeste Asiático. El principal problema en el futuro será la fertilidad del suelo. En el sudeste asiático practican la agricultura de roza y quema para generar los nutrientes necesarios para el suelo, pero eso solo puede hacerse una vez. Después, hay que fertilizar o quebrar, y es probable que el Sudeste Asiático sufra escasez de fertilizantes, sobre todo de potasio y fosfato.

Hay algunos parches. Lo que hace que el aceite de palma funcione es su grasa: si se añade hidrógeno a los átomos de carbono que forman la columna vertebral de hidrocarburo de una molécula de aceite, se convierte en un sólido a temperatura ambiente (esto es lo de «hidrogenado» que se ve en la etiqueta de ingredientes de la mayoría de los alimentos procesados). Aunque el aceite de palma es el mejor (¡y el más barato!), también puede hacerse con aceite de soja, maíz o algodón. No es tan sabroso —como muchos europeos comentarán largo y tendido cuando se lamenten de la comida procesada estadounidense, rica en aceite de soja y de maíz—, pero sigue funcionando. Sin embargo, si salimos de las zonas templadas, estas opciones se vuelven más difíciles, sobre todo si el comercio mundial se resquebraja.

La pérdida de comercio de aceite de palma para el mundo avanzado es un problema muy del primer mundo: se trata de sabor y textura. Para el mundo en desarrollo se trata de la vida útil, y eso se traduce rápidamente de conveniencia a terror. Muchos pueden pensar que el acceso universal a los alimentos procesados es una de las causas de la obesidad y no se equivocan. Pero ese acceso es también una de las glorias del Orden. La mayor parte del mundo en desarrollo carece de experiencia en el mantenimiento de grandes poblaciones sin alimentos almacenables. Si se retira el aceite de palma de las zonas que no pueden producir su propio aceite de cocina, las hambrunas estacionales están prácticamente garantizadas.

Después de que los íberos rompieran las Rutas de la Seda con su comercio de especias impulsado por la marina, muchos de los imperios europeos se dedicaron a disputarse el azúcar (12.º en valor). El azúcar de caña es muy exigente. Necesita agua constantemente, pero también calor, y prefiere las llanuras aluviales inundables y sin sal. Hay muy pocos lugares en el planeta que cumplan estos criterios. La mayoría están en Brasil y el Caribe. En el siglo XIX, los alemanes se enfrentaron a los británicos y, al hacerlo, perdieron el acceso a todo lo procedente de lugares cálidos. Su solución fue cortar las plantas locales y cruzarlas para crear lo que hoy conocemos como «remolacha azucarera». La remolacha azucarera es tan buena en climas fríos como la remolacha normal.[148] Esto sugiere que cualquier clima razonablemente fresco y templado —y eso incluye Alemania, Rusia, Turquía, Canadá, Francia y el norte de Estados Unidos— debería poder abastecerse de azúcar de remolacha.

El rey del azúcar de caña —que, admitámoslo, sabe mucho mejor que el de remolacha— es Cuba, que tiene el clima perfecto para lo que normalmente es un producto exigente. Cualquier país capaz de mantener relaciones económicas normales con los cubanos disfrutará de un tsunami del dulce... que destrozaría absolutamente la economía del azúcar de remolacha, más caro y de menor calidad.[149]

El tabaco (14.º en valor) es una belladona que exige calor y humedad sin calentarse ni mojarse demasiado. Esto significa una

---

148 ¡Puaj!
149 Te vigilo, Estados Unidos.

estrecha lista de lugares: las Carolinas, Anatolia, las zonas más secas de Brasil e Indonesia, una franja de las zonas más frías de las tierras altas del Gran Rift africano, zonas costeras de la India y las regiones chinas de Yunnan, Hunan y Sichuan. Sin alcance mundial no solo no hay petróleo ni fabricación mundiales, sino que tampoco hay tabaco mundial. Si estás enganchado a los cigarrillos y careces de acceso casi inmediato a una de esas zonas de producción, la desglobalización está a punto de ayudarte a dejar de fumar. Los franceses, polacos y rusos adictos a la nicotina tendrán especiales dificultades para acceder a los cancerígenos palitos de la muerte.

Los plátanos (18.º por valor) varían enormemente en cuanto al tipo, pero todos tienen tres características clave. En primer lugar, necesitan los trópicos y el calor, la humedad, el agua y la ausencia de invierno que los acompañan.

En segundo lugar, cultivar y cosechar plátanos es posiblemente el proceso agrícola que requiere más mano de obra y más fertilizantes. No se necesitan simplemente los trópicos; se necesita un país muy pobre, muy poblado y con un acceso internacional fiable.

En tercer lugar, los plátanos —especialmente la variedad Cavendish que disfrutan los estadounidenses— son clones, lo que los hace eminente y peligrosamente vulnerables a las plagas y, especialmente, a las enfermedades fúngicas. Si se infecta un platanero, normalmente hay que arrasar toda la plantación. Para los amantes de lo orgánico que se niegan a comer cualquier cosa que haya sido tocada con algo artificial, sepan que un radio de aproximadamente media milla alrededor de las plantaciones de plátanos está prácticamente plagado de pesticidas (eminentemente no orgánicos), herbicidas y fungicidas para proteger sus propensiones. Los productos orgánicos también suelen cultivarse en zonas más altas y secas para limitar las plagas, lo que significa que los plátanos necesitan una irrigación masiva para crecer. El resultado es el producto alimentario con la mayor huella química y de carbono, así como la mayor rotación de personal por fallecimiento en cualquier grupo de productos de cualquier industria. Que aproveche.

El algodón (17.º en valor) es una planta extraña, ya que necesita mucha agua y sol, y no hay muchos lugares en el planeta que sean desiertos pantanosos. La solución, por supuesto, es el riego. Los egipcios aprovechan el Nilo, los pakistaníes el Indo y los turcomanos y uzbekos el Amu y el Syr. La desglobalización por sí sola obligará a los cuatro pueblos a pasar del algodón que pueden vender en el extranjero a los cultivos que pueden comer, e, incluso si no se produce la desglobalización, un toque de cambio climático reducirá el agua que los cuatro tienen disponible para el riego.

El algodón chino se enfrenta a problemas aún mayores, no (simplemente) porque se cultive en la eslavocracia genocida de Xinjiang, sino porque los ríos de Xinjiang no desembocan en el océano, sino en la cuenca interna, terminal y hace tiempo desertificada del Tarim. Bastarían muy pocos cambios en las normas climáticas para que esos ríos se secaran hasta la inutilidad y se llevaran consigo cualquier esperanza de regar los sedientos campos de algodón de Xinjiang. El algodón indio será probablemente más sostenible, pero depende de los monzones, por lo que su producción perderá fiabilidad.

No importa cómo tejas esta manta, tendremos una escasez mundial de algodón.

Solo hay dos grandes productores que pueden seguir jugando: los países del hemisferio occidental, Brasil y Estados Unidos. Puede que su algodón no sea la variedad de fibra larga que prefiere el mundo, pero se produce en el hemisferio más seguro y no requiere tanta irrigación, lo que hace que los suministros brasileños y estadounidenses sean mucho más fiables en el mundo venidero.

Los cítricos (16.º) se parecen un poco al algodón en su deseo de mucho calor y agua. Por suerte, también necesita mucha humedad y se expande allí donde es posible su cultivo. El futuro de los cítricos está bastante claro. En los lugares donde el clima es apropiado y llueve lo suficiente como para no tener que regar —principalmente Florida y el norte de Brasil— todo parece ir de maravilla. Pero en aquellos lugares donde los efectos del Orden por excelencia han permitido el cultivo mediante la aplicación masiva de capital, fertilizantes e irrigación —sobre todo Egipto y España— deberían despedirse de sus naranjas y uvas.

Todo lo que sea jugoso y esté en una vid necesita un riego constante y controlado, ya sean uvas de mesa o de vino (20.º por valor). Si se riega poco, se marchitan y, si se riegan mucho, se parten. La clave es el control, y eso significa climas secos más capacidad de riego. Algunas de las mejores uvas del mundo proceden de las regiones áridas y, sobre todo, desérticas de California, Italia, España, Argentina, Australia, Chile, Irán y el gran valle del río Columbia, en el estado de Washington.

La oferta disminuirá. El riego requiere capital, lo que en el mundo del vino no ha sido un problema en las tres últimas décadas. Pronto lo será. Pero la oferta caerá solo un poco. La mayoría de los productores son del nuevo mundo o —como Sudáfrica y Francia— al menos parcialmente inmunes al caos que se avecina.

La demanda, en cambio, caerá más. Si se rompe el crecimiento económico mundial, la demanda mundial de bebidas alcohólicas de alto coste se romperá con él. En conjunto, el vino es uno de los pocos productos agrícolas que pueden abaratarse. Por desgracia, no estoy en condiciones de predecir si el vino mejorará.[150]

El clima preferido tanto para el girasol (19.º por valor) como para la colza (23.º) —cultivos en hileras que se trituran por su aceite— es el de las zonas más frescas y semiáridas. Entre los mayores proveedores del mundo se encuentran Ucrania, que probablemente abandonará el mercado, y las provincias de las praderas canadienses, que envían casi toda su producción a China, un mercado que implosionará. Por suerte para los canadienses, la mayor parte del territorio de girasol y colza puede reutilizarse para la producción de trigo.

Las manzanas y las peras (en conjunto 21.º por valor) solían ser los cultivos fáciles, pero en el Orden globalizado todos decidimos que las manzanas del tamaño de pelotas de tenis no eran sufi-

---

150 Aunque estaré encantado de ayudar con el proceso de evaluación posterior a la acción.

cientes. Si quieres una manzana del tamaño de tu cabeza, necesitas fertilizantes y riego. El resultado ha sido un grado salvaje de segmentación del mercado, no solo entre países, sino dentro de ellos. Gran parte de esta variedad requiere el acceso a diferentes microclimas, y, en un mundo en el que no interactuamos tanto, esa variedad será necesariamente limitada. Los mayores exportadores brutos que desaparecerán de los mercados mundiales son los que sencillamente no pueden sacar su producto: sobre todo la mayor parte de los países europeos y China (cuyas manzanas son un poco asquerosas de todos modos). Los grandes mercados en crecimiento del Sudeste Asiático y América Latina deberían ir bien, lo cual es una gran noticia para los productores de Estados Unidos, Argentina y Chile.

Por último, llegamos a lo que hace posible el maravilloso chocolate: el cacao (22.º en valor). Piensa en él como una versión del café más tolerante al calor y de menor altitud, con preferencia por la humedad tropical. Procede básicamente de dos lugares: la producción de África occidental se enfrenta a limitaciones de seguridad y acceso al comercio, insumos materiales y fuentes de capital (y, probablemente, climáticas), mientras que México parece estar perfectamente. Si prefieres las variedades centroamericanas ligeramente afrutadas, no tendrás ningún problema. Pero si tu concepto de chocolate es el ultradenso, fuerte como un mazo, que te desconcierta, que te deja sin aire, por el que se conoce al cacao de África occidental, la vida está a punto de volverse mucho menos dulce.

## Valor del comercio mundial de productos agrícolas primarios, 2020

| Producto | Valor (en miles de millones de USD) |
|---|---|
| Soja | 64.3 |
| Trigo | 44.8 |
| Cerdo | 37.0 |
| Maíz | 36.6 |
| Queso | 32.8 |
| Aceite de palma | 32.5 |
| Café | 30.4 |
| Lácteos | 28.9 |
| Arroz | 25.5 |
| Aves | 24.5 |
| Vacuno | 23.3 |
| Azúcar | 23.1 |
| Bayas | 19.5 |
| Tabaco | 19.2 |
| Frutos secos | 18.1 |
| Cítricos | 16.0 |
| Algodón | 14.1 |
| Plátanos | 13.7 |
| Aceite de girasol | 13.4 |
| Uvas | 10.6 |
| Peras y manzanas | 10.0 |
| Grano de cacao | 9.3 |
| Aceite de colza | 4.0 |

Fuente: UNCTAD

Entre los periodos de pavor existencial durante el confinamiento por la COVID-19 en 2020, estuve calculando mi experiencia laboral de los últimos diez años y llegué a la conclusión de que había hecho más de seiscientas presentaciones. Temas diferentes. Públicos diferentes. Distintos países. En todos estos temas y lugares, siempre había una pregunta que se repetía una y otra vez: «¿Qué es lo que te quita el sueño?».

Siempre me ha parecido curiosa la pregunta. No se me conoce como el tipo que trae rayos de sol y ríos de unicornios a una habitación.

De todos modos, en el fondo, este capítulo es mi respuesta a la pregunta.

La misma red de interconexiones sacrosantas que nos ha traído todo, desde hipotecas rápidas hasta teléfonos inteligentes y electricidad a la carta, no solo ha llenado 8000 millones de estómagos, sino que lo ha hecho con algún que otro aguacate fuera de temporada. En gran parte, eso ya ha quedado atrás. La red está fallando. En el horizonte se vislumbra un mundo de rendimientos agrícolas más bajos y menos fiables, con menos variedad. Un mundo con menos energía o menos productos manufacturados es la diferencia entre la riqueza y la seguridad o la pobreza y el conflicto. Pero un mundo con menos alimentos es un mundo con menos gente.

Más que la guerra, más que la enfermedad, el hambre es el principal asesino de países. Y no es algo a lo que la condición humana pueda adaptarse rápida o fácilmente.

Es la mezcla mágica de industrialización y urbanización lo que hace posible la modernidad, y son precisamente esos factores entrelazados los que se encuentran bajo una amenaza tan extrema. Si se debilitan, y más aún si se desmoronan, se tardará como mínimo una generación en reconstruir una combinación de acceso financiero, cadenas de suministro manufacturero, evolución tecnológica y mano de obra capaz de alimentar a 8000 millones de personas. Y en el tiempo que tardemos en hacerlo... ya no seremos 8000 millones.

La historia de los próximos cincuenta años será la historia de cómo afrontamos —o no afrontamos— la escasez de alimentos que está por llegar. Cómo esas carencias —algunas de alcance continental— crearán sus propios cambios de circunstancias. Cómo se enfrentarán los sistemas políticos y económicos de todo el mundo a la única carencia que importa más que todo lo demás junto.

Eso es lo que me quita el sueño.

gado. Como ecologista, creo que un camino que seguir, aunque

# EPÍLOGO

Esta es la versión resumida. Gracias por seguir conmigo.

La versión (mucho) más larga es el resto de mi vida laboral, ampliando esta o aquella parte del futuro para audiencias grandes y pequeñas. Espero que con un poco de humor (humor negro o de otro tipo) para mantener a raya el pesimismo autogenerado del tema.

He hecho algunas paradas en mi camino hacia *El fin del mundo*, pero la más importante en lo personal ha sido la de guardar mis creencias.

Como estudiante de Historia, creo que aprecio las grandes mejoras de los últimos setenta y cinco años más que el ciudadano medio. Como internacionalista, creo que comprendo lo lejos que hemos llegado. Como ecologista, creo que veo un camino que seguir, aunque no sea el que la mayoría de los ecologistas conocen. Y, como demócrata, sé que la participación popular es la «forma menos mala de gobierno». Aunque parezca mentira, me considero optimista.

Pero eso importa poco para lo que yo hago. Predecir es difícil porque es complicado dejar a un lado las preferencias personales y las ideologías. Mi trabajo es informar sobre lo que va a ocurrir. No lo que quiero que pase. No importa realmente qué público. Gobierno, militares o civiles. Industria, finanzas o agricultura. No me gusta dar malas noticias y (a menudo) hago infeliz a la gente.

Se ha vuelto más fácil. El contarlo. No las noticias.

Por cortesía del liderazgo deprimente e impresionantemente desconectado de Barack Obama y del liderazgo igualmente deprimente e impresionantemente desconectado de Donald Trump, estamos tan lejos del mundo que quiero ver que se me ha hecho más fácil enterrar mis preferencias personales y ponerme a evaluar el estado del mundo. Y escribir este libro.

Esto no es una llamada a la acción. En mi opinión, hace más de una década que perdimos la oportunidad de tomar otro camino, un camino mejor. Y, aunque tuviera un plan viable para hoy, los estadounidenses interesados en desempeñar un papel constructivo en la reconstrucción del mundo con vistas a un futuro mejor han perdido las últimas ocho elecciones presidenciales. Podría decir que la única excepción fue la más reciente. En la contienda entre Trump y Biden, los internacionalistas como yo ni siquiera teníamos un candidato.

Este proyecto tampoco es un lamento por el mundo que podría haber sido. Cuando terminó la Guerra Fría, los estadounidenses tuvieron la oportunidad de hacer casi cualquier cosa. En lugar de ello, tanto en la izquierda como en la derecha, iniciamos un perezoso descenso hacia el populismo narcisista. El historial de elecciones presidenciales que nos trajo a Clinton, W. Bush, Obama, Trump y Biden no es una aberración, sino un patrón de desinterés activo por el resto del mundo. Es nuestra nueva norma. Este libro trata sobre a dónde nos lleva esa norma.

Tampoco hay liderazgo más allá de Estados Unidos. No hay un nuevo *hegemón* a la espera, ni países que se levanten para apoyar una visión común. No hay ningún salvador entre bastidores. Por el contrario, las potencias secundarias del mundo ya han vuelto a caer en sus viejos hábitos de antagonismo mutuo.

Los europeos, en el periodo más pacífico y rico de su historia, se han mostrado incapaces de unirse para una política quesera común, una política bancaria común, una política exterior común o una política de refugiados común, y mucho menos una política estratégica común. Sin globalización, casi tres generaciones de logros se irán al garete. Quizá la respuesta europea a la guerra de Ucrania demuestre que me equivoco. Eso espero.

China y Rusia ya han vuelto a caer en el instinto, sin prestar atención a las lecciones de sus propias y largas sagas. En la era posterior a la Guerra Fría, ambos países fueron, con diferencia, los más beneficiados por el compromiso estadounidense, ya que el Orden impidió que las potencias que los habían empobrecido, destrozado y conquistado a lo largo de los siglos se esforzaran al máximo, al tiempo que creaba las circunstancias para la mayor estabilidad económica que jamás han conocido. En lugar de buscar un acercamiento con los estadounidenses para preservar su momento mágico, trabajaron diligentemente —casi de forma patológica— para desbaratar lo que quedaba de las estructuras mundiales. La historia futura será tan despiadada con ellos como sus sombríos y peligrosos pasados.

En todo caso, el próximo capítulo de la humanidad será aún más sombrío, porque ahora tenemos el ángulo demográfico que añadir a la mezcla. En la mayoría de los países, el punto de no retorno pasó alrededor de 1980. Fue entonces cuando las masas de veinteañeros y treintañeros dejaron de tener hijos. Cuatro décadas después, esta generación sin hijos se está jubilando. La mayor parte del mundo desarrollado se enfrenta a un colapso inminente y simultáneo del consumo, la producción y las finanzas. El mundo en desarrollo avanzado —China incluida— está, en todo caso, en peor situación. Allí, la urbanización y la industrialización fueron mucho más rápidas, por lo que las tasas de natalidad se redujeron aún más rápido. Su envejecimiento aún más rápido dicta un colapso todavía más rápido. Los números nos dicen que todo debe ocurrir en esta década. Los números nos dicen que siempre iba a ocurrir en esta década.

No puedo ofrecerte un camino mejor. Tampoco puedo ofrecerte un elogio de algo que nunca ocurrió. La geografía no cambia. La demografía no miente. Y tenemos mucha historia sobre cómo reaccionan los países y los pueblos a su entorno.

No obstante, lo que sí puedo hacer es proporcionarte un mapa. En forma de libro.

Hombre prevenido vale por dos.

De acuerdo. Basta de nubes negras. Hablemos de los aspectos positivos del mapa.

Un tema recurrente en toda mi obra, incluidos mis tres libros anteriores, es que nuestro momento histórico concreto —la globalización— es poco más que un periodo de transición momentáneo. Un interregno, por así decirlo. Estos periodos históricos son (in)famosos por su inestabilidad, ya que lo viejo deja paso a lo nuevo. El interregno entre la contienda británico-alemana y la Guerra Fría incluyó las guerras mundiales y la Gran Depresión. El interregno entre la competición franco-alemana y la británico-alemana incluyó a Napoleón. Cuando las viejas estructuras caen, o «simplemente» perseveran ante un desafío extremo, las cosas se rompen. Muchas cosas.

Las décadas de 2020 y 2030 serán sumamente incómodas para muchos, pero esto también pasará. Lo mejor de todo es que ya podemos ver cómo el sol empieza a asomar entre las nubes. Algunas cosas que tener en cuenta:

La disponibilidad de capital depende de la demografía. La jubilación masiva de la generación de los *boomers* en la década de 2020 nos perjudica. Se llevan su dinero con ellos. Pero, en 2040, los *millennials* más jóvenes tendrán cuarenta años, y su dinero volverá a engrosar el sistema.

En cuanto a la demografía, en torno a 2040 se producirán dos resultados beneficiosos simultáneos. Los hijos de los *millennials* más jóvenes entrarán en el mercado laboral, anunciando una especie de vuelta a la «normalidad» para el mercado laboral estadounidense. Casi igual de importante es el hecho de que la estructura demográfica de México tendrá forma de chimenea, similar a la de Estados Unidos en el año 2000. Ese fue un momento mágico en Estados Unidos, cuando teníamos un número similar de niños, de trabajadores jóvenes y de trabajadores mayores, haciendo de Estados Unidos un país rico en capital y rico en consumo y en productividad, y a la vez con una generación futura a la que planificar y en la que tener esperanza. ¡Viva México!

De aquí a 2040, la reindustrialización de Estados Unidos será completa. Los vínculos entre México y Estados Unidos serán mucho más estrechos y trascendentales que los que Estados Unidos haya logrado jamás con su vecino del norte. La mayoría de las refinerías estadounidenses utilizarán petróleo producido en Norteamérica en lugar de importaciones extracontinentales. La inflación y el estrés sistémico derivados de la rápida duplicación de las plantas industriales serán cosa del pasado. Pensaremos en el choque desglobalizador del mismo modo que pensamos en la crisis de las hipotecas de alto riesgo de 2007: como poco más que un recuerdo incómodo. La década de 2040 debería ser un gran momento para estar en Norteamérica.

También en 2040, la comunidad agrícola habrá resuelto todos los problemas de las técnicas de agricultura de precisión. Una combinación de avances digitales, genéticos, de automatización y de ingeniería habrá permitido a los agricultores estadounidenses triplicar su producción calórica. Puede que sigamos recogiendo cerezas y espárragos a mano, pero la automatización será la norma en casi todos los demás aspectos de la producción y transformación de alimentos. No será suficiente para borrar el recuerdo de los horrores de la escasez de alimentos en el hemisferio oriental en las décadas de 2020 y 2030, pero colectivamente estos avances y otros más proporcionarán una base estable para seguir avanzando.

Incluso existe la esperanza de que hayamos avanzado mucho más que la media en la ciencia de los materiales, lo que debería bastar para conseguir baterías mejores que las de litio y una capacidad de transmisión eléctrica de largo alcance muy superior. Además, en la década de 2040 se jubilarán la mayoría de las centrales eléctricas de gas natural. Adiós a las instalaciones de combustibles fósiles y bienvenidos los nuevos sistemas de tecnología verde. Con suerte —y mientras escribo esto se cruza todo lo que tengo a mano— los precios de estas nuevas tecnologías serán lo bastante bajos para que puedan aplicarse de manera masiva en todo el mundo. Por fin podremos iniciar la verdadera transición energética.

Tal vez lo mejor de todo sea que lo anterior presupone que muchas cosas no irán muy bien. Gran parte de este libro, y de todos mis libros, relata las partes no tan buenas de la historia que nos espera. Colapsa el capital, la agricultura y la cultura. Fractura el transporte y la industria manufacturera y nacional. Pero el continente norteamericano se distingue geográfica y demográficamente de gran parte del caos que se avecina. Servirá tanto de depósito de los logros de épocas pasadas como de laboratorio para la era venidera.

La verdadera pregunta, el verdadero misterio es qué ocurrirá después. Nunca en la historia de la humanidad un interregno había aplastado a tantos países y culturas en una franja tan amplia del planeta. Ni siquiera el colapso de la Edad de Bronce tardía fue tan completo. Llamamos al siglo xx el Siglo Americano porque Estados Unidos emergió globalmente predominante en 1945. En la próxima era, la brecha entre Norteamérica y la mayor parte del mundo será, si cabe, más marcada. Nunca en la historia de la humanidad la primera potencia de la era anterior ha emergido tan indiscutiblemente dominante al comienzo de la siguiente.

Desafíos y oportunidades. Culturales. Económicos. Tecnológicos. Climáticos. Demográficos. Geopolíticos. Explorar ese futuro —explorar ese nuevo mundo— será un gran proyecto.

Quizá sea lo próximo que haga.

# AGRADECIMIENTOS

Ha sido un gran proyecto. He estado trabajando en el texto por partes durante al menos cinco años, y absolutamente todo en mi carrera profesional ha contribuido a ello a gran y pequeña escala, de forma ruidosa y sutil.

Lo que significa que este no es todo mi trabajo. Ni mucho menos. No me paro sobre los hombros de gigantes que me han precedido, sino sobre los hombros de todos. Mi trabajo lo toca todo. Y no solo los entresijos del transporte, las finanzas, la energía, la manufactura, los productos industriales y la agricultura, sino todo. Si citara a todas las personas que de algún modo han contribuido a esta obra, la bibliografía sería más larga que el texto que acabas de leer.

Dicho esto, algunas contribuciones a este libro han sido más importantes que otras. Así que permíteme que les dé las gracias con especial efusividad.

Empecemos por los responsables de tabular y actualizar datos sobre el más grande de los grandes: Estados Unidos. Muchas gracias a la Oficina de Transporte y al Cuerpo de Ingenieros del Ejército de Estados Unidos por la información, desde las estadísticas de transporte por carretera y ferrocarril hasta los mapas —y su mantenimiento— de la red de transporte fluvial. Doy las gracias también a las distintas autoridades portuarias de Estados Unidos no solo por promover las ventajas geográficas en el comercio marítimo, sino por compartir con el comercio las estadísticas y conocimientos de que disponen.

Soy un gran admirador de la gente del Departamento de Trabajo de EE. UU., especialmente de los expertos en cifras de la Oficina de Estadísticas Laborales, así como de la Reserva Federal de EE. UU. y del Servicio de Impuestos Internos de EE. UU., por su inestimable conocimiento de los entresijos del trabajo. La economía más grande del mundo y la principal moneda del comercio mundial no son cosas fáciles de cuantificar, y estoy agradecido de que hagan gran parte del trabajo pesado por nosotros.

La demografía es un componente clave de mis conocimientos geopolíticos. Tengo una enorme deuda de neuronas ahorradas con los magos de la División de Población de la ONU y la Oficina del Censo de los Estados Unidos. Ofrecen mucho más que un simple recuento de la población estadounidense o mundial: proporcionan información fiable y de calidad sobre la composición de cada sociedad, las tendencias históricas y las previsiones de futuro. En pocas palabras, recopilan y mantienen los datos sobre «nosotros».

Para aportar contexto y matices a los datos demográficos hay toda una serie de organismos estatales internacionales y organizaciones sin ánimo de lucro. Mi equipo ha hablado con muchos de ellos y ha contado con su ayuda, pero quiero destacar especialmente la ayuda y la capacidad de respuesta de Statistics Canada, la Oficina de Estadística de Japón, Statistics Korea, Eurostat y la Oficina Australiana de Estadística. Sus empleados trabajan incansablemente para recopilar información sobre cómo funcionan las cosas en sus respectivos países, y agradecemos su franqueza y voluntad de atender nuestras numerosas solicitudes de información, incluso en los raros y dolorosos casos en que no pudieron proporcionarnos lo que buscábamos.

Un agradecimiento especial a Richard Hokenson —cuyo trabajo me inició en el camino de la combinación de demografía y economía hace tantos años— y a Paul Morland por escribir *The Human Tide*, posiblemente el mejor libro sobre la intersección de demografía, historia y poder nacional.

Si alguna vez tienes que poner a prueba una teoría relacionada con la energía, Vaclav Smil, de la Universidad de Manitoba, te puede ayudar.

Este hombre ha escrito más libros sobre la realidad de la energía que calcetines tengo, y mi afición por los calcetines supera con creces al del primer ministro canadiense. Sus obras más útiles para este proyecto han sido: *Energy and Civilization: A History* and *Prime Movers of Globalization*. También ha sido de gran ayuda Jean-Paul Rodrigue, de la Universidad de Hofstra, autor de *The Geography of Transport Systems*, el libro más denso en cuanto a información por página que he leído jamás.

¿Necesitas datos sobre energía? No llegarás a ninguna parte sin la Administración de Información Energética de Estados Unidos, que proporciona estadísticas sobre todo tipo de temas, desde la producción convencional y de esquisto hasta la producción de las refinerías, pasando por los datos históricos de producción de electricidad o la cantidad de madera que se utiliza en la generación de energía a partir de biomasa en Wisconsin.

Más allá de las costas americanas, la Agencia Internacional de la Energía, el informe *Statistical Review of World Energy* de BP, la iniciativa de base de datos conjunta sobre el petróleo de la ONU y la OPEP aportan una información inestimable sobre las tendencias de la producción y el consumo mundiales. Hay tantas formas de seguir las estadísticas energéticas como organismos que las rastrean, pero los equipos que están detrás de estos recursos ofrecen una visión convincente de lo que alimenta todo.

Muchas gracias a los equipos de Xcel Energy y Southern Company por su esfuerzo —y paciencia— a la hora de comunicar los pormenores y las ventajas y desventajas de un sistema eléctrico funcional. (¡La electricidad es difícil!)

¿Te interesan más las cosas que los electrones? Entonces lo que necesitas en tu vida es el Servicio Geológico de EE. UU. y el Centro Nacional de Información sobre Minerales. Ambos no solo rastrean la producción nacional e internacional de casi todos los recursos mineros, sino también sus usos.

Las preguntas sobre agricultura y manufactura solo están limitadas por el apetito del mundo por los alimentos y las cosas, y puede darse un festín con un bufé de información del Banco Mundial, el Banco de Pagos Internacionales, la Organización para la Cooperación y el Desarrollo Económicos, UN Comtrade, la Organización de las Naciones Unidas para la Agricultura y la Alimentación, IBISWorld y el Observatorio de Complejidad Económica del MIT. Entre todos, controlan la infinidad de cosas pequeñas y enormes y las etiquetas de precio que acompañan a la experiencia humana. Un agradecimiento especial a todo el mundo en Farm Credit, así como al Servicio de Investigación Económica del Departamento de Agricultura de EE. UU., y especialmente a Nathan Childs y Michael McConnell por la amabilidad de su tiempo.

Eric Snodgrass —Dr. Snodgrass para vosotros— es un meteorólogo reconvertido en profesor universitario y economista agrícola que además es divertidísimo. Además de hacer que me explote el cerebro cada vez que estoy con él, es el responsable de gran parte de mis ideas sobre lo que podemos y no podemos predecir sobre el cambio climático y sobre cómo se están desarrollando ya las tendencias observables respaldadas por décadas de registros de datos existentes. En concreto, la comparación entre Australia e Illinois en la sección de agricultura es innegablemente suya.

Y a los más cercanos:

Cuando el equipo estaba terminando de trabajar en *El fin del mundo,* contratamos a un nuevo investigador, Quinn Carter, que no tardó en ponerse manos a la obra para decirme que estaba equivocado. Brrrr. ¡Bienvenido al tren de la locura, Quinn!

Melissa Taylor fue mi jefa de investigación durante seis años. Uno de sus últimos proyectos antes de pasar al siguiente capítulo de su vida fue elaborar el borrador básico de lo que se convertiría en la sección de transporte de este libro. Me entran escalofríos al pensar cómo habría sido ese capítulo sin ella. Me entran escalofríos al pensar cómo habría sido gran parte de mi trabajo más reciente sin ella.

Adam Smith lleva años ocupándose de mis necesidades gráficas. Aunque aprecio enormemente su capacidad para hacer que todo sea brillante y elegante, el servicio que presta a mis clientes y lectores es aún mayor. Su sentido común es a menudo la primera línea de defensa entre mi mente ocupada y dispersa y la gente normal. Te protege de taaaaantas cosas.

Wayne Watters y yo llevamos juntos dieciocho años, que en años gay es más tiempo del que Joe Biden lleva vivo. Caja de resonancia y alma gemela, mejor amigo y contable, no puedo imaginar mi vida sin él. Puede que él no haya formado parte directa del equipo del libro, pero sin él yo no habría formado parte directa del equipo del libro tampoco.

Thomas Rehnquist iba y venía mientras estábamos en la mitad de *El fin del mundo*, pero en sus pocos meses con nosotros se hizo notar. Además de encargarse de la comprobación principal de los hechos, el trabajo de Tom proporcionó la base de todos los capítulos sobre productos básicos industriales. Me alegra/enfada decir que su trabajo ha evitado que hiciera el ridículo.

Susan Copeland es... ¿Qué puedo decir de Susan? Llevo quince años trabajando con ella. Técnicamente, es mi administradora, pero es mucho más que eso. Ella es el tejido conectivo, organizativo y emocional que nos mantiene a todos aquí en Zeihan on Geopolitics a salvo y cuerdos. Tengo la suerte de que aún no se haya aburrido.

Por último, pero no por ello menos importante, Michael Nayebi-Oskoui. Llevo más de diez años trabajando con Michael. Este es el tercer libro en el que me ha ayudado. Se ha convertido en algo más que mi jefe de gabinete. Ha sido un placer verle evolucionar hasta convertirse en un analista tan versátil y agotado como yo. La sección de agricultura no habría sido posible sin él, y también proporcionó gran parte del andamiaje intelectual que hizo posibles las finanzas y la industria manufacturera.

No tengo más que un agradecimiento infinito a toda la gente de Harper Business —sobre todo a Eric Nelson y James Neidhardt— por permitirme hacer algunos ajustes y añadidos de última hora (como esta nota) para abordar acontecimientos de última hora. En cualquier parte del texto que veas una referencia a la guerra de Ucrania o a febrero de 2022 es cortesía de su flexibilidad. Esos cambios no son ni mucho menos suficientes, teniendo en cuenta la magnitud de la agitación que sé que ya está en marcha, pero, teniendo en cuenta nuestras limitaciones logísticas y de producción, estoy encantado con las actualizaciones que hemos podido incluir.

Un agradecimiento final para ti, lector (u oyente si formas parte del Kindle Krowd). Tanto si utilizas mi libro para fundamentar tus decisiones vitales y empresariales como si simplemente buscas oportunidades para demostrarme que estoy equivocado, te agradezco de todo corazón que me acompañes en este viaje. Como regalo de despedida, me gustaría invitarte a mi sitio web. Y no es porque haya un boletín al que puedes suscribirte (aunque lo hay), sino porque todos los gráficos de este libro están disponibles en alta definición y a todo color. Visita www.zeihan.com/end-of-the-world-maps y los encontrarás en todo su esplendor.

Y, como se suele decir, eso es todo.

## Fotografía

La imagen proveniente del archivo Everett, que captura a las personas en tránsito por la avenida Market St. hacia el muelle tras el devastador terremoto de abril de 1906 en San Francisco, representa un momento crucial en la historia de la ciudad. Esta instantánea se erige como una elección poderosa para la portada del libro *El fin del mundo es solo el comienzo* de Peter Zeihan.

El terremoto de 1906 dejó una profunda huella en la ciudad de San Francisco. Considerado uno de los eventos sísmicos más destructivos en la historia de Estados Unidos, redujo gran parte de la urbe a escombros y desató un incendio masivo que arrasó todo a su paso. La imagen de las personas caminando hacia el ferry refleja la desesperación y la necesidad de escapar de una ciudad en ruinas.

En el contexto de la obra de Zeihan, esta imagen adquiere un significado simbólico. Representa un mundo en crisis y transición, donde los paradigmas establecidos colapsan y se abre camino hacia un nuevo orden. Al igual que las personas en la fotografía, obligadas a abandonar sus hogares en busca de seguridad y una nueva vida, Zeihan argumenta que el mundo está al borde de un cambio radical.

 Las gentes caminan por Market St. hacia el ferry para salir de San Francisco después del terremoto de abril de 1906 [Archivo Everett].

ANTONIO CUESTA